韓國近世地域經濟史

- 全羅道 靈光郡 一帶의 事例 -

鄭 勝 振 著

景仁文化社

머리말

장기사회변동에 관한 연구는 1990년대 들어서 나타난 경제사 연구의 새로운 경향성 가운데 하나이다. 한국경제사 분야에서는 지주제와 미가에 관한 장기 시계열자료가 확보되면서 특정 지역을 사례로 하는 본격적인 연구의 진전이 나타나고 있다. 이 책은 최근의 장기사적 경제사 연구의 흐름을 타면서 특정 지역을 사례 대상으로 하는 지역경제사 소론이다. 우리 학계에는 개항 이전의 19세기를 시야에 넣고 20세기 전반의 식민지기까지 포괄하는 시기 개념은 아직 정착해 있지 않다. 책의 이름으로 사용하는 '한국근세'는 단순히 이 시기 규정만을 담고 있다. 이 책은 경제사 연구에 있어서 지역사 방법론을 본격적으로 적용한 지역사례연구이다. 이전에도 그러한 연구는 적지 않게 있었지만 결국 일반화를 위한 '소재주의'로 흐르면서 지역의 특질을 구명하거나 지역의 유형화를 위한 사례의 축적으로는 나아가지 못했다. 지역경제사라는 본서의 이름은 이같은 필자의 입장을 함축적으로 담고 있다.

이 책의 사례 대상인 전라도 영광군은 필자에게 있어 지주제연구나 농업사연구를 위해 소재나 한두 개 취하고 그만둘 가벼운 연구 대상이 아니었다. 지역에서 발굴된 古文書를 활용해 지주제사 · 농업사로 나아가려던 필자의 초기 구상은, 量案, 民狀, 水利組合資料 등 다량의 지역 자료가 산출되면서 본격적인 지역사 연구로 전환되고 있었다. 영광군은 중앙에서 파악한 지역 자료와 촌락 레벨의 고문서가 상호 방증하는 지역 역사상의 구명 자체가 가능한 호남에서는 거의 유일한 지역이다. 이 책에서는 이질적인 자료를 통해 독립적인 시각에서 영광에 있어서 19세기 후반의 '농업위

iv

기설'을 주장하고 있지만, 조선 농업의 성격을 종합적으로 이해하려는 거대 담론으로는 나아가지 않는다. 여기서는 오히려 영광의 양호한 자료 상황에 기초하여 지역 사회경제의 구체성을 확보하려는 실증적인 의도로 가득차있다. 필자의 생각은 아주 작은 문제 속에 커다란 문제의 핵심이 담겨 있다고 보는 것이다. 한국 사회 경제사학계는 결정적인 문제일수록 실증된 사실은 대단히 적다는 아이러니한 사실에 봉착해 있다. 우리 학계는 인구문제라든가 토지생산성과 같은 기초적인 문제에 대해 어떠한 합의된 견해를 갖고 있지 못하다.

이 책은 특정 지역이라는 아주 작은 문제로부터 많은 실증적 근거[hard evidence]를 축적하여, 사건을 유형화시키고, 유형화의 기반 위에서 일반화로 나아간다는 지역사의 고전적 입장을 견지하고 있다. 이 책은 지역 유형화로 나아가기 위한 필자의 전반부 작업에 해당한다. 필자의 후반부 작업은 조선 최대의 농업선진지대인 전라도 평야부 도작지대에 대한 지대 유형화 작업이 되겠지만, 현재 필자의 능력으로서는 후일을 기약할 수밖에 없다. 지역사 연구는 특정 지역의 역사적 특질을 구명한다는 일차적 목적 외에도 사건의 일반화를 위한 유형화 작업이라는, 일 연구자가 물리적으로 처리하기 어려운 지난한 작업이 기다리고 있다. 최근의 연구사는 추가적인 지역사례를 절실히 요청하는 시점이라고 생각한다.

1998년 초부터 시작된 영광 지역연구는 주어진 자료를 완전 연소하면서 아쉬운 대로 2002년 말까지 완료되었다. 이제 지난 5년간의 작업을 마무리하고 拙著를 출간함에 있어 주위의 여러 선생님께 감사의 말씀을 드리지 않을 수 없다.

먼저, 고 효촌 이기태 선생님(영광향토문화연구회 회장 및 영광신문사 사장 역임)께 감사드린다. 영광의 여러 곳을 답사하며 이

지역을 보았지만, 효촌 선생의 방대한 서재에서 영광의 진면목을 보았던 것 같다. 효촌 선생께서는 투병 중에도 佛甲寺와 佛甲池 등 여러 곳을 함께 답사하며 필자의 작업을 독려하였다. 선생께서는 필자를 자택에 묵게 한다든가, 당신의 자가용을 내어주면서 지도 없이 영광 전역을 답사할 것을 명하기도 하셨다. 불갑사 양안을 보고 몹시도 기뻐하던 필자의 모습을 보시며 더욱 부려먹어야겠다고 의욕에 넘치시던 한 향토사학자의 모습을 지금도 기억하고 있다. 효촌 선생께서는 영광작업이 막바지에 이르던 2000년 늦봄 암으로 돌아가셨다. 영광작업의 절반은 항상 효촌 선생의 몫이었다.

지도교수인 이영훈 선생님을 필두로 하여 여러 은사 선생님께 감사의 말씀을 드린다. 이영훈 선생님께서는 필자를 서천과 영광으로 데리고 다니며 지역사 연구의 방법과 필드 워크의 요령을 가르쳐주셨다. 선생님의 엄정한 논문 관리와 늦은 귀가는 필자를 포함한 우리 제자들에게 커다란 교훈과 부담감으로 남아 있다. 경제과의 은사 선생님들은 부족한 필자에게 안락한 연구공간을 허용해주신다든가(노동연구소), 외부 장하금을 주선해주시면서(산학협동재단) 필자의 학위과정을 격려해주셨고, BK사업에 참여시켜주면서 필자의 생활고를 덜어주셨다. 돌이켜보면, 은사 선생님들의 정열적인 강의와 세미나가 필자의 국내 진학을 결심하게 하였던 것 같다. 최단옥 선생님(전 인천대 부총장)께 감사드린다. 畏兄 김재훈 선배님(대구대)께도 감사드린다. 최선생님과 김선배는 늘 분에 넘친 격려와 애정과 염려를 아끼지 않으셨다. 이 책은 대동문화연구원의 자유로운 분위기에 힘입어 완성되었다. 개인의 발전과 조직의 안정을 조화롭게 바라보는 大東研에서 필자는 자유로운 공기를 흡입하며 이 책의 수정작업을 완료하였다. 이 점 임형택 원장님께 감사드린다. 대동문화연구원과 동아시아학술원에서 만난 분들, 하원호 선생, 다시 만나게 된 임경석 선생, 손병규 선생, 이규수 선생, 김건태 선생, 송양섭 선생과는 경제사와 지역사 전반에 걸친 토론과 논쟁이 있었다. 이 책에 그것을 담아내지 못한 점을 못내 아쉽게 생각한다.

필자의 견해를 늘 이해해주시고 보살펴주신 아버지께 감사드린다. 당신의 고단했던 인생에 부족한 이 한 권의 책이 조그마한 위로가 될 수 있을지 두려운 마음이 앞선다. 장남을 위해 늘 많은 기도시간을 할애하시는 어머니, 일관된 희생과 양보로 필자를 사랑해주는 아내 모니카에게도 감사드린다. 시흥 이모님, 막달레나 누님께도 감사드린다. 돌이켜보면 고단한 학위과정이었지만 주위의 훈훈한 사람들로 마음은 늘 부유하여 행복하였다.

마지막으로 부족한 책을 선뜻 출간해 준 경인문화사 사장님, 편집진 諸位께 심심한 감사의 말씀을 드린다. 필자의 박재와 천학으로 이 책의 상업성을 기대하기란 애초부터 무리지만, 본격적인 지역사 저서를 출간한다는 것에 졸저의 의의를 두면 어떨지 모르겠다. 필자는 이제 이 책을 통해 영광 작업을 마무리하고 전라도 지역연구에 전념할 수 있는 여유를 갖게 되었다. 영광 지역연구에서 부족했고 아쉬웠던 문제들, 시행착오들이 적지 않았다. 이제 여러 곳을 돌아다니며 필자의 부족한 지역사 연구를 하나하나 채워나갈 것이다.

2003년 6월 1일

鄭勝振 謹拜

<차 례>

x

<표 차례>

第7章

<그림 차례>

第6章

第7章

視角과 課題

19세기 조선은 1876년 개항과 함께 세계자본주의체제에 강제 편입됨으로써 근대사회로 급격하게 진입하였다. 한국사에 있어서 근대는 개항을 통해 서유럽적 근대가 일본을 통해 이식되고 있음을 주요한 계기로 하고 있다. 이식 근대는 외래적인 것이었기 때문에 개항과 '합방'을 전후한 한국사는 과거 전통사회와는 단절된 역사상을 구축할 수밖에 없었다.

제국주의 국가로서 일본의 부상은 기존의 동아시아질서를 뒤흔들기에 충분한 것이었다. 조선의 대내적 모순이 폭발하였던 1894년의 농민전쟁은 동년의 청일전쟁을 초래하였고 이에 따라 기존의 중국 중심의 동아시아 질서도 크게 변동하였다. 중국과의 事大관계, 일본과의 交隣관계라는 조선의 대동아시아관계는 일본 우위의 제국주의적 수직관계로 전환되고 있었다. 1894년의 청일전쟁과 1904년의 노일전쟁을 승리한 일본은 제국주의 국가로서 그 면모를 일신하면서 동아시아의 신질서를 주도하였다.

한국사에 있어서 본격적 근대는 곧 식민지화를 의미하는 것이었다. '합방'과 함께 일본제국주의에 포섭된 조선사회는 그 장기적 전망에 있어서 스스로를 식민지에 적합한 형태로 재편시키지 않으면 안되었다. 국가의 멸망과 함께 이식 근대로의 이행은각종 제도개혁과 산업정책의 시행과정에서 한국사의 단절적 국면을 초래하였다.

한국사에서 개항과 '합방'이라고 하는 단절적 역사상은 硏究史에도 그대로 반영되어 近代史와 前近代史의 峻別이라는 강한 경향성을 띄고 있다. 그간의 연구사는 전근대와 근대의 각 시기에 대하여 구조론적 분석을 행한다는 주류적 흐름을 만들었지만, 거기에는 이행기의 한국사에 있어서 전근대와 근대를 아우르는 거시적인 설명틀이나 장기사적 시야는 그다지 발전되지 않았다.

근대와 전근대라는 구분은 서구의 연구자들에 의해 아시아의 역사를 이분하는 서구 중심적 역사관의 산물이다. "近代對前近代"라는 개념 속에는 서구 자본주의체제에 포섭된 이식 근대, 그것과 대비된 전근대 아시아사회에 대한 정체론적 사관이 반영되어 있다. 이같은 서구 중심의 이분법적 사관을 극복하려는 유력한 견해가 "長期社會變動"이라는 시각이다.

장기사회변동이라는 시각은 근대 아시아 제사회의 사회구조상의 특질이 어떠한 역사적 과정의 산물인가를 장기사적 시점에서 구명한다. 여기서는 小農社會의 전개과정을 동아시아에 있어서 전통사회의 장기적 존속과정으로 이해하고, 전통사회와 근대와의 연속성을 모색하고 있다.[1]

소농사회는 토지지배의 국가적 집중과 소농민경영의 최고조의 발전이라는 동아시아사회의 두 가지 공통점을 기본골격으로 하고 있다. 동아시아 소농사회는 근대사회로 이행하는 즈음에 근대 산업화에 극히 친화적인 사회구성을 취하고 있다. 경제적 측면에서 보면, 소농사회는 사유재산제의 확립 및 근대적 토지소유권제도의 성립, 그리고 산업에 필요한 자본창출, 노동력창출에 적합한 사회구성을 취하고 있다. 또 정치적 측면에서 보면, 강력한 중앙권력 하

---

1) 宮島博史, 「東アジアの社會經濟」, 「東アジア小農社會の形成」, 溝口雄三外編, 『長期社會變動』, 東京大學出版會, 1994

에 놓인 소농사회에서는 서유럽에 비해 근대적 정치개혁이 비교적 수월하게 진행되었다. 그것은 절대 국가에 대항할만한 정치세력이 사회 내에 사실상 존재하지 않았기 때문이다.[2]

장기사회변동의 시각은 단절적 국면의 이행기에 있어서 근대와 전근대를 아우르는 通時的인 시각을 요청하고 있다. 식민지화가 곧 근대화를 의미했던 한국사에 있어서 '장기사회변동론'은 조선의 식민지화가 장기적으로 어떠한 역사적 과정의 산물인가, 植民地的 近代性(Colonial Modernity)을 둘러싼 보다 광범위한 재검토를 요구하고 있다. 그런데 장기사회변동이라는 커다란 문제의식에 대해 필자의 능력은 극히 한정되어 있다. 여기서는 19세기에서 20세기에 이르는 구조론적 移行理論을 다루는 것은 아니며 개항기를 전후한 지역 농업의 정확한 사실인식과 인과관계의 해명에 충실하려는 실증적인 의도로 가득 차 있다.

최근의 지역사연구는 기존의 사회경제사연구가 인간의 사회적 존재형태와 사회공간의 역사적 성격에 대한 이해로는 충분하지 않았다는 관점에서, 종합적 지역사회사의 이해 방식으로 연구의 관점을 전환시켜 왔다. 이러한 시각의 조정은 근대전환기 한국사에 있어서 '근대대전근대'라는 이분적적 역사상을 극복함과 동시에, 격동기의 이면에 흐르는 한국 전통사회의 특질과 정체성을 해명한다는 점에서 일정한 연구사적 의의를 갖고 있다. 이러한 연구시각은 농촌사회가 갖는 현실적 연속성에 주목함으로써 단절적 역사상을 극복하려는 야심찬 기획이다.

구래 한국농촌의 전통적 요소들은 근대화를 가로막고 사회발전을 지체시킨 질곡으로서 빠른 시일 내에 청산되어야 할 과거라는 부정적 이미지 속에 방기되어 있었다. 그럼에도 불구하고 격동의 근대 한국사회에는 농촌의 전통적 요소가 여러 형태의 관행과 질

---

2) 宮島博史, 「東アジア小農社會論と思想史硏究」, 韓國實學學會, 『實學과 東亞資本主義』, 第7回 東亞實學國際學術大會, 2002.

서체계로서 내재하고 있음이 주지의 사실이다. 이것은 때로 일제의 식민지 지배체제에 순응과 길항의 이중성을 드러내면서 한국 고유의 근대화의 특징을 규정하고 있다. 요컨대, 한국 사회에는 급격한 근대화에 의해 쉽게 부정될 수 없는 한국 고유의 사회적 연속성이 내재하고 있다. 이것은 때로 근대화를 견인하고 식민지성과 긴장관계를 연출하면서 한국 근대화의 일 특징을 규정했던 것이다.

지역사연구는 한국사회의 장기변동을 파악하는 새로운 단서이며 유력한 연구방법이다. 지역사의 연구틀 속에서는 정치·운동사나 사회·경제사와 달리 격변기의 단절적 국면을 회피하는 것이 가능할지도 모른다. 여기서는 근대전환기 정치적, 제도적 격변의 이면을 흐르는 사회적 연속성을 포착하는 것이 가능하다. 기층 농민의 생활, 인간의 살림살이, 그들의 사회상에는 최소한 단절적 국면이란 성립할 수 없기 때문이다. 지역사의 전개과정은 일정한 시공간 내에서 벌어지는 인간의 삶의 현실적이고도 구체적인 파동의 연속이라고 할 수 있다.

그런데 전근대와 근대를 시야에 넣는 通時的 연구의 경우 현실적으로 부딪히는 문제는, 사회의 장기변동을 파악할 수 있는 자료를 좀처럼 쉽게 얻을 수 없다는 점이다. 장기사적 시야를 확보하는 것이 역사학의 중대한 과제이긴 하지만, 실제로 지역사회의 장기적 변동과정을 파악할 수 있는 자료의 발굴은 여전히 부진한 상황이다. 전근대의 경우 현재와 같이 각종 통계가 체계적으로 작성되지도 않았고, 또 官撰資料가 존재하지만 그것은 극히 단편적인 것이어서 장기간에 걸쳐 동질적인 데이터로서 활용하기가 곤란하다는 현실적인 문제가 존재한다.

그런데 최근에 들어서 장기사적 연구는 문화사, 사회사, 경제사 분야에서 새로운 자료의 발굴과 함께 연구의 진전이 보이고 있다. 여기서는 지역 단위의 古文書類가 새롭게 발견되기도 하고 기존의 단편적인 관찬자료와 상이한 지역관련자료(middle level data)가

적극 이용되고 있다. 특히, 사회경제사 분야에서는 物價史(특히 米價, 賃金) 연구, 地主制의 장기변동에 관한 연구, 장기인구변동 등이 그 대표적인 성과라고 할 수 있다.

먼저 지주제 연구로서 18세기까지 慶尙道 漆谷 李氏家의 사례를 주목할만한 하다.3) 거기서는 1685~1787년 사이에 작성된 打租 秋收記가 존재한다. 약 100여 년 사이에 이씨가의 斗落當 地代收取量은 약 1할 정도 감소하는 漸減 추세를 보이면서 정체적인 지주제상을 연출하였다. 지역을 달리하여 19세기 지주제 연구로서 全羅道 靈光과 靈巖의 사례를 살펴보면, 거기서는 執粗制下 19세기 전반 두락당 지대(부과)량은 9~10斗 수준이었던 것이 1860년대에 이르면 6~8두 대로, 1880~90년대에는 3~5두 대로 최저점을 기록하고 있다. 이후 1910년대에 들어서야 19세기 전반의 수준이 회복되고 있다.4) 갑오농민전쟁기를 低點으로 하는 이 U字型 커브는 19세기 후반 지주제의 위기, 나아가 호남의 농업위기를 보여주고 있다.

이같은 상황이 연출되자 전라도의 米價(租價)는 1850년대 石當 2~3兩에서 1860년대 이후 4~6냥으로 배 이상 상승하였다. 이것은 18세기의 안정적인 미가 추이와는 상이한 것으로서 조선의 시장경제가 19세기에 들어서 급격한 변동과정에 진입하고 있음을 보여주고 있다.5) 18~19세기간 장기 시계열의 추적이라는 최근 물가사 연구가 올리고 있는 성과는, 지역적 범위를 확대하여 전국적 시장의 통합과 분열이라는 새로운 형태의 市場史 연구로 이동하고 있다.6)

---

3) 金建泰, 1996, 「16~18世紀 兩班地主層의 農業經營과 農民層의 動向」, 成均館大博士學位論文.
4) 鄭勝振, 「19·20世紀前半 農民經營의 變動樣相」, 『經濟史學』 25, 1998; 李榮薰, 「湖南 古文書에 나타난 長期趨勢와 中期波動」, 정구복 박병호 이해준 이영훈 김현영, 『호남지방 고문서 기초연구』, 한국정신문화연구원, 1999.
5) 全成昊, 1998, 「朝鮮後期 米價史 硏究(1725~1875)」, 成均館大博士學位論文.

이같은 장기사적 연구에 의해 19세기 조선사는 변동의 파고나 그 수준에 있어서 이전의 안정기와는 이질적인 사회로 인식되고 있다. 확실히 조선후기 300년간은 동질적인 기간으로 파악하기엔 너무나 긴 시간이다. 그러나 우리는 아직도 19세기 조선사에 관한 어떠한 합의된 견해에 도달해 있지 못하다.

이 글은 '19세기', '개항기', '식민지기'라는 기존의 연구사가 수행한 정형적인 분석 틀을 벗어나 19세기 전반 이래 20세기 전반기까지의 농업변동 양상을 通時的인 시각에서 바라보고자 한다. 지주제 문제를 실마리로 하여 이 시기 지역 농업의 장기추세를 확인하는 가운데, 19세기 후반의 농업 상황을 20세기 전반의 그것과 비교함으로써 19세기 후반 조선농업의 모순구조가 무엇이었고, 또 20세기 초 조선농업의 시대적 과제가 무엇이었던가를 구명한다. 이같은 방식은 20세기 초 새롭게 형성되는 植民地地主制를 귀납적으로 이해하는 또 하나의 시각을 제공할 것이다.

이 글은 실증분석을 강화하기 위해 地域事例硏究의 틀을 취하기로 한다. 靈光 辛氏家라는 個別 地主家事例를 중심으로 동군 내 量案, 民狀, 水利組合 자료를 대상으로 하는 지역사례가 이를 補足한다. 이 글은 일차적으로 영광이라는 일 지역에 한정된다는 한계점을 갖지만, 최근까지 알려진 海南, 求禮, 靈巖 등의 사례와 비교함으로써, 영광과 동질적인 농업지대에 속하는 全羅道 平野部 稻作地帶에 대해 일반화의 가능성을 열어놓을 것이다.

근년까지 조선의 농업을 대상으로 하는 연구가 다수 발표되고 있지만, 그 어느 것을 보더라도 지주제에 대하여 언급하지 않는 것은 없다. 지주제야말로 조선 농업문제의 핵심으로 자리 잡고 있다고 할 수 있다. 그런데 지주제에 대해서는 개항 이전에 시각을 맞추어 그것의 20세기까지의 동태에 대해서는 그다지 알려진 바가

---

6) 李榮薰 朴二澤, 「農村 米穀市場과 全國的 市場統合: 1713~1937」『朝鮮時代史學報』19, 2001.

없다. 현재의 연구사 단계에서는 개항 이후 그 변동에 능동적으로
대응함으로써 상인층이나 중인층으로부터 다수의 '신흥지주층'이
발흥하였으며, 이들의 성장이 한말 이래 일제하에 걸쳐 지주제의
확대를 주도하고 있었다는 것이 통설적인 이해이다.

　근대사 연구자들이 중심이 되었던 일제시기 농업문제에서 植民
地地主制는 가장 주요한 연구테마였다. 한국 및 일본에서 이 분야
의 연구 성과는 대단히 풍부한 편이다. 지주제 연구는 개별 지주가
분석[7]과 거시적인 통계분석[8]이라는 두 가지 연구방법이 주류적인
흐름을 형성하고 있다. 개별 지주가 분석에서는 한말 이래 개항과
상품화폐경제화에 능동적으로 대응함으로써 '동태적 지주'로 성장
하는 다수의 新興地主群이 확인되었다. 거시적 통계분석에서는 식
민지기에 들어서 새롭게 사회경제적 지주로서 형성된 조선인 대지
주의 존재형태가 구명되고, 대지주와 총독부 사이의 정치적 연합이
성립하고 있음을 보여주었다. 그러나 전자의 연구에서는 구체적인

7) 金容燮, 『韓國近現代農業史硏究』 一潮閣, 1992; 洪性讚, 「韓末·日帝下의
　　地主制硏究 - 江華 洪氏家의 秋收記와 長冊分析을 중심으로 - 」 『韓國史
　　硏究』 33, 1981; 同, 「韓末·日帝下의 地主制硏究 - 谷城 曺氏家의 地主로
　　의 成長과 그 變動 - 」 『東方學志』 49, 1985; 同, 「韓末·日帝下의 地主制
　　硏究 - 50町步 地主 寶城 李氏家의 地主經營 事例 - 」 『東方學志』 53,
　　1986; 同, 「日帝下 企業家的 農場型 地主制의 歷史的 性格」 『東方學志』
　　63, 1989; 崔元奎, 「韓末·日帝下 農業經營에 관한 硏究 - 海南 尹氏家의
　　事例 - 」 『韓國史硏究』 50·51, 1985; 淺田喬二, 『(增補)日本帝國主義と舊
　　植民地地主制』 龍溪書舍, 1989(初版. 1968); 森元辰昭, 「日本人地主の植
　　民地(朝鮮)進出 - 岡山縣溝手家の事例分析」 『土地制度史學』 82, 1979; 田
　　中愼一, 「西服部家の朝鮮進出」 『土地制度史學』 82, 1979
8) 安秉直, 「植民地下 朝鮮人大地主의 硏究」 『經濟論集(서울大)』 14-3, 1975;
　　堀和生, 「日本帝國主義の朝鮮における農業政策」 『日本史硏究』 171, 1976;
　　宮嶋博史, 「植民地下朝鮮人大地主の存在形態に關する硏究」 『朝鮮史叢』 5·
　　6, 1982; 張矢遠, 「日帝下 農民層分解의 樣相과 그 性格」 『일제의 한국 식
　　민통치』 정음사, 1985; 同, 「日帝下 大地主의 存在形態에 관한 硏究」, 서
　　울大博士學位論文, 1989; 松本武祝, 「朝鮮·全羅北道農業の構造變化」 『日
　　本史硏究』 298, 1987; 박섭, 「植民地後期의 地主制 - 實態와 政策 - 」 『經
　　濟史學』 18, 1994.

상황이 해명된다고 하는 장점과, 당해 개별사례의 보편성 여하가 불명확하다는 단점이 있다. 후자에서는 보편성의 문제는 회피되지만, 구체성 여부와 매크로 자료의 제약성이라는 단점이 있다.

이같은 연구성과에 의해 동태적 지주의 범주를 둘러싸고 진행되었던 지주제 유형론은, '조선인지주＝靜態的地主; 일본인지주＝動態的地主'라는 '兩分論'에서, 일부 조선인이 동태화에 성공하는 '朝鮮人地主 2類型論'으로 수정되기에 이른다. 그럼에도 불구하고 식민지기에 보다 다수로 존재한 정체 혹은 쇠퇴과정에 있는 조선인 在村(中小)地主는 분석 시야에서 사라지고, 이들에 대해서는 구래의 관행을 답습하는 정태적 지주라는 부정적인 이미지만이 증폭되었다.

그런데 최근에 들어서 '地方有志' 혹은 在村中小地主라는 관점에서 지주제와 농촌사회구조와의 관련성을 분석하려는 새로운 연구성과가 발표되었다.9) 여기서는 지역 전체의 사회구성 가운데 재촌지주의 위치설정이 이루어지고 촌락 내 그들의 행동원리와 역할이 해명되면서 村落社會史로 연구의 시야를 확대하고 있다.

이같은 지주제 연구의 흐름에 대해 몇 편의 지역사례 연구가 발표되었다. 지역사례 연구는 개별 지주가 분석과 거시적 구조분석을 통일된 시각 하에 접목하는 방법으로 도입되었다. 全南 務安郡 望雲地域에 대한 공동연구에서는 일제시기를 중심으로 農地所有構造, 農村金融, 教育實態, 中小工業 등 다각적인 시각 하에 망운지역에 대한 본격적인 지역사례연구로 진행되었다.10) 특히, 이종범의

---

9) 지수걸, 「일제하 公州地域 有志集團 연구(1)」『역사와 역사교육』창간호, 1996; 同, 「일제하 公州地域 有志集團 연구(2)」, 于松趙東杰先生停年紀念論叢刊行委員會編, 『韓國民族運動史研究』, 1997; 同, 「일제하 公州地域 有志集團 연구(3)」『역사와 역사교육』 2, 1997; 金翼漢, 「植民地期朝鮮における地方支配體制の構築過程と農村社會變動」, 東京大博士學位論文, 1996; 松本武祝, 『植民地權力と朝鮮農民』, 社會評論社, 1998

10) 연구는 다음과 같이 분담되었다. 최재율, 「망운지역의 개관 및 연구개요」; 이종범, 「1915~1945년 농지소유구조의 변동」; 조담, 「1930년대 농촌금융

연구에서는 토지대장을 본격적으로 이용해 지역을 사례로 하는 식
민지지주제의 추이를 보고 하면서, 지주제의 동향과 성격에 대한
향후 풍부한 논의의 근거를 제공하였다.11)

식민지지주제는 水利組合事業地區에서 전형적으로 발전하였으
며, 이같은 경향은 全羅道 지역에서 가장 선명한 것으로 확인되었
다.12) 전라도 일대는 개항장인 群山과 木浦의 배후 농업지대로서
미곡생산과 미상품화가 발전한 지역이다. 때문에 '합방'을 전후한
시기부터 일본인 대지주의 토지집적 및 농장경영이 활발하여, 식민
지지배의 상징성이 높은 전형적 사례지역으로 주목되었다.

洪性讚의 연구와 蘇淳烈의 연구는 개별 지주제 연구를 지역사례
연구로 확장시킨 이 계통의 귀중한 연구성과이다. 洪性讚의 연구는
한말·일제하 全南 和順郡 同福面의 최대 지주인 吳子攝·吳建基
家의 2대에 걸친 지주로의 성장과 農場制로의 개편과정을 구명함
으로써, 일제하 企業家的 農場型 地主制의 일반적 존재형태를 제시
하고 있다.13) 여기서는 분석시야를 확대하여 토지대장과 호적을
통해 邑三里 일대의 소유분화 상황을 개관하는 가운데 吳氏家의
위치를 확정하고, 오씨가의 내부 경영자료를 이용해 식민지기 조선
인 지주의 동태적 변동상을 제시하였다. 시기적으로는 해방 이후
1950년대까지 확장하여 農地改革과 韓國戰爭에 대한 오씨가의 대
응과 변용과정을 지역사 레벨에서 다루고 있다. 이같은 연구 패턴

外 실대 무인군 망운시역을 중심으로-」; 정근식, 「일제하 전남농촌의
교육실태-망운지역을 중심으로-」; 정기화, 「무안지방 중소공업의 전개
-1910년대부터 1950년경까지-」; 박광서, 「1960년대 이후 농민층분해 연
구-망운지역을 중심으로-」. 이상 『全南 務安郡 望雲地域 農村社會構造
變動硏究』, 전남대학교 호남문화연구소, 1988 所收.
11) 李鐘範, 앞의 논문; 同, 「1915~50年代 農地所有構造의 變動-광산군 하
남면의 사례-」『李載龒博士還曆紀念韓國史學論叢』, 1990.
12) 松本武祝, 「朝鮮·全羅北道農業の構造變化」『日本史硏究』 298, 1987; 同,
『植民地期朝鮮の水利組合事業』未來社, 1991.
13) 洪性讚, 『韓國近代農村社會의 變動과 地主層-20세기 前半期 全南 和順
郡 同福面 일대의 事例-』지식산업사, 1992.

은 종래 一家門의 지주경영 사례에 그치고 있던 지주제 사례연구
를 지역사·촌락사로 그 분석 시야를 확대하는 연구사적 의의를
갖고 있다.

　蘇淳烈의 연구에서는 地域農業史라는 새로운 연구틀이 제기되었
다.14) 여기서는 전북의 농업패턴과 전북 지주제의 지역적 특징을
개관하는 가운데, 사례연구의 중심인 일인계 농장형 지주(熊本家)
의 위치를 설정하고 그것의 토지집적 과정과 경영구조를 농장의
경영관계자료를 통해 구체적으로 구명하고 있다. 熊本農場은 群山
을 중심으로 주도한 소작지 경영을 행한 전북 최초의 일인계 지주
의 진출 사례이다. 저자는 총독부 농정에도 주목하여 우량품종의
보급을 중심으로 식민지농정의 특징을 다루고 있으며, 熊本家의 지
주경영과 대극을 이루는 농민층의 동향에 대해서도 전북 일반과
熊本農場의 내부라는 두 레벨에서 小作經營과 小作爭議라는 형태
로 다각적으로 다루고 있다. 그의 연구는 지역농업사 차원에서 전
북 지주제에 대하여 특히 1930년대 전반의 農業恐慌期 이후의 변
동과정에 주목했다는 점에서, 향후 식민지지주제에 대한 풍부한 논
의의 계기를 제공하고 있다.

　全南 求禮郡 土旨面 五美洞 柳氏家 사례연구는 기존 연구사를
통해 단일 소재로서는 가장 많은 연구자가 참여했던 지역사례연구
로 기록되고 있다. 먼저 柳氏家에 대한 개별 사례연구에서는 류씨
가의 자소작지 소유 실태를 구명하고 주로 가작지를 중심으로 류
씨가의 경영 실태를 노동력 사용 구조와 관련시켜 살피고 있다.15)

---

14) 蘇淳烈, 「植民地後期朝鮮地主制の硏究 - 全羅北道を中心に - 」京都大學博
　　士學位論文, 1994(國譯 : 『근대지역농업사연구』, 서울대학교출판부,
　　1996).
15) 이두순 박석두, 『한말 - 일제하 양반 소지주가의 농업경영 연구 - 구례 류
　　씨가의 사례를 중심으로 - 』, 한국농촌경제연구원, 1993; 同, 『한말 - 일제
　　하 양반 소지주가의 수지변화에 관한 연구 - 구례 류씨가의 사례 - 』, 한
　　국농촌경제연구원, 1995; 박석두, 『한말 - 일제하 토지소유와 지세제도의
　　변화에 관한 연구 - 전남 구례군 柳氏家의 사례를 중심으로 - 』, 한국농촌

또한 家計簿 자료를 이용해 류씨가의 收支構造를 분석하고 양반재
촌지주가로서 류씨가의 쇠퇴 요인을 구명하고 있다. 그 결과 1930
년대 이후 조선인 중소지주의 몰락 요인으로 지적된, ① 가작지에
서의 노동력 부족 사태, ② 전통적 생활관습으로 인한 방만한 지출
구조 등은, 구례 류씨가 연구가 거둔 이 계통의 커다란 성과 가운
데 하나라고 할 수 있다. 일제초 토지조사사업과 관련해서는 소유
권 사정 과정에서 류씨가의 대응 양상과 地主納稅의 확립과정을
상세하게 고찰였다. 나아가 연구의 공간적 범위를 류씨가의 거주지
인 五美洞 마을 차원으로 확대하여 鄕約, 洞約, 面約, 각종 契册 등
을 이용해 마을 단위의 사회구조와 마을 내 사회조직의 운영 실태
등을 다루었다.16) 류씨가는 1851년에서 1936년에 이르는 祖·孫 2
대의 생활일기를 남기고 있는데, 이해준의 연구에서는 한말·일제
하의 격동기를 거치는 마을 내 구체적인 사회생활상이 묘사되고
있다.17)

　19세기 후반 이래 求禮縣 五美洞에 대한 李鍾範의 연구에서는
구례현 土旨面과 토지면 오미동에 현존하는 鄕村文書와 오미동 柳
氏家의 地主家資料를 이용해 20세기 초 까지의 農村社會構造와 그
변동 과정을 租稅制度를 중심으로 살피고 있다.18) 여기서는 19세

경제연구원, 1995.
16) 박석두, 『한말-일제초 농촌사회구조와 사회조직에 관한 연구-전남 구
　　례군 토지면 오미동 시례-』, 한국농촌경세인구원, 1996; 오미동과 토지
　　면의 사회조직의 운영 상태를 보여주는 것으로서 『구례군 사회조직문서
　　(1871～1935)』, 한국농촌경제연구원, 1991(해제 : 金仁杰) 참조.
17) 이해준, 「한말~일제시기 '생활일기'를 통해 본 촌락사회상-求禮 柳氏家
　　의 「是言」과 「紀語」를 중심으로-」 『정신문화연구』 19-4, 1996; 이 생활
　　일기는 『求禮 柳氏家의 생활일기(1851～1915)』(상), 『求禮 柳氏家의 생활
　　일기(1916～1936)』(하), 한국농촌경제연구원, 1991로 간행된 바 있다(번
　　역: 이해준).
18) 李鍾範, 「19세기 후반 戶布法의 運營實態에 대한 檢討-全羅道 求禮縣
　　事例-」 『東方學志』 77·78·79, 1993; 同, 「19世紀末 20世紀初 鄕村社會
　　構造와 租稅制度의 改編-求禮郡 土旨面 五美洞 「柳氏家文書」分析-」,

기 말 20세기 초에 걸친 제도개혁을 검토함에 있어서 단순한 제도
사적 차원을 넘어서 그러한 제도의 개편이 불가피하게 된 社會變
動 특히, 農民層의 動向을 시야에 넣고 부세제도의 운영문제를 지
역 레벨에서 구체적으로 구명하고 있다.

　慶尙道 醴泉郡 龍門面 大渚里의 공동연구는 朴氏家의 渚上日記
(1834~1949)를 필두로 하여 日用記, 秋收記를 비롯한 농업경영자
료, 각종 契冊, 土地臺帳 등 다양한 자료를 이용해 지주가를 중심
으로 한 地域生活史로 연구 범위를 확대시키고 있다.[19] 먼저, 日用
記와 日記를 이용하여 각종 재화의 거래에 대한 장기변동(1841~
1934), 주요 상품가격에 대한 추이(1834~1937), 실질임금의 장기
추세(1853~1910) 등 物價史 연구를 주목할만하다. 19세기 전반 이
래 20세기까지의 地主制에 대한 장기변동 연구는, 박씨가 추수기를
중심으로 한 지주경영(19~20세기 전반)과 토지대장을 통한 지주
제의 장기추이(1915~1977) 분석이라는 양 측면에서 진행되었다.
또한 大渚里를 중심으로 한 사회적 분업관계, 결사체로서 촌락의
구조, 농촌 금융 실태, 膳物交換 양상, 사망과 생로병사 등 인간의
존재형태와 일상을 소재로 하는 生活史, 地域史로 연구 범위는 한
층 확대되었다.

　이상과 같은 선행 연구성과에 의해 한국농업사연구는 한층 구체

延世大博士學位論文, 1994; 同, 「19세기 후반 賦稅制度의 운영과 社會構
造」『東方學志』89·90, 1995.
19) 연구는 다음과 같이 분담되었다. 安秉直, 「總論」; 須川英德, 「19세기 農
村社會에 있어서 社會的 分業」; 李憲昶, 「家計出納簿『日用』의 내용과
성격」; 同, 「農村財貨市場의 構造와 變動 : 1841~1934」; 朴基炷 李宇衍,
「農村의 財貨價格과 物價의 推移 : 1834~1937」; 李宇衍, 「農村賃金의
推移 : 1853~1910」; 朴基炷, 「19·20세기초 在村兩班 地主經營의 動向
」; 李榮薰, 「18·19세기 大渚里의 身分構成과 自治秩序」; 金載昊, 「農村
社會의 信用과 契 : 1853~1934」; 朴二澤, 「農村社會에서의 膳物交換 :
1834~1956」; 宮嶋博史, 「死亡의 季節的 分布와 그 時期的 變化」; 趙錫
坤, 「土地臺帳에 나타난 土地所有構成의 變化」. 이상 安秉直 李榮薰 編
著, 『맛질의 농민들-韓國近世村落社會史-』, 一潮閣, 2001 所收.

화되었다고 말할 수 있을 것이다. 특히, 최근까지 지속되고 있는 지역사례연구는 연구 시야에 있어서 동리, 면, 군 레벨로 공간적 범위를 확대하면서 사례의 함의를 다각적으로 구명하는 연구 경향을 보이고 있다. 또한 '합방'(1910)이나 해방(1945)과 같은 격동기를 전후한 역사상을 연속적으로 파악함으로써 특정 시기를 대상으로 한 구조분석의 한계를 극복하고 있다.

그러나 그간의 연구는, 일부의 사례연구를 예외로 한다면, 개항기를 전후로 하여 전근대와 근대의 峻別이라는 전통적인 시각에 머물러 있다. 가령 한말과 일제시기를 동일한 비중으로 다룬다 하더라도 전근대 시기에 대해 근대적 프리즘으로 해석하게 되는 분석시각 상의 한계를 드러내고 있다. 여기에는 전근대와 근대라는 이질적인 두 시기를 아우르는 거시적인 분석 방식은 그다지 발전되어 있지 않다. 전술한 바와 같이, 지역사례연구에서는 현실적으로 자료 求得의 어려움, 자료 자체의 이질성, 개항과 '합방'이라는 단절적인 역사적 현실이 연구사에도 강하게 반영되었기 때문이라고 생각된다.

최근 일련의 지역사례연구에 대해 필자는 방법론상으로 동감하고 있다. 최근의 연구사는 추가적인 사례연구를 절실히 요청하고 있는 시점이라고 생각된다. 현재까지의 연구사 상황을 돌이켜 볼 때 우선적으로 요청되는 것은, 장기사적 시야의 확보이며 기초적인 사실의 확인작업이다. 구체적인 사실관계에서 19세기 조선의 농업은 어떠한 발전단계에 있었는가. 조선의 지주제는 1894년의 격동기를 전후하여 어떠한 변동과정을 노정하고 있었는가. 여기서는 지주제를 중심으로 19세기 이래 20세기 전반까지 농업내부의 변동과정을 지역사연구의 형태로 살펴보고자 한다.

이 글에서는 연구방법상 지주제 사례연구의 틀을 취하면서 특정 지역의 농업 문제를 미시적으로 분석하고자 한다. 여기서의 입장은 농업변동의 방향을 직접생산자 小農民經營의 동향에서 찾고 농민

경영의 시각에서 지주제를 논하는 것이다. 이 경우 지주제 전개의
기초로서 또 농업변동의 1차적 요인으로서 耕地狀態의 변동양상은
주요한 관심대상이다. 토지의 한계생산성이 낮은 서유럽의 건조농
업지대와 달리, 동아시아 몬순도작지대에서는 토지에 노동력을 투
입하면 투입할수록 토지의 한계생산성은 높아진다. 보다 높은 생산
성을 유발하는 최대의 요인은 항상 토지(의 질적 상태) 그 자체였
으며, 토지에 대한 투자가 중요하게 된다.

경지상태는 농민의 생활환경이자 주요한 생산수단이다. 보다 장
기간을 분석시야에 넣을 때, 경지조건의 변동은 1차적으로 농업생
산력(=토지생산성)을 규정하면서 지주제 전개의 기술적 조건으로
기능한다. 지주제는 토지생산성에 규정된 소농민경영을 착취기반
으로 하여 생산관계로서 성립하면서 경지상태의 변동이라는 생산
력적 요인과 인과관계를 형성하게 된다.

지주제 역시 사회적 분업관계의 소산으로서 사회적 조건이 연출
하는 각종 모순에 제약되고 있다. 지주제는 재생산을 위한 하나의
생산관계로서 농업외적인 나아가 경제외적인 여러 문제와 관련되
고 있다. 가령 지대율의 경우 농민들이 실현하는 토지생산성에만
제약되는 것은 아니며, 地主·農民間의 力關係 등 사회적 제조건에
의해 결정된다. 이 경우 농촌사회의 안정성 여부, 국가의 農政 기
조(지주적 농정인가, 牧民的 농정인가) 등은 생산성만큼이나 중요
한 변수이다. 지역레벨에서 지주제를 폭넓게 이해하려는 이 글의
시각에서 경제외적 조건으로서 사회적 제문제에 주목하는 이유는
여기에 있다.

이 글은 이질적인 자료를 통해 독립적인 시각에서 영광의 농업
변동 양상을 구명하는 지역사연구이다. 여기서는 먼저 18세기와 대
비된 19세기 후반 영광의 耕地條件을 살펴보고, 19세기 후반에 들
어서 1894년 갑오개혁을 전후한 영광 농촌의 社會的 條件을 구명
한다. 본격적으로 地主經營·農民經營의 양 측면에서 19세기의 농

업변동 과정을 20세기 전반기와 비교사적으로 다루고, 촌락사회사적 시점에서 영광의 농업문제, 지주제문제를 미시적으로 검토해 본다. 또 영광지역의 농업문제를 시장·유통이란 거시적 관점을 통해 검증하기로 한다. 마지막으로 水利組合事業을 중심으로 20세기 전반 경지상태의 질적 변동에 주목하고자 한다. 이상과 같은 논점 하에 이 글의 과제를 구체화시켜 보면 다음과 같다.

제1장에서는 19세기 조선농업 전개의 배경이 되는 경지의 질적 상태를 구명한다. 18세기와는 상이한 19세기 경지의 변동양상을 추적함으로써 19세기 경지실태상의 시대적 특성을 구명한다. 특히, 지역적 특징에 주목함으로써 이 지역에서 農業矛盾이 어떠한 배경 하에 심화되고 있는가를, 경지문제와 結稅문제를 중심으로 하여 살펴본다. 이어서 18세기 전반 이래 19세기 후반까지 소유분화 양상을 개관하는 가운데, 경지상태의 변동이 토지소유관계에 어떠한 영향을 미치는가를 구명한다.

제2장에서는 19세기 후반 조선농촌의 사회적 제조건을 기층 농민의 분쟁과 갈등이라는 시각에서 살펴본다. 향촌사회사라는 시각 하에 농촌 농민들이 겪는 어려움을 19세기에 정형화된 民狀을 통해 구체적으로 접근하는 것이다. 먼저, 종래 알려진 三政紊亂이 향촌레벨에서 어떠한 문제를 야기하고 있었는가를 살펴본다. 그리고 民間의 분쟁과 갈등 양상에 대해서도 경제적 문제와 사회적 문제로 유형화하여 농촌모순의 실태에 접근하고자 한다. 미지막으로 이싱의 여러 문제에 대해 1894년 농민전쟁, 갑오개혁을 전후한 변화양상을 비교사적으로 살펴보기로 한다.

제3장에서는 19세기에서 20세기 전반에 걸치는 재촌지주가인 靈光 辛氏家의 농업경영 양상을 사례연구의 형태로 다룬다. 19세기 후반 이래 심화되고 있는 地主制의 변동 양상을 확인하고, 식민지기에 들어서 그것이 어떠한 변화과정을 걷는가를 地主經營의 시각에서 조명한다. 사례의 대상인 靈光 辛氏家는 문제의 19세기 후반

에 격렬한 변동국면을 노정하는, 종래 성장추세에 있는 '單線發展的' 지주상과는 상이한 양반 중소지주가 사례이다. 여기서는 종래의 動態的地主論을 Scott-Popkin論爭의 시각하에 새롭게 재해석하여 종래 經濟的 合理主義에 입각한 地主像의 도출에 그치지 않고, 그것의 행동원리가 구래의 集團主義的 生存倫理에 의해 뒷받침되고 있음을 구명하려 한다.

제4장에서는 지주제 변동의 요인이 그 착취기반인 농민경영에 있다는 시각 하에 신씨가 작인층의 동향에 주목한다. 전장에 이어 19세기 후반 영광의 농업, 지주제의 구조를 농민경영의 시각에서 장기사적으로 고찰한다. 여기서는 중앙 관찬자료를 방증자료로 이용해 전장의 고문서 자료와 비교 · 분석함으로써 19세기 후반 영광농업의 지역적 특징을 명확히 하고자 한다. 농민경영의 구체적 내용을 성씨 · 신분, 경작면적, 경작기간, 작인존속률 등 몇 가지 지표로 산출하고, 이를 19세기 후반과 20세기 전반을 비교하는 데 논의의 중점을 두기로 한다. 동시에 영광 신씨가의 사례뿐 아니라, 구례, 해남, 영암, 무장 등 인접 사례들과 비교함으로써 이상의 농민경영 논의가 전라도 평야부에서 어느 정도의 일반화의 가능성을 갖는지 검증해보기로 한다.

제5장에서는 촌락사회사 문제로서 19세기 이래 식민지기에 걸친 재촌지주의 사회적 존재형태와 독배기[立石] 마을의 모습을 구체화해 보고자 한다. 여기서는 山訟이나 契문제와 같은 지주의 다양한 삶의 양태를 살펴보고 이것을 실마리로 하여 기층 농민들의 실상의 일단에 접근해보고자 한다. 특히, 지주가의 계 문서에 천착하는 것은 스스로 기록을 남기지 못한 기층 농민의 삶에 접근하는 하나의 대안이다. 여기서는 신씨 집성촌 하에서 지주가의 문서들을 통해 간접적으로 드러나는 농민의 생활상에 접근함으로써 농민과 지주를 둘러싸고 있는 독배기 마을의 모습을 복원하는 데 일조하고자 한다.

제6장에서는 장기 지역사연구의 흐름을 타면서 영광군에서 나타 난 19세기 후반의 농업변동, 농촌사회의 변화 양상을 시장과 유통 이라는 관점에서 재조명하려는 것이다. 문제는 5일장인 농촌정기시 의 장기 동태이다. 여기서는 기존의 지방장시 연구가 道레벨과 郡 레벨에서 구체적인 사례연구의 형태로 진행되었던 점을 감안하여, 영광이 포함된 全羅右道 혹은 全羅南道 내에서 여타 지역과의 관 련성과 차이점을 비교하는 형태로 영광의 지역적 특질에 접근하고 자 한다.

제7장에서는 식민지기에 들어서 농민경영, 나아가 지주제가 안 정화되는 기술적 조건이 무엇인가를 구명한다. 영광에서는 1920년 대에 들어서 産米增殖計劃이라는 국가적 규모의 산업정책 하에 대 규모 土地改良事業 즉, 水利組合事業이 시행되었다. 먼저, 이 사업 의 주체인 靈光水利組合이 토지개량과 농사개량이라는 두 가지 측 면에서 지주제의 안정화를 위한 생산력적 基底로서 기능하게 되었 음을 살펴본다. 이어서 수리조합반대운동, 식민지지주제의 전개를 둘러싸고 수리사업을 경험하게 되는 영광의 지주, 농민들의 대응 양태를 구체적으로 살펴보고자 한다.

이 글은 靈光이라는 하나의 郡을 분석 단위로 하는 지역사연구 이다. 여기서 주목하는 郡은 한국사에 있어서 중앙집권적 전통을 염두에 두는 지역사연구의 분석 단위이다. 18세기 중엽 이래 郡은 부세제도에 있어 比摠制가 본격적으로 시행되면서 중앙 정부로부 터 상대적인 '자율성'을 부여받은 행·재정체계로 재편되었다. 군을 단위로 하는 지역 관찬자료가 다수 존재하고 있음은 이 때문인데, 연구자에게 있어 군은 '지역관련자료'를 가장 효과적으로 다룰 수 있는 분석 단위이다.

전통적으로 郡(府, 郡, 縣, 鎭, 島)은 국가의 중앙권력과 지방 적 삶 간의 접점(access point)을 형성해 왔다. 고려시대 중앙 관료제가 확립된 이후 郡은 국가가 파견한 관료에 의해 관리되는 최하급의 행정단위로 역할을 해왔다. 古來로 군은 향촌사회의 상징적 활동들이 이루어지는 단위로서 오래도록 기능해 왔다. 本貫＝鄕貫에서도 표현되듯이 姓族이 정체성을 확립하는 단위였으며, 鄕校의 소재, 鄕案의 작성 단위로서 지방사회의 여론 형성의 場으로 기능해왔다.

한편, 군은 面, 洞·里, 自然村落 등을 하위 행정단위로 하고 있으며, 이같은 하위 레벨의 개별 행정단위에 대해 행·재정권을 총괄하고 있다. 군은 상위 레벨의 중앙 관료제에 대해 또 하위 레벨의 촌락사회에 대해 兩者를 매개하는 중간적 수준(middle level)에서 존재하며 지역 상황을 대변하고 있다.

군을 대상으로 하는 중앙 레벨의 관찬자료는 단편적이고 산발적이어서 그 이용이 쉽지 않은 반면, 민간 레벨의 자료는 그 求得 자체가 용이하지 않다. 그런데 최근 발굴되는 촌락 레벨의 古文書들은 이제까지 관찬자료가 보여주지 못한 구체적인 촌락사회상을 연출하고 있다. 필자가 영광군이라는 지역 레벨을 연구 대상으로 삼은 결정적인 이유는, 민간 레벨의 고문서류와 함께 이 지역의 풍부한 지역 레벨(middle level)의 자료 존재상황에 기인한다.

각 장에서 상세히 후술되겠지만, 영광군에는 조선양전사에서 가장 선진적인 형태를 보인 改量案(1719~1868)과 19세기 후반과 갑오농민전쟁을 전후한 다량의 民狀(1870, 71, 72, 97년), 전남 최대의 수리조합이었던 靈光水利組合(1924년 설립, 蒙利面積 2,600町步)의 經營關聯資料가 존재한다. 이같은 군 레벨의 지역자료에 대해 촌락 레벨에서는 영광군 道內面 立石의 寧越 辛氏家 古文書가 존재한다. 최근 한국정신문화연구원에서 발굴된 신씨가 지주경영자료는 秋收記(1830~1935)를 중심으로 훌륭한 시계열을 형성하고 있어서 그 의의가 여러모로 소중하다.

이같은 자료 조건은 연구자 누구에게나 매력적인 그것이다. 중앙에서 파악하는 지역 자료와 촌락 레벨의 민간 자료가 傍證하는 地域 歷史像의 구명 자체가, 영광의 사례연구에서는 비로소 가능한 것이다. 이같은 특징 때문에 필자가 영광의 사례연구를 시작하기 몇 해 전부터 여러 연구자에 의해 영광에 대한 지역사 차원의 몇몇 연구가 발표되었다.[20] 이 연구는 이들 연구에 시사 받은 바 크다.

우선 본격적인 각론 분석에 들어가기에 앞서 사례대상의 특질을 분명히 하기 위해 영광군의 자연 지리적 배경 및 농업생산구조상의 특징에 대해 약간의 예비적 고찰을 해두고 싶다.

영광군은 全羅南道의 서북단에 위치하고 있으며, 史書上에서는 全羅右道의 沿岸 諸邑의 범주에 속한다. 영광은 東北向에서 내려온 蘆嶺山脈의 끝단에 위치한다. 地勢는 東高西低型으로 동쪽 산록에서 발원하여 黃海로 나가는 2개(佛甲川, 臥灘川)의 하천이 있고, 서쪽 연해변으로 하천 양안을 따라 완경사의 광활한 평야가 펼쳐져 있다.[21]

영광군은 동으로는 長城, 남으로는 咸平이 인접해 있고 서쪽으로는 西海와 沿해 있으며 북쪽으로는 臥灘川을 경계로 高敞(茂長縣 포함)에 닿아 있다. 사방 삼백 里 안에 28개 面과 12개의 섬을 거느리고 있으며, 조선시대에는 인근의 茂長, 法聖, 智島 등의 屬縣을 거느린 全羅右道의 巨邑이었다. 1895년 5월 勅令 제98호에 따라 全州府에 속하였으나, 1896년 8월 행정구역 개편에 따라 전라남도로

---

20) 金炅榮, 「韓末 日帝下 靈光地域 大地主 曺喜暻・曺喜陽研究」 『鄕脈』 7, 靈光鄕土文化硏究會, 1994; 李海濬, 「朝鮮時期 靈光地域의 士族活動과 姓氏勢力」 『鄕脈』 8, 1995; 李基兌, 「法聖漕倉과 鎭」 『鄕脈』 9, 1996; 金炅榮, 「1920・30년대 영광지역의 사회와 경제」 『鄕脈』 9, 1996; 박명규, 「19세기 후반 향촌사회의 갈등구조 - 영광지방의 민장내용분석 -」 『鄕脈』 9, 1996(『韓國文化』 14, 1993 所收); 全炅穆, 「조선후기 山訟의 한 사례(Ⅰ) - 전라도 영광군 立石里 世居 '독배기신씨' 山訟을 중심으로 -」 『古文書硏究』 14, 1998; 박찬승, 「일제하 영광지역의 민족운동과 사회운동」 『안중근과 한인민족운동』, 韓國民族運動史學會, 2002.
21) 靈光鄕土文化硏究會, 『靈光地名誌』, 1985.

이속되었고,[22] 1914년 3월 府令 제111호에 따라 13개面, 137개里로 현재의 모습을 갖추게 되었다.[23]

建置沿革을 보면, 百濟시기에는 武尸伊[물골]였다가, 新羅시대에는 武靈, 箕城 등으로 불리었고, 高麗시대부터 靈光으로 개명되어 금세기에 이르고 있다. 영광은 古來로 米, 棉, 鹽이 풍부한 '三白의 고을'로서 일명 '玉堂골'이라 부르기도 하였다. 物產이 풍부하여 漢陽의 士大夫들조차 한번쯤 임지로 가보고 싶은 곳이었다고 한다.

法聖浦 앞의 七山바다는 조기(石首魚), 屈非 등의 進貢物膳으로 유명하다. 법성포는 羅州 榮山倉과 함께 전라도 2대 漕倉이 설치되었던 곳으로서, 1512~14년 사이에 영산포가 폐쇄되면서 전라도 일대 27개 고을[邑]의 稅穀이 여기로 갈무리되었다.[24] 1514년(中宗 9年) 鎭이 설치되고 仁祖년간(1623~49)에는 僉使鎭으로 승격되었다. 正祖년간(1777~1800)에는 영광군의 관할에서 벗어나 독립적인 鎭으로 승격되었다.[25]

영광은 법성포와의 지리적인 관계로 인하여 상업과 상품화폐경제가 활발하였다. 1770년 현재 場市 상황을 보면, 邑內場, 外城場, 九岫場, 元山場, 佛甲場, 大安場, 社倉場 등 7基가 설치·운영되고 있었다. 인근의 咸平이 5기, 長城이 5기, 茂長 5기, 高敞 1기였던 것에 비하여 영광의 장시 상황이 盛했음을 볼 수 있다.[26] 그런데 1830년 단계에 이르면 邑內場(3·8日), 造山場(3·8日), 元山場(2·7日), 社倉場(1·6日) 등 4基로 감소하고,[27] 1897년에는 조산

22) 『靈光邑誌』, 1897(影印, 靈光鄕土文化研究會, 1991).
23) 越智唯七, 『新舊對照朝鮮全道府郡面里洞名稱一覽』, 1917.
24) 李重煥의 『擇里志』(1751)는 법성포에 대해 다음과 같이 전한다. "영광 법성포는 바다 조수가 들어오면 바로 앞에 물이 돌아 모여서 호수와 산이 아름답고, 민가가 빗살처럼 촘촘하여 사람들이 작은 西湖라 한다. 바다와 가까운 여러 고을은 모두 여기에다 창고를 설치하고 稅米를 수납하여 배로 나르는 장소로 한다."
25) 『法聖鄕志』.
26) 『增補文獻備考』(中), 1770, 937쪽.

장이 폐쇄되고 浦川場이 신설되어 4基로 운영되는 등 정체적인 상황을 보이고 있다.[28] 18세기 이래 19세기에 이르면서 영광의 상업, 시장경제는 위축되고 있음을 볼 수 있다. 20세기에 들어서 1926년 조사에서는 靈光市, 浦川市, 立石市 등 3基로 여전히 정체적인 상황이다.[29] 木浦 開港(1897) 이후 목포와 光州 등 중심 상권이 보다 커지고 있었고, 식민지기에 들어 일본인의 來住가 활발해지면서 常設市場이 들어섰던 저간의 사정을 배경에 두고 있다고 생각된다.

조선후기 영광군의 인구변화를 살펴보면, 『輿地圖書』(1760년경) 단계에서 12,672戶 · 44,619口, 『戶口摠數』(1789)에서는 12,691호 · 44,783구이었던 것이, 『輿地勝覽』(1871)에서 12,689호 · 44,776구, 『湖南邑誌』(1895)에서는 12,465호 · 44,547구로서 약 150년 사이에 별다른 변화를 찾을 수 없는 전체적으로 정체적 양상임을 알 수 있다.[30] 호구통계가 정비되는 1910년대 초 영광군의 총호구수는 15,125호 · 70,959구로 확인되고 있다.[31] 18 · 19세기 사이의 영광군 전체의 결총(元帳簿結數)을 살펴 보면, 1760년경 8,419결 8부 9속이었던 것이 1897년에는 8,112결 51부 8속으로 약간의 漸減 경향에 있음이 확인된다.[32]

영광군은 久間健一의 농업경영지대 구분에 따르면 全南 平野部 稻作地域에 포함되고 있다.[33] 다음의 [그림 1]에서 보는 바와 같이 이 지역(Ⅳ-6)은 2府 14郡에 걸치는 연안 島嶼地域을 제외한 전라남도의 행정구역과 일치하고 있다. 연평균기온은 13.0度, 연평균강

---

27) 『林園經濟志』(五), 1830, 543~5쪽.
28) 『靈光邑誌』(1897).
29) 善生永助, 『朝鮮の市場經濟』, 1929, 123~9쪽. 1926년 6월말 조사.
30) 각각의 문헌은 靈光鄕土文化硏究會, 『靈光邑誌』, 1991에 所收.
31) 1910~12년간 평균치임. 『朝鮮總督府統計年譜』 각년판, 66, 34, 91쪽.
32) 1760년경의 수치는 國史編纂委員會刊 『輿地圖書』下 747쪽, 1897년의 것은 『靈光邑誌』(影印本, 1991) 39쪽에 의함.
33) 久間健一, 『朝鮮農業經營地帶の硏究』, 農業總合硏究刊行會, 1947, 422~428쪽. 행정구역상 木浦府, 光州府, 靈光, 咸平, 長城, 光山, 羅州, 潭陽, 谷城, 和順, 求禮, 光陽, 順天, 寶城, 長興 등 2府 14郡이다.

수량은 1,347耗, 無霜期間은 183日을 보이며, 기상조건은 대체로 전북 도작지역보다 양호한 편이다. 그러나 이 지역의 畓은 部落共同의 洑에 의한 灌漑 형태가 일반적이며, 堤堰 灌漑에 의한 것은 극히 저조하다.

이제 영광의 농업생산구조를 살펴보도록 하자. 다음의 〈표 1〉은 전라도 各郡의 農業生產力 構造를 제시한 것이다. 이를 통해 영광군이 전라도 농업생산력 구조에서 어떠한 위치를 차지하고 있는가를 살펴볼 수 있다. 이용하는 자료는 『朝鮮總督府統計年譜』(1910~12)의 전라도 각 군에 대한 농업통계이다. 이 시기 농업생산력의 구조적 특질, 그 발전방향, 그리고 지역간의 차이 등은 19세기 후반까지의 사정을 반영하고 있다고 하겠다. 그것은 이 사이에 농업구조상에 커다란 변화가 없었기 때문이다.

〈표 1〉의 작성방법은 다음과 같다.34) 農產物生產額構成은 통계연보에 나타난 16개 작물의 1910년에서 1912년에 걸친 평균수확고를 조사하고, 여기에 1910년의 각 작물 전국 평균가격을 곱하여 산출하였다. 農業生產力指數인 土地生產性과 勞動生產性은 농산물 총생산액을 경지면적과 농업인구로 각각 나눈 것이다. 경지면적은 1911년에서 1912년까지, 농업인구는 1910년에서 1912년까지의 평균치이다. 耕地利用率은 각 작물 재배면적의 총합(1910~12년 평균치)을 경지면적으로 나눈 백분비이다. 米反收 역시 3개년 평균치이다. 牛當戶數 및 貯水池數는 宮嶋博史의 통계를 이용하였다.35)

---

34) 표의 작성방법에 있어서 宮嶋博史,「'土地調査事業'の歷史的前提條件の形成」『朝鮮史研究會論文集』12, 1975(國譯『韓國近代經濟史研究』, 사계절, 1983에 所收) 표 3 및 李榮薰,「19세기 農業變動의 一樣相」『朝鮮後期社會經濟史』, 한길사, 표 3-3에 힘입은 바 크다. 그러나 분석 결과는 별개의 것이다.

35) 原資料는 다음과 같다. 農牛數는 朝鮮新聞社編,『南鮮發達史』, 1913, 1911년의 조사 수치. 貯水池數는 韓國農商工部農務局編,『堤堰調査書第一』, 1909, 1908년의 조사 수치.

[그림 1] 朝鮮農業經營地帶劃定圖

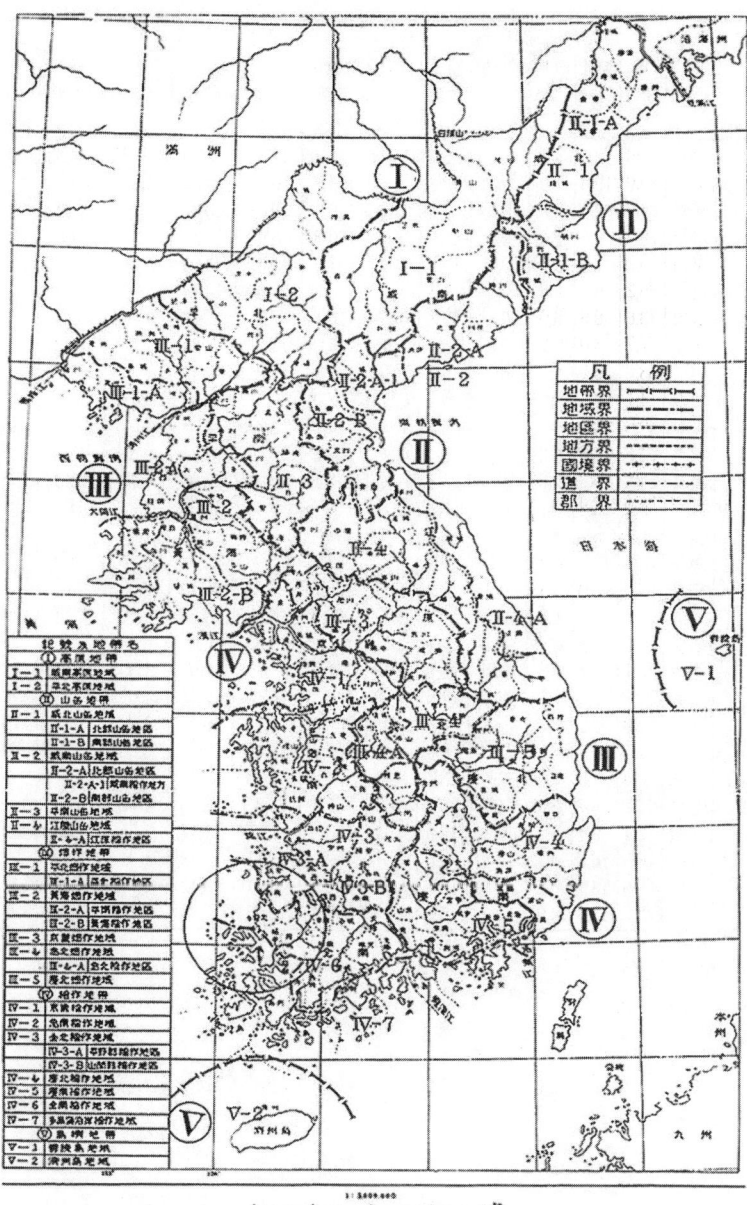

〈표 1〉 全羅道 各郡 生産力 構造 (1910~1912)

區分 地域		農産物 生産額 構成					農業 生産力 指數						
		米 (%)	麥類 (%)	豆類 (%)	雜穀 類 (%)	特用 作物 (%)	米反 收 (石)	耕地利 用率 (%)	土地生 産性 (圓)	勞動生 産性 (圓)	人當耕 地面積 (反)	農家戶 數/農 牛數	貯水 池數
全	강진	86.8	6.0	4.4	0.1	2.7	1.41	116.2	12.58	19.16	1.52	3.25	9
	곡성	69.9	19.6	1.9	0.3	8.3	1.16	104.8	10.74	14.56	1.36	3.92	3
	광양	84.0	7.3	2.9	0.2	5.6	1.10	126.3	10.31	13.07	1.27	2.45	0
	광주	79.7	6.8	2.6	0.0	10.9	0.96	106.3	8.99	13.23	1.47	7.80	42
	구례	78.2	7.2	1.6	0.1	12.9	1.12	127.0	11.37	11.28	0.99	3.73	0
	나주	86.2	6.9	2.3	0.1	4.4	1.07	106.5	8.04	16.23	2.02	5.55	83
	남평	73.6	8.8	5.0	0.4	12.1	0.97	110.1	7.93	14.73	1.86	5.77	7
	능주	77.7	8.0	4.7	0.6	8.9	1.28	127.2	10.09	11.44	1.13	7.42	7
	담양	83.0	8.3	2.7	0.2	5.8	1.24	122.5	10.04	18.49	1.84	6.67	9
	대정	4.1	84.5	0.6	9.5	1.2	0.95	52.0	0.52	6.33	12.08	2.31	0
	돌산	49.5	23.3	6.1	5.6	15.5	1.00	111.1	4.83	9.78	2.02	3.36	2
	동복	67.6	16.6	6.2	0.5	9.1	0.87	138.2	10.50	7.24	0.69	4.33	0
	목포	59.8	10.7	2.8	1.5	25.2	0.92	111.1	8.94	16.00	1.79	6.40	7
	보성	89.2	5.8	2.1	0.1	2.9	1.09	110.7	8.59	16.90	1.97	4.98	3
南	순천	76.8	8.7	4.0	0.2	10.4	0.79	131.0	7.08	12.73	1.80	4.61	26
	여수	64.9	10.2	14.5	0.5	9.9	1.18	87.3	7.98	22.78	2.86	2.03	0
	靈光	88.2	5.0	4.4	0.3	2.2	1.06	105.7	7.73	16.10	2.08	6.73	7
	영암	76.8	10.8	4.8	0.4	7.2	0.97	99.0	6.72	14.55	2.16	7.36	10
	완도	57.6	22.2	4.0	7.5	8.7	1.05	141.9	9.85	8.66	0.88	6.18	19
	장성	79.1	11.2	3.3	0.5	6.0	0.91	141.8	7.43	10.00	1.35	4.91	13
	장흥	86.2	9.3	2.7	0.2	1.6	1.40	126.1	10.40	17.15	1.65	4.18	4
	정의	21.9	32.2	2.7	38.6	4.6	1.03	136.6	5.73	9.35	1.63	1.47	0
	제주	2.5	74.8	2.6	19.3	0.9	1.07	86.0	4.41	15.70	3.56	1.72	0
	지도	38.9	23.2	6.6	7.7	23.7	0.44	97.3	3.69	5.07	1.37	6.21	0
	진도	48.2	16.6	5.0	4.6	25.5	0.80	137.4	6.85	12.20	1.78	3.40	1
	창평	72.4	9.4	4.7	0.6	13.0	0.69	123.8	7.19	11.17	1.55	5.49	19
	함평	76.8	6.5	6.7	1.4	8.6	1.04	93.4	8.11	14.72	1.81	16.54	24
	해남	69.9	13.9	6.1	4.9	5.1	0.69	102.4	5.71	10.12	1.77	4.98	10
	흥양	72.2	13.3	4.9	2.0	7.6	0.92	101.4	6.75	16.75	2.48	3.58	6

區分\地域	農產物 生產額 構成					農業 生產力 指數						
	米 (%)	麥類 (%)	豆類 (%)	雜穀類 (%)	特用作物 (%)	米反收 (石)	耕地利用率 (%)	土地生產性 (圓)	勞動生產性 (圓)	人當耕地面積 (反)	農家戶數/農牛數	貯水池數
全\北 고부	78.7	5.5	8.7	0.0	7.0	0.90	54.7	6.47	11.98	1.85	7.67	16
고산	68.1	11.2	4.9	0.9	15.0	1.05	117.6	9.75	9.30	0.95	5.29	0
고창	94.8	1.9	2.1	0.1	1.1	1.66	117.5	11.30	21.42	1.90	8.03	20
군산	83.8	5.3	10.2	0.5	0.2	0.90	122.7	8.35	15.49	1.85	13.97	14
금구	85.7	5.4	5.2	0.2	3.5	0.99	97.7	8.52	15.49	1.82	12.60	11
금산	81.5	7.6	5.7	0.9	4.2	1.26	84.1	6.72	9.59	1.43	4.72	10
김제	94.1	3.1	1.9	0.0	0.8	0.87	99.1	7.87	32.40	4.12	11.79	59
남원	90.6	4.5	1.4	0.1	3.4	1.31	104.7	12.31	13.67	1.11	5.39	4
만경	88.4	7.3	3.4	0.1	0.7	0.94	108.3	8.73	21.59	2.47	8.62	29
무장	71.1	15.1	11.8	0.8	1.2	1.51	120.0	13.39	11.84	0.88	9.32	46
무주	67.1	11.4	6.2	1.2	14.1	1.02	123.0	9.32	9.02	0.97	3.10	8
부안	82.7	9.9	5.1	0.2	2.2	0.75	118.4	7.27	13.93	1.92	12.13	42
순창	71.6	11.9	4.9	0.4	11.2	1.00	106.6	8.04	8.77	1.09	5.30	7
여산	91.5	4.6	3.3	0.0	0.5	1.26	111.9	12.08	23.57	1.95	8.32	11
용담	73.1	8.8	8.0	0.6	9.5	1.09	124.1	9.06	9.50	1.05	2.52	1
용안	93.7	3.3	2.5	0.0	0.5	1.70	79.7	12.67	24.98	1.97	23.07	0
운봉	88.9	3.4	4.3	0.1	3.3	0.82	111.8	7.50	12.53	1.67	5.01	5
익산	89.8	5.2	4.1	0.0	0.9	1.13	69.4	6.55	19.13	2.92	10.25	27
임실	75.3	9.9	5.4	0.3	9.1	0.96	87.7	7.08	8.83	1.25	6.25	0
임피	91.2	4.4	3.9	0.0	0.5	1.35	91.1	11.95	24.99	2.09	14.20	21
장수	86.8	5.2	4.1	0.2	3.8	1.16	106.3	9.99	11.21	1.12	3.42	5
전주	89.9	5.8	2.7	0.4	1.3	1.18	89.3	9.40	17.48	1.86	8.64	15
정읍	91.6	3.3	2.7	0.1	2.3	1.07	138.4	7.38	19.27	2.61	10.05	14
진산	46.3	18.7	18.0	2.7	14.3	0.61	109.8	5.34	4.94	0.92	3.24	0
진안	73.6	10.4	6.2	0.8	9.1	0.96	114.9	9.98	12.13	1.22	2.58	6
태인	82.4	7.6	3.6	0.4	6.1	0.88	120.8	8.49	12.32	1.45	6.60	26
함열	89.1	5.3	5.4	0.0	0.1	1.03	102.2	10.08	19.27	1.91	16.43	20
흥덕	83.6	6.9	7.3	0.2	2.0	0.89	103.6	7.81	15.68	2.01	7.86	17
全羅道 平均	74.2	12.1	4.8	2.1	6.8	1.04	104.6	7.41	13.66	1.84	6.73	13

자료 : 『朝鮮總督府統計年譜』(1910~12).
주 : 16개 농작물의 가격 및 牛當戶數, 貯水池數는 宮嶋博史, 앞의 논문, 1975 참조.

먼저 농산물 생산액 구성에서 영광의 米 構成比는 88.2%로서 전라도 평균 74.2%를 크게 상회하고 있다. 전라도의 경우 경상도 전체의 미구성비 69.8%보다 높았지만, 영광은 이보다 더 높아 主穀

生産地帶로서의 모습을 그대로 보여주고 있다. 그러나 영광의 米反收는 1.06石으로 도평균 1.04석과 비슷한 수준이다. 참고로 경상도의 평균 미반수는 1.23석이다. 영광의 경우 米單作化 경향은 보다 강했다고 생각된다.

일반적으로 농업생산력 구조를 토지생산성, 노동생산성, 1노동력당 경지면적이라는 세 요소의 상호관계로 파악할 경우 이들 요소간에는 노동생산성(생산액/노동력)＝토지생산성(생산액/경지면적)×1노동력당 경지면적(생산액/노동력)의 관계가 성립한다. 여기서 토지생산성은 ① 각 작물의 단위토지당 수확량, ② 作付構成(집약적 상품작물과 조방적 자급작물의 차이), ③ 토지이용도 등의 종합적 표현이다.[36] 이같은 지표를 설정하고 영광의 농업구조를 살펴보면 다음과 같은 특징적인 사실들이 확인된다.

첫째, 영광의 토지생산성 7.73圓은 전라도 평균 7.41원과 유사한 수준이다. 그것은 영광의 경우 米作의 작부구성이 도평균보다 높지만, 米反收와 경지이용률은 각각 1.05石·105% 대에서 도평균과 유사한 수준이기 때문이다. 둘째, 영광의 노동생산성은 16.10원으로서 도평균 13.66원을 상회하고 있다. 그 요인은 무엇보다도 영광의 1인당 경지면적이 2.08段步로서 도평균 1.84단보보다 높은 수준이기 때문이다(참고로 경상도 평균 1인당 경지면적은 1.39단보). 이것은 영광지역이 여전히 '粗放的' 경작방식을 취하고 있음을 의미하는 것이다. 셋째, 생산수단으로서 牛當戶數는 영광이 6.73戶로 전라도 평균 6.73호와 같은 수준이지만, 堤堰數를 보면 영광이 7개소로서 전라도 평균 13개소에 크게 못 미치고 있다.

특히, 제언수의 저위성에서 시사되는 수리시설의 황폐화는, 이 일대의 경작면적상의 조방성과 깊은 관련이 있었다고 생각된다. 19세기 三南地方은 수리시설의 황폐화 특히, 廢堤化가 누진적으로 진

---

36) 中村哲, 「農業生産力の地域構造」 『明治維新の基礎構造』, 未來社, 1968, 136～38쪽.

행된 지역으로 기록되고 있다.[37] 영광 또한 이러한 경향에 예외가 아니었다. 전라도 전체 60개 府郡鎭島에서 1760년 현재 제언수는 568개소로 확인되고 있으며, 이것이 1800년에는 924개소로 증가하여 朝鮮水利史에서는 수리관개의 최전성기를 보여주고 있다. 그런데, 20세기초 1908년에 들어서면 745개소로 감소하여 19세기 전기간에 걸쳐 어느 정도의 폐제화가 진행되었는가를 보여주고 있다. 영광의 경우를 살펴보면 1760년 34개소, 1800년 29개소, 1908년 7개소로서 전라도 전체 경향보다 심각한 감소 경향을 보여주고 있다.[38] 이같은 폐제화 현상은, 이 일대의 대규모 陳田化 즉, 경지의 황폐화를 초래하고 있었다.

일반적으로 전라도 지역은 경상도 지역과 마찬가지로 높은 토지생산성 수준을 보이고 있지만 노동생산성은 상대적으로 낮은 것으로 지적되었다.[39] 이에 대해 영광군은 전라도 지역 내에서도 1인당 경작면적이 상대적으로 '조방적'인 것으로 확인된다(영광 2.08段步, 전라도평균 1.84단보, 경상도평균 1.39단보). 영광의 농업생산력 구조는 '粗放的' 米單作化 경향이 노동생산성의 상승을 주도하고 있는 상황이라고 할 수 있다. 이 글이 중점을 두게 될 경작면적 상의 '조방성'은 영광의 가장 큰 지역적 특징이라고 할 수 있는데,[40] 이같은 지역적 특징은 지주와 농민을 포괄한 영광 농업경영 패턴을 규정한 제1의 요인이었음에 주목할 필요가 있다.

---

37) 19세기초 이래 廢堤化 현상에 대해서는 다음의 논문 참조. 李光麟, 『李朝水利史研究』, 韓國研究圖書館, 1961; 宮嶋博史, 「李朝後期の農業水利 - 堤堰(溜池)灌漑を中心に -」『東洋史研究』41, 1983.
38) 각 연도별 原資料는 『與地圖書』, 『湖南誌』, 『堤堰調査書其一』.
39) 宮嶋博史, 「'土地調査事業'の歷史的前提條件の形成」『朝鮮史研究會論文集』12, 1975 (國譯 『韓國近代經濟史研究』, 사계절, 1983에 所收) 표 2, 표 3 참조.
40) 여기서의 조방성은 당해 지역의 경지면적을 여타 지역과 비교하는 경우 사용하는 상대적인 개념이다(中村哲의 용례에 의함).

第1章

耕地 狀態의 變動

-『靈光郡西部面改量案』의 분석 -

　제1장에서는 19세기 조선 농업 전개의 배경이 되는 경지의 질적
상태를 구명한다. 18세기와는 상이한 19세기 경지의 변동양상을 추
적함으로써 영광에 있어서 토지 실태상의 시대적·지역적 특징을
구명하고자 한다. 영광을 포함하는 전라도 평야부 도작지대에서 높
은 토지생산성을 가져오는 최대 요인은 토지 그 자체 즉, 토지의
질적 상태에 있었다.

　경지의 질적 상태는 농업 경영, 지주제 전개의 기초 국면을 이루
고 있다. 여기서는 경지 상태를 중심으로 이 지역의 농업발전이 어
떠한 경향성 속에 놓여 있는가를 장기사적 시야에서 살펴본다. 이
어서 18세기 전반 이래 19세기 후반까지 소유분화의 양상을 개관하
고, 경지 상태가 소유관계에 어떠한 영향을 미치는가를 구명한다.

　양안은 전근대의 토지대장·징세대장으로서 기본적으로 토지의
질적 상태와 소유관계를 보여주는 1차 자료로 알려져 있다. 동시에
국가의 양전 방식과 田政 운영의 일단을 보여주는 자료이기도 하
다. 이같은 중요성 때문에 우리 학계에서는 전근대의 농업변동을
이해함에 있어서 量案을 긴요한 자료로 이용하여 왔으며, 농업사연
구의 핵심적인 과제로서 상당한 연구 성과를 축적하고 있다.

　양인을 최초로 농업사연구에 이용한 金容燮은 양안상의 起主에
주목하여 토지소유의 신분별·계층별 분화상황을 분석하고, 그것
이 신분제 변동이나 민란 등 사회변동의 주요한 요인임을 지적하
였다.[1] 또 양안상의 時作에 주목하여 經營型富農을 중핵으로 하는

---

1)　金容燮,「量案의 硏究 - 朝鮮後期의 農家經濟 - 」『史學硏究』 7·8, 1960;
　　동,「晋州奈洞里大帳의 分析 - 1846年 晋州民의 農地所有 - 」『亞細亞硏究』
　　8, 1961; 동,「朝鮮後期에 있어서의 身分制의 動搖와 農地所有」『史學硏究』
　　15, 1963(이상 1970,『朝鮮後期農業史硏究』[Ⅰ] 一潮閣에 所收); 동,「朝鮮
　　後期 身分構成의 變動과 農地所有 - 大邱府租岩地域의 量案과 戶籍의 分

兩極分解論을 제시한 바 있다.2) 김용섭의 연구는 양안을 이용해
조선후기 농촌경제의 실태를 구명한 연구로서 획기적인 의의를 갖
는 것이었다. 그러나 선구적인 연구였던 만큼, 양안 분석에 있어서
몇 가지 불충분한 점을 남겼다. 양안에 대한 비판은 李榮薰에 의해
본격화된다. 양안의 자료적 성격에 주목하여 起主＝農家世帶說를
부정하는 양안성격논쟁을 개시하였으며,3) 양안상의 시작에 주목하
여 농민층의 경영분화를 파악하면서 기존에 김용섭의 양극분해론
을 부정하는 零細均等化論를 제시한 바 있다.4) 이같은 비판에 대
해 기주의 성격과 경영분화의 양상을 둘러싸고 김용섭의 견해를
계승한 한국역사연구회 토지대장반의 반론5)과 이에 대한 이영훈

析-」『東方學志』 82, 1993. 김용섭의 연구를 계승한 것으로서 왕현종, 「19
세기 말 호남지역 지주제의 확대와 토지문제」 한국역사연구회 『1894년 농
민전쟁연구1』 역사비평사, 1991이 있고, 조선후기 농촌사회의 변화양상을
둔덕방양안을 이용하여 분석한 것으로서 김현영, 「조선후기 士族의 촌락
지배-남원 둔덕방을 중심으로-」『韓國文化』 12, 1991이 있다.

2) 金容燮, 「續·量案의 研究-民田地主地의 佃戶의 經濟狀態-」『史學研究』
   16·17, 1963·1964(1970, 『朝鮮後期農業史研究』[Ⅰ] 一潮閣에 所收); 동,
   「朝鮮後期의 經營型 富農과 商業的 農業」 『朝鮮後期農業史研究』[Ⅱ] 一
   潮閣, 1970.

3) 李榮薰, 「量案의 性格에 관한 再檢討-慶尙道 醴泉郡 庚子量案의 事例分
   析-」『經濟史學』 8, 1984(1988, 『朝鮮後期社會經濟史』 한길사에 所收);
   동, 「光武量田에 있어서 〈時主〉 파악의 실상-忠淸南道 燕岐郡 光武量案
   에 관한 事例分析-」 金鴻植等共著 『대한제국기의 토지제도』 민음사,
   1990; 동, 「光武量田에 있어서 〈時主〉 파악의 실상(Ⅱ)」『省谷論叢』 23,
   1992.

4) 李榮薰, 「19世紀 農業變動의 一樣相-慶南 金海郡 內需司庄土의 事例를
   中心으로-」『經濟史學』 6, 1983; 동, 「朝鮮後期 農業變動의 基本樣相에
   관한 諸事例의 分析」『歷史學報』 102, 1984; 동, 「開港期 地主制의 一存
   在形態와 그 停滯的 危機의 實相-明禮宮房田에 관한 事例分析-」『經
   濟史學』 9, 1985; 동, 「19세기 農民經營의 分化趨勢와 階層別 存在形態-
   慶尙道 南海 龍洞宮庄土에 관한 事例分析-」『韓國의 社會와 文化』 13,
   1990. 전 2편의 논문은 『朝鮮後期社會經濟史』 제4부 「小農民經營의 發展
   과 地主制의 展開」에 所收.

5) 한국역사연구회 근대사분과 토지대장연구반, 『대한제국기의 토지조사사

의 재반론6)이 이어졌다. 이상의 양안성격논쟁에 의해 양안에 대한
인식은 현저히 구체화되었으며,7) 이같은 연구성과가 축적되면서
우리 학계는 양안연구의 보다 진일보한 단계로 진입하게 되었던
것이다.

　그러나 이상의 기존 연구들은 양안 자체가 실현하고 있었던 국
가에 의한 토지실태 파악이라는 문제에 대해서는 본격적으로 취급
하지 않았다. 특히 토지의 질적 상태에 대해서는 토지소유관계나
그 분화상황이 논의되는 부분에서, 또 주제와 관련되는 한도 내에
서 부분적으로 언급된 정도였다. 비교적 상세하게 분석한 것으로서
김용섭의 古阜郡量案의 분석8)과 이영훈의 金海 및 燕岐의 사례9)
가 있지만, 거기서도 토지상태 및 그 변동의 문제가 주제로서 내세
워진 것은 아니었다. 그러므로 우리의 관심사가 되고 있는 조선농
촌의 토지상태 및 그 변동양상에 관해서는 아직도 해명해야 할 중
요한 주제가 그대로 남겨져 있다고 하겠다.

　이같은 연구사를 회고해 볼 때 최근에 진행된 경상도 南海縣과
龍宮縣의 사례는 양안 연구의 새로운 방향을 제시하고 있어 자못
흥미롭다. 吳仁澤은 남해현 庚子量案을 분석하여 18세기 초 개간지
의 파악 상황을 구체적으로 밝히고 있다.10) 그에 따르면 新田開墾
은 주로 인구밀도가 높은 곳이나 山田에서 활발히 진행되었다고
한다. 金建泰의 용궁현 경자양안의 분석에서는 총 7개면에서 結總

　　업』민음사, 1995.
6) 李榮薰,「量案 上의 主 規定과 主名 記載方式의 推移」『조선토지조사사
　　의 연구』민음사, 1997.
7) 특히 "起主"의 성격을 둘러싼 그간의 논쟁사에 대해서는 宮嶋博史,「量
　　案における"主"の性格－一八七一年慶尙道彦陽縣量案の事例」 河合和男等
　　共著『朝鮮近現代史』岩波書店, 1996 참조.
8) 金容燮,「「古阜郡聲浦面量案」의 분석－1791년 古阜民의 農地所有－」『東
　　方學志』76, 1992.
9) 이영훈, 앞의 논문(1983, 1990), 참조.
10) 吳仁澤,「朝鮮後期 新田開墾의 性格」『釜山史學』18, 1994; 同,「庚子量田
　　의 시행 논의」『釜山史學』23, 1998.

2,554결 27부 2속 가운데 加耕田이 3.5%(88－51－4), 陳田이 16.2%(414－57－1)로 산출되었다.11) 面 단위로 볼 때 班村(양반거주지역)에서는 加耕田이 적었고 陳田이 많았던 반면 民村(평민거주지역)에서는 그 반대 현상이 나타났다고 한다.

　이 글은 그간의 양안 연구의 성과 위에서 양안의 본래 목적인 토지의 실태와 소유관계에 대해 같은 비중으로 주목함으로써 19세기 조선에 있어서 토지변동의 구체적 양상을 구명하려는 것이다. 이 글에서 검토하고자 하는 靈光의 量案은 19세기를 대상으로 한 호남지역의 거의 유일한 改量案으로서, 경자양안 단계에서 이후 150년 간을 분석 대상으로 하고 있으며, 매 필지별 변동 양상을 파악할 수 있는 독특한 양식체계를 보여주고 있다. 여기서는 영광 양안의 기재양식에 기초하여 토지의 실태·소유관계 두 레벨에서 舊量(1719)과 今量(1868)을 비교하는 비교정태분석의 틀을 취하기로 한다.

Ⅰ. 地域과 資料에 대하여

　三南의 庚子量田이 있은 후 大韓帝國의 光武量田이 있기까지 약 180년간 전국적 내지 道 단위의 대규모 양전은 없었다. 1745년(英祖21年) 全羅道의 14개 邑에서 陳田改量田 사업이 진행된 이후 경자양전 이후의 양전은 모두 읍 단위로 실시되었다. 19세기에 들어서 純祖年間 兩南(慶尙道, 全羅道)에 대한 몇 차례 양전 논의가 있었지만, 눈앞에 닥친 기근 구제와 재정문제, 양반지주의 반대 등 사업 시행의 어려움 때문에 그 시행세칙(量田事目 : 1820)만을 마련해 둔 채 무위로 돌아갔다.12) 그러나 이같은 상황에서 郡縣 단위

---

11) 김건태, 2000, 「경자양전 시기 가경전과 진전파악 실태」『역사와 현실』 36.

의 소규모 양전 즉, 邑量田은 간헐적으로 이루어지고 있었다.[13] 史書에 전하는 읍양전은 실제의 일부에 불과하며 그 전모는 현재 파악되어 있지 않다.

순조 연간의 이른바 庚辰量田計劃이 무위로 돌아간 후 田政紊亂은 더욱 심해지면서 각 읍의 지방관과 暗行御史의 農形 보고와 改量田 청원이 잇따르고 있었다. 1858년 전국 각 읍에 대한 改量田이 哲宗에 의해 윤허되고 있었지만, 이 또한 각종 재정적·행정적 문제로 인해 계획으로 그치고 말았다.[14] 그러한 가운데 晋州民亂이 확대되고 이듬해인 1862년 全羅右道에 파견된 암행어사에 의해 개양전이 청원되고,[15] 이어서 1864년 左議政 金左根에 의해서도 개양전에 대한 논의가 제기되었다.[16] 이에 1868년 영광에서 개양전이 시행된 것을 필두로 하여[17] 1870년 경상도 東萊, 1871년 경상도 彦陽, 1872년 黃海道 平山, 1878년 忠淸道 溫陽 등 삼남을 중심으로 몇몇 지역에서 개양전이 시행되었다.[18]

읍양전의 방식은 지역별로 독자적인 내용과 형식을 취하고 있었다. 대규모 양전에 준할 만큼 철저하게 양안이 새롭게 작성된 곳이 있지만, 기존 양안에 준하여 단지 結摠을 재분배할 목적으로 또는 隱漏結을 査出하기 위해 이루어진 簡易 調査도 있었다. 일반적으로 19세기의 읍양전은 기존 양안의 체계를 준수하면서 매 토지의 陳起 조사, 結負 조정, 나아가 隱漏結 査出 등을 주된 양상으로 한 것으로 알려져 있다.[19]

---

12) 1818~1820년간 量田計劃에 대한 논의 과정에 대해서는 金容燮, 「純祖朝의 量田計劃과 田政釐整 문제」 『(增補版)韓國近代農業史硏究[上] - 農業改革論·農業政策 -』, 一潮閣, 1988.
13) 경자양전 이후 改量田에 대해서는 宮嶋博史, 『朝鮮土地調査事業史の硏究』 東京大學 東洋文化硏究所, 1990 참조.
14) 『備邊司謄錄』哲宗 9年 戊午(1858) 1월 21일.
15) 『備邊司謄錄』哲宗 13年 壬戌(1862) 7월 12일.
16) 『日省錄』高宗 元年 甲子(1864) 2월 10일.
17) 『承政院日記』高宗 6年 己巳(1868) 10월 3일.
18) 宮嶋博史, 같은 책, 1990 참조.

영광의 양안은 19세기 읍양전의 일환으로 작성된 改量案이다.
이 양안은 19세기 후반의 田政紊亂과 耕地實態 상의 격렬한 변동
을 배경으로 하고 있다. 改量이란, 茶山의 정의에 따르면, "陳田을
조사하고 隱結을 밝혀내어 은결로써 진전을 보충함에 불과한 것
이다"고 하였다.[20] 19세기후반 영광에서 개양전(戊辰量田)이 시
행된 구체적 계기도, 다수의 陳田이 발생하고 토지의 結數가 날로
감소함에 따라 比摠制 하에서 군 단위로 부과된 結摠을 쉽사리 충
당할 수 없게 된 弊瘼에 대응코자 하는 田政 釐正의 차원에서 주
어지고 있었다.[21]

이 양안은 표제에 『同治柒年○○○全羅道靈光郡西部面改量案』이
라 명시되어 있고 표제명을 통하여 그것이 1868년(戊辰年)의 것임
을 분명히 하고 있다.[22] 영광군에서는 서부면 인근의 道內面에서
도 改量案이 확인됨으로써[23] 영광군 전체에서 양전이 시행되었음

---

19) 李榮薰에 따르면, "19세기의 읍양전은 收稅과정의 일환으로 행해지는 行
審이 특별히 수령의 지휘 하에 특정 연도에 郡 一域에 걸쳐 규모와 짜
임새 있게 행해진 것에 다름아니었다"고 규정하고 있다. 李榮薰 1997, 「
量案 上의 主 規定과 主名 記載方式의 推移」 『조선토지조사사업의 연
구』, 민음사, 134~143쪽 참조.

20) 鄭若鏞著 茶山研究會譯註 1979, 『譯註牧民心書Ⅱ』 제6부 戶典 六條, 183쪽.

21) 비총제는 영조 36년(1760)부터 실시된 새로운 田稅制로서 좁혀 말하면
給災制度이다. 종전에는 각 道 監司의 災實 보고에 대하여 戶曹에서 敬
差官을 파견하여 災實을 踏驗케 하고 그 보고에 의하여 田稅를 산정하
였다. 比摠制에서는 호조에서 경차관을 파견하지 않고 監司의 農形報告
에 따라 그것에 상당하는 종전의 어느 年度의 收稅額을 기준으로 하여
該道·郡縣의 田稅額과 給災結數를 결정하였다. 이 제도는 『大典通編』
卷二 戶典 收稅條에 法條文化되어 있다.

22) 『同治柒年○○○全羅道靈光郡西部面改量案』(奎 25036).

23) 道內面은 서부면의 동북향에 인접한 지역으로서, 이 지역에 세거한 靈光
寧越辛氏家의 田畓案 속에서 1868년 개양안의 존재가 확인되었다. 이 전
답안은 신씨가가 도내면 개양안에서 자신의 소유지만을 발췌·기록한
것으로서, 표제명은 『戊辰四月○日道內立石改量案』이다. 표제명을 통하
여 무진년(1868)에 도내면에서도 양전이 이루어졌음을 보여주고 있다.
표지에 "同年九月再改量"이라는 부기가 있다. 이 전답안의 원본은 영광

을 보여주고 있다.[24]

사례의 대상인 西部面은 영광 官衙로부터 남서향으로 10里의 거리에 위치에 있다. 양안상에서 확인되는 경지는 총 38개坪 137字號로 구성되어 있으며, 이것을 작성한 양전관은 자호별로 경지를 조사·정리하면서 그 자호가 위치하고 있는 들(坪)의 명칭을 지역명으로 명시하고 있다. 이들 지역은 일제 초 현재 郡西面 鶴丁里, 綠沙里, 新河里, 松林里, 甫羅里, 加沙里, 南竹里, 馬邑里 등 8개 리에 걸쳐 있다.[25]

다음의 [그림 1]은 서부면의 행정구역, 산록, 하천, 도로, 경지 등의 배치상황을 제시한 것이다. 서부면은 야트막한 산록이 형성되어 있고 面內 산록이 영광 邑城을 초생달 모양으로 감싸고 있는 형상이다. 산록 골짜기의 소규모 하천을 따라 촌락이 형성되어 있다. 면내에는 북부에 臥灘川으로 합류하는 德湖川과, 남부에 佛甲川으로 합류하는 馬邑川과 鶴丁川이 있다. 이 두 하천 연안을 따라 경작지(畓)가 조성되어 있지만, 구한말까지 활발한 도작지대는 아니었던 듯 싶다(이 점 후술).

영광의 개양안은 양안의 양식 자체가 기존의 것과는 상이하다. 종래의 양안은 新量案이 舊量案의 내용을 포함하는 경우, 구양안과의 관련성은 舊字號의 표기, 舊起主·陳主의 표기, 새롭게 등록된 토지의 경우는 "加"자의 부기, "反畓"·"反田"의 표기 등에 의해 신양전 단계에서 변경된 내용을 기록하였다. 그러나 영광의 개양안은 상단에 "舊量", 하단에 "수量"으로 구분하여 각각의 양전 결과를 기록하고 있어 구·금량간의 대비가 일목요연하게 이루어지는

신씨가(宗孫 辛鎬俊)에, 복사본은 韓國精神文化硏究院에 마이크로 필름의 형태로 보관되어 있다.

24) 영광군의 改量은 『民狀置簿冊』靈光篇(奎27609)에서 약 150여 차례에 이르는 수다한 용례를 발견할 수 있다. 개양전을 전후하여 민인간에 부세를 둘러싼 수많은 소지가 이에 집중되고 있음이 확인되고 있다. 제2장 참조.

25) 越智唯七編, 『新舊對照 朝鮮全道府郡面里洞名稱要覽』, 1917, 400쪽.

[그림 1] 靈光郡 西部面 槪況圖

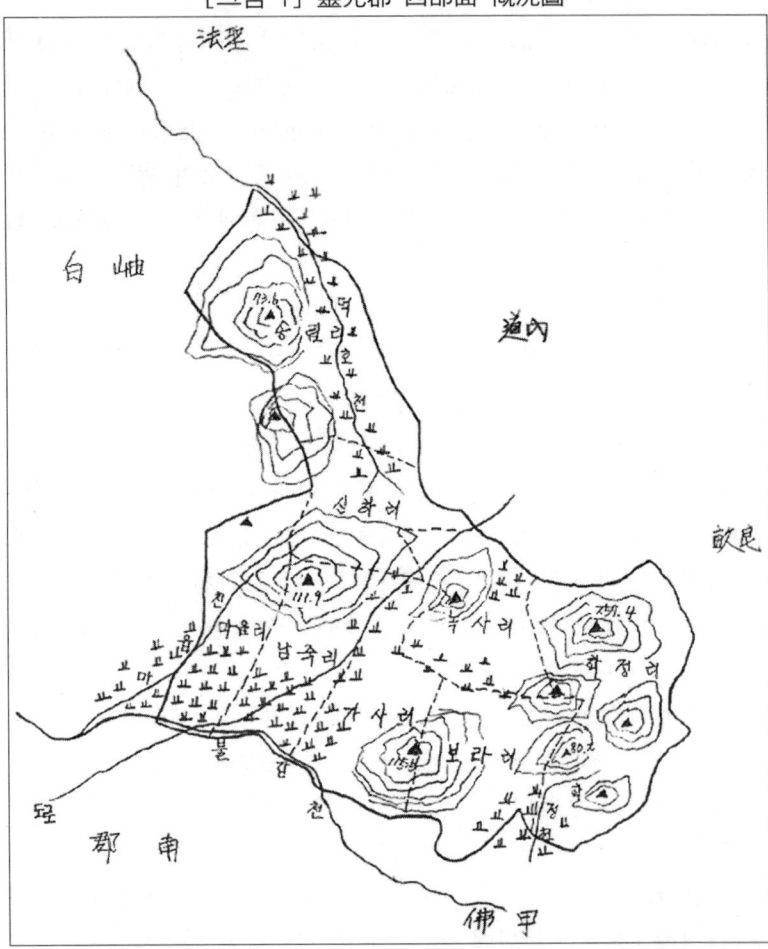

자료 : 朝鮮總督府, 『韓國近世五萬分之一地形圖』上(影印本, 景仁文化社, 1982);
越智唯七, 『新舊對照朝鮮全道府郡面里洞名稱一覽』, 1917; 靈光鄕土文化
硏究會, 『靈光地名誌』, 1985.

특징을 보여주고 있다.

여기서 말하는 "舊量"이란 己亥·庚子量田을 지칭한다. 현재 全
南 靈光郡 佛甲寺에는 기해·경자양안을 기초로 하여 작성된 寺
刹量案이 전하고 있다. 이것은 1747년 時任住持 采隱禪師의 주도

로 1719년(己亥年) 양안을 기초로 동 사찰의 소유 전답을 발췌·
정리한 것이다.[26] 양안 작성 당시 동 사찰은 총 285필지 27여結의
寺位田畓을 소유하고 있었으며, 여기에 서부면의 경지 총 22필지
76負 7束이 포함되어 있다. 그런데, 이 부분이 서부면 개양안의
"구량" 해당 필지와 정확히 일치하고 있다. 이것은 불갑사의 개인
양안이나 서부면의 개양안이 1719년의 동일한 양안을 필사한 당
연한 결과이다. 따라서 개양안상의 구량은 1719년을 지칭하고 있
으며, 결국 영광 양안상의 상·하단은 무려 149년간의 시차를 보
여주고 있는 셈이다.

다음의 〈자료 1〉은 서부면 개양안 가운데 外南部坪 才字 전답의
말미와 良字 전답의 초두 부분을 전재한 것이다. 양안 하단의 수量
기재내용에 주목하면, 첫번째 란에는 地番, 犯向, 等第, 形狀, 地目,
두번째 란에는 長廣尺數, 세번째 란에는 結負數, 네번째 란에는 四
標, 다섯번째 란에는 陳起여부와 起主名 순으로 기재되어 있다. 이
양안이 경자양전의 전통을 계승한 것임을 단적으로 보여주고 있다.
단, 1字 5結의 양전원칙에 구애받지 않으며, 起主란에 職役을 기재
하지 않고 名 2字만 기재한다는 0점 등이 상이하다.[27] 양안상 최상
단의 舊量에 주목하면, 범향과 장광척수, 그리고 사표가 생략되어
그것이 금량의 약식 형태임을 알 수 있다. 구량의 내용은 장부상의
번잡함과 작성의 편의를 위해 일부 내용은 생략된 채 기록되었던
것이다.

---

26) 佛甲寺量案은 『靈光郡母岳山佛甲寺古蹟』이라 題한 小冊子(筆寫本)에 포
    함되어 있다. 이 책자는 현재 全羅南道 靈光郡 所在 佛甲寺에 所藏되어
    있다. 열람 및 복사의 편의를 제공해 주신 동 사찰 총무스님께 지면을
    빌어 감사의 말씀을 드린다. 동 양안의 분석결과는 일찍이 金甲周教授에
    의해 소개된 바 있다. 金甲周, 「靈光 佛甲寺의 量案研究」『淑大史論』1
    1·12, 1981(『朝鮮時代寺院經濟研究』, 同和出版社, 1983 所收).
27) 그러나 경자양전과 그 이후의 양전에서도 量田事目의 원칙이 지켜지지
    않은 사례는 수다하다. 각 군현별 상당한 지역적 편차가 존재하고 있었
    다고 생각된다.

〈자료 1〉『靈光郡西部面改量案』의 記載樣式

영광 개양안의 또 하나의 특징은 금량이 구량의 字號·地番 體系에 따라 기록되었다는 점이다. 개양전을 하는 방식은 모든 경지를 전면적으로 새로운 순서로 자호와 지번을 매기면서 신양안을 작성한 것이 아니라, 구양안에 의거하여 그 자호 지번 체계를 축조 따라가며 그 陳起·等級·所有者와 頉給되거나 新起된 전답 등을 조사하고 재정리하는 방식을 취하고 있었다. 따라서 구금량간 경지의 변동상황을 매 필지별로 파악하는 것이 가능한 양식을 취하고 있다. 〈자료 1〉에 제시한 바와 같이, 기존 필지의 탈락, 새로운 필지의 추가, 혹은 연속된 필지의 변동 상황을 볼 수 있다. 여기서는 구·금량간에 상당한 地番數의 차이, 그에 따른 結負數의 차이가 확인된다.[28]

이상과 같이 영광의 개양안은 상단과 하단을 분리하여 제시함으로써 舊·수량間의 변동상황을 일목요연하게 확인할 수 있는 독특한 구조를 취하고 있다. 동시에 신양안이 구양안의 자호·지번 체계에 따라 작성되었기 때문에 舊·수량 각 단계 사이의 매 필지별 변동상황을 파악하는 것이 가능하다. 구양안과 신양안의 내용을 한 지면에 동시에 제시하는 이같은 장부체계는 당시 양전당국의 周到한 토지파악 실태를 보여주는 것으로서 朝鮮量田史에 있어서 선진적인 邑量案의 일 형태를 보여주고 있다.

II. 結摠의 大規模 減少

서부면의 경지는 총 38개坪 137字號로 구성되어 있으며, 이같은 편제는 자료의 형식상 舊·수량 공히 동일하다. 서부면은 구량 단

---

28) 다음 절의 〈표 1〉에서 제시하는 바와 같이, "外南部坪"은 필지수, 결부수에서 서부면 面摠 감소의 평균적인 수준으로 이 실태에 관한 가장 전형적인 예를 보여준다.

계에서 結摠이 770여 結로 상당히 큰 面이었다. 이제 이것의 구·
금량간 결총의 추이를 坪별로 제시한 것이 다음의 〈표 1〉이다. 우
선 매 평별 字號數, 그에 따라 結負數가 일정하지 않은 데서 평별
규모가 상당한 차이를 보이고 있다.

표 하단의 구량과 금량 간의 결총을 비교해 보면, 구량 단계
(1719)에서 7,074필지 775 - 48 - 2속이었던 것이 금량 단계(1868)
에서는 6,105필지 578 - 16 - 9속으로 969필지 197 - 31 - 3속이 감소
하고 있다. 구량에 비해 금량 단계의 결총은 무려 25.4%의 커다란
감소 폭을 보여주고 있다. 각 평별 결총감소율을 비교해보면, 化上
堤坪을 예외로 하여(10.3% 증가), 마이너스 5% 대에서 마이너스
50% 대까지 커다란 편차를 보이고 있다.

18~19세기 사이에 영광군 전체의 결총(元帳簿結數)을 살펴보
면, 1760년경 8,419결 8부 9속이었던 것이 1897년에는 8,112결 51
부 8속으로 약간의 漸減 경향에 있음이 확인된다.[29] 결국 군 전체
의 결총감소율은 1760~1897년간 3.6%를 기록하고 있는 셈인데,
서부면의 결총감소분 25%가 어느 정도로 높은 수준이었는가를
짐작해 볼 수 있다. 양전당국은 경자양전 이후 전세 比摠制 하에
서 서부면의 結摠을 감소시키는 방향으로 結負數를 조정하고 있
었던 것이다.[30]

서부면의 결총감소는 18세기 전반부터 19세기 후반까지 점진적
으로 발생한 것은 아니었다. 이같은 사실을 확인함에 있어서 全羅
道 古阜郡 聲浦面은 비교를 위한 좋은 사례이다.[31] 고부군은 全羅
右道의 沿岸에 위치하는 영광과는 동질적인 평야부 도작지대이다.

---

29) 1760년경의 수치는 國史編纂委員會刊『輿地圖書』下, 747쪽, 1897년의 것
   은『靈光邑誌』(影印本, 1991) 39쪽에 의함.
30) 경자양전 이후 비총제에 대해서는 다음 논문 참조. 李哲成,「18세기 田稅
   比摠制의 實施와 그 性格」『韓國史研究』81, 1993.
31) 金容燮,「「古阜郡聲浦面量案」의 분석」『東方學志』76, 1992.

〈표 1〉靈光郡 西部面 舊·今量間 結摠의 推移 (단위 : 結-負-束, %)

洞里名	字號數	舊筆地數	舊結負數	今筆地數	今結負數	結摠減少率
七巨里坪	7	430	31-41-2	505	26-32-2	-16.2
天府里坪	8	551	43-97-2	512	34-41-5	-21.7
長嶝村前坪	5	326	26-53-5	231	19-64-5	-26.0
長嶝村前沭坪	4	228	23-56-8	180	17-18-4	-27.1
尾也洞坪	1	81	6-37-6	81	5-02-1	-21.3
尾串坪	5	283	35-34-1	231	23-47-4	-33.6
乞沭坪	1	54	4-66-5	25	4-16-1	-10.8
舊倉浦坪	1	63	10-23-0	51	4-52-3	-55.8
倉浦村前坪	2	185	15-92-8	118	10-15-3	-36.3
山積里坪	6	344	36≈92-9	314	26-62-0	-27.9
后巖坪	1	68	9-97-4	62	4-40-0	-55.9
五畓洞坪	1	92	6-67-6	58	5-37-1	-19.5
馬岩坪	5	120	29-53-6	70	18-18-5	-38.4
南竹後坪	3	128	22-17-7	107	19-91-1	-10.2
寒井坪	4	68	23-95-0	45	18-24-2	-23.8
仙巖坪	3	339	19-86-4	247	16-85-7	-15.1
內南部坪	5	416	35-05-2	304	23-98-8	-31.6
外南部坪	6	396	37-54-8	308	28-16-8	-25.0
金安洞坪	1	50	5-28-3	31	3-22-5	-39.0
乞古介坪	2	125	10-79-0	86	7-47-4	-30.7
甫羅里坪	4	136	22-27-2	121	14-86-4	-33.3
新基村坪	2	109	11-07-4	69	7-74-1	-30.1
加山坪	2	78	10-10-8	75	7-98-0	-21.1
月山村前坪	1	45	4-70-5	62	3-92-5	-16.6
防築下坪	1	37	4-77-7	57	4-37-1	- 8.5
麥洞村前坪	1	48	5-48-3	41	4-07-6	-25.7
新亭子坪	5	179	25-10-8	156	19-96-7	-20.5
方古介坪	5	214	28-56-3	163	17-65-6	-38.2
鶴谷坪	4	255	21-72-9	214	14-87-9	-31.5
化上堤坪	1	45	4-91-9	29	5-42-7	+10.3
綠沙坪	8	311	41-01-4	355	34-72-8	-15.3
艾坪	2	99	9-87-6	58	7-37-7	-25.3
馬橋坪	8	349	41-49-8	348	32-24-3	-22.3
笠洞後坪	1	37	4-74-4	45	3-89-4	-17.9
鐘山坪	4	164	17-56-2	183	16-53-9	- 5.8
綠沙防築下坪	6	156	29-03-7	154	23-18-5	-20.2
檢堂坪	7	344	35-55-2	292	28-33-3	-20.3
紅亭堤坪	4	121	21-66-5	110	13-18-5	-39.1
計(38개坪)	137	7074	775-48-2	6105	578-16-9	-25.4
坪當 평균	3.6	186.2	20-40-7	160.7	15-21-5	

주 : 結摠減少率 = {1-(금결부수/구결부수)}*100

성포면 양안의 대상기간은 1719~1790년간으로서 18세기 거의 전 기간의 변동을 보여주는 것인데, 분석결과를 보면 面摠은 舊量(1719) 609여결에서 수量(1790) 638여결로 70여 년간 거의 변화가 없는 정체적인 추세를 보여주었다. 비총제 하에서 군내 사정을 어느 정도 감안한다 하더라도 이같은 방증사료를 고려할 때 서부면의 결총감소는 결국 19세기 들어서 급속하게 진행된 것이 아닌가, 1868년에 갑자기 개양전이 시행되었던 것도 당시의 급속한 변동을 반영하기 위한 것이 아닌가 생각된다(이 점 후술).

서부면의 결총감소 현상은 개양전에 즈음하여 신양안상에서 당해 필지가 대량으로 누락되고 있는 양상을 취하고 있었다. 구·금량간 결총 감소의 상황을 보기 위해 신양안상에서 누락된 해당 필지를 구양안상에서 摘出한 결과 누락된 부분은 총 2,509필지 237-46-7속으로 산출되었다. 반면, 금량 단계에서 새롭게 추가된 필지는 1,540필지 69-86-7속에 불과했다. 따라서 금량의 결총은 전술한대로 25%라는 급격한 감소 폭을 보였던 것이다. 〈표 1〉상의 금량 결총 6,105필지 578-16-9속은 구량 단계의 당해 필지가 금량에서 頉給된 부분(頉給分), 새롭게 추가된 부분(筆地追加分), 유지된 부분(維持分) 등이 결합되어 산출된 결과이다. 이 과정을 살펴보기 위해 제시한 것이 다음의 〈표 2〉이다.

구량 단계에서 단순 누락된 2,509필지 237-46-7속에는, 표에 제시한 대로, 탈급분 2,480필지 233-25-4속과 '合筆分'32) 29필지 4-21-3속이 포함되어 있다. 탈급분 233여결은 구량 결총 775여결의 무려 30.1%에 달하고 있으며, 전술한 결총감소의 주요한 내용을 이루고 있다. 이렇게 산출된 누락분을 구량 결총에서 차감한 것이 금량으로의 유지분 4,565필지 538-01-5속인 것이다.

---

32) 자료상에서는 "合錄"·"合量"으로 기록되어 있는데, 구량에서 금량으로 해당 필지가 "합필"된 부분이다.

〈표 2〉 舊·今量 結摠 變動 狀況 (단위 : 結-負-束)

舊量 (1719)			今量 (1868)		
區 分	筆地數	結負數	區 分	筆地數	結負數
維持分	4,565	538-01-5	維持分	4,565	508-30-2
頉給分	2,480	233-25-4	筆地追加分	1,540	69-86-7
˙合筆分˙	29	4-21-3			
結 摠	7,074	775-48-2	結 摠	6,105	578-16-9

한편, 자료상에서 동일 필지로 확인되는 금량 유지분은 총 4,565 필지 508-30-2속이다. 양안의 형식상 필지수는 동일하며, 유지분의 결부수는 구량 유지분과 비교해 유사한 수준임을 알 수 있다.[33] 금량 결총에서 이 유지분을 차감한 것이 추가분 1,540필지 69-86-7속인데, 이른바 加耕田으로서 개량에 즈음하여 새롭게 추가된 부분이다.

이상과 같이 구량 탈급분은 대단히 높은 수준이었으며, 금량 단계의 필지추가분이 이에 미치지 못함으로써 서부면의 面總은 금량 단계에서 대폭 감소하고 있었다. 따라서 문제의 초점은 대규모 결총감소를 초래한 구량 탈급분에 모아지는데, 이하에서는 먼저 그것의 내역을 살펴봄으로써 탈급의 요인을 추론해 볼 수 있다.

다음의 〈표 3〉은 구량 탈급분 2,480필지 233-25-4속을 地目別·陳起別로 제시한 것이다. 여기서 몇 가지 특징적인 사실이 확인된다. 먼저, 지목별 탈급 결부수를 보면, 전 175여결(탈급분의 75.3%), 답 56여결(동 24.1%)로서 전의 비중이 답의 그것을 크게 상회하고 있다. 다음, 陳起구성에서는 "陳" 145여결(62.3%), "起" 88여결(37.7%)로서 陳地의 상당량이 탈급되고 있음을 볼 수 있다. 마지막으로, 지목구성과 진기구성을 동시에 고려한다면, 주로 田에서 그것도 陳地에서 탈급이 이루어지고 있으며(752필지 138-91-9

---

33) 단, 금량의 유지분이 구량의 그것에 비해 결부수에서 감소한 것은, 구·금량 사이에 筆地分割이 이루어져서 자료의 양식상 분필분이 금량 유지분에서 제외되었기 때문이다(이 점 후술).

<표 3> 舊量 頉給分의 內譯 (단위 : 結-負-束)

	田		畓		垈		計	
	筆地數	結負數	筆地數	結負數	筆地數	結負數	筆地數	結負數
陳 (舊陳)	752 (416)	138-91-9 (94-15-1)	58 (29)	6-33-5 (3-59-8)	2 (0)	9-7 (0-0)	812 (445)	145-35-1 (97-79-4)
起	775	36-82-1	818	49-96-5	75	1-23-9	1668	88-02-5
計	1527	175-74-0	876	56-30-0	77	1-33-6	2480	233-25-4

주 : ① 괄호 안은 "陳"에 포함되어 있는 "舊陳"의 수치
② "陳"에는 "舊陳", "今陳", "續陳" 포함. 이상 <표 4>도 마찬가지.

9속으로 전체 탈급분의 59.5%), 더구나 거기서의 진기구성에서는 今陳(혹은 陳)보다 "舊陳"의 비율이 당히 높다(416필지 94-15-1속).

이같은 상황은 영광 일대가 구량 단계(1719)에서 전의 구성비가 답에 비해 상대적으로 높았고, 동시에 陳田의 비율이 무려 48.9%로서 여타 지역에서는 좀체로 찾아보기 힘들 정도로 높은 수준이었기 때문이다.[34] 그런데 여기서 주목할만한 사실은, 전체 탈급분 가운데 62.3%(145-35-1)를 점하는 "진"이 구량 전체의 "진" 379-47-2속에서는 38.3%에 불과하다는 사실이다. 여전히 60% 남짓의 진전은 금량 유지분으로 남아 陳田化라는 커다란 문제를 야기하고 있었다.

서부면에서 결부수가 이와 같이 대폭적으로 감소했던 것은, 구양안에는 등록되어 있으면서도 신양안에서는 등록되지 않은 토지가 대량으로 존재했음을 보여주는 것이다. 이에 대해서는 종래 고율의 결세부담을 회피하기 위한 地主層의 고의적인 隱匿 · 頉漏와, 양전과정에서 鄕吏層의 弄奸 즉, 吏隱結 등이 田政紊亂의 차원에서 제기되었다. 이것은 양전 당국이 파악하지 못하는 대량의 隱結이 발생하고 있음을 의미하는 것이다.[35]

---

34) 구량 결총 775-48-2속 가운데, 전답구성을 보면 전 491-85-4속 (63.4%) · 답 277-23-5속(35.7%)이었고, 陳起구성을 보면 陳 379-47-2속(48.9%) · 起 396-01-0속(51.1%)였다.

35) 영광 개양안의 기재양식을 분석한 宮嶋博史에 따르면, 起主란에 戶名 기

　1760년『大典會通』에서 법제화된 비총제는 안정적인 부세 확보를 위해 각 도별로 또 군현별로 수세 총액을 설정하고, 戶曹에서 監營으로, 감영에서 군현으로 결세 총액을 부과하고 있었다.[36] 군 레벨에서 비총제가 시행되는 경우, 감영에서 부과된 郡摠이 각 면 간에 어떻게 배분되는가가 그것을 부담하는 지주층과 이서층에게 초미의 관심사로 될 수밖에 없었다. 다음 장에서 후술하겠지만, 각 면에서는 부세 그 자체의 과중함만큼이나 각 면간의 불균등함이 부세수취를 둘러싼 갈등과 분쟁의 요인이 되었다. 지주 및 민인들은 과중한 결세를 회피하기 위해 자신의 경지를 隱漏시켰고, 이서층은 면의 결세 총액을 채우고 逋欠分을 충당하기 위해 은결을 마련해 두고 있었다.

　그런데 서부면의 결부탈급률 30%는 은결이라는 사회적인 요인만으로는 설명하기 어려운 높은 수준을 보이고 있다. 필자는 은결이라는 사회적 현상을 중앙의 호조나 전라감영이 인정할만한 어떤 자연적 요인 즉, 대규모 陳田(災結 또는 舊災) 현상이 전제되고 있었던 것이 아닌가 생각한다. 1868년 영광에서 이례적으로 읍양전이 시행되었던 이유는 19세기 후반 이후 급격히 변화하고 있는 경지 실태상의 변동 즉, 대규모 진전의 발생을 반영하기 위한 것이었다고 생각된다.

　진전은 주로 田에서 발생하고 있었는데, 그 이유는 田作의 특징 때문이다. 일반적으로 진전이 발생하는 이유로는 퇴비부족으로 인한 지력고갈과 수해 시 沙汰와 같은 토양유실 등을 지적할 수 있는데, 여기서 주목하는 것은 전자의 경우이다. 畓은 각종 영양분이

　재의 자의성을 근거로 하여 중앙정부가 파악하지 못하는 토지 즉, 隱結이 향촌 레벨에서 대량으로 발생하였다고 보고 있다. 그는 향리층에 의한 隱結(이른바 吏隱)의 대량 발생을 근거로 하여 중앙정부의 토지파악 능력의 저하를 주장한 바 있다. 宮嶋博史,『朝鮮土地調査事業史の硏究』 東京大學 東洋文化硏究所, 1990, 235~238쪽.
36) 李哲成,「18세기 田稅 比摠制의 實施와 그 性格」『韓國史硏究』 81, 1993.

녹아 있는 물을 자주 공급받기 때문에 퇴비를 많이 사용하지 않더라도 대규모의 한·수해만 들지 않는다면 어느 정도의 소출을 기대할 수 있다. 그러나 田은 곡식의 성장에 필요한 영양분을 대부분 퇴비에 의존할 수밖에 없다. 때문에 田에서는 고갈된 지력을 보강하는 차원에서 休耕하는 경우가 빈번하였다.[37] 특히 산곡간에 위치하는 척박한 전에서 그러한 일이 자주 발생하고 있었다고 생각된다. 이같은 田에 대해 결세가 과중하게 부과되는 경우 田主 또는 時作 입장에서는 당해 전지를 영구 진전화시키는 것이 오히려 수지타산에 맞았다. 당해 휴경이 이루어진 전의 경우 "白地徵稅"의 우려가 있기 때문이다. 서부면의 개양안 상에서는 한 해에 限하여 경지를 묵힌 경우를 "今陳", 경작을 아예 포기한 후자의 경우를 "舊陳"이라 규정하고 있었다.

한편 답에서도 진전 현상이 발생하고 있음은 지방의 감영과 군현에서 누차 보고 되고 있었다. 당시 대량의 舊災가 존재하였음을 보여주는 다음의 인용문은 시사하는 바 크다.

> 의정부에서 아뢰기를, "전라감사 徐相鼎의 장계를 보니, '본도의 舊災를 조정의 명령에 따라 準摠을 회복해야 하는데, 모두 시내에 휩쓸려 버려 개간할 길이 없다. 각 고을에서 조사한 것이 겨우 1,805결 4부 7속인데, 이것을 靈光郡에서 改量하여 實摠이 된 1,255결 85부 2속과 함께 除하면 실제 舊災는 9,860결 61부 6속이다. 이것은 어떻게 징수할 수가 없다. 이 災結의 稅를 거두는 것(災結課稅 … 인용자)은 특별히 중지할 것을 묘당으로 하여금 품지하여 분부하게 해주시기 바란다' 하였습니다. 한번 災摠에 들어가면 바꿀 수 없는 것은 참으로 근래의 가장 고치기 어려운 고질적 폐단입니다. 이번에 조사하여 찾아낸 수효가 거의 수천 결에 이르니, 그렇다면 이 밖에 土豪나 奸吏들이 숨겨놓은 것(隱結 … 原文)이 필시 이 정도까지는 되지 않을 것입니다. 금년에는 우선 장계에서 청한 대로 시행하게 하고, 내년부터 완전히 조사하여 조금도 숨기는 것이 없도록 하여 元摠을 복구하도록 하라고 분부하는 것이 어떻겠습니

---

37) 김건태, 「경자양전 시기 가경전과 진전 파악 실태」 『역사와 현실』 36, 2000, 196쪽 참조.

까?"하니, 윤허한다고 전교하였다.38)

영광의 개양전을 알리는 위의 인용문은 재결에 대한 두 개의 상이한 입장을 담고 있다. 즉, 전라도 지역에서 자연재해로 인해 災結이 대량으로 존재함을 보고하는 지방관(전라감사)의 입장과, 이에 대해 隱結의 가능성을 시사하는 중앙(의정부)의 입장이 그것이다. 여기서 주목하는 것은, 인용문에서 보는 대로 경지가 "시내에 휩쓸려 버려 개간할 길이 없는" 陳田이 대규모로 발생하고 있으며, 이것이야말로 재결 발생의 주요한 요인으로 지적되고 있다는 사실이다. 때문에 일반 민간에서는 結稅重壓(白地徵稅 등), 陳田課稅의 문제를 호소하고 있었던 것인데, 이를 위해 양전 당국은 田政釐正의 차원에서 대규모 진전 탈급을 단행할 수밖에 없었던 것이다. 단, 중앙에서도 災結에 대해서는 "토호나 간리들의 隱結"이 발생하고 있음을 인식하고 있었다. 그러나 '權頉'이나 '吏隱'과 같은 전정 문란 현상도 기실 경지가 永久陳田化하고 있던 당시의 사정을 배경에 두고 있음에 유의하지 않으면 안된다.

서부면에서는 "成川", "川及", "覆沙", "浦落"하는 등의 자연재해가 빈번히 발생하고 있었다. 주기적으로 찾아오는 旱害와 함께 불규칙적인 水害는 진전이 발생하는 주요한 요인이었다. 〈표 1〉에서 결총감소율이 30% 이상을 상회하는 지역들을 전절에서 제시한 [그림 1]과 대비시켜 보면,39) 이들 지역은 대체로 하천변의 평야지대로서 水害가 빈번할 뿐 아니라 사방의 산록이 헐벗어서 雨水를 당할 때마다 川及·覆沙하는 등 재해의 가능성이 농후한 지역으로 확인되고 있다. [그림 1]에서 송림리의 경우 德湖川 邊을 중심으로 구창포평, 창포촌전평, 후암평 등에서 높은 결총감소율을 기록하고 있다. 또한 佛甲川으로 합류하는 馬邑川과 南竹川 일대의

---

38)『承政院日記』, 高宗 6년 己巳(1869) 10월 3일.
39) 이를 하나의 표로 작성하면 다음과 같다.

川邊에서도 식민지기까지 沈水의 피해가 막심했다고 한다.[40] 이같은 빈번한 재해 때문에 불갑천과 그 지천변은 후일 水利組合이 설립되어 대대적인 河川改修工事를 벌이고 있었다.[41]

서부면의 진전 발생은 영광군 내에서도 주목할 만한 수준이었다. 영광군수 洪大重의 보고에 의하면, 戊寅年(1878) 영광군 전체의 진전은 789결로 보고되고 있다.[42] 1897년 현재 영광군의 결총이 8,112결이므로 군 전체의 진전 비율은 10% 弱으로 확인되고 있다. 이를 감안하면 서부면의 진전율 40% 強이 얼마나 높은 수준이었는가를 단적으로 엿볼 수 있다. 이는 불갑천 중류에 위치한 서부면의 자연지리적 조건에 기인한 것이다.

忠南 燕岐의 庚申量田(1800)에서 이를 보여주는 홍미로운 사례

양안상의 坪명	결총감소율	〈그림 1〉상의 위치
尾串坪	-33.6	남죽리
舊倉浦坪	-55.8	송림리
倉浦村前坪	-36.3	송림리
后巖坪	-55.9	송림리
馬岩坪	-38.4	마읍리
內南部坪	-31.6	학정리
金安洞坪	-39.0	보라리
乭古介坪	-30.7	남죽리
甫羅里坪	-33.3	보라리
新基村坪	-30.1	신하리
方古介坪	-38.2	학정리 · 보라리
鶴谷坪	-31.5	학정리
紅亭堤坪	-39.1	남죽리

주 : 지명의 확인은 남죽리 심경택옹(81), 마읍리 김병홍옹(76)에 의함.

40) 남죽리 심경택옹(81)의 증언.
41) 『全羅南道靈光郡靈光水利組合事業計劃書』, 1923. 불갑천 연안과 하류역은 전라도 지역 가운데에서도 저명한 旱 · 水害地 가운데 하나였다.
42) "무인년(1878) 조사해 보고한 陳田이 789결인데 이는 병자년(1876)과 정축년(1877)부터 내려온 연해변의 주인 없는 땅입니다. 멀쩡한 전답이 진전으로 되고 폐허로 이르게 된 것은 뜻밖의 재해에 의해 전답이 없어져 감히 복구하지 못하고 보고한 것입니다." 『各司謄錄(湖南啓錄)』, 高宗 16년 己卯(1879) 3월.

가 있다.43) 여기서도 '成川覆沙'하는 災害가 來襲하여 대규모 陳田이 발생하였고, 그 위에 土豪奸民輩들이 起耕田을 陳田으로 幻弄하는 '陳起幻弄' 이른바, '權頉'의 폐해가 만연하고 있었다. 때문에 여기서도 결총은 대폭 감소하고 있다. '환기진롱', '권탈' 등과 같은 향촌레벨에서의 作奸도 기실 대규모 진전의 발생을 그 배경으로 하고 있다고 생각된다.

　마지막으로, 금량 단계(1868)에서 추가된 필지분을 집계한 것이 〈표 4〉이다. 이 추가분은 금량 단계에서 새롭게 開墾된 부분과 필지가 분할된 부분을 포함하고 있기 때문에44) 1필지당 결부수는 금량 유지분이나 구량 탈급분에 비해 상당히 작다(유지분 11부 1속, 탈급분 9부 4속, 추가분 4부 5속). 금량 추가분의 지목구성을 보면 답의 비중(69.5%)이 전의 그것(23.6%)보다 상당히 높으며, 경지의 等第 또한 3등급 이상의 상등지들이다. 진기구성에서는 起耕地가 67 여결로서 총 추가분의 97%라는 압도적인 비중을 점함으로써, 구량 탈급분과 비교하면 상당한 대조를 보이고 있다.

　이와 같이 금량 추가분=가경전이 구량 탈급전에 비해 저조했던 것은, 대규모 진전의 발생을 배경으로 한 개간의 상대적인 부진 때문이었다. 요컨대, 서부면에서의 개양전은 대규모 진전의 발생, 거기서 진전과세 문제를 해소하기 위한 田政釐正의 차원에서 주어지고

---

43) 李榮薰, 「光武量田에 있어서 〈時土〉 파악의 실상－忠淸南道 燕岐郡 光武量案의 事例分析－」, 金鴻植等著 『대한제국기의 토지제도』, 民音社, 1990, 92~94쪽.

44) 이 '分筆分'에는 순수한 분필과 開墾分이 혼재되어 있고, 자료상 속지번과 별도의 지번이라는 형태로 혼재되어 있기 때문에 양자의 구분이 용이하지 않다. 본래 이 '분필분'은 구량 합필분과 마찬가지로 구·금량 유지분에 각각 포함되어야 하나, 이상과 같은 문제 때문에 4절의 분석대상에서 제외하였다. 그러나 그렇게 하는 결정적인 이유는 양안양식의 장점인 구·금량간의 변동을 동일 필지로 파악하기 위함이다. 필지별 변동분석에서는 어차피 이 부분은 제외될 수밖에 없다. 본 분석에는 이 정도의 통계적 오차는 발생하고 있음을 알려 드린다.

〈표 4〉 今量 追加分의 內譯 (단위 : 結-負-束)

	田		畓		垈		計	
	筆地數	結負數	筆地數	結負數	筆地數	結負數	筆地數	結負數
陳	9	1-50-2	7	38-3	0	0	16	1-88-5
(舊陳)	(3)	(1-18-7)	(0)	(0-0)	(0)	(0)	(3)	(1-18-7)
起	365	14-97-1	890	48-16-3	269	4-78-8	1524	67-98-2
計	374	16-47-3	897	48-54-6	269	4-78-8	1540	69-86-7

있었지만, 신전개간이 부진함으로써 결국 대규모 결총 감소를 인정하는 방향으로 귀결되었던 것이다. 이같은 陳雜頃 전답의 존재, 개간의 저조함은 본질적으로 농업생산력의 쇠퇴와 농촌경제의 피폐화를 보여주는 것으로서 영광 개양전의 성격을 단적으로 보여주고 있다.

Ⅲ. 陳田化와 結稅重壓

서부면에서의 거대한 결총감소를 전제한 위에서, 구·금량간의 경지 상태 즉, 지목, 진기, 등급 구성 및 그 변동 상황을 살펴보기로 하자. 경지의 질적 상태는 양안의 양식상 상단부를 이루고 있는 것으로서 이 글의 주요한 관심대상이다. 여기서는 구·금량간 경지 상태의 변동을 살펴 보기 위해 구금량 각 단계의 유지분을 구량 탈급분 및 금량 추가분과 분리하고, 이 유지분만을 갖고 경지의 변동 상황을 살펴보기로 한다.

1. 陳田化의 展開

먼저, 구·금량간 지목구성의 변동상황을 제시한 것이 다음의 〈표 5〉이다. 구량 단계(1719)에서 지목구성은 결부수대비 전 58.5%, 답

〈표 5〉 舊今量間 地目構成의 變動 (단위 : 結-負-束, %)

	田摠		畓摠		垈摠		結摠	
	筆地數	結負數	筆地數	結負數	筆地數	結負數	筆地數	結負數
舊量 (동상%)	2,431 (51.3)	314-82-2 (58.5)	2,101 (46.0)	218-07-5 (40.5)	123 (2.7)	5-11-8 (1.0)	4,565	538-01-5 (100.0)
今量 (동상%)	2,075 (45.4)	239-45-4 (47.1)	2,249 (49.3)	263-90-8 (51.9)	241 (5.3)	4-94-0 (1.0)	4,565	508-30-2 (100.0)

〈표 6〉 舊今量間 筆地別 地目變動 狀況 (단위 : 坪, 結-負-束)

變動 類型	筆地數 (%)	面積(坪) (%)	結負數
田 ⇒ 田	1,811 (39.7)	1,460,435 (52.3)	221-92-5
田 ⇒ 畓	382 (8.4)	225,715 (8.1)	43-44-7
畓 ⇒ 畓	1,855 (40.6)	984,154 (35.3)	219-87-3
畓 ⇒ 田	223 (4.9)	89,915 (3.2)	15-53-4
其他	294 (6.4)	29,526 (1.1)	7-52-3
計	4,565 (100.0)	2,789,745 (100.0)	508-30-2

주 : ① 괄호 안은 구성비임
② 면적(평) 및 결부수는 금량 단계(1868)의 것임
③ 量田尺 1尺＝1m, 1坪＝3.3㎡로 환산한 것임
④ 其他에는 垈 ⇒ 垈, 垈 ⇒ 田, 垈 ⇒ 畓, 田 ⇒ 垈, 畓 ⇒ 垈 등 포함

40.5%, 대 1.0%로서 田作이 중심이다. 그런데 이것이 금량 단계 (1868)에 이르면 답의 비중이 11.4% 증가하여 전답구성은 전 47.1%, 답 51.9%로서 유사한 수준으로 변동되고 있다.

영광군 전체의 경향을 보면, 1760년경 전 41.9%, 답 58.1%이었던 것이 1827년에도 전 41.4%, 답 58.6%로서 답작이 우세한 지대임을 알 수 있다.[45] 따라서, 이같은 군 전체의 경향을 감안한다면 서부면 은 여전히 畓作의 발전이 비교적 저조했던 半田·半畓作 지대임을 알 수 있다. 이같은 사실은 〈표 6〉에서 보다 구체적으로 드러난다.

필지별 변동을 나타내는 〈표 6〉을 살펴보면, 총 4,565필지 가운

---

45) 1760년경의 수치는 『輿地圖書』下, 1827년의 수치는 『全羅道內各邑丁亥條 田畓實摠成冊』(奎 19428)에 의함.

데 필지수대비 田 ⇒ 田 39.7%, 畓 ⇒ 畓 40.6%로서 지목변동이 없는 경우가 압도적인 비중을 점하고 있다. 반면, 田 ⇒ 畓, 畓 ⇒ 田의 비중은 각각 8.4%, 4.9%로서 지목변동은 그다지 활발하지 않았다. 이를 實面積으로 보더라도 전 ⇒ 전의 비중이 52.3%로 상승하는 것을 제외하곤 필지수의 경향과 커다란 차이를 느낄 수 없다.

그러나 田 ⇒ 畓의 비중 8%대는 제한적인 의미에서 답작의 상대적인 발전상황을 보여주고 있다. 종래 농업발전의 지표로서 제시되었던 이 反畓化 경향은 전작에서의 진전 경향과는 역으로 개양전 사업에서 등급상승의 주요한 배경이 되고 있었다.

다음, 구금량간 지목별 陳起構成의 변동과 그것의 필지별 변동상황을 살펴보면 다음의 〈표 7〉 및 〈표 8〉과 같다.

당시의 진기상황을 개관하기 위해 〈표 7〉의 하단에 주목하면, 구량 단계에서 陳地는 233여결, 起耕地는 304여결로서 전자의 구성비가 결총의 43.4%에 달하고 있음이 인상적이다. 그런데 이같은 구성비는 금량 단계에 이르러서도 커다란 변화를 읽을 수 없다. 금량에서 진지는 213여결·결총의 41.9%로서 구량 단계에 비해 정체 내지 微減 경향을 보여주고 있을 뿐이다. 단, 이 점에 대해서는 추가적인 설명을 요한다.

지목별 진기구성을 보면, 서부면에서 확인되는 대규모 진결은 주로 "전"에서 발생하고 있음을 볼 수 있다. 전체적으로 구·금량 각 단계에서 "진"에서는 田이 "기"에서는 畓이 그 중점적인 지위를 점하고 있으며, 구량 단계에서 금량 단계로 갈수록 이같은 경향은 가속화되고 있는 상황이다. 특히, "진" 가운데에서도 "舊陳"의 비중은 상당히 높은 편이며 금량 단계로 갈수록 그 구성비는 더욱 높아지고 있다(구량 66.8%, 금량 74.2%).

18세기 말 湖南 沿岸 諸邑의 경지상황을 추정해 볼 수 있는 다음의 인용문은 시사하는 바 크다. 18세기 말 靈光의 대표적 儒林 가운데 한 명이었던 湖英齋 李大圭(1738~1802)는 正祖의 求言綸音(農

〈표 7〉 舊今量間 地目別 陳起構成의 變動 (단위 : 結-負-束, %)

地目	陳起別	舊 量 (1719)		今 量 (1868)	
		筆地數	結負數	筆地數	結負數
田	陳	857	218-02-0	854	165-83-6
	(舊陳)	(454)	(143-18-9)	(644)	(148-01-0)
	起	1,484	96-80-2	1,221	73-61-8
畓	陳	87	15-02-7	202	47-34-6
	(舊陳)	(43)	(12-71-1)	(49)	(10-06-5)
	起	2,014	203-04-8	2,047	216-56-2
p垈	陳	3	37-5	0	0
	(舊陳)	(1)	(1-8)	(0)	(0)
	起	120	4-74-3	241	4-94-0
計	陳	947	233-42-2(43.4)	1,056	213-18-2(41.9)
	(舊陳)	(498)	(155-91-8)	(693)	(158-07-5)
	起	3,618	304-59-3(56.6)	3,509	295-12-0(58.1)
	結摠	4,565	538-01-5(100.0)	4,565	508-30-2(100.0)

주 : "진"은 "舊陳", "今陳", "續陳" 포함

〈표 8〉 舊今量間 筆地別 陳起變動 狀況 (단위 : 坪, 結-負-束)

變動 類型	筆地數 (%)	面積(坪) (%)	結負數
起 ⇒ 起	3,237 (70.9)	1,205,649 (43.2)	270-90-0
起 ⇒ 陳	381 (8.3)	334,759 (12.0)	54-98-9
陳 ⇒ 陳	675 (14.8)	1,136,051 (40.7)	158-19-3
陳 ⇒ 起	272 (6.0)	113,286 (4.1)	24-22-0
計	4,565 (100.0)	2,789,745 (100.0)	508-30-2

주 : ① 괄호 안은 구성비임
　　② 면적(평) 및 결부수는 금량 단계(1868)의 것임
　　③ 量田尺 1尺=1m, 1坪=3.3㎡로 환산한 것임

政·農書)에 農政疏를 올리면서, 全羅右道 일대의 耕地陳廢 상황에
대해 다음과 같이 전하고 있다.

　　圃老가 또 묻기를, "우리나라는 땅이 좁은데 사람은 많아 이익을 내기
가 어려워 궁핍합니다. 그것은 곡식을 생산할 만한 토지가 모두 開墾되지
않은 탓도 있을 것입니다. 가령 湖南으로 말한다면, 扶安의 邊山도 곡식
을 심을 만한 곳이요, 栗池도 논을 만들 만한 곳이며, 金堤 碧骨도 제방

을 닦을 만한 곳이요, 務安의 屯浦도 防築을 막을 만한 곳이니 많은 곳은
만여 섬 지기의 땅이요 적어도 몇 천섬 지기의 땅은 됩니다. 그리고 강변
의 폐쇄된 郡이나 肅川의 保民筒 역시 논을 만들만 만하고 보를 막을 만
한데도 경작을 하다 말고 제방도 막다 말고 있습니다. 그밖에 모든 길의
큰 제방들도 한 縣이나 한 邑의 이익을 볼 만한 것을 이룩했다가 무너뜨
림이 무상하여 실효를 거두지 못하고 있습니다. 이는 과연 人事를 다 닦
지 못하여 地利가 다 나오지 못한 것이 아니겠습니까? …".46)

湖英齋는 당시 沿岸 諸邑의 많은 경지가 진폐되어 가고 있는 상
황에 대해 開墾作畓의 부진, 冒耕 등으로 인한 수리시설의 기능불
능 상황을 진전화의 요인으로 지적하고 있다. 호영재는 포노·농공
간의 문답을 통해 이 시기 농업개혁방안으로서 開墾 및 水利의 진
흥을 간접적으로 제시하고 있다.

이제 〈표 8〉의 필지별 진기변동을 살펴보면, 그 변동 양상이 보
다 구체적으로 드러난다. 먼저, 필지수 구성비를 보면, 起 ⇒ 起
70.9%, 陳 ⇒ 陳 14.8%로서 변동이 없는 경우가 압도적인 구성비를
점하고 있으며 특히, 전자의 비중이 상당히 높은 편이다. 반면, 實面
積으로 비교하면 전자의 비중은 43.2%로 낮아지고 후자의 비중이
40.7%로 증가하고 있다. 이것은 진전이 주로 下等地로서 상등지에
비해 실면적은 크고 결부수는 작기 때문이다.

여기서 주목해야 할 점은, 진기구성이 변동되는 起 ⇒ 陳, 陳 ⇒
起의 비중이다. 필지수로 비교하는 경우 전자의 비중은 8.3%로서
후자 6.0%보다 높게 나타나고 있다. 각각의 비중을 實面積으로 비
교한다면, 전자 12.0%는 후자 4.1%에 비해 무려 3배 가까운 차이
를 보이고 있다. 전술한 〈표 7〉에서 진전 비율이 43.3%에서 41.9%
로 정체 내지 微減한 사실을 확인한 바 있지만, 〈표 8〉의 필지수대
비, 실면적대비를 통해 그 변동 상황을 확인하면,47) 진전의 비중은

---

46) 湖英齋 李大圭, 『農圃問答』, 1798. 저자 이대규는 『農圃問答』과 應旨疏로
   인해 正祖로부터 "湖英"이라는 호와 각종 書册을 下賜 받았다. 그는 현
   재 영광군 大馬面 南山里 南岡祠에 配享되어 있다.

<表 9> "陳"의 無主地 構成比

區分	舊量(1719)			今量(1868)		
	筆地數(A)	無主地數(B)	構成比(B/A)	筆地數(A)	無主地數(B)	構成比(B/A)
舊陳	498	418	83.9%	693	611	95.6%
今陳	449	111	24.7%	363	195	53.7%
陳 小計	947	529	55.9%	1,056	806	76.3%

주 : "금진"에는 "陳", "續陳" 포함

금량 단계로 가면서 오히려 상승하고 있었다고 할 수 있다(실면적 대비: 47.8% → 52.7%). 아같은 사실을 확인함에 있어 위의 <표 9>는 상당히 시사적이다.

<표 9>는 <표 7> 하단의 "陳" 가운데 무주지의 구성비를 산출한 것이다. 무주지가 발생함은 陳田 발생의 가장 극단적 형태라고 할 수 있는데, 다음과 같은 몇 가지 음미할만한 사실을 확인할 수 있다. 첫째, 진전에 있어 무주지의 비중은 구량 55.9%에서 금량 76.3%로 상승하고 있다는 점, 둘째, 구·금량 공히 무주지는 진전 가운데에서도 "舊陳"에서 발생하고 있다는 점, 셋째, 금량 단계에서는 無主地化가 "今陳"에서도 진행되고 있다는 점 등이다. 이와 같이 진전에서는 농업생산구조가 사실상 붕괴되어 소유권마저 포기하는 사태가 다발하고 있었던 모양이다.

이상의 사실을 통해 우리는 서부면에서의 대규모 陳田 현상을 볼 수 있는데, 이같은 경향은 19세기 후반으로 갈수록 확대되고 있으며(실면적대비 참조), 그로 인해 대량의 무주지가 속출하고 있음을

---

47) 구금량간 진기구성의 변동상황을 實面積으로 제시하면 다음과 같다.

區分	舊量(1719)		今量(1868)	
	筆地數	實面積(%)	筆地數	實面積(%)
陳	947	1,373,137坪 (47.8)	1,056	1,470,809坪 (52.7)
(舊陳)	(498)	(920,447)	(693)	(1,153,036)
起	3,618	1,496,079 (52.2)	3,509	1,318,935 (47.3)
結摠(유지분)	4,565	2,869,216 (100.0)	4,565	2,789,744 (100.0)

〈표 10〉 珍島府 加士島의 地目別 陳起構成 (단위 : 坪, %)

	田	畓	垈	計
起	179,503 (59.6)	77,113 (88.5)	10,055 (97.6)	266,671 (66.9)
陳	121,425 (40.4)	10,063 (11.5)	248 (2.4)	131,736 (33.1)
計	300,928 (75.5)	87,176 (21.9)	10,303 (2.6)	398,407 (100.0)

주 : 『同治拾年辛未十二月日諸島面加士島行審』(奎18999)

확인할 수 있다. 이같은 사실은 영광과 농업지대구분상 동지대에 속하는 全羅右道의 珍島府 加士島의 사례에서도 볼 수 있다. 1871년 현재 加士島는 結摠이 1,879筆地, 44結 53負 5束(환산하면 398,407坪, 약 132.8町步)으로 珍島府에 부속하는 조그마한 섬이다. 위의 〈표 10〉은 그것의 전답별 진기구성을 제시한 것이다.

가사도의 경우 지목구성이 전 75.5%, 답 21.9%인 상태에서 진기구성을 보면 진전이 무려 33.1%로 나타나고 있다. 여기서도 진전이 주로 전에서 발생하고 있음은 서부면의 사례와 동일하다. 그런데, 진전 가운데 舊陳의 비율은 64.7%에 달하고 있으며, 결총 가운데 無主地의 비율은 21.4%(85,297坪)로 확인되고 있다. 무주지가 구진이었음은 두말할 나위가 없다.

이같은 사실은 전술한 忠南 燕岐 사례와도 近似한 것이다. 거기서도 (추정)진전량은 1720년에서 1871년간 526여결에서 1,268여결로 무려 2.4배나 급증하고 있다. 진전이 이같이 2.4배나 증가하는 것은, 사실 그대로였다고 보기는 곤란할 것이지만, 현실적으로 진전이 확대되고 있던 추세를 그 배경에 두고 있다고 생각하지 않을 수 없다.[48]

서부면의 진전 수준은 당시의 경상도와 비교하면 대단히 높은

---

48) 李榮薰, 「光武量田에 있어서 〈時主〉 파악의 실상 - 忠淸南道 燕岐郡 光武量案의 사례분석 - 」, 1990, 92~93, 97~98쪽.

수준이었다는 점에 주목할 필요가 있다. 최근 보고된 慶尙道 龍宮
縣의 庚子量田은 서부면 사례와 좋은 대조를 이루고 있다.49) 1719
년 舊量田 당시 영광군 서부면의 전답구성은 전 63.4%, 답 35.7%,
대 0.9%인데, 진전구성비는 49%에 달하고 있다. 이에 대해 용궁현
의 경우(경자양안) 전답구성이 전 66%, 답 34% 하에서 진전비율
은 16%로 확인되고 있다. 이같은 대조적인 현상을 통해 전답구성
이 유사한 수준에서 서부면의 진전비율이 얼마나 높은가를, 따라서
경자양전 당시 진전구성에 있어 嶺·湖南間에 어느 정도의 차이가
나는가를 엿볼 수 있다. 요컨데, 진전화 경향은 한편으로는 전답구
성에 제약되면서도, 나른 한편으로는 경지 실태상의 지역적 특징임
을 지적하고 싶다.

2. 結稅負擔의 增加

  양전 당국이 막대한 비용을 들여가며 개양전을 시행한 이유는
궁극적으로 국가의 주요한 재정 수입원으로서 出稅實結數를 더 많
이 확보하는 데 있었다. 結負制로 운영되는 토지제도 하에서는 경
지의 등급 규정은 대단히 중요한 의미를 갖는데, 이는 지주나 농민
들이 부담하는 결세액에 절대적인 영향을 미치기 때문이다. 다음의
〈표 11〉과 〈표 12〉는 구·금량간 지목별 등급구성의 변동상황을
제시한 것이다.
  〈표 11〉을 통하여 등급별 변동상황을 살피면, 1등지 9.6% →
11.4%, 2등지 6.9% → 6.5%, 3등지 21.6% → 31.6%로서 이들 상
등지에서는 대체로 그 구성비가 상승하고 있다. 반면 4등지 40.6%
→ 28.6%, 5등지 21.1% → 17.4%, 6등지 0.2% → 4 .5%로서 하등

---

49) 김건태, 「경자양전시기 가경전과 진전 파악 실태-경상도 용궁현 사례-」
    『역사와 현실』 36, 2000, 182, 194쪽.

〈표 11〉 舊今量間 地目別 等級構成의 變動 (단위 : 結-負-束, %)

等級	舊量(1719)				今量(1868)			
	田	畓	垈	計	田	畓	垈	計
1	17-36-8 (5.5)	32-36-7 (14.8)	1-77-0 (34.6)	51-50-5 (9.6)	13-39-0 (5.6)	40-60-4 (15.4)	3-83-6 (77.7)	57-83-0 (11.4)
2	9-23-0 (2.9)	26-35-6 (12.1)	1-84-8 (36.1)	37-43-4 (6.9)	1-72-8 (0.7)	30-49-1 (11.6)	99-9 (20.2)	33-21-8 (6.5)
3	40-76-9 (12.9)	74-65-3 (34.2)	63-0 (12.3)	116-05-2 (21.6)	40-98-8 (17.1)	119-33-3 (45.2)	10-5 (2.1)	160-42-6 (31.6)
4	155-60-0 (49.4)	62-24-2 (28.5)	42-1 (8.2)	218-26-3 (40.6)	89-06-4 (37.2)	56-57-5 (21.4)	0-0 (0.0)	145-63-9 (28.6)
5	90-83-7 (29.0)	22-21-7 (10.2)	44-9 (8.8)	113-50-3 (21.1)	73-82-7 (30.8)	14-63-4 (5.5)	0-0 (0.0)	88-46-1 (17.4)
6	1-08-8 (0.3)	24-0 (0.2)	0-0 (0.0)	1-25-8 (0.2)	20-45-7 (8.6)	2-27-1 (0.9)	0-0 (0.0)	22-72-8 (4.5)
計	314-82-2 (100.0)	218-07-5 (100.0)	5-11-8 (100.0)	538-01-5 (100.0)	239-45-4 (100.0)	263-90-8 (100.0)	4-94-0 (100.0)	508-30-2 (100.0)

주 : 괄호안은 구성비임

〈표 12〉 舊今量間 筆地別 等級變動 狀況 (단위 : 坪, 結-負-束)

變動 類型	筆地數 (%)	面積(坪) (%)	結負數 (%)
上昇	1,716 (37.6)	654,115 (23.5)	151-89-3 (29.9)
下降	994 (21.8)	818,063 (29.3)	102-59-5 (20.2)
不變	1,855 (40.6)	1,317,567 (47.2)	253-81-4 (49.9)
計	4,565 (100.0)	2,789,745 (100.0)	508-30-2

주 : ① 괄호 안은 구성비임
　　 ② 면적(평) 및 결부수는 금량 단계(1868)의 것임
　　 ③ 量田尺 1尺＝1m, 1坪＝3.3㎡로 환산한 것임

지에서는 그 비중이 감소하고 있음을 볼 수 있다. 대체로 상등지의
증가 폭이 하등지의 감소 폭을 상회함으로써 경지의 등급은 금량
단계로 갈수록 상승하고 있었다.[50]

　지목별 변동상황을 보면, 전의 경우 3등지에서 12.9% → 17.1%

---

50) 이에 따라 중심 등급도 4등지(결총의 41.9%)에서 3등지(동 32.5%)로 상
　　 승하고 있다.

증가, 4등지에서 49.4% → 37.2% 감소, 답의 경우 3등지에서 34.2%
→ 45.2% 증가, 4등지에서 29.5% → 21.4% 감소로서 전답 공히 상
등지(=3등지)의 증가와 하등지(=4등지)의 감소라는 공통적인 현
상을 확인할 수 있다. 이같은 상황은 서부면에서의 反畓化 경향 때
문에 답의 경우가 전의 경우보다 더욱 선명하다. 전술한 '전총 감
소·답총 증가'라는 전답구성의 변동상황을 상기한다면, 민인들이
경험하는 결세부담(=등급상승)의 하중은 표에서 제시한 것 이상으
로 컸다고 볼 수 있다.

　이같은 등급상승 현상은 〈표 12〉를 살펴보면 구체적으로 확인할
수 있다. 구금량간 등급이 불변인 필지가 1,855필지로 40.6%를 점
하고 있는 가운데, 등급이 상승하고 있는 필지(37.6%)가 하락하고
있는 그것(21.8%)을 큰 차이로 상회하고 있다. 이에 따라 상승하는
필지의 결부수 비중이 하락하는 그것보다 높다(결부수대비 상승
29.9% 〉하강 20.2%). 단, 표상의 실면적대비에서 '하강'의 비중이
'상승'보다 상대적으로 높은 것은, 등급이 하락하는 필지들이 대체
로 4등급 이하의 하등지로서 여기에는 상당수의 진전이 포함되어
있기 때문이다(〈표 13〉 참조).

　이제 진기변동과 등급변동을 종합하여 제시한 것이 다음의 〈표
13〉이다. 여기서는 편의상 필지수만 제시하며 그런 면에서 〈표 11〉
을 보완하는 의미가 있다. 경향적으로 파악하면 등급이 높은 상등
지에서는 기경전이, 하등지에서는 진전이 중점적인 지위를 점하고
있으며, 이같은 경향은 금량 단계로 갈수록 심화되고 있다. 전술한
바와 같이 진전은 "전"에서 기경전은 "답"에서 확대되고 있었기 때
문에, 서부면의 등급상승은 전에서의 진전화 즉, 등급하강을 답에서
의 등급상승으로 상쇄하고자 하는 방향으로 조정되고 있었다. 대체
로 18세기 전반에서 19세기 후반에 이르기까지 진전화와 결세중압
은 이같은 양상으로 동시병진하고 있었던 것이다.

〈표 13〉 舊今量間 陳起別 等級變動 狀況

等 級	舊量 (1719)			今量 (1868)		
	起(%)	陳(%)	計	起(%)	陳(%)	計
1	218(6.0)	27(2.8)	245	403(11.5)	38(3.6)	441
2	293(8.1)	34(3.6)	327	269(7.7)	14(1.3)	283
3	857(23.7)	119(12.6)	976	1,462(41.6)	97(9.2)	1,559
4	1,320(36.5)	340(35.9)	1,660	962(27.4)	305(28.9)	1,267
5	918(25.4)	423(44.7)	1,341	354(10.1)	449(42.5)	803
6	12(0.3)	4(0.4)	16	59(1.7)	153(14.5)	212
計	3,618(100.0)	947(100.0)	4,565	3,509(100.0)	1,056(100.0)	4,565

　일반적으로 등급상승은 당해 필지에서 結稅를 이전보다 높게 책정할 수 있을 만큼 경지 상태가 호전되고 있음을 보여주는 것이다. 그러나 서부면에서의 등급상승은 오히려 그것의 역의 현상 즉, 진전화가 심화되고 있는 상황에서 감소한 面總을 보전하기 위해 일반 농민 및 지주의 결세부담만을 가중시켜 놓고 있었다. 보다 구조적인 문제로서 서부면에서의 등급상승에는 비총제 하에서 대규모 결총감소를 등급상승으로 상쇄하고자 했던 의도가 반영되어 있었다.

　1868년 개양전 이후 영광 민인들에게 있어서 결세부담은 한층 과중한 부담으로 작용하였던 것 같다. 결세의 加徵과 不均이 빈발하였기 때문에 민인들로부터 결세의 감면 혹은 頉給 청원이 지속적으로 이루어졌다. 개량과정에서 加執된 所耕[結稅]도 많았고 개량 후 등급 상승에 따라 결세부담은 한층 과중한 것으로 되지 않을 수 없었다.[51]

　개양전을 시행하면서 양전당국에서는 전정운영에 당시의 경지상

---

51) 1870~72년간 남아있는 영광군의 민장치부책이 그것을 말하고 있다. 영광의 민장책에는 改量과 관련하여 所耕의 減下·頉給 訴請이 빈출하고 있었지만, 대부분 기각되고 있었다. 다음의 사례는 개량 후 자신의 加執된 결세를 감해 달라는 소지이다. 佛甲德山柳之希狀以 改量後 矣畓七斗落 所耕至爲六十七卜六束 處分事 題內至於改量一事 惟當一導 而己新官無可更議於其間向事. 『韓國地方史資料叢書 民狀篇4』〈민장 4〉17쪽.

태와 農形을 반영하려 하였지만, 그렇다고 기층민들이 받는 부담이
가벼워지는 것도 아니었다. 특히 개양전 직후인 1871년에는 영광의
農形이 악화일로에 있었다.[52] 한해, 수해와 같은 재해, 수리시설의
황폐화, 極凶보고, 진전의 발생 등 농민경영을 불안정하게 하는 제
요인은 거의 망라되고 있었다.[53] 이 시기에는 촌락의 공동화, 유리
걸식하는 유망민들로 영광의 읍 자체가 생존 위기의 시대로 보고
되고 있다.

　　農形에 보고되는 각종 災害는 농촌의 殘敗를 초래하면서 민인들
로 하여금 결세 탈급을 격발시키고 있었다. 1871년 악화된 農形 즉,
진전의 발생, 廢農 등이 지적되면서 민간에는 결세탈급, 나아가 '生
計無路', '結構之方'을 호소하는 訴請이 끊이지 않았다. 영광의 개양
전에서는 대규모 진전화가 진행되는 가운데 등급상승 현상이 병존
하였으므로 필연적으로 陳田課稅 문제를 초래하였다.[54] 때문에 재
해지에서의 탈급 문제는 田政 民願의 주요 사항 가운데 하나였
다.[55] 1870년대 전반 改量과 田政紊亂을 둘러싼 민간의 부세갈등
은 제2장의 주요한 과제이다.

---

52) 영광군 大安面에서는 재해가 있은 후 災減成册이 만들어졌는데, 다음의
　　사례는 月溪 민인들이 재해지에 들지 못하여 관에 탄원하고 있는 等狀
　　이다. 大安月溪民人吳柄碩等狀以 今番災減成册中 矣村之民一不入減事 題
　　內今則無以變通向事. 〈민장 4〉 540쪽.
53) 대표적인 사례로서 西部面의 경우를 제시하였다. 西部面民人等狀以 農形
　　被災事 往呈于右議政行次 所受題到付事 題內已爲報營 惟待處分而已向事.
　　〈민장 6〉 308쪽.
54) 서부면 사례로서 개량 후 진전에 부과된 결세를 탈급해달라는 소지이다.
　　西部金順宗狀以 改量時無庫所耕 呈訴頉下矣 今又橫侵事 題內旣頉之陳結
　　今又出秩云者 此非弄奸 而何爲卽爲頉給 宜當向事. 都吏 該書員. 〈민장
　　4〉 582쪽.: 결세가 부과되지 않던 堤堰畓에 개량 후 결세가 부과된 사례
　　이다. 外西眠約堤作人林台圭等狀以 堤畓入於改量 以納正供 而又入於秋監
　　中 處分事 題內從當處分向事. 〈민장 4〉 242쪽.
55) 外間面과 六昌面의 민들이 올린 등장으로서 給災頉給을 청원하고 있는
　　사례이다. 外間六昌兩面民人等狀以 災頉事呈議送到付事 題內情狀可悶是
　　矣 無計好樣向事. 〈민장 6〉 340쪽.

Ⅳ. 停滯的 所有分化

영광의 개양안은, 〈자료 1〉에서 본 바와 같이, '소유자'란에 主규정이 성립된 단계의 양안이다. 이 "主" 표기는 기경전에서만 등장하며 진전인 경우 "陳"으로 표기된다. 기경지인 경우 "주" 표기 뒤에 "起主名"이 등장하지만, 진전인 경우 대체로 "無主" 규정을 받고 있다(주로 "舊陳"의 경우).

양안의 소유자란에는 종래의 경자양안에서 등장했던 기주의 身分·職役이나 ○○○奴○○ 등은 표기되어 있지 않으며, 단지 기주의 이름만이 기록되어 있다. 단, 전라도 경자양안에는 직역이 표기되어 있지 않다. 주목할 점은, 기주명도 姓名 3字 형태가 아니라 주로 無姓의 名字 형태를 취하고 있다는 사실이다. 우리는 이것을 戶名이라 하는데, 徵稅記인 衿記나 籌板에서만 고유하게 사용하는 이름 형태로 알려져 있다.56) 〈자료 1〉에서 확인되는 상단의 '明今'이라든가 '先金', 하단의 '金洞', '七月' 등과 같은 이름 형태가 그것이다.

그렇다면 양안상에서 戶名 형태는 어느 정도나 일반적인 主名 기재방식이었을까? 다음의 〈표 14〉를 보도록 하자.57)

---

56) 戶名에 대해서는 李榮薰, 「朝鮮後期 八結作夫制에 대한 硏究」『韓國史硏究』 29, 1980 참조.

57) 여기서는 구·금량의 필지 유지분 뿐만 아니라, 구량 탈급분, 금량 추가분도 모두 포함시켰다. 단, 구량의 이름형태에 대해서는 약간의 추가적인 설명을 요한다. 그것은 구량의 기주명이 금량의 그것과는 달리 略式의 기주명일 가능성이 있기 때문이다. 전라도 남원 둔덕방양안에서 나타난 바와 같이, 기존의 庚子量案들은 성명 3자 형태가 기주명의 대종을 이루고 있었기 때문이다(김현영, 「조선후기 士族의 촌락지배 - 남원 둔덕방을 중심으로 -」『韓國文化』 12, 1991). 더구나 당시 양안 작성상의 자의성, 양안 형태의 지역적 다양성 때문에 영광 舊量上의 기주명을 문서 그대로 호명으로 단정하기는 용이하지 않다. 이것이 표상의 舊量名을 해석하지 않는 이유이다.

〈표 14〉 靈光 改量案上 이름형태

이름형태	舊量(1719)		今量(1868)	
	起主數	同上%	起主數	同上%
名字	1,195	92.2	844	83.6
名字+姓名	6	0.5	7	0.7
姓名	95	7.3	159	15.7
計	1,296	100.0	1,010	100.0

금량 단계(1868)에서 총 기주수는 1010명으로 확인되는데, 이 가운데 명자 형태는 821명으로 전체의 81.3%에 달하고 있다. 반면, 성명 형태는 159명 15.7%에 불과하며, 명자와 성명을 혼용하는 경우는 7명 0.7%에 불과하다. 영광의 개양안은 19세기 후반기 양안상 기주의 이름 형태로서 호명기록 관행의 거의 완성된 형태를 보여주고 있다.

19세기 양안 상에 등장하는 호명은 실존의 사람의 이름일수도 있지만 대부분 假作의 이름이었다. 19세기에 이르러 깃기에 납세자가 그의 본명과 무관한 호명으로 적히지 않은 경우를 찾기 힘들 정도로 호명 관행은 일반화되었다. 개양전의 성격이 단지 수세지 조사과정으로 단순화되고 또 그렇게 국가의 토지지배가 추상화되어 감에 따라, 민간의 사적 토지소유의 실태와 양안과의 괴리는 점점 벌어지고 있었다.58)

영광의 개양안은 主名 기재방식에 있어서 戶名이라는 하나의 관행적 이름 형태를 취하고 있었기 때문에, 그 자체 근대의 토지소유자와는 성격이 다소 상이한 것이다. 이 시기에는 양안에 기록된 사람은 量田事目・法에 의해서 그 토지의 소유자일 것이 요구되고 있었지만, 그 起主가 항상 사실대로 기록된 것은 아니었다. 신분 자체가 높은 사람의 경우에는 自己名이 아니라 戶名(=奴名)으로

---

58) 李榮薰,「量案 上의 主 規定과 主名 記載方式의 推移」『조선토지조사사업의 연구』, 민음사, 1997. 144~7쪽 참조.

기입하는 경우도 적지 않았다. 그러나 양안상 기주의 토지소유가
반드시 영광 농민들의 토지소유와 일치하는 것은 아니라고 하더라
도, 이곳 西部面民의 토지소유의 경향은 이 양안상 기주의 토지소
유 상황 속에 담겨있고 그 추세가 반영되어 있다고 하겠다.

서부면에서는 대규모 결부 탈급이 발생하고 있었고, 따라서 여기
서도 前節의 토지실태 분석과 마찬가지로 구·금량의 유지분을 구
량 탈급분 및 금량 추가분과 분리시켜, 이 유지분만을 갖고 소유관
계의 변동 상황을 살펴보기로 한다.

이제 필지 유지분만을 갖고 서부면의 소유분화 추이를 제시한
것이 다음의 〈표 15〉이다. 여기서는 소유면적을 實面積으로 제시하
였으며,59) 분석의 편의상 실면적(町步)을 기준으로 기주층을 6개
구간으로 나누어 2정보 이상을 상층, 0.5정보 이상 2정보 미만을
중층, 0.5정보 미만을 하층으로 설정하였다.60)

먼저 표 하단의 내용에 주목하면, 결총(유지분)은 구량 956.4정
보·금량 929.9정보로서 약간의 微減 경향을 보이나 양자는 비슷한
수준이다. 그런데 기타 소유지가 412.1정보에서 473.3정보로 증가함
(결총대비 7.8% 증가)에 따라, 기주 소유지(=표 하단의 소계)는
544.3정보에서 456.6정보로 무려 87여 정보나 감소하고 있었다.

여기서 주목해야 할 점은, 구금량 각 단계에서 기타 소유지와 기
주 소유지간의 움직임 즉, 양자간의 관련성이다. 이것은 기타 소유지
의 특성에 기인한 것인데, 〈표 15〉의 註)에 제시하는 바와 같이, 기

---

59) 舊量의 實面積은 『田制詳定所遵守條劃』에 따라 2등지부터 6등지까지를
   1등지로 환산하여 長廣尺數를 구한 다음, 이를 町反坪으로 환산하여 산
   출한다. 각 등급의 결부수 환산비율은 다음과 같다. 1만평방 양전척을
   기준으로 하여 1등급=1結, 2등급=85負 1把, 3등급=70負 1束 1把, 4등
   급=55負 7巴, 5등급=40負, 6등급=25負이다. 『譯註牧民心書』 Ⅱ, 176쪽
   참조.
60) 여기서 2정보는 결부제로 환산하면 1結의 근사치로서 종래 양안연구의
   "구간 구분"에 따른 것이다. 1町 이상을 上層으로 잡더라도, 이하의 분
   석결과는 동일하다.

〈표 15〉 靈光郡 西部面 所有分化 樣相 (단위 : 町步)

區 間	舊量 (1719)		今量 (1868)	
	人 數 (%)	面 積 (%)	人 數 (%)	面 積 (%)
5町 以上	4 (0.4)	26.6 (2.8)	1 (0.1)	5.3 (0.6)
2~5	32 (2.8)	94.2 (9.8)	28 (3.0)	80.1 (8.6)
1~2	99 (8.7)	134.3 (14.0)	97 (10.6)	132.0 (14.2)
0.5~1	172 (15.1)	123.1 (12.9)	166 (18.2)	114.1 (12.3)
0.25~0.5	274 (24.2)	96.4 (10.1)	214 (23.5)	75.3 (8.1)
0.25 미만	555 (48.8)	69.7 (7.3)	408 (44.6)	49.8 (5.3)
소 계	1,136 (100.0)	544.3 (56.9)	914 (100.0)	456.6 (49.1)
기 타		412.1 (43.1)		473.3 (50.9)
結摠(유지분)	1,136 (100.0)	956.4 (100.0)	914 (100.0)	929.9 (100.0)

주 : 기타 소유지의 내역은 다음과 같다. 구량(1719) - 無主地 356.9町步, 馬
位田 51.3정보, 禁衛營 2.5정보, 佛甲寺位 0.8정보, 判讀不可 0.6정보; 금
량(1868) - 무주지 429.6정보, 마위전 41.4정보, 금위영 1.9정보, 판독불가
0.4정보.

타 소유지가 대부분 無主地로 구성되어 있기 때문이다.[61] 기타 소
유지(주로 무주지)는 결총에서 높은 비중을 점하고 있을 뿐 아니
라, 그 규모도 412.1정보에서 473.3정보로 증가하고 있는 상황이다
(구량 43.1%, 금량 50.9%). 따라서 결총(유지분)이 유사한 상황에
서 기타 소유지(주로 무주지)의 증가는 기주 소유지의 감소를 초
래하고 있다. 역으로 말하면, 기주 소유지의 감소는 무주지의 대량
방출로 연결되고 있는 셈이다. 〈표 15〉의 이해를 돕기 위해 중복된
감이 있지만 〈그림 2〉를 병기한다.

　기주의 소유분화 양상을 살펴보면, 구량 단계에서는 3.2%의 상
층이 12.6%의 경지를 소유하고 있는 가운데, 23.8%의 중층이
26.9%의 경지를, 73.0%의 하층이 17.4%의 경지를 점하고 있다. 이
에 대해 금량 단계에서는 3.1%의 상층이 9.2%의 경지를, 28.8%의

---

61) 기타 소유지에서 무주지가 점하는 비율은 구량 단계 86.6%·금량 단계
90.8%로서, 기타 소유지는 사실상 무주지로 간주해도 좋을 정도로 높은
수준이다.

[그림 2] 階層別 所有集中度의 推移

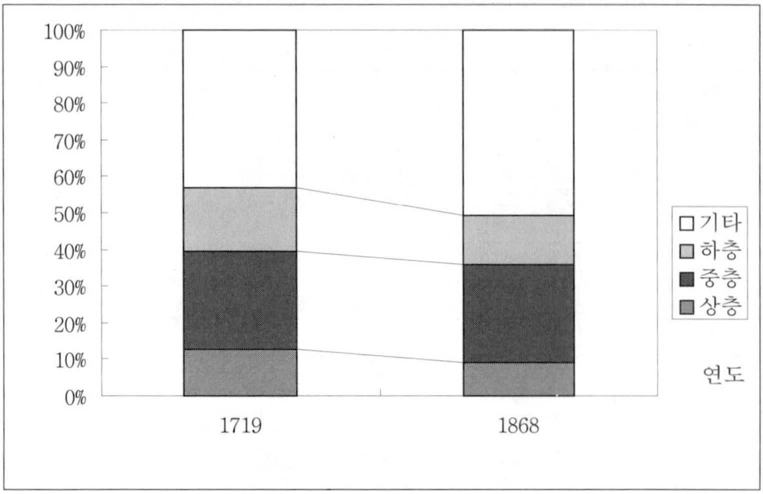

중층이 26.5%의 경지를, 68.1%의 하층이 13.4%의 경지를 소유하
는 구조를 보이고 있다. 대체로 人數구성에서는 하층이, 面積구성
에서는 중·상층이 중점적인 지위를 점하고 있는 격렬한 분화양상
이라고 할 수 있다.

　계층별 면적 구성비의 변화를 보면, 상층은 12.6% → 9.2%로 감
소, 중층은 26.9% → 26.5%로 정체, 하층은 17.4% → 13.4%로 감
소하고 있다. 여기서는 무엇보다도 地主的 土地所有의 진전이 얼마
나 졔약적인 상태에 있었는가를 볼 수 있다.[62] 대체로 [그림 2]에
서 확인되는 바와 같이, 거의 모든 계층이 漸減 경향에 있으며 이
들은 대량의 기타 소유지(주로 무주지)를 방출하고 있다. 무언가
구조적인 문제 때문에 기타 소유지(주로 무주지)가 대량 창출되고
있는 前近代的 所有分化 양상이라고 할 수 있다.

---

62) 서부면 인근의 道內面에서 이를 보여주는 홍미로운 사례가 있다. 재지양
　　반 지주가인 靈光 寧越辛氏家는 19세기 후반의 전기간 동안 소유면적이
　　漸減 경향에 있었다. 이것은 경지황폐화 및 토지생산성의 하락, 그리고
　　결세중압이 몰고온 경영위기의 한 단면이었다. 본서 第3章 참조.

여기서 말하는 구조적인 문제란 無主地化, 그것을 초래하는 대규
모 陳田의 발생 현상이다. 무주지가 속출함은 이 지역에서 진전화
가 극단적으로 전개되고 있음을 보여주는 것인데, 일반적으로 무주
지는 대규모 진전이 발생함으로써 생산구조가 붕괴되고 여기에 결
세부담이 가중됨으로써 그 부담을 이기지 못한 소유자가 자신의
토지를 방출함으로써 발생하는 것으로 알려져 있다. 이같은 대규모
陳田化 및 陳田課稅가 지주제의 정체와 거의 모든 계층의 침체를
초래하고 있었던 것이다.[63]

전절에서 살펴본 바와 같이, 서부면의 거대한 진전화 경향은 등
급상승 즉, 결세부담의 강화와 동시병진하고 있었다. 요컨대, 이 양
자는 모든 계층에 중압적인 요인으로 작용하면서 전체적으로 停滯
的인 所有分化를 연출하고 있었고, 지주적 토지소유의 확대를 저지
하면서 대량의 무주지를 창출하고 있었던 것이다.

---

63) 安秉珆에 따르면, 陳田化를 중핵으로 하는 耕地의 荒廢化와 (推定)陳雜
頃田畓의 존재가 지주경영과 농민경영에 상당한 압력요인으로 작용하고
있었다고 한다. 安秉珆, 「民田の構造 - 京畿道果川縣在地地主經營分析 - 」
『朝鮮近代經濟史硏究』 日本評論社, 1975.

第2章

社會的 矛盾의 諸樣相
-靈光『民狀置簿册』의 分析-

제2장에서는 19세기 후반 영광 농촌의 基層 農民들이 그들의 사회경제 생활에서 겪었던 각종 갈등과 분쟁의 내용들을 구체적으로 살펴보고자 한다. 민인들은 국가[官]와의 관계에서, 또 민인들 간에 많은 사회경제적 갈등과 분쟁을 야기하고 있었다. 특히, 壬戌民亂(1862) 이후 영광 농촌 또한 농민운동기에 들어서면서 사회질서의 문란과 함께 농촌사회의 불안정이 가속화하고 있었다.

본서가 주목하는 지주제 문제는 사회적 제관계의 반영물로서 농업 문제, 경제적 문제뿐 아니라, 사회적 제조건이 연출하는 각종 사회 문제·모순에 제약되고 있다. 전근대 농촌사회의 경우 지주제는 재생산을 위한 하나의 생산관계로서 경제외적인 문제와 착종되어, 사회 제현상을 반영하는 복합 범주로서 이해되고 있다. 지역레벨에서 지주제를 폭넓게 이해하려는 경우 경제외적 조건으로서 사회적 모순에 주목하는 이유는 여기에 있다.

19세기 조선사회는 18세기의 안정기를 뒤로한 채 三政紊亂, 民亂의 多發이라는 미증유의 위기 국면에 들어서고 있었다. 대원군 집정 초에 진주민란의 수습방안으로서 개혁시책이 시행되었지만, 곧 舊制로 복귀하면서 일반 향촌사회에서의 사회경제적 모순은 그 수위를 한층 높여가고 있었다. 이에 따라 향촌사회에서는 국가와 민간에 또는 민과 민간에 "소송의 홍수"라 할 만큼 많은 사회문제들이 분출하고 있었다.1)

---

1) 일찍이 윌리엄 쇼는 지방 관아로부터 중앙 행정관서에 이르기까지 모든 관청이 각종 분쟁을 해결해달라고 찾아오는 민인들로 북적였던 사실을 지적하면서, 조선시대 사람들은 분쟁과 갈등을 회피하기는커녕 국가가 제공한 소송제도를 적극 이용하였고('好訟': loved to litigate), 때문에 소송의 홍수를 이루었다고 지적하였다. William Shaw, 1980, "Social and Intellectual Aspect of Traditional Korean Law, 1392~1910", in Dai-kwon

화합과 타협을 강조한다고 생각되는 유교적 이데올로기에도 불구하고 이같이 "好訟의 風潮"가 만연했음은 무엇 때문일까? 18세기 중엽 이래 조선사회에는 공동체적 관계라는 것이 사실상 동요·해체단계에 들어서고 있었다. 공동체적이라 묘사하는 村落이라는 것도 상상하는 만큼 일체화된 단결에 기초한 것이 아니었다. 전통 촌락에는 鄕約이라든가 契 등이 있지만, 여기서의 집단주의적 규약이나 질서가 徵稅, 治安維持, 公共財 공급 등 촌락공동체의 기능을 유효하게 수행한 것도 아니었다.

18세기 이래 新鄕과 舊鄕 間의 鄕戰이 발생하면서 士族에 의한 향촌지배체제는 안정성과 지속성을 상실하면서 해체되고 있었다. 지배집단의 분열에 의해서 分洞이 발생하고, 기존의 上契를 대체하는 하위 레벨의 각종 目的契가 나타나고 있었다. 향촌레벨에서 공동체적 관계는 공간적으로나 기능면에서 이전보다 축소되고 한층 느슨한 형태의 '結社體'로 재편되고 있었다.[2]

전통적 농촌촌락은 동네 싸움을 외부로 표출하지 않도록 하는 강한 규제력을 가지고 있었던 것처럼 생각되지만, 실제로 촌락은 그처럼 응집력이 강한 조직체가 아니었다. 촌락은 갈등이나 분쟁을 조정할만한 질서체계를 가지고 있지 못하였다.[3] 이제 민인들은 강

Choi, Bong-duck Chun and William Shaw, Traditional Korean Legal Attitudes(Berkeley: Center for Korean Studies, University of California).

2) 기존의 향촌사회사에서는 18세기를 대체로 "향촌질서의 해체 시기"로 상정하고 내용면에서는 "守令權의 강화와 士族의 분열", "儒·鄕의 分岐", "新鄕·舊鄕間 鄕戰", "分洞·目的契" 등을 그 특징으로 상정한 바 있다. 金仁杰, 「朝鮮後期 鄕村社會 變動에 관한 硏究」, 서울大博士學位論文, 1991; 이해준, 『조선시기 촌락사회사』, 민족문화사, 1996; 정진영, 『조선시대 향촌사회사』, 한길사, 1998; 고석규, 『19세기 조선의 향촌사회 연구』, 서울대학교출판부, 1998. 최근 이같은 견해를 조선 전시기에 확장시킨 것으로서 한국역사연구회 조선시기 사회사연구반, 『조선은 지방을 어떻게 지배했는가』, 아카넷, 2000 참조.

3) 李喆雨, 「人類學과 社會史의 接點에서 본 法」, 최대권외, 『법사회학의 이론과 방법』, 일신사, 1995; 同, Law, Culture and Conflict in a Colonial

한 권리의식을 가지고 소송을 통해 자신의 권리를 지키려는 데 인색하지 않았으며, 상상하는 것 이상으로 공적 영역에서 체계화된 절차법적 제도를 가지고 있었다.[4]

최근 역사학계에서는 民狀이라는 민간레벨의 1차 자료를 통하여 촌락민들이 처해 있던 조선 농촌의 사회상을 구체화하는데 기여하였다.[5] 이들은 민장으로부터 부상하는 민중상을 한층 구체화하면서 鄕村社會史의 영역을 촌락 레벨의 기층민으로까지 확장시켰다. 19세기에는 삼정문란을 중핵으로 하는 국가와 민간의 부세갈등이 빈발하였고, 각종 사회경제문제를 둘러싼 민들 간의 相鬪가 첨예화하고 있었다. 광무개혁기에 들어서면서 부세갈등은 감소하였지만 특히, 경제적 문제를 둘러싸고 민간의 상투와 분쟁은 지속되고 있었다.

19세기 조선사회가 三政紊亂과 民亂으로 상징되는 위기의 시대에 들어서면서, 향촌레벨의 民隱도 한층 증대하게 되었다. 다음 장부터 본격적으로 후술되겠지만, 영광을 비롯한 전라도 지역의 경우 19세기 후반에 들어서면 경지황폐화를 중핵으로 하여 각종 토지문제, 농업문제가 심화되면서, 지주제와 농민경영은 그 불안정성을 제고시키고 있었다.[6] 여기서 농업위기와 호송의 풍조와의 직접적인 인과관계를 확인할 수 없지만, 적어도 농업위기가 민간

Society : Rural Korea Under Japanese Rule, Ph. D. dissertation, London School of Economics and Political Science, 1996; 同, 「법사회사 연구의 한 방법 – 일제하 순천지역 연구의 경험 –」『법사학연구』17, 1996; 同, 「아시아적 가치와 한국의 법문화: 담론과 현실」『전통과 현대』11, 2000.

4) 朴秉濠, 『傳統的 法體系와 法意識』, 서울대학교출판부, 1972.

5) 金仁杰, 「『民狀』을 통해 본 19세기 전반 향촌 사회문제」『韓國史論』23, 1990; 박명규, 「19세기 후반 향촌사회의 갈등구조 – 영광지방의 민장내용 분석 –」『韓國文化』14, 1993; 趙允旋, 「조선후기의 田畓訟과 法的 대응책 – 19세기 民狀을 중심으로 –」『民族文化研究』29, 1996; 시귀선, 「광무개혁기의 순창지방 향촌사회 연구」『全北史學』19·20, 1997.

6) 李榮薰, 「湖南 古文書에 나타난 長期趨勢와 中期波動」『호남지방 고문서 기초연구』, 한국정신문화연구원, 1999; 金建泰, 「1743~1927年 全羅道 靈巖 南平文氏 門中의 農業經營」『大東文化研究』35, 1999.

레벨의 분쟁과 갈등을 한층 증폭시키고 격화시켰음은 분명하다. 촌락공동체의 사실상의 해체 위에 농업위기가 내습하면서 농촌의 불안정은 심화되고 있었다. 이에 따라 경제적 불안정에 따른 民間의 葛藤은 더욱 첨예화하고 있었던 것이다. 19세기 好訟의 풍조가 만연했던 것은, 당시 심화되고 있던 농촌모순의 발현형태에 다름 아니었다.

여기서는 이상과 같은 문제의식 하에 종래 알려진 삼정문란의 구체적 내용, 즉 그것이 향촌레벨에서 어떠한 문제를 야기하고 있었는가를 살펴 볼 것이다. 민간의 분쟁과 갈등 양상에 대해서도 경제적 문제와 사회적 문제로 유형화하여 구체적으로 고찰한다. 또한 민소제도의 또 하나의 특징으로서 국가·官에 대한 일반 민인들의 각종 청원, 干恩 등에 대해서도 살펴본다. 마지막으로 갑오개혁을 전후한 民訴의 시기적 변동양상에 대해 관심을 갖기로 한다.

I. 資料의 性格과 限界

민장치부책은 民訴抄槪册, 詞訟錄, 民訟謄錄, 所志謄書册 등 다양한 명칭으로 성책되었는데, 일반 민인이 올린 所志를 관에서 정리해 기록한 것이다. 소지란 민들이 억울한 일이나 해결되어야 할 문제에 부딪쳤을 때 관에 호소하는 일종의 청원서·소송장을 말한다. 소지를 민이 제출하면 관에서는 심리를 거쳐 바로 소지 말미에 題辭를 내려서 돌려준다. 이것이 고문서로 산견되는 所志·民狀이다.

민장은 所志(白活), 等狀, 單子, 原情, 上書 등의 형태로 전하는데, 그 내용은 訴訟, 請願, 陳情 등 관부의 판결과 도움을 요청하는 모든 民願이 그 대상이 되기 때문에, 당시의 사회상과 사회문제들

을 반영하고 있다. 민장치부책에 수록되어 있는 민장은 민들이 관
에 제출한 소지를 그대로 전재한 것은 아니며, 관에서 이를 시기별,
지역별로 민장의 제출상황과 주요 내용(초록), 그리고 처결내용과
해당부서를 일정한 서식에 맞춰 기록한 일종의 抄槪册이라고 할
수 있다.7)

　민장치부책은 민이 올린 소지를 관의 입장에서 요약·기록해 놓
은 것이기 때문에 개별 소지의 내용은 매우 疏略하다. 그러나 민장
은 일정 시기, 일정 지역에서 곧 처리되기를 원했던 일들을 일괄적
으로 수록하고 있기 때문에 비슷한 내용의 소지가 거듭됨으로써
개별 소지의 소략성을 보충하고 어떤 문제에 대한 그 지역의 전체
상황을 파악할 수 있게 한다.

　그러나 19세기 민장치부책이 모든 민장과 그 처리결과를 포함하
고 있었는가는 의문의 여지가 있다. 이 자료는 官 즉, 守令의 입장
에서 민장의 내용을 축약하고 그 처리결과를 간략히 적은 것이기
때문에, 관의 입장만이 일방적으로 반영된다는 단점을 갖고 있다.8)
그러나 기존의 향촌사회사가 주로 官撰사료나 재지사족 중심의 기
록들에 의존했던 측면을 고려한다면, 민장류의 분석은 비록 제한적
이나마 민간의 동향을 파악하려는 우리의 관심에 부응하고 있다.

　민장의 성격은 근대적 기준에서 말한다면 民事, 刑事, 行政訴
訟·請願에 해당하는 것들이다. 물론 민장치부책만으로 지방관아
에서 이루어진 모든 사건을 파악한다는 것은 불가능하다. 민장치부
책은 일단 訴狀으로 제기된 것들만 抄錄한 것이기 때문에, 소장이
제기되지 않은 여타 사건들, 가령 殺人, 强盜, 放火와 같은 형사사
건들은 "牒報類"와 같은 다른 기록들을 참고하여야 한다. 지방수령

---

7) 김선경, 「《민장치부책》 解題」 『韓國地方史資料叢書(民狀篇)』, 驪江出版
　社, 1987.
8) 관에 접수된 民訴는 반드시 刑房을 경유했으므로 해당 衙前이 민소 작
　성과 이후 재판에 많은 영향을 미치고 있었다. 박병호, 「법률 생활」 『조
　선시대 생활사』, 역사비평사, 1996, 387쪽.

의 형벌권을 넘어서는 중대 사건들은 대부분 監營에 보고하고 그 처결을 지시받고 있었다.9)

19세기 민장의 원형은 18세기 후반의 각종 "牧民書・民政書"에서 엿볼 수 있다.10) 18세기 英祖代에 작성된 것으로 추정되는 『治郡要訣』에서는 "이른바 民狀이라고 하는 것은 모두 대수롭지 않은 다툼에 관련된 것이다"라고 전제하고, 민의 苦樂은 오로지 身役, 田戶役, 雜徭役, 土豪 奸吏의 侵虐과 같은 "大節目"으로부터 비롯된 것이니 이 대절목을 잘 처리하는데 힘쓰라고 권고하고 있다. 그런데 正祖代의 것으로 추정되는 『先覺』에서는 田政, 軍政, 還政, 官屬作弊와 같은 대절목뿐 아니라, "倫紀, 相鬪・相爭, 徵債, 分洞, 山訟, 水爭, 凌班, 土豪橫侵, 立旨成給, 官令拒逆" 등 다양한 문제들이 열거되고 있다. 이것은 『先覺』의 「追錄」文狀二十八條에 열거되어 있는 것인데, 이 시기에 들어서서 각종 사건, 사례의 다양성이 그만큼 중시되고 있음을 반영한 것이라 하겠다. 다음의 인용문은 「追錄」文狀二十八條 가운데 주요 所志만을 제시한 것이다.

> **田畓結役加出所志** 則題以「聞極駭然 詳考頉給」塡以都書員.
> **軍丁物故所志** 則題以「物故眞僞 檢屍牒報」塡以面任.
> **徵債所志** 則題以「査實徵給次捉來」塡以狀者.
> **山訟所志** 則題以「兩隻同見處 局內形止步數遠近 詳細摘奸圖形 受兩隻衙 牒報」塡以面任 或塡鄕所.
> **相鬪相爭所志** 則題以「果如所訴 則事極無據 査治次捉來」塡以狀者. 若大段相鬪 至於死境 至於危急云者 則題以「聞極驚駭 某也卽爲捉來」塡以面任或里任 可也.11)

이상에서 제시한 다섯 개의 소지는 田政, 軍政, 徵債, 山訟, 相鬪所志이다. 중앙에서는 민장 중에서 중요 유형만을 엄선하여 각 읍

---

9) 金仙卿, 「'民狀置簿冊'을 통해서 본 조선시대의 재판제도」『역사연구』 창간호, 1992, 125쪽.
10) 이하의 민정서들은 모두 『朝鮮民政資料 牧民篇』에 의한다.
11) 『朝鮮民政資料 牧民篇』, 224~228쪽.

의 수령이 그 처리에 참고하도록 권고하고 있었다. 즉, 당해 사건
에 대한 관의 인식태도와 그 題音 · 題辭 방식을 구체적으로 제시
하고 있다. 대체로 민장치부책은 정조대에 들어서 그 형식이 제도
화되었다고 하겠다.

한편, 19세기 純祖代에 작성된 것으로 추정되는 『居官大要』에서
는 "所志每日使通引及刑房 抄某面某人訴語之大略 ──記錄於冊子
時時披覽 則一事再呈推捉不來等 無遺漏之患也"라 하였고,12) 19세기
중반에 편찬된 것으로 추정되는 『牧綱』에서는 "民訴之大旨及題辭
──謄書後 原狀出給狀民 以爲後考. 或有不得題改名更訴者 一日再
呈者 未能周察 故每每考閱前日之謄書 則所得不少矣"라 하여,13) 각
읍의 수령으로 하여금 민장을 周到하게 작성할 것과 처리기록의 成
冊에 만전을 기할 것을 강조하고 있다. 특히, 『牧綱』단계에서는 민
장을 19條로 유형화하는 「分類條」가 설치되면서 그 운용방식은 한
층 정교해지고 있었다. 이같이 강한 권고가 이루어진 까닭은, 이 시
기에 들어와 민장의 내용이 더욱 다양해지고 있던 사실과 함께, 민
의 소지가 한층 빈발했던 사실을 반영한다고 보아도 무방할 것이다.

현재 全羅道 지역의 민장으로는 강진, 영암, 영광, 장성, 광주, 옥
구, 부안, 순창, 전주 등 9邑의 것이 전한다. 자료의 대상 시기는 19
세기 후반에서 20세기 초의 것이 대부분이다. 영광의 민장치부책은
1870년, 1871년, 1872년, 1897년의 4년 치가 남아있는데,14) 전라도
지방 가운데 1894년 농민전쟁을 전후한 두 시기의 자료가 남아 있
는 유일한 곳으로서, 19세기 후반 향촌사회의 변화와 그에 따른 갈
등양상들을 비교적 잘 보여 주고 있다.

---

12) 『朝鮮民政資料 牧民篇』, 259쪽.
13) 『朝鮮民政資料叢書』 驪江出版社, 201쪽.
14) 1870~1872년 『民狀置簿冊』(奎27609)은 23冊, 1897년 『民狀置簿冊』(奎古
    5125-30)은 3책, 도합 26책 · 1,809장에 달한다. 영광의 민장치부책은 驪
    江出版社가 1987년 影印한 『韓國地方史資料叢書 民狀篇4, 5, 6』에 수록
    되었다. 이하의 인용은 여강출판사의 영인본에 의한다.

현재 남아있는 민장치부책의 양식은 19세기에 들어서 거의 통일
적인 양식을 취하고 있다. 민장책의 작성시기인 19세기에는 민장의
작성이 보편화되고 일정한 형식을 갖추면서 체계적인 공문서로서
成册되었던 것 같다. 다음의 인용문을 보면서 영광 민장의 書式을
살펴보기로 하자.

① 佛甲 ② 江奎秀 ③ 狀以 ④ 本面金大吉啓明兄弟處賭地二石零催促
則反爲行惡於矣父沮戲灌水事 ⑤ 題內果如所訴則此不可尋常處之卽爲捉待
向事 ⑥ 主人
① 九水上芚 ② 民人金大如 ③ 等狀以 ④ 本村申時休稅米不納故面任眼
同搜家以納矣誣訴兼□家頭民等捉去時所入浮費推給事 ⑤ 題內聞甚痛駭 嚴
治次捉來向事 ⑥ 狀民
① 九水 ② 社首 ③ 稟目以 ④ 本面上芚頭民呈狀題音處査實則申時休稅
米不納的實事 ⑤ 題內到付(12)
① 道內 ② 面任 ③ 文狀以 ④ 李成七矣作錢不納自捧上所發牌督捧事
⑤ 題內公納所重顧何如而身爲面任不得捧納謂自捧上所捧納者萬萬駭然明
日內卽爲捧納馳報向事[15]

이상 4개의 인용문은 민장의 대표적 유형인 民訴, 等狀, 稟目,
文狀을 제시한 것이다. 민소를 제외하면 대부분 부차적인 유형이
기 때문에 이상의 민장류를 민소라고 부르고 있다. 서식을 살펴보
면, ① 지역(面, 里), ② 제출자, ③ 민장의 유형, ④ 내용 초록, ⑤
처결내용, ⑥ 처결관서 순으로 구성되어 있다. 지역명의 경우 면과
리가 모두 수록되는 경우도 있고 面名만 기록되는 경우도 있다.
타 邑인 경우 郡名만 기록되고 있다. 대다수의 소장은 민장 제출
자를 성명3자의 형태로 분명히 기록하고 있다. 단, 특정 직역과 신
분의 제출자인 경우 지역명이 없고 곧바로 직역 또는 신분이 성명
앞에 나서는 경우도 있다. 민장의 유형은 여기서 제시한 것 이외
에도 手本, 文報, 單子, 告目 등이 있으나, 민소와 등장을 제외하면

---

15) 『靈光民狀篇4』, 3~24쪽(이하에서의 영광민장 인용은 예를 들면 "〈민장
4〉3~24쪽"로 약칭한다).

소수에 불과하다.

　전술한 바와 같이, 민장은 官의 입장에서 요약한 초록임에도 불구하고 수많은 소지가 거듭됨으로써 소지의 내용이 식별불가능한 것은 아니다. 내용초록과 함께 처결내용에는 당해 사건에 대한 군수의 입장과 인식태도가 담겨 있다. 이것을 통해 거듭되는 사건의 정황을 유추할 수 있고, 혹 사건이 복합적인 경우라 하더라도 그것의 인과관계를 판별할 수 있다. 처결은 題音(뎨김), 題辭, 題內라고 하는데, 영광 민장에서는 대부분 "제내"로 통일하고 있다. 마지막으로 관의 처결을 집행하는 해당관서가 명시되는데, 사건의 내용에 따라 해당 이서와 향임의 직임이 기록된다. 사건이 미결된 경우 그 처결관서를 缺하고 있다(이 점 후술).

　두 번째와 세 번째 인용문에서 보는 바와 같이, 민장이 중복되는 경우도 있다. 민장책에는 관의 처결에 불복하고 再訴하는 사례가 빈발하였다. 전술한 바와 같이 한 권의 민장책으로 성책하려는 의도는 한편으로는 이같은 재소 때문이었는데, 이 경우 이전에 접수된 사건 개요를 참조하면서 사건의 처리에 보다 만전을 기울이고 있음을 엿볼 수 있다. 이 점은 사건 당사자 각각이 동일 사건에 대해 맞고소하는 相訟의 경우에도 마찬가지이다. 여기서는 동일사건에 대한 소송으로서 初出인 경우 당해 내용으로 유형화되나, 민소가 재차 제기되는 경우 "再訴"로 분류될 것이다.

Ⅱ. 民狀의 形態別 分析

　영광의 민장치부책은 1870·71·72년, 1897년의 총 4개 년치, 7,291건의 민소를 수록하고 있다. 전술한 바와 같이, 영광의 민장치부책은 현재 전하는 민장 가운데 1894년 甲午農民戰爭·甲午改革

〈표 1〉 靈光 民狀의 月別 分布 (단위 : 日, 괄호 안은 件數)

區分	1月	2月	3月	4月	5月	6月	7月	8月	9月	10月	11月	12月	計
1870年						12 (165)	17 (248)	23 (367)		36 (604)	6 (137)	25 (497)	119 (2,018)
1871年	25 (548)	17 (398)	17 (315)	21 (303)	1 (3)	26 (238)	21 (176)	18 (254)	17 (199)	10 (119)	16 (165)	19 (231)	208 (2,949)
1872年	11 (146)	8 (162)		12 (224)	13 (151)			12 (78)	27 (274)	27 (254)	25 (356)		135 (1,645)
小計	36 (694)	25 (560)	17 (315)	33 (527)	14 (154)	38 (403)	38 (424)	53 (699)	44 (473)	73 (977)	47 (658)	44 (728)	462 (6,612)
1897年		22 (191)	19 (193)	27 (213)	17 (82)								85 (679)
總計	36 (694)	47 (751)	36 (508)	60 (740)	31 (236)	38 (403)	38 (424)	53 (699)	44 (473)	73 (977)	47 (658)	44 (728)	547 (7,291)

주 : 1870년 10월분은 윤달 포함(윤10월은 24日, 444件).

을 전후한 시기를 대상으로 하는 유일한 것으로서 사료적 가치가 대단히 높다. 각 년도 민장의 月別分布를 개괄한 다음의 〈표 1〉을 살펴보자.

영광의 『민장치부책』 1870년분은 윤달을 포함하여 7개월·119일치, 2,018건, 1871년분은 12개월·208일치, 1,645건, 1872년분은 8개월·135일치, 1,645건, 1870년대 전반 3개년치가 27개월분·462일치, 6,612건이다. 각 월별 또 일별로 자료상의 缺失이 불규칙하게 나타나지만, 당해 날짜에 수록된 민장책에는 결실 분은 없다. 1870년대 초 군에 접수된 민장은 日當 14.3건을 기록하였다. 1897년분은 4개월·85일치, 679건, 일당 8.0건으로 1870년대와 비교하면 상당한 차이를 엿볼 수 있다. 대체로 1870년대는 1897년에 비해 관에 접수되는 民訴가 폭주하고 있음을 엿볼 수 있다. 이것은 한편으로는 민간에서의 갈등과 분쟁이 빈발하였음을 보여주는 것이며, 다른 한편으로는 분쟁 시 민소제도가 적극적으로 활용되고 있던 당시 사법제도의 한 단면을 보여주고 있다.

詞訟·聽訟은 守令七事 가운데 하나로 군수가 민인을 직접 접촉

하는 중요한 場이었다.16) 그러나 이처럼 "소송의 홍수"를 이루는
경우 守令의 處決은 형식적 審理로 그칠 가능성을 배제할 수 없었
다. 옛 속담에 '원님 재판하듯 한다'는 표현 그대로, 자세한 조사를
생략한 채 과거의 판례에 따라 형식적인 처결이 내려질 가능성을
내포하고 있었다. 영광의 방대한 민장은 유효한 처결을 거의 불가
능하게 할 정도의 '민소의 폭주'였다고 할 수 있다.

　민장은 민인들의 개별 民訴뿐 아니라, 여타 공적 관계의 행정보
고류 등 文報類를 포함하였다. 민소류와 문보류가 형식상의 차이에
도 불구하고 『민장치부책』이라는 한 권의 공문서에 成冊되었던 것
은, 양 자료가 내용상 부세갈등 등 여러 사안에서 일정한 관련성을
갖기 때문이다. 이것은 양자를 동일한 선상에서 동일한 범주의 사
건으로 처결하겠다는 관의 입장 표명이기도 하였다. 때문에 민장을
제출하는 자도 일반 민인뿐 아니라, 수령 예하 공적 업무를 담당하
는 다수의 吏胥, 鄕任層이 포함되었다. 다음의 〈표 2〉는 민장의 형
태별 제출자의 분포를 제시한 것이다.

　먼저, 민장의 형태별 분포를 살펴보면, 민소가 4,986건(68.4%),
등소가 991건(13.6%)으로 일반 민인이 제출한 '민소류'가 민장의
다수를 점하고 있다. 특히, 등소가 여러 명의 민인들이 집단적으로
제출한 것임을 감안한다면, '민소류'의 구성비는 표에서 제시한 것
이상으로 높다고 할 수 있다. 등장의 제출자는 대부분 일반 민인이
었다(916건). 반면 품목 540건(7.4%), 문장 440건(6.0%), 수본 237
건(3.3%), 고목 88건(1.2%), 단자 9건(0.1%) 순으로, 민소류를 제
외한 文報類가 1,314건 · 18.0%를 점하고 있다. 문보류는 낮은 수치
임에도 불구하고 각종 행정보고 뿐 아니라 공적 사건에 대한 소
송 · 청원이었기 때문에 중요하다.

---

16) 수령칠사 : 農桑盛, 戶口增, 學校興, 軍政修, 賦役均, 詞訟簡, 奸猾息. 『先
　覺』.

〈표 2〉靈光 民狀의 形態別 提出者 分布 (단위 : 人)

區分	民訴	等狀	稟目	文狀	手本	告目	單子	計
檢督	2					9		11
公員	4	1			206	1		212
寡婦	23							23
奴	114							114
頭民	10	4	1	1	2	8		26
面任	10			372		9		391
兵校	8	2				3		13
使令	25	4						29
社首	19		443				5	467
上有司			10					10
書員	21	6						27
召史	227							227
束伍	17	4						21
收番主人	3				21	3		27
留鄉座首	2			12				14
尊位領將	3			35				38
罪人	46	2						48
主人	5	1			3	1		10
退吏	31							31
下吏	95	9						104
鄉校齋任			19				1	20
鄉廳			36					36
鄉中多士		1	15					16
連長	4		3			8		15
…	…	…	…	…	…	…	…	…
小計	820 (37.1)	75 (3.4)	540 (24.4)	440 (19.9)	237 (10.7)	88 (4.0)	9 (0.4)	2,209 (100.0)
一般民人	4,166	916						5,082
計	4,986 (68.4)	991 (13.6)	540 (7.4)	440 (6.0)	237 (3.3)	88 (1.2)	9 (0.1)	7,291 (100.0)

이와 같이 민장치부책은 민소류뿐 아니라 다양한 문보류를 수록하였기 때문에, 여기에 나타난 민장 제출자의 직임(신분) 또한 다양하였다. 민장의 제출자는 일반 민인 외 약 140여 직역에 걸쳐 있지만, 여기서는 편의상 주요한 직임·신분의 제출자들만을 제시하였다. 민장 제출자를 보면, 일반 민인이 5,082명·69.7%, 社首, 面任 등 특정 직임·신분의 제출자가 2,209명·30.3%로 나타난다. 일반 민인들은 민소와 등소의 제출자로서만 나타날 뿐이지만(각각 4,166명, 916명), 여타 직임의 제출자들은 민소류뿐 아니라 각종 문보류의 제출자로도 등장하고 있었다.

특정 직역·신분인 자의 민장 형태를 보면(표 2상의 〈소계〉), 민소와 등장은 각각 820건(37.1%), 75건(3.4%)이었고, 품목 540건(24.4%), 문장 440건(19.9%), 수본 237건(10.7%) 등 문보류는 도합 59.5%이다. 문보류의 제출자를 형태별로 살펴보면, 품목은 총 540건 가운데 443건(82.0%)이 社首로 등장하고, 문장은 총 440건 가운데 372건(84.5%)이 面任으로 나타났으며, 수본은 총 237건 가운데 206건(86.9%)이 公員이었다.[17] 문보류는 이와 같이 특정 직임의 鄕任·吏胥層이 관에 제출한 보고용 공문서였다.

1897년에 들어서면 갑오·광무개혁에 따라 민장제출자 상에 있어서 몇 가지 변동이 나타나고 있었다. 지방 행정체계의 변동을 반영하여 면임직이 없어지고 連長과 같은 새로운 里任이 등장하고 사수의 비중 또한 면임과 마찬가지로 극히 낮아지고 있었다. 반면, 鄕廳 또는 鄕所의 비중은 높아지고 있었다. 이것은 갑오농민전쟁 이후 가장 큰 변화인 듯하다.

---

17) 고목의 경우 면임(9), 檢督(9), 頭民(8), 연장(8) 등으로 향임·이서층이 주류를 이루나, 단자의 경우 사수(5) 외 일부 양반 토호층의 모습이 보인다.

〈표 3〉民政書別 民訴 類型 一覽

書名	賦稅問題(大節目)	社會經濟問題	請願・報告類
治郡要訣 (英祖代)	身役 田役 徭役 奸 吏侵虐	凌班・犯分 奴婢 財産 土 地起訟 徵債 臨農奪耕 水 爭 土豪侵虐	推奴 立旨成給 捉來 之題拒逆者
先覺 (正祖代)	軍政・田・戶・徭役 結役加出 軍丁物故 官屬作弊	倫紀 相鬪・相爭 徵債 分 洞 山訟 水爭 凌班 土豪 橫侵	立旨成給 官令拒逆
居官大要 (純祖代)	結卜 還上 軍政	奴婢 田宅 財産	捉來對質之題拒逆者
牧民心書	軍簽	人倫 骨肉相爭 田地 牛馬 財帛 墓地 奴婢 債貸	
牧綱 (19C中葉)	結卜相左 軍丁物故 稱班宗班動褒等許多 頉役 還上相左	凌班・犯分 兩班侵虐 被 打 奴婢 田畓 財物 徵債 奪耕 山訟 水爭 分洞	多士稟目

자료 : 『朝鮮民政資料 牧民篇』, 『譯註牧民心書』, 『朝鮮民政資料叢書』

영광의 민장치부책은 소지의 형태만큼이나 다양한 사건, 사례를 담고 있었다. 현재 전하는 민장의 형태와 내용은 대부분 정조대의 『先覺』단계에서 제도적 틀이 완비되고, 19세기 중엽의 『牧綱』단계에서 한층 정교화된 것이다. 『목강』「大分類」19條의 소지 사례들은 『선각』의 「追錄」文狀 28條에 의거하여 민간레벨의 사회경제적 문제에 대해 보다 많은 관심을 기울임으로써, 18세기에 비해 이 부분에 대한 관의 변화된 입장을 보여주고 있다.

이같은 인식태도는 茶山의 『牧民心書』에서도 드러난다. 刑典 聽訟條에서는 人倫, 骨肉相爭, 田地, 牛馬, 財帛, 墓地, 奴婢, 債貸, 軍簽 등에 대한 처리의 문제를 다루고 있는데, 군정에 관련된 군첨을 제외한다면 주로 개인간의 사적 분쟁과 갈등을 그 주요한 대상으로 거론하고 있다.[18] 이것은 19세기 들어 민장에 대한 관의 인식태도가 삼정문제에서 사회경제문제로 이동하고 있음을 보여주는 것으로서 민장의 성격을 단적으로 드러내고 있다.

---

18) 『譯註牧民心書』 Ⅳ, 創作과 批評社, 1984, 257~304쪽.

〈표 4〉 靈光 民狀의 類型別 分布

年度別	賦稅葛藤 (類型Ⅰ)	經濟的相鬪 (類型Ⅱ)	社會的相鬪 (類型Ⅲ)	請願干恩類 (類型Ⅳ)	其他報告類 (類型Ⅴ)	計
1870年	737	615	229	212	225	2,018
(同上%)	(36.5)	(30.5)	(11.3)	(10.6)	(11.1)	(100.0)
1871年	1,066	784	364	433	302	2,949
(同上%)	(36.2)	(26.6)	(12.3)	(14.7)	(10.2)	(100.0)
1872年	421	665	253	206	100	1,645
(同上%)	(25.6)	(40.4)	(15.4)	(12.5)	(6.1)	(100.0)
小計	2,224	2,064	846	851	627	6,612
(同上%)	(33.6)	(31.2)	(12.8)	(12.5)	(9.5)	(100.0)
1897年	112	343	78	111	35	679
(同上%)	(16.5)	(50.5)	(11.5)	(16.3)	(5.2)	(100.0)
總計	2,336	2,407	924	962	662	7,291
(同上%)	(32.0)	(33.0)	(12.7)	(13.2)	(9.1)	(100.0)

〈표 3〉은 이상에 예시된 민정서들의 「대절목」·「대분류」조를 각 각 부세갈등, 사회경제문제, 청원·보고류로 유형화하고 시기별로 정리해 제시한 것이다. 이제 『선각』의 「추록」 문장 28조, 『목민심서』의 청송조, 『목강』의 「대분류」 19조 등을 기초로 하여 영광 민장의 내용을 유형화한 것이 다음에 제시한 〈표 4〉이다. 여기서는 「대절목」에서 규정한 부세갈등을 유형Ⅰ, 민간의 相鬪에 주목하여 사회경제문제를 각각 경제적 상투, 사회적 상투로 분류해 유형Ⅱ와 유형Ⅲ, 청원·보고류를 청원·干恩류와 기타보고류로 분류해 각각 유형Ⅳ와 유형Ⅴ로 구분하였다.

유형Ⅰ는 국가와 민 사이의 賦稅葛藤으로서 田政, 軍政, 還政, 戶役 등 三政問題와 雜役稅, 奸吏橫侵, 拒納, 族徵 등을 포괄한다. 유형Ⅱ는 민들간의 經濟的 相鬪로서 田畓訟, 山訟, 耕作訟, 債訟, 水爭 등을 포함하며, 유형Ⅲ은 社會的 相鬪로서 犯分, 風紀紊亂, 行惡 등 倫紀와 土豪奸吏專橫, 門中事, 誣訴·再訴 등의 각종 사회적 갈등·분쟁과 관련된 것이다. 유형Ⅳ는 각종 請願·干恩類로서 干恩, 災害, 結構之方, 罪囚放送, 立旨成給, 官令不遵 등 대체로 민인들의 국가에 대한 청원적 성격을 갖는 것들이다. 마지막으로 유형Ⅴ는

其他報告類로서 이서층의 給由·任免, 單純行政報告 등을 포함하고 있다.

우선 〈표 4〉를 통하여 유형별 분포를 보면, 유형Ⅰ 2,336건(32.0%), 유형Ⅱ 2,407건(33.0%), 유형Ⅲ 924건(12.7%), 유형Ⅳ 962건(13.2%), 유형Ⅴ 662건(9.1%)으로 나타난다. 국가와 민 사이의 부세갈등(32.0%)에 비해 유형Ⅱ와 유형Ⅲ을 합한 民間의 相鬪(45.7%)가 높은 비중을 점하고 있다. 그러나 유형Ⅱ와 유형Ⅲ 가운데에는 유형Ⅰ로부터 파생된 사건들이 존재하고, 유형Ⅳ와 유형Ⅴ 중에는 三政에 根源을 둔 것이 존재하였음을 감안한다면, 유형Ⅰ은 표에서 제시한 것 이상으로 확대해석 될 수 있음에 유의해야 한다.[19]

영광 민장의 유형별 분포는, 이미 〈표 1〉에서 살펴본 바와 같이, 매년 자료상의 缺失이 존재하기 때문에 각 년차 간 상당한 편차를 보이고 있다. 이것은 매년 불규칙하게 존재한 당해 사건들이 일정한 계절적 편차를 보이고 있기 때문이다. 따라서 당해 특정 사건들이 특정 시기에 결락된 경우 특정 사건만이 부각되는 자료상의 한계점이 존재한다. 이같은 편차에 유의하면서 1870~72년간 유형별 분포(〈표 4〉상의 小計)를 보면, 유형Ⅰ 33.6%, 유형Ⅱ 31.2%, 유형Ⅲ 12.8%, 유형Ⅳ 12.5%, 유형Ⅴ 9.5%로서 전체 평균 구성비와 유사한 수준이다. 우리는 이같은 전체 통계를 통해 전체 사건 가운데 점하는 해당 사건의 비중을 추정할 수 있다.

한편 1897년의 분포를 보면, 유형Ⅰ 16.5%, 유형Ⅱ 50.5%, 유형Ⅲ 11.5%, 유형Ⅳ 16.3%, 유형Ⅴ 5.2%로서, 1870년대에 비해 상당한 편차를 보이고 있다. 이는 부세문제를 중핵으로 진행된 1894~96년의 갑오·광무개혁에 기인한 것인데, 이 변화의 내용에 대해서는 제4절에서 후술하기로 한다.

---

19) 참고로 全羅道 靈巖의 민장치부책을 분석한 김인걸의 논문에서는 19세기 전반 총 775건의 민장 가운데, 부세갈등이 366건(47.2%), 民間相鬪가 286건(36.9%) 등을 점하였다. 김인걸, 앞의 논문, 270~71쪽.

〈표 5〉 靈光 民狀의 形態別 類型 分布

區分	民訴	等狀	稟目	文狀	手本	告目	單子	計
類型 Ⅰ	1,167 (23.4)	440 (44.4)	271 (50.2)	200 (45.4)	197 (83.1)	61 (69.3)	0 (0.0)	2,336 (32.0)
類型 Ⅱ	2,135 (42.8)	215 (21.7)	21 (3.9)	22 (5.0)	9 (3.8)	5 (5.7)	0 (0.0)	2,407 (33.0)
類型 Ⅲ	715 (14.3)	113 (11.4)	38 (7.0)	46 (10.5)	9 (3.8)	3 (3.4)	0 (0.0)	924 (12.7)
類型 Ⅳ	644 (12.9)	159 (16.0)	56 (10.4)	74 (16.8)	19 (8.0)	9 (10.2)	1 (11.1)	962 (13.2)
類型 Ⅴ	325 (6.5)	64 (6.5)	154 (28.5)	98 (22.3)	3 (1.3)	10 (11.4)	8 (88.9)	662 (9.1)
計	4,986 (100.0)	991 (100.0)	540 (100.0)	440 (100.0)	237 (100.0)	88 (100.0)	9 (100.0)	7,291 (100.0)

　다음에 제시한 〈표 5〉는 민장의 형태별 유형 분포를 살펴본 것이
다. 먼저 민장의 대종을 이루는 민소를 보면, 부세갈등(유형Ⅰ)이
1,167건으로 전체 민소의 23.4%를 점하는 가운데, 개인간의 경제적
상투(유형Ⅱ)와 사회적상투(유형Ⅲ)가 각각 2,135건(42.8%), 715건
(14.3%)에 달하고 있다. 유형Ⅳ와 유형Ⅴ는 각각 644건(12.9%),
325건(6.5%)으로 상대적으로 저위에 있다. 한편 민인들의 집단적
인 정소 형태인 등장을 보면, 유형Ⅰ 440건(44.4%), 유형Ⅱ 215건
(21.7%), 유형Ⅲ 113건(11.4%) 등으로, 민소와 비교하면 부세갈
등(유형Ⅰ)과 민간의 상투(유형Ⅱ+유형Ⅲ)의 구성비가 역전되었
다는 것을 알 수 있다. 민소기 개인간의 사회경세적 분쟁과 관련
된 것이 많았다면, 등장은 개인적 사적 관계를 넘어 집단적 부세
문제와 관련되었던 것으로 생각된다.
　품목, 문장 등 문보류를 보면, 유형Ⅰ의 경우 품목 271건(50.2%),
문장 200건(45.4%), 수본 197건(83.1%), 고목 61건(69.3%)으로서,
여타 유형에 비해 부세갈등(유형Ⅰ)이 높은 비중을 점하고 있다.
반면 개인적 차원의 유형Ⅱ와 유형Ⅲ은 낮은 수준에 불과하다. 품
목과 문장의 경우 특히 기타보고류(유형Ⅴ)가 각각 154건(28.5%),

98건(22.3%)으로 상당한 비중을 점하였다. 이상의 사실은 문보류 제출자의 직임과 깊은 관련을 갖고 있다. 품목 총 540건 가운데 443건(82.0%)이 사수였고, 문장 총 440건 가운데 372건(84.5%)이 면임이었으며, 수본은 총 237건 가운데 206건(86.9%)이 공원이었다. 이들은 면 레벨의 향임·이서층으로서 부세문제 등 공적 사무와 관련된 일반 행정보고와 정세보고를 군수에게 올리고 있었다.

군수 예하의 향임·이서층들은 민장의 마지막 구성요소인 題音의 '處決者'로서도 다수 등장하고 있었다. 그렇다고 모든 민장이 제음 뒤에 처결관서나 처결자를 두었던 것은 아니다. 영광의 민장책은 총 7,291건 가운데 3,024건(41.5%)만이 해당 사건의의 처결자를 갖추고 있었다. 여기에는 총 100 여개의 직임과 신분이 등장하고 있었다. 처결자명은 향임·이서층과 같이 직임이 사용되는 경우와 신분을 나타낸 것으로 대별된다. 다음의 〈표 6〉에서는 편의상 주요한 '처결자'만을 摘出한 것이다.

먼저 직임을 살펴보면, 사수와 면임이 각각 579건(19.1%), 476건(15.7%)으로 수위를 점하는 가운데, 장민20) 252건(8.3%), 해색(리) 246건(8.1%), 주인 238건(7.9%), 향청 162건(5.2%), 유향좌수 145건(4.8%) 순으로 나타나고 있다. 사수와 면임이 동시에 처결자로 등장하는 96건(3.2%)을 합한다면, 사수와 면임은 총 1,151건·38.1%에 달하고 있음이 인상적이다. 반면 재지양반층의 조직인 鄕廳(鄕所)이나 그 안의 留鄕座首는 각각 162(5.2%), 145(4.8%)에 불과하다. 대체로, 사수와 면임의 비중에서 보는 바와 같이 面은 수령의 하부 행정기관으로 그 기능이 강화되고 있는 반면, 자율적인 鄕案 조직으로서 향청(향소)은 그 기능이 한층 약화되고 있는 19세기의 상황을 잘 보여주고 있다.

---

20) 장민은 "狀人", "狀者"(狀女)라고도 부르는 당해 사건의 제소자 즉 原告이다. 被告人인 "彼隻"도 이 범주에 포함시켰다.

〈표 6〉 靈光 民狀의 類型別 '處決者' 分布

區分	類型Ⅰ	類型Ⅱ	類型Ⅲ	類型Ⅳ	類型Ⅴ	計
都吏	62	3		47	9	121(4.0)
都將	5	26	4	3		38(1.3)
頭民	9	24	9	4		46(1.5)
面任	77	250	94	44	11	476(15.7)
社首	248	205	82	32	12	579(19.1)
社首面任	50	23	13	8	2	96(3.2)
書員	26		1	2	7	36(1.2)
承發					71	71(2.3)
留鄕座首	41	50	30	9	15	145(4.8)
狀民	18	172	44	17	1	252(8.3)
主人	29	63	106	36	4	238(7.9)
該色(吏)	216	5	2	8	15	246(8.1)
鄕廳	77	46	13	5	21	162(5.2)
刑吏	17	58	23	25	4	127(4.2)
…	…	…	…	…	…	…
小計	1,036	1,010	478	277	223	3,024(100.0)
無	1,300	1,397	446	685	439	4,267
計	2,336	2,407	924	962	662	7,291

처결자의 유형별 분포를 살펴보면, 먼저 사수의 경우 부세갈등 (유형Ⅰ)과 사회경제적 상투(유형Ⅱ+유형Ⅲ)는 각각 248건, 287건 이며 '사수·면임'(50건; 36건)을 합산하는 경우 양자는 유사한 수 준이다. 향청은 전자가 77건, 후자가 59건으로 부세갈등이 상대적 으로 우세하고, 유향좌수의 경우 진자 41건, 후자 80건으로 민간상 투가 우세하지만 부세갈등도 적지 않은 수치를 보이고 있다.

직임 가운데 주목할만한 사수는 還穀을 담당하는 社還制의 책임 자로서 뿐 아니라 보다 포괄적인 面의 대표자로서 활동하였던 것 으로 보인다. 각 면단위로 社倉이 설치되면서 면내 유력 양반지주 들이 이 사수직에 천거되고 있었다. 사수는 각종 부세문제에 관여 하고 면내 제반 갈등과 분쟁에도 개입하여 지방관으로부터 '一面之 長'으로 평가받고 있었다.21)

　부세문제(유형Ⅰ)에서는 해색(216), 도리(62), 서원(26) 등이 압도적 우위를 보이고 있었던 반면, 면임(유형Ⅱ 250, 유형Ⅲ 94)을 필두로 하여 장민(172, 44), 주인(63, 106), 형리(58, 23), 도장(26, 4), 두민(24, 9) 등은 민간 상투(유형Ⅱ+유형Ⅲ)의 주요 처결자로 나타나고 있다. 이상과 같은 유형별 분포를 통해 당시 향촌 내에서 향임·이서층의 역할을 엿볼 수 있는데, 해색·도리는 주로 부세문제에, 형리·도장은 주로 민간 상투문제에, 사수·면임과 같은 향임층은 향촌 내의 거의 모든 문제와 개입하였음을 알 수 있다.22)

　참고로 흥미로운 사실은 장민이 유형Ⅱ(172건)와 유형Ⅲ(44건)에서 제음의 처결자로서 자주 등장하고 있다는 점이다.23) 민간의 상투에서 소송의 당사자가 사건의 처결을 담당하고 있는 셈이다. 이것은 사건이 개인적이고 소소한 경우 불가피한 것이었지만, 사건의 처결이 당사자에 의해 주관적으로 흐를 가능성을 배제할 수 없었다. 때문에 민과 민 사이의 상투·상쟁은 再訴, 三訴를 유발하는 민간의 폐습으로 당시 "호송의 풍조"를 만연시킨 주범 가운데 하나였다. 민장의 형태에서 "민소"가 압도적인 비중을 점했다(68.4%)는 사실을 상기한다면, 장민이 처결자로 등장하는 당시 民訴制度의 취약성을 용이하게 유추할 수 있다.

---

21)　일 예로 다음과 같은 용례가 있다. 西部社首稟目以 島谷李民呈狀處 崔民 欲爲捉上 則頑拒事 題內社乃一面之長也 如此等事 不得擧行 豈不可駭必 爲捉上向事.〈민장 6〉105~06쪽.

22)　사수에 비해 면임은 관의 입장을 더욱 강하게 반영했던 것으로 보인다. 사수는 면리인들의 불만, 특히 부세부과의 過重·不均과 그 侵奪狀況을 대변하는 사례가 여럿 있으나, 면임의 경우는 거의 대부분이 부세 미납자나 거납자를 보고하고 수령이 하달한 민인의 捕捉, 傳令·令飭전달 등의 행정적 역할에 그치고 있었다.

23)　유형Ⅱ의 경우 泉沙驛長金靑春狀以 靑嚴道所用春布 貿取次 價錢三十五 兩 留置於社倉市邊店幕矣 黃良面黃蘭伊奪去事 題內黃哥捉來向事 壯者.〈민장 5〉424쪽; 유형Ⅲ의 경우 九水李自峻狀以 道內臥津金確伊與矣子 法聖場回路 被酒惡說 終焉毆打事 題內平日若能善爲敎子 焉有是事 然而 不可不査治 捉來向事 狀民.〈민장 6〉209~10쪽.

Ⅲ. 民狀의 內容別 分析

여기서는 1870~72년간 민장 6,612건의 내용을 각 유형별로 구체적으로 살펴보기로 한다. 주지하다시피 1894년 갑오개혁을 전후한 시기는 정책과 제도상에 있어서 상당한 차이가 인정되기 때문에 1897년 민장은 별도의 시각에서 살펴볼 필요가 있다.

1. 賦稅葛藤의 深化

18세기 중엽에 이르러 부세운영 방식은 田摠·軍摠·還摠 등 總額制로 재편되면서 수세 책임이 군현 레벨로 전가되었다. 이에 따라 수령은 종전에 비해 더욱 적극적으로 부세 운영과정에 개입하였다. 향촌레벨의 面里기구는 더욱 체계화되었고 面·里任의 직능 또한 다양화하면서 면리제가 조세수취기구로서의 성격을 강하게 띠기 시작하였다.[24] 면리는 전결세, 군역세, 환곡세, 잡역세 등을 共同備納하는 부세 단위로 자리 잡고 있었다.

영광 민장이 대상으로 하는 1870년대 초는 大院君의 개혁정책의 일환으로 戶布制가 본격적으로 시행된 시기였다. 동시에 1868년 영광에서는 改量田이 실시됨으로써 田政運營 상의 커다란 변화를 겪게 되었다. 19세기 지방재정 세입은 결세, 호역수입, 군전, 잡세, 환곡·관청고리대 등 5개로 범주화되는데,[25] 대원군 집정기에 들어그 세입수취가 보다 철저해지면서 일반 민인들에게는 과중한 부담으로 작용하였다. 다음의 〈표 7〉은 국가와 민간의 부세문제를 둘러

---

24) 金俊亨,「朝鮮後期 面里制의 성격」, 서울大碩士學位論文, 1982; 金仙卿,「朝鮮後期의 租稅收取와 面里운영」, 延世大碩士學位論文, 1984.
25) 張東杓,『朝鮮後期 地方財政硏究』, 國學資料院, 1999.

〈표 7〉 1870~72年 賦稅葛藤(類型Ⅰ)

訴訟事項	件數(%)	內容, 原因
田政	282(12.7)	結稅·稅米·所耕加徵, 頉給, 不均, 移錄, 陳結課稅, 疊徵, 災減, 改量時加執, 官屯結, 結頭錢
軍政	615(27.7)	軍錢橫侵, 軍布(洞布)侵責, 結布不均, 戶布頉給, 束伍·馬隊橫疤塡代, 軍丁疊役, 軍裝服色器械價
還政	42(1.9)	還米, 還上, 還作錢, 結還, 戶結還
戶役	213(9.6)	頉給, 減給, 疊徵, 逃躱·移去, 虛戶·浮戶, 村殘
雜役稅	426(19.2)	烟戶雜役頉給, 雉樑賦役, 救弊錢, 拮据錢, 紙役價等 各種役價, 京債, 考債, 漁鹽稅, 船稅
公錢	43(1.9)	稅錢, 兩稅, 所納錢, 加徵錢, 不均·減給
奸吏橫侵	214(9.6)	吏胥逋欠, 公錢乾沒捧食, 作弄橫侵, 濫排·偏徵
拒納	232(10.4)	逃躱·移居, 替納不應, 未捧, 民逋, 身役雜役不應
族徵	85(3.8)	各種公錢雜稅, 逃躱, 民逋(指徵無處), 隣徵·村徵
其他	72(3.2)	吏胥間 公錢紛爭, 貿米, 各種案冊
計	2,224(100.0)	

싼 각종 갈등과 분쟁, 청원사항을 유형화한 것이다.

1870~1872년의 민장 총 6,612건 가운데 부세갈등은 2,224건·33.6%을 점하고 있었다. 이 가운데 군정과 잡역세 및 호역 문제가 각각 615(27.7%), 426(19.2%), 213(9.6%)에 달함으로써 이 시기의 부세문제가 軍政과 烟戶雜役과 깊은 관련을 갖고 있음을 엿볼 수 있다. 또한 田政 문제도 282건·12.7%에 이르고 있다. 반면 향임·이서층의 苛斂誅求를 보여주는 간리횡침은 214건·9.6%에 불과한데, 전술한 바와 같이 소지를 접수하는 과정에서 官의 입장이 개입할 수밖에 없는 민장의 한계라고 생각된다.

1860년대 이후 환곡제가 사실상 해체되면서,[26] 기층민들의 民怨은 주로 군정과 잡역세 부문에 집중되었다. 기존의 洞布制를 혁파하고 '上下統同均排'하는 戶布制[27]를 시행하라는 朝令에 따라

---

26) 宋讚燮,「19세기 還穀制改革의 推移」, 서울大博士學位論文, 1991. 1867년 (高宗4年) 환곡제는 대원군이 진주농민항쟁을 수습하는 방안으로서 그 救恤 기능만을 가진 民間레벨의 社倉制로 전환되었다.

27) 1862년 三政釐整廳에서 결정한 洞布制와 1870년 대원군의 개혁정책으로

군보 및 연호잡역 부문에서는 호포법이 시행되었다.28) 그러나 面
레벨에서는 원칙적으로 戶排가 시행되는 가운데 일부 면에서는
관행적으로 結排가 허용되었고, 여기에 호포 징수의 어려움이 가
중되면서 종전의 結排를 청원하는 제도상의 혼란이 가중되고 있
었다.29) 무엇보다 새롭게 부과되는 호포에 대해 상층 양반의 拒納
이 빈발하였고,30) 이로 인해 호포 부담이 下民에게 편중되는 문제
가 발생하였다.31) 이같은 문제 때문에 호포제가 영광의 모든 面에

실시된 戶布制가 어떻게 다른 것인지, 그 수취절차상의 차이점에 대해서
는 자세히 알려진 바가 없다. 다만 金容燮은 이 동포제를 호포제로 넘어
가는 과도기적인 조치라고만 말하고 있지만, 일부 海西지역에서는 동포
제가 호포제와 함께 관행적으로 혼용되었음이 영광민장책에서 수다하게
산견된다. 호포법에 대해서는 다음 논문 참조. 金容燮, 「朝鮮後期 軍役制
釐整의 推移와 戶布法」『省谷論叢』13, 1982; 成大慶, 「大院君政權性格研
究」, 成均館大博士學位論文, 1984; 李鍾範, 「19세기 後半 戶布法의 運營實
態에 대한 檢討-全羅道求禮縣事例-」『東方學志』77・78・79, 1993; 同,
「19세기 後半 賦稅制度의 운영과 社會構造-全羅道 求禮縣 사례-」『東
方學志』89・90, 1995; 宋亮燮, 「19세기 良役收取法의 변화-洞布制의 성
립과 관련하여-」『韓國史研究』89, 1995.

28) 森南面任文狀以 本面軍錢洞布時 幷本利備納村 隨捧以納 全然拒納村 利
上加錄矣 今於洞布革罷 戶布施行也 已納村以洞布 未收收納云 拒納村依
朝令戶排云 面論携貳指一處分事 題內當有嚴飭向事.〈민장 5〉393쪽.

29) 외서면의 경우(1871년 2월) 外西民人李學來等狀以 本面以結布之意 至伏
承題敎 而終不施行事 題內以戶以結間 互相煩訴 固非美習 自今以後 一倂
以戶排 無一遺漏 從實分排之地 宜當向事 社首.〈민장 5〉65~6쪽. 대안면
의 경우(1870년 7월) 大安收番主人手本以 本面接界內茂長地 而各樣軍保
烟役等 以結布施行矣 … 刑吏.〈민장 4〉108쪽. 외간면의 경우-外間社首
稟目以 民願以結布便宜事 題內以結布施行 宜當向事.〈민장 4〉287쪽.

30) 望雲下民金文英等狀以 上民不應洞布事 題內一從朝令 統同均排是矣 稱以
上民 若有頑拒 則一一指名 報來向事.〈민장 4〉548~49쪽. 六昌金連行等
狀以 本面上民 不肯洞布事 題內自有均徵之道 以此知悉向事.〈민장 4〉
581쪽. 기존의 洞布를 "上下統同均排"하는 제도를 호포제라 하는데, 여
기서 말하는 동포는 戶布이다.

31) 佛甲軍民等狀以 本面班多民小 不尊洞布之令 而況馬隊錢與雇米 偏徵於下
民 處分事 題內下民呼訴 若是屢至爲 上民者亦無畏乎 統同善處 無至生死
之地 宜當向事.〈민장 4〉534쪽. 여기서의 동포도 "上下統同均排"하는

서 일률적으로 시행될 수는 없었고 관행적으로 結布制가 시행되었던 것인데, 이 경우 토지소유자인 상층 양반의 결포 거납이 빈발하고 있었다.[32]

군역문제는 軍丁 징발문제와 軍布 징수문제로 구분해 볼 수 있다. 束伍, 馬隊, 牙兵 등 身役 부문에서는 도망, 이거, 사망, 簪纓後裔, 班纓, 勳裔 등 군역탈급의 청원문제가 민소의 대부분을 점하였고, 각 군역간 疊役 문제,[33] 잡역세와의 첩역 문제 등을 유발하기도 하였다. 또한 村殘, 流亡 등 기층민의 궁핍상은 身役 탈급의 한 요인이 되었다. 농민의 궁핍화는 군전, 호포전 뿐 아니라 결세, 호역, 잡세 탈급의 주요한 요인이기도 하였다. 세액 자체의 과중함과 함께 下民에게 偏徵되던 그 不均함은 민간에 수많은 避役과 拒納, 族徵을 유발하고 있었다.[34]

결세는 1868년 改量田[35] 이후 한층 과중한 부담으로 작용하였던 것 같다. 결세의 오록·이록이 빈출하였고, 과중한 결세의 감면·탈급이 민인들로부터 지속적으로 소청되었다.[36] 지방관의 農形 보고에서 자주 등장하는 각종 災害와 그에 따른 極凶은 농촌의 殘敗를 초래하면서 민인들로 하여금 결세 탈급을 격발시키고 있었다. 특히, 1871년에는 농사사정이 악화됨으로써 결세의 탈급 나아가 생계보조를 요구하는 '結構之方'의 소청이 빈발하고 있었다(이 점 후술). 개

호포를 이르고 있다.

32) 外西下民成權右等狀以 本面各項軍錢 上下統同結排矣 上民所排之錢 拒納事 題內違拒班民 ――指姓名 修成冊 報來向事. 社首.〈민장 5〉34쪽. 黃良下民李君五等狀以 本面某某班民 不肯結布事 題內社首言內不應之某班 ――指名 不日內 報來向事. 社首.〈민장 5〉20~21쪽.

33) 外西馬隊金尙烈等狀以 今番戶布節目中 束伍牙兵等 旣爲減給 而馬隊錢未蒙 一擇事 題內時採鄕議 旣成節目 不可以變通向事.〈민장 5〉380쪽.

34) 九水面任文狀以 本面束伍軍中 逃躱者及無等身者 後錄事 題內頎報何若是多也 甚無嚴向事.〈민장 4〉464쪽.

35) 제1장 참조.

36) 官山內防公員手本以 本村加錄稅米 頎給事 題內――查稟向事 公兄.〈민장 6〉40쪽.

량과정에서 무리하게 加執된 所耕도 많았고, 개량후 등급 상승에
따라 전보다 증액 부과된 결세는 민인들에게 한층 과중한 부담으로
작용하였다.[37] 개량 이후에도 陳結課稅 문제는 지속되어 이 지역의
농업문제를 한층 심화시키고 있었다.

지역적 특색이 강한 잡역세는 군정과 함께 기층민의 많은 민원
을 야기하였다.[38] 拮据錢, 救弊錢, 紙役價, 魚鹽稅 및 각종 無名雜
稅가 주요 부담으로 작용하였고, 그것의 부당함이나 탈급, 감면을
요구하는 사례가 민소의 다수를 점하고 있었다. 향촌레벨에서는 동
포전에서와 같은 공동납적 관행이 일부 잔존하였지만, 호포법 시행
이후 개별 가호 단위의 부과수취가 일반화되고 있었다.[39] 따라서
세의 과중함과 부당함, 삼정과의 疊徵 여부 등이 주요한 문제거리
로 등장하였다.

烟役・잡역 또한 호포법 시행 이후 戶排가 원칙이었지만 일부
면에서는 結排를 요구하거나[40] 그 부당함을 호소하면서 탈급을 청
원하는 사례가 비일비재하였다. 각종 烟戶雜役・面役은 군역과 疊
役되는 경우도 빈발하였다.[41] 雉堞城役은 빈한한 민인들에게는 과
다한 부담으로 작용하여 이른바 民逋가 빈발하였고[42] 避役・逃躲
하는 경우도 허다했다.

---

37) 佛甲德山柳之希狀以 改量後 矣畓七斗落 所耕至爲六十七卜六束 處分事 題
   內至於改量一事 惟當一導 而已新官無可更議於其間向事.〈민장 4〉17쪽.
38) 金德珍, 『朝鮮後期 地方財政과 雜役稅』, 國學資料院, 1999.
39) 役價의 경우 黃良收番主人手本以 本面役價 以戶結間分排事 題內洞布法
   意 卽戶布也 以此排斂 宜當向事.〈민장 5〉181~2쪽.
40) 外間民人丁應祚等狀以 本面各項烟役戶排不均結布事 題內戶結間面議以報
   向事 社首 面任.〈민장 4〉286쪽. 馬村吳廷善等狀以 矣面烟役勿為戶排
   平均結排事 題內從其貧富 公平戶排 甚便宜向事.〈민장 4〉509쪽.
41) 南竹束伍牙兵梁達三等狀以 烟役頉給事 題內何不頉給 有此煩訴是喩 卽為
   報來向事 社首.〈민장 6〉35쪽.
42) 弘農金仁石狀以 所當雉堞代錢 辦納未由事 題內排定許久之役 今忽以爲訴
   說 貧者必有指便以然後 加悗可怪 何必代錢爲之煩 卽爲來築然後 可免杖
   囚向事.〈민장 6〉257쪽.

호역의 경우 虛戶·浮戶, 家貧, 村殘敗 등 농촌의 궁핍화를 호소하는 사례들이 탈급, 감면의 주요인으로 등장하였다.43) 호역의 부담을 이기지 못한 민인들은 愆納, 拒納하였고, 이 경우 족징이 강제되기도 하였다. 流亡·移居·逃躱는 호역 탈급의 주요한 요인 가운데 하나였다.44)

흥미로운 사실은 호역을 비롯한 군정과 잡역세 부문에서는 等訴의 비중이 상대적으로 높았다는 점이다. 〈부표 1〉을 참조하면, 군정의 21.3%(131건), 호역의 25.8%(55건), 잡역세의 24.6%(105건)가 등소의 형태로 제기되었던 점을 감안하면 〈표 7〉상의 당해 사례는 보다 높은 비중을 점하고 있다는 것을 알 수 있다. 이같은 사실은 〈부표 1〉상의 품목과 문장에서도 마찬가지인데, 이 경우 당해 문보류의 특성상 거납의 비중이 상대적으로 높았다(품목 24.6%(57건), 문장 30.6%(71건)).

민간의 거납은 과중한 부세부담으로 인해 부세의 전 부문에 걸쳐 광범위하게 나타나고 있었는데, 주로 군역과 잡역세를 중심으로 빈출하였다. 호포법 이후 군전의 호·결간 분배방식과 관련해 부세의 不均, 그에 따른 愆納·거납이 자주 지적되고 있다.45) 과중한 과세부담과 신역부담에 농민의 궁핍화가 결합함으로써 이른바 民逋가 심화되었고, 이 지점에서 이거, 도타, 신역·연역 불응, 抗稅 등이 빈출하였다.46) 奸吏들의 환롱, 침책은 거납을 유발하고 거납은 다

---

43) 九水上屯民人李化叔等狀以 本村毁亡八戶 頉給事 題內當有探處向事.〈민장 5〉306쪽. 內東大烈公員手本以 矣村居民流散 至於空虛 烟役頉給事 題內至于今秋 散亡者烟役重於昨年而然乎 此亦民習之駭悖 頭民焉逭重律 當有嚴處向事.〈민장 4〉315쪽.

44) 동일인이 제출한 소지 사례로서 馬村丁學九狀以 本村不過十三戶 加錄事 題內或慮此弊面 各減戶者二十餘戶 如此疊徵之端 自在減戶之中向事.〈민장 5〉390쪽; 馬村上金丁學九狀以 本村流亡戶 頉免事 題內今則官不可頉給 惟在該面措處向事.〈민장 5〉394쪽.

45) 佛甲面任文狀以 本面軍錢 上民則以三分一擔當之意 己有令飭 故以此分配矣 稱以私自分排 不納事 題內稱以私意 無難愆納者 指姓名報來向事.〈민장 4〉389쪽.

시 족징과 간리횡침을 초래하는 악순환을 초래하고 있었던 것이다.

삼정 및 잡역세 등 모든 부세부문에 걸쳐 나타난 奸吏橫侵은 민장의 한계 상 과소추계된 것으로 볼 수 있다. 여기서는 각종 檢督, 都吏, 色吏, 面任, 書員, 軍將, 頭民 등 군수 예하 해당 향임·이서들이 거의 망라되고 있는데, 이들의 公錢 濫排, 횡침, 乾沒, 봉식 등 다양한 逋欠 사례가 고발되고 있었다.47) 간리의 逋欠分은 민인들의 이른바 民逋分이나 拒納分과 깊은 관련을 갖으며 양자는 악순환을 반복하고 있었다. 이서들은 자신의 포흠을 메우기 위해 민에 대해 갖가지 작롱과 횡침을 자행했던 것이다. 그러나 민원의 호소가 이를 담당하는 이서층의 농간과 방해로 좌절될 가능성은 높았다. 최소한 간리횡침은 족징, 거납분 만큼 축소보고되었을 가능성이 높았다고 생각된다.

2. 民間 社會經濟的 相鬪

민간에서 전개된 각종 사회경제적 상투는 당시 "호송의 풍조"의 적나라한 단면을 보여주는 것으로서 민장의 성격을 단적으로 드러내고 있다. 여기서 소개되는 사례들은 당사자간 혹은 동리 내에서 해결될 수도 있었던 私事롭고 소소한 사건의 연속이었다. 이같은 煩訴에 대해 관에서는 民間의 弊習이라 하여 극력 억제하려 하였지만, 영광 관아는 각종 분쟁을 해결해달라고 찾아오는 민인들로 연일 북적이고 있었다.

---

46) 道內檢督告目以 作錢拒納各人 發牌事 題內一倂捉上向事. 〈민장 5〉 591
쪽.: 黃良面任文狀以 軍錢拒納各人 發牌事 …. 〈민장 6〉 14쪽.: 鹽所昌牛
民人等狀以 本村戶小役多之致 烟役排斂后 則或移居他村 新設新基者排斂
錢 各從本主徵捧事 立旨事 題內査實推給向事 面任.〈민장 4〉 412쪽.
47) 馬村吳士成狀以 年前寓接於畝長矣 該面面任 稱有烟役 橫侵事 題內面里
任掌之弊 若此爲甚 甚可痛惋 畝長則勿侵向事 畝長面任.〈민장 6〉 242쪽.

<표 8> 1870~72年 經濟的 相鬪(類型 Ⅱ)

訴訟事項	件數(%)	內容, 原因
田畓訟	176(8.5)	田畓家垈推給, 偸賣, 二重賣買, 文記僞造, 開墾田
還退・典當	209(10.2)	田畓, 家垈, 山地柴場, 位土還退, 還退不應, 各種 典當物(田畓), 二重典當
債貸	625(30.3)	推債, 再徵, 債錢利條(高利貸), 債錢不報, 替納稅 錢, 各種物件價推給, 雇價朔價, 任置物, 標識手記
勒奪・抑徵	216(10.5)	稱債奪物・奪錢, 搜家以去, 見奪錢兩, 禾穀偸去
奪作・移作	100(4.8)	臨農奪耕, 移作沮戲, 耕作沮戲, 借地紛爭, 山直
賭租推給	99(4.8)	賭租・先尺推給, 賭租刈去, 橫侵, 抗租, 牛賭
山訟(偸葬)	424(20.5)	偸葬・暗葬, 掘冢露棺, 偸塚不掘去, 禁葬, 山地・ 柴場所有權紛爭, 境界紛爭, 山地柴場賣買紛爭
松楸偸作	151(7.3)	松楸斫伐, 柴草奪去, 禁松, 無斷犯斫, 松楸偸賣
水爭	27(1.3)	獨奪洑水, 洑毁缺, 陳田, 廢農, 共同赴役
其他	37(1.8)	稱債起鬧, 市廛相鬪, 訴訟經費
計	2,064(100.0)	

위의 <표 8>은 개인간의 경제적 상투를 田畓訟, 債訟, 山訟, '耕
作訟' 등으로 분류한 것이다. 개인간의 徵債(늑탈・억징 포함)와
山訟(송추투작 포함)은 각각 841건・40.8%, 575건・27.8%로서 민
간 상투의 압도적인 비중을 점하고 있었다. 전답송(還退 포함)이
385건・18.7%, 이른바 '경작송'은 199건・9.6%, 水爭은 27건・1.3%
를 점하였다. 산송과 수쟁은 적지 않은 等訴를 포함(산송 91건, 수
쟁 11건)하고 있으므로(<부표 1> 참조), <표 8>에서 제시한 것보다
는 높은 비중을 점한다는 사실에 유의해야 한다.

개인간의 갈등과 분쟁은 이른바 '債錢推給'을 둘러싸고 빈출하였
다. 推債는 채전의 내용을 명시한 것과 그렇지 않은 것이 혼재되어
있는데, 후자가 다수이다.[48] 이 경우 단순한 채권채무관계의 錢兩

---

48) 채전의 내용을 명시한 것 -外西丁辰豊狀以 佛甲金大華處 松價推給事 題
內非率來 則無以決處向事. 채전의 내용을 명시하지 않는 것- 令痲朝陽
黃永順狀以 法聖金仁凡處 錢兩推給事 題內往呈于法聖鎭向事. <민장 4>

뿐 아니라, 민간에서 행해지던 高利貸 관행과 관련되기도 하였다. 빈한한 농가의 경우 가계유지와 영농을 위해 고리대를 피할 수 없었고, 경제생활상 민간에 오고가던 소액의 부채가 분쟁의 요인을 제공했다고 생각된다.

推債가 구체적 물건(매매대금)과 관련된 경우, 禾穀을 필두로 하여 牛馬, 木材, 布, 棉花, 魚鹽, 藥材 혹은 酒食債, 雇價 등 다양한 물목에 걸치고 있었다. 또 당시의 공동납 관행으로 인한 替納稅錢의 추급도 빈발하였다. '稱債奪物·奪錢'이라 하여 채권-채무자간 대금 변제가 기일 내에 이루어지지 않아 채무자에 대한 勒奪·抑徵으로 확대되는 일도 비일비재하였다.[49] 채대의 경우 거래관행의 불완전성과 민간 경제의 貧寒함이 빚어낸 소소한 '煩訴'의 연속이었다고 할 수 있다.

산송은 "山變"이라 해서 민간의 고질적 폐습 가운데 하나였다.[50] 산송은 개인간의 偸葬을 비롯해 소유권 문제라는 집단적 분쟁으로 비화되는 경우도 있었고, 대부분 再訴·三訴를 거치는 민간의 惡習이었다.[51] 투장·암장, 禁葬은 현상적으로는 墓地문제를 둘러싸고 벌어졌지만 향후 산지의 소유권과 관련되었기 때문에[52] 그 대립은 개인적 차원을 넘어 문중 간 또는 마을 간의 첨예한 대립으로 확대되었었다.

송추투작·작벌 또한 마찬가지였다. 산지에 대한 개별 소유권과 동리민의 공동이용권이 충돌하면서 대부분의 소지가 이에 집중되

319쪽.

49) 奉山表云祚狀以 本面李云烈 稱以債錢利上加利條未推 兒犢奪去事 題內牛 隻卽爲推給 眼同狀民 卽爲待令 宜當向事 面任.〈민장 6〉12쪽.

50) 森南金方杓等狀以 矣先山 不知何許人偸葬 掘移事 題內到處山變 聞甚悶 然是矣 塚主不得推尋 萬無決處之道向事.〈민장 4〉381쪽.

51) 全炅穆,「조선후기 山訟의 한 사례(Ⅰ)-전라도 영광군 立石里 世居 '독배기신씨' 山訟을 중심으로-」『古文書研究』14, 1998.

52) 南竹梁召史狀以 本面崔夫貴 祖塚入葬於矣柴場後 有主人之物 今欲勒奪事 題內當初之不禁 必有事端 率來然後 加以判訟向事.〈민장 6〉230쪽.

었다.53) 이 시기에는 산지의 용익권과 소유권의 구분이 명확하지 않아 산지의 용익이 마치 소유권으로 인식되었던 것 같다. 외부인의 산지 출입에 대해 강한 禁松 입장이 표명되었고,54) 동리의 공동 산지, 문중 산지 등에서는 松楸의 소유권분쟁이 빈발하였다.

송추투작을 포함한 산송은 사건의 성격상 집단적으로 소송이 제기된 경우가 여타 사례에 비해 상대적으로 높았다. 〈부표 1〉을 참조하면, 산송투장은 15.3%(65건), 송추투작은 17.2%(26건)가 등장의 형태를 취하고 있었다. 전라도 평야지대의 경우 산지·목재의 경제성이 높아지면서 산지에 대한 소유권 의식은 한층 강화되고 있다고 보아도 좋을 것이다. 후술하는 수쟁의 경우도 사안의 특성상 전체 소지에 대한 등장 비중은 40.7%(11건)로 더욱 높았다.

전답송은 소유권분쟁과 거래분쟁으로 이분된다. 전답과 가대 등에서의 분쟁은 투매, 이중방매, 늑탈, 문기위조 등 불법적인 소유권 이동시 빈발하였다.55) 전답의 늑탈은 주로 전답문기를 위조하거나 강탈함으로써 발생하였고, 또 개간전답, 陳田, 공동지 등에서도 이루어졌다. 문중 내 족인의 位畓 偸賣도 빈발하였다.56) 민인들은 전답에 대한 소유권 의식이 강했기 때문에 거래 상대자의 瑕疵있는 거래행위에 대해 첨예하게 대립하였다.57)

---

53) 內東李桂年等狀以 矣等先山在於外東面 而山下村民 松楸斫伐 故禁斷 則墨店村羅英五 稱以山地買得 行惡事 題內嚴治次 捉來向事 狀民. 〈민장 4〉 215쪽.

54) 佛甲宜松監官趙德辰告目以 松楸斫伐者 禁斷之意 傳令成給事 題內依訴傳令向事 刑吏. 〈민장 5〉 59쪽.

55) 森南紅亭白奴玉明狀以 斗洞金寡處 家垈田土 成文買得矣 林洛河符同金寡之稚孫李萬男 稱云買得 反爲沮戱事 題內互相誘引云云 則一邊之武豪 推以可知 各持文券 與金寡率卜然後 罪者罪之向事. 〈민장 5〉 579쪽.

56) 望雲面任文狀以 本面劉億卜 渠矣再從祖位土 偸賣事 題內此非畓訟之時向事. 〈민장 5〉 171쪽. 주목할만한 사실은 여기서 언급된 畓訟뿐 아니라 債訟, 還退, 奪作 등 개인간 사사로운 분쟁은 "農節", "春務方張"時에는 극력 억제되고 "待秋成更訴"하도록 권고하였다. "催科方張"(納稅)의 경우도 그러하다.

당시의 賣買文記는 永買·還退 여부를 명시하고 있는데, 거래관행상 환퇴가 광범위하게 이루어졌던 것으로 보인다. 환퇴는 주로 偸賣한 位土·山地와 典當 田畓에서 복합적으로 발생하였다.[58] 문중 내에서는 위토 투매를 둘러싸고 그 환퇴 여부가 문중분란을 야기하기도 하였다. 특히, 빈번한 典當 거래는 당시 신용제도의 발달을 시사하고 있지만,[59] 한편으로는 농가경제의 취약성의 한 단면을 여과 없이 보여주고 있다. 그러나 고리대나 전당이건 거래관행이 불완전했기 때문에 민간 레벨의 경제적 분쟁과 갈등은 한층 고조되고 있었다.

畓主作人間 또는 舊作人과 新作人間 갈등과 분쟁은 이른바 '耕作訟'으로 범주화할 수 있다. 답주작인간에는 도조추급 분쟁이 빈발하였는데,[60] 추채와 함께 농민들의 열악한 경제상황을 반영하고 있다. 때로 畓主作人間 도조추급은 '備納無路' 혹은 抗租로 발전하기도 하였다. 도조건납이나 항조와 같은 작인의 瑕疵있는 행위시 답주의 탈작·이작은 빈발하였다.[61] 탈작·이작은 기존의 병작관행에 따라 촌락 내에서 자체적으로 해결될 수 있었지만, 촌락질서가 동요하고 농민들의 불안정성이 심화되면서 소송으로까지 비화하고 있었다.

관에서는 勸農的 입장에서 답주의 무단이작과 春分後 臨農奪耕을 극력 엄단하고 있었지만,[62] 해마다 봄이면 관에는 억울함을 호

---

57) 趙允旋, 1996, 「조신후기의 田畓訟과 法的 대응책 - 19세기 民狀을 중심으로 -」『民族文化硏究』29.

58) 東部城東申在石狀以 矣妻家祭位畓 同婿金相君 典當於朴民西處 還退事 題內査實以報向事 面任.〈민장 4〉16쪽.

59) 邑底裵殷祚狀以 曺道休處 典當銀環 推給事 題內錢環間 詳査推給向事 都將.〈민장 4〉306쪽.

60) 大安高興辰狀以 茂長山亭李尙辰畓時作矣 今年徧被旱災 全無掛鎌 稱以賭租未收 租十斗與納稅次 執留之食鼎 奪去事 題內畓旣失農 先尺從何處出乎 所奪租與鼎 卽爲推給 宜當向事.〈민장 4〉393쪽.

61) 본 논문 제4장 작인의 짧은 존속률, 경작기간 참조.

62) 東部鄕校崔官淡狀以 矣身邑底梁文基畓 多年時作 不恣賭租以 臨農奪作事

소하는 작인들의 소지가 빈발하였다. 또한 이작이 완료된 경우에도 구작인과 신작인 간에는 병작지를 둘러싸고 갈등이 지속되었다.63) 신·구작인간의 차지경쟁은 뇌물수수 등 많은 불합리한 사태를 초래하고 있었다.

'경작송'과 같은 범주에서 水爭도 보고 되고 있다. 여기서는 이른바 마을 간 '물싸움'의 양상을 띄고 다수의 등장이 제기되고 있음이 인상적이다.64) 주기적으로 來襲하는 旱害에 대해 農用水를 확보하려는 치열한 '물싸움'이 동리 간에 반복되었던 것 같다.

이상의 민간 경제적 상투는 아주 사소한 분쟁까지도 촌락 내에서 자체적으로 해결되지 못하고 사건화 되는 "호송의 풍조"의 가장 적나라한 단면을 보여주고 있다. 그 요인은 일차적으로 계약, 거래관행, 병작관행 등 법과 관행의 불완전성과 불합리한 운영구조에 기인하였지만, 무엇보다 촌락공동체가 해체되고 있는 상황에서 동리 내에는 각종 분쟁을 조정할만한 중립적인 조정기구가 사실상 부재했기 때문이다. 민간의 부와 재산권 의식은 한층 첨예하게 대립하는 가운데 농민의 궁핍화, 경제적 불안정이 가세함으로써 민간 레벨의 경제적 상투는 한층 격화되고 있었던 것이다.

각종 분쟁을 해결하던 촌락관행의 기능불충분과 중간 조정단체의 결여는 민소제도를 통한 관의 직접적인 개입을 강하게 요청하고 있었다. 부와 재산권에 기초한 개인주의적 경향은 한층 농후해지면서 민간의 각종 갈등과 분쟁은 동리 내에서 자체 해결되지 못하고 소송사건으로 비화해 외부로 표출되고 있었다.65)

題內時作之無故更定 則畓主斷當嚴治 以此知悉向事.〈민장 5〉127쪽.
63) 官山李貴孫狀以 法聖羅謹五畓時作矣 舊時作劉昌瑞抑奪事 題內劉哥眼同狀民 卽爲捉上向事 社首.〈민장 6〉117쪽.
64) 外西金在赫等狀以 本面有童子洑元洑上下洑 而上洑作人 又築下洑上 禁斷事 題內査實歸正 以兩便之方 宜當向事 社首.〈민장 6〉189쪽.
65) 촌락공동체의 주요한 기능은 ① 徵稅, ② 治安司法, ③ 公共財 供給인데, 여기서의 분쟁과 갈등 해결은 두 번째 기능에 포함되는데, 이것이 유효하게 작동하지 않음을 의미하는 것이다.

〈표 9〉 1870~72年 社會的 相鬪(類型 III)

訴訟事項	件數(%)	內容, 原因
犯分	90(10.6)	凌班話辱, 凌長·凌吏, 逢敗·見敗
風紀紊亂	70(8.3)	雜技(禁斷), 酒弊·禁酒, 流言蜚語, 誘引·通姦
行惡·悖惡	295(34.9)	毆打被打, 醉酒行惡, 無斷突入作挐, 家產破壞, 竊盜, 訴訟中行惡, 稱債行惡惹鬧, 推債則行惡
專橫	113(13.3)	鄉任吏胥行惡·弄奸, 隣近將卒專橫, 兩班土豪橫侵, 마름專橫
門中事	82(9.7)	位土偸賣, 族內偸葬犯斫, 族譜事, 立後, 各種契事
誣訴·再訴	148(17.5)	誣告誣訴, 構誣再訴, 再訴起鬧, 滯囚中再訴, 落科後再訴
其他	48(5.7)	放火, 盜賊, 偸名等訴
計	846(100.0)	

위의 〈표 9〉는 민간의 각종 경제외적 갈등과 분쟁을 사회적 상투라 범주화하여 분류한 것이다. 행악·패악류의 295건(34.9%)을 필두로 하여 犯分을 포함한 풍기·기강문란이 160건(18.9%), 誣訴·재소류가 148건(17.5%), 간리·토호의 專橫이 113건(13.3%), 각종 문중사·계사가 82건(9.7%) 등을 점하고 있다. 행악·패악류와 무소·재소류는 사건 자체가 복합적인 경우도 많고 여타 사건으로부터 파생된 경우도 허다했다.

행악·패악류는 전술한 "채대"만큼이나 소소하고 다양한 사건으로 가득 차 있었다. 특히 구타사건은 민간의 사소한 갈등에서부터 집단성을 띈 장기적 분쟁, 본격적인 소송과정에까지 거의 모든 사건에 복합적으로 등장하였다.66) 여기서는 행악·패악이 사건의 주요 부분이라고 간주할만한 것을 적출하였다. 행악·패악은 범분이나 풍기문란과 관련되어 나타나는 경우도 빈출하였다.67)

---

66) 忠淸道梁明男狀以 森北鳳亭鐵店漢崔得彦等三漢 不報二百餘兩錢 反爲大棒毆打事 題內三漢卽爲捉來向事 主人. 〈민장 5〉 67~8쪽.
67) 九水李自峻狀以 道內臥津金確伊與矣子 法聖場回路 被酒惡說 終焉毆打事 題內平日若能善爲敎子 焉有是事 然而不可不査治 捉來向事 狀民. 〈민장

신분제가 거의 해체된 19세기후반 단계에서는 常漢이 兩班을 凌蔑하는 범분과 같은 기강문란 사건이 급증하였고, 이로부터 파생된 양반과 상한의 패악·행악 사건이 횡행하였다.[68] 또한 동리 내에서는 잡기도박이라든가 취주행악, 부녀자추행 등 풍기문란 사범이 빈발하였고, 그것을 금단하는 令飭이나 傳令을 내려줄 것을 관에 청원하고 있었다.[69]

간리·토호의 전횡도 〈유형 I〉의 奸吏橫侵만큼이나 빈출하였는데, 여기서는 삼정의 근원을 갖지 않는 동리 내에서 자신의 직위를 남용한 전횡만을 적출한 것이다. 영광과 같은 전라도 지역의 경우 향리들의 위치와 권한은 상대적으로 컸고, 이로 인해 초래되는 각종 농간과 전횡 사건이 일반 민인들에게 커다란 폐해와 고충을 안겨주고 있었다.[70] 확실히 향리들의 폐해와 그 빈도는 양반토호보다도 컸다고 할 수 있다. 관아의 이서층으로부터 인근지역의 향리, 각 동리의 말단 향임에 이르기까지 이들의 전횡은 동시다발하고 있었다.

간리·토호의 전횡 사례는, 〈부표 1〉을 보면, 등장의 형태가 29.2%(33건)로서 상대적으로 높은 비중을 점하고 있었다. 양반토호와 향임·이서층에 비해 사회적으로 劣位에 있었던 민인들은 이들의 각종 농간·전횡에 대해 집단적으로 대응할 수밖에 없었던 저간의 사정을 엿볼 수 있다.

영광의 민장책에서 산견되는 무소·재소류 민소들은 사건의 중

---

6) 209~10쪽.

68) 令麻社首稟目以 本面姜永翰與姜成民相鬪事良中 同成民以常漢毆打班民 反爲搆捏事 題內班民若無先失 豈有是理 然而以報以訴如是屢至 可知其班勢之甚豪矣 農節也 故姜永翰特爲放送 勿以此爲幸向事. 〈민장 6〉 209쪽.

69) 九水社首稟目以 本面店幕大小 釀與雜技之類 無常出沒 禁斷之意 傳令成給事 題內酒者伐性之弊 技者敗家之資 安得不到底禁斷也 所報甚好 依施向事 刑吏. 〈민장 4〉 90쪽.

70) 畝長李以祚狀以 本面面任周昌大 誘人賣畓 稅納幻弄 矯令執米 詬辱班民之四罪 嚴治事 題內果如所訴 則當有嚴治之道向事. 〈민장 4〉 22~3쪽.

복기입을 방지하기 위한 기술적인 범주이다. 전술한 목민서에서 민
장을 날마다 체계적으로 성책하도록 한 것도 중복사건의 처리에 만
전을 기하기 위해서였다. 이것은 일차적으로는 사건처리의 편의 때
문에 그러했던 것이지만, 다른 한편으로는 그만큼 관의 처결에 불
복해 재소하는 사례가 빈발하였음을 보여주고 있다. 무소·재소류
는 주로 민인들의 경제적 상투에서 빈발하였고,[71] 사회적 상투에서
도 相訟 차원에서 남발되었다. 이 때문에 관에서는 "無嚴, 猥越하
다", "煩訴이다"라 해서 번잡하고 작은 사건의 소송을 엄금하고 있
었지만, 민간에서의 "好訟 風潮"는 좀처럼 수그러들지 않았다.[72]

　마지막으로 문중사·계사는 파생사건 가운데 문중분란, 契內분
쟁을 범주화한 것이다. 문중 내 분쟁은 문중 내 족인 간 각종 재산
분쟁, 종중 선산의 소유권 문제, 제위토 투매로부터 문중분란으로
발전한 것, 입후문제로부터 파생된 유산상속 문제 등 여러 요인에
의해 야기되고 있었다.[73] 문중사의 경우는 사건의 특성상 등소의
비중이 21.9%(18건)에 이르고 있었다. 계사는 공동납을 위한 동포
계전, 식리계전 등 부세문제, 경제적 문제로부터 파생되었다.

　18세기 중엽 이래 촌락공동체가 해체되고,[74] 신분제도 이완되면
서 동리내의 촌락관행과 촌락질서도 불완전하게 기능하고 있었다.

---

71) 畝長嶺村丁學京等狀以 矣先山松楸 校村吳贊權等 屢爲偸斫 故欲爲松價 則
　以五十兩成標矣 其父處心 以勒捧樣 誣訴事 題內具不可準信 柴場一一摘奸
　以來向事 右兵校.〈민장 6〉140쪽.
72) 在囚罪人李敦燮狀以 被隻高時器之勒葬悖倫之罪 報營事 題內營門處決已辨
　不必煩訴向事.〈민장 4〉115쪽.
73) 內東綾城峙高時陽狀以 去壬戌年 矣仲父營囚之時 浮費不少如干 畓土典當
　於他人 而卽其報給也 矣從兄時器 不當一分錢 又奪門畓事 題內一門之內
　此爭訟 寧不愧於他人 不可以田畓爲言 其在正風俗之地 不可尋常處之 査
　實以報向事 社首.〈민장 5〉328쪽.
74) 金仁杰,「朝鮮後期 鄕村社會 變動에 관한 硏究」, 서울大博士學位論文,
　1991; 이해준·김인걸 외저,『조선시기 사회사 연구법』, 한국정신문화연
　구원, 1994; 한국역사연구회 조선시기 사회사연구반,『조선은 지방을 어
　떻게 지배했는가』, 아카넷, 2000 참조.

영광 농촌사회는 자율적이며 안정적인 조정기구가 부재한 가운데
사회적 질서체계가 해체되는 과정에 있었다. 동리내의 민인들은 개
인주의적 경향을 강하게 띄면서 사소한 사건에도 첨예하게 대립하
며 많은 사회경제적 갈등과 분쟁을 야기하였다. 이제 개인들은 촌
락공동체의 공백을 대신하는 官에 직접적인 개입을 요청할 수밖에
없었다.

3. 對國家訴請의 頻發

19세기 후반 농촌사회에는 개인주의화된 민인, 이른바 '守令-吏
鄕 支配體制'라는 향촌통치조직,75) 그리고 구래의 권위를 유지하려
는 親族共同體만이 유효하게 기능하고 있었다. 촌락공동체는 이전
의 안정성과 지속성을 상실한 채 사실상 기능불능 상태에 빠져있
었다.76) 촌락은 민간의 갈등을 조정할 만한 중립적이고 자치적인
조직은 창출하지 못하고, 이미 그 內濟能力을 상실하고 있었다.

사실상의 촌락공동체가 해체된 위에 '파편화'된 민인들이 연출한
갈등과 분쟁 상황은 한편으로는 국가의 적극적인 개입을 요청하고
있었다. 이것은 민장이 단순한 소송장의 성격을 넘어 청원서로서의

---

75) 특히 19세기적 현상과 관련하여 이른바 '守令-吏·鄕支配體制'에 대해
   서는 고석규, 『19세기 조선의 향촌사회연구』, 서울대학교출판부, 1998;
   촌락공동체의 해체과정에 대해서는 정진영, 『조선시대 향촌사회사』, 한
   길사, 1998 참조.

76) 일반론으로서 足立啓二, 『專制國家史論』, 柏書房, 1998 참조. 최근 안동
   鄕案을 분석한 鄭震英은 18세기 후반이래 향촌사회의 성격을 다음과 같
   이 정리하고 있다. "안동의 양반사회 또는 사족의 지배체제는 19세기에
   이르기까지 지속되고 있었지만, 이것을 곧 양반사회의 안정성과 지속으
   로 이해할 수는 없다. 그것은 양반들이 이전 시기에 누렸던 자율성을 바
   탕한 견제와 감독의 기능을 상실한 채 수령의 지배체제에 동원되고 있
   었다는 점에서 도리어 양반사회의 변화상을 보여주는 것이기 때문이다."
   정진영, 「조선후기 향촌 양반사회의 지속성과 변화상(1)-안동 향안의
   작성과정을 중심으로-」 『大東文化研究』 35, 1999, 280쪽.

〈표 10〉1870～72年 各種 請願·干恩類(類型 Ⅳ)

訴訟事項	件數(%)	內容, 原因
干恩·結構	93(10.9)	家垈頹壓, 失火結構之方, 生計無路, 吏胥復案還任, 葬費補給, 各種補糧事
農形(災害)	113(13.3)	旱災, 小農畓水況, 成川覆沙, 海溢, 全被偏被毒凶, 未秧, 蟲損, 堤堰潰決, 廢農, 陳田化
罪囚放送	110(12.9)	善處·分揀事, 代囚, 判決請願, 私和, 嚴治
孝烈褒揚	11(1.3)	孝行, 烈行, 童蒙
立旨成給	162(19.1)	買得文記, 起訟後慮次, 公稅畢納, 債錢手標, 行政報告立旨, 完文成給, 令飭題下
共同赴役	22(2.6)	橋梁, 船隻, 道路, 洑·堤堰, 聖廟
官令不遵	310(36.4)	題題音(捉來對質之題)頑拒, 題敎不施行, 官題侵責, 傳令令飭下帖不尊, 示題不待
其他	30(3.5)	提訴取下, 合面事, 紙所移轉反對
計	851(100.0)	

성격을 강하게 띄고 있음을 시사하는 것이다.전술한 부세갈등(유형 Ⅰ)이나 민간 상투(유형Ⅱ+유형Ⅲ)에서도 다수의 민장이 "訴請"이라는 형식을 띄고 있는 것도 이와 같은 맥락에서 이해할 수 있다. 위의 〈표 10〉은 국가에 대한 민의 각종 請願·干恩類를 분류한 것이다.

간은·결구류와 농형(재해)은 각각 93건·10.9%, 113건·13.3%로서 국가에 직접적인 청원의 성격을 띈 사례들이었다. 죄수방송도 같은 범주로서 110건·12.9%를 점하였다. 162건·19.1%를 섬하는 입지성급은 향후 분란을 막기 위해 관으로부터 증명을 소청하는 행위였다. 반면, 관령불준은 기강문란 차원에서 제기된 관의 처결에 頑拒하는 행위로서 국가와 민간의 관계에서 발생하였기 때문에 간은의 대극적 범주로서 여기에 포함시켰다. 관령불준류는 모든 사건과 관련되었기 때문에 그 수치는 310건·36.4%로 고위를 점하고 있었다.

부세갈등의 군정, 호역, 잡역 등에서도 주요 탈급 요인으로 제기되었던 家垈頹壓, 失火結構, 家貧, 遊離乞食 등은, 일차적으로 '結構之方'을 청원하면서 나타난 訴請의 제요인이었다.77) 여기서는 보다 적극적으로 '生計無路', '결구지방'을 청원하였던 것인데, 기층민의 궁핍화 및 경영불안정과 직접적으로 관련되어 있었다. 이서층 또한 생계유지 차원에서 관에 직임의 '復案'을 소청하였고,78) 서원과 사찰에서도 각종 보량미를 청원하고 있었다.

田政에서도 언급되었던 사실이지만, 영광의 農形은 악화일로에 있었다. 1868년 개양전을 시행하면서 전정운영에 당시의 농사형편을 반영하려 했지만, 그렇다고 기층민들이 받는 세 부담이 가벼워지고 이들의 생계가 나아진 것도 아니었다.79) 한해, 수해와 같은 재해, 수리시설의 황폐화, 독흉보고, 진전보고 등 농민경영을 불안정하게 하는 제요인은 거의 망라되고 있었다.80) 촌락의 공동화, 유리걸식하는 유망민들은 자주 목격되었다. 이같은 농형 보고는 특히 1871년에 두드러졌다. 농형(재해) 보고 총 113건 가운데 1870년이 8건, 1872년이 35건에 불과했던 것에 대해서 1871년에는 무려 70건(61.9%)이나 보고 되었다("水況", "蟲損", "未秧"). 더구나 농형(재해) 사례의 等狀 비중은 전체 113건의 33.6%(38건)에 달하고 있어 사안의 중요성을 단적으로 보여주고 있다.

한편 채대 및 공납을 둘러싸고 국가와 민간에 또는 민과 민 사이에 많은 갈등과 분쟁이 빈출하였음은 이미 살펴본 바인데, 여기서는 그와 같은 분란을 미연에 방지하기 위해 민들이 관에 적극적

---

77) 多慶鎭牧場村民人朴長守等狀以 矣村失火 連燒十三家 其中八歲女兒 又至焚死 奠接之方 別加顧助事 題內摘奸後報來向事 兵吏.〈민장 5〉235~36쪽.
78) 除案書員金尙燮狀以 以點考不參罪 至於除案 老母之下 生道無路 還案事 題內乍除案付 是何政令 然而情狀如此 姑爲付案向事.〈민장 5〉537쪽.
79) 제1장 및 金建泰,「1743~1927年 全羅道 靈巖 南平文氏 門中의 農業經營」『大東文化硏究』35, 1999 참조.
80) 西部面民人等狀以 農形被災事 往呈于右議政行次 所受題到付事 題內已爲報營 惟待處分而已向事.〈민장 6〉308쪽.

으로 立旨를 訴請하는 모습을 볼 수 있다.[81] 이는 관의 公證을 통해 각종 거래와 관행의 불완전성을 스스로 보완하고자했던 민들의 고육지책의 일환이었다. 또한 관에 각종 完文과 令飭 그리고 下帖 등을 요구함으로써[82] 각종 개인적 분쟁과 동리 내 분란에 대비하려고 노력하였다.

영광의 방대한 민장책에서 두드러진 특징 가운데 하나는 이른바 官令不尊이다.[83] 관령불준은 이미 영·정조대의 민정서에서도 그 우려를 표명했던 민의 惡習 가운데 하나였다(〈표 3〉 참조). 관에서 내린 題辭·題音에 대해 被隻이 不待하거나 頑拒하는 형태가 일반적이었고[84] 관령을 侵責하는 경우로까지 발전하였다. 또한 수령이 내린 제음에 대해 소지의 말미에 적힌 처결자가 당해 제음을 시행하지 않아 그것의 재결을 요청하는 경우도 빈출하였다.[85] 관의 처결의 불완전함과 그 시행의 불철저함은, 再訴를 낳고 호송의 풍조를 만연시켰던 것이다.

마지막으로 언급되는 기타보고류는 민장의 형식상 대부분 文報類와 관련된 것이다. 기타보고류 총 627건 가운데 이서층의 급유·임면이 319건(50.9%)을 필두로 하여 단순보고가 221건(35.2%), 이른바 '제음류'가 83건(13.2%)을 점하고 있다.

---

81) 外間長古宋持燁狀以 矣親山在於弘農面望德山 而茂長李春汝 稱以渠矣柴場 自願斥賣 故給價買得 立旨事 題內率來則當嚴飭以給向事.〈민장 5〉 411쪽.

82) 鄕校齋任稟目以 台耳島卽校宮所屬 而旣承所耕減給之題敎 完文成給事 題內不可完文向事.〈민장 6〉 198쪽.

83) 관령불준은 사회기강과 관련하여 유형Ⅲ의 범주로 볼 수 있으나 國家對民間의 관계이므로 유형Ⅳ에 포함시켰다. 이것은 국가에 대한 청원과 대극적 입장에 서있다.

84) 佛甲九峯童家金宗實狀以 矣兄被打於李順三事 日前呈訴 付題于頭民 欲爲捉來 則右漢終始肆惡事 題內頭民之擧行 甚通悗 頭民卽爲捉上向事 面任.〈민장 4〉 61쪽.

85) 鹽所冶庄孫文學狀以 矣身與姜文五 見奪物相訟事 屢次呈訴 受題到付於面任 而面任則尙不擧行 被隻則終始行臆事 題內率來對質之外 無他道理向事.〈민장 4〉 155쪽.

〈표 11〉 1870~72年 其他報告類(類型 V)

訴訟事項	件數(%)	内容, 原因
給由・任免	319(50.9)	身病・病間, 婚葬禮, 所任改替, 差出, 仍任, 望報
單純報告	221(35.2)	行政報告, 事件(調査・處理)報告, 事件後報
'題音類'	83(13.2)	相訟事, 山訟圖形, 處決落科
其他	4(0.6)	題敎不到付
計	627(100.0)	

이서층의 급유는 단순보고성에 가까웠던 반면 임면을 언급한 문
보류에는 전술한 간리횡침(유형 I)이나 토호간리전횡(유형 III)과
관련된 사항들이 적지 않게 포함되어 있다. 두 가지의 유형이 존재
하는데 첫째는 "所任改替"이다. 단순히 身病, 年老 등을 이유로 스
스로 직임의 개체를 요구하는 경우도 있었을 터이지만, 적지 않은
사례가 당시 이서층간에 만연되어 있던 逋欠과 관련되었다고 생각
된다. 둘째는 민인들이 작롱, 횡침, 전횡 등을 이유로 당해 향임・
이서의 개체를 요구하는 경우이다.86) 그러나 이같이 중대한 사안
은 전술한 〈유형 I〉의 간리횡침이나 〈유형 III〉의 토호간리전횡과
마찬가지로 관아에서 민장으로 접수・성책되는 과정에서 축소 보
고될 가능성을 안고 있었다.

단순보고에는 사수, 면임, 공원 등 향임・이서층이 군수에게 올
린 문보류가 대종을 이루고 있다(〈부표 1〉 참조). 우선 군수와 향
임・이서층간에 각종 보고가 빈번하게 오고갔음을 엿볼 수 있다.
이들 향임 이서층은 군수가 내린 제음의 내용을 조사하거나 집행
하는 과정에서 당해 사건의 경과를 보고하고 있었다.87) 이 경우 우
리가 이상에서 본 모든 사건이 그 대상이 될 수 있으나, 대체로 처

---

86) 奉山社首稟目以 矣身以本面社首擧行二年之間 以面中分排不均樣 至登民狀
改替事 題內面排之不善擧行 至登民狀 則何可但以改替而己乎 爲先改替其
罪 從當處置向事.〈민장 4〉87쪽.
87) 森南社首稟目以 本面羅宗應呈狀題音處 査實鬪鬨根因 則奉國辰等六人 毆
打羅哥之弟 的實事 題內首倡之奉國辰奉成三 捉來向事 主人.〈민장 5〉
307쪽.

결자를 갖춘 주요 사건만이 그 대상이 되었다. 또한 再訴·三訴가 행해지는 경우 또 相訟이 행해지는 경우 처결의 완전한 시행과 그 보고의 철저함이 강조되고 있었다.

마지막으로 '제음류'는 단순보고와 마찬가지로 중복사건을 기록하는 기술적인 항목이다. 동시에 민장치부책에 수록된 민장의 독특한 양식이다.[88) 相訟이 이루어져서 이미 민장책에 당해 민소가 각기 개별 사건으로 수록된 경우 군수가 이에 양측에 동일한 제음을 내린 경우이다. 이것은 사건의 중복 기입을 막기 위해 기술적으로 설정한 항목에 불과하다. 대체로 상송이 빈발하는 민간 상투에서 자주 눈에 띈다.

관에서 운영하는 民訴制度는 당시 폭주하던 민소에 신속하게 대응하기 위해 나름대로 체계적인 행정체계를 갖추고 있었다. 사건의 조사와 처리를 둘러싸고 군수와 향임·이서층 간에 많은 문서교류가 이루어지고 있었으며, '제음류'와 같은 효율적인 처결 방식도 채용하고 있었다. 민인들은 그들이 사회생활 속에서 겪을 수밖에 없었던 많은 문제들을 이 민소제도에서 구하고 있었다. 관에서 제공하고 있는 민소제도는 단순한 訴訟제도로서뿐 아니라 각종 隘路사항을 청원하는 訴請제도로서 기능하고 있었던 것이다.

Ⅳ. 民狀의 時期別 變動狀況

1897년 영광 민장에는, 〈표 1〉에서 살펴 본 바와 같이, 2월, 3월, 4월, 5월의 총 4개월분 85일치·679건이 보고 되었다. 관에 접수된

---

88) 石鸞島民人與法聖羅廷臣　賭地相訟事背　題內兩邊所告　均是切當本價七十
　　兩　與賭地例一百四十兩　合二百十兩　備給於羅廷臣後　文記卽爲推去　宜當
　　向事.〈민장 4〉24쪽.

민장의 日當 평균건수는 8.0건인 셈인데, 1870~72년의 14.3건과 비교하면 1894년 갑오개혁을 전후해 무려 44% 가량 급감하고 있음을 볼 수 있다.

1897년 영광 민장의 감소 현상은 단순히 자료상의 缺失 때문만은 아니며, 19세기 후반 민들 간에 만연돼 있던 "호송의 풍조"가 어느 정도 진정되고 있던 저간의 사정을 배경으로 하고 있다. 이같은 사실을 방증함에 있어 최근 보고된 全羅道 淳昌郡의 민장은 비교를 위한 좋은 사례이다.89)

순창군의 민장류를 개괄한 다음의 〈표 12〉는 갑오개혁 이후의 것으로서 1897년 영광 민장과는 시기적으로 동일한 범주의 민장이다. 동 민장책에는 표제명을 달리하는 총 3개년치가 남아 있는데, 일당 평균건수는 1903년 6.3건, 1904년 5.5건, 1905년 4.0건, 3개년 평균 5.6건으로 산출되고 있다. 이 수치는 영광의 1897년 일당 평균건수 8.0건에 비해 오히려 낮은 수준이며, 1870년대 초반의 14.3건과는 상당한 차이를 보이고 있다. 후술하겠지만, 1897년 영광 민장의 감소 현상은 갑오개혁 이후 실제 민간 분쟁과 소송의 감소 현상을 반영하고 있다.

1870년대 초반에 비해 무려 44% 가량 급감하였던 1897년 민장은, 단순히 소송의 빈도 면에서만 차이를 보이는 것은 아니며, 내용면에서도 상당한 차이를 보여주고 있다. 다음의 〈표 13〉은 1897년 민장을 유형화한 위에 1870년대 초의 그것과 비교한 것이다. 여기서는 계절적 편차를 제거하기 위해 1897년도 민장이 존재하는 2월, 3월, 4월, 5월 도합 4개월 만을 비교의 대상으로 삼았다.

우선 평균치로 제시한 1871·72년 민장의 일당 평균건수가 17.5건으로 위에 제시한 14.3건보다도 오히려 높아 1897년 민장의 감소 폭이 더욱 커지고 있음을 볼 수 있다. 1897년 민장의 유형별 분포를 보면, 부세갈등(유형Ⅰ)이 112건(16.5%), 경제적 상투(유

---

89) 시귀선, 「광무개혁기의 순창지방 향촌사회 연구」『全北史學』 19·20, 1997.

〈표 12〉 1903~05年 淳昌郡 民狀置簿冊 一覽

表題名	該當年	收錄月日	收錄日數	收錄件數	平均件數
訴訟案	1903	2.26.~12.29.	281	1,783	6.3
訟錄案	1904	1.2.~12.14.	289	1,587	5.5
民狀置簿冊	1905	1.3.~6.14.	125	499	4.0
計	3개년	30개월	695	3,869	5.6

〈표 13〉 靈光 民狀의 類型別 變動狀況

時期別	類型 I	類型 II	類型 III	類型 IV	類型 V	計	日當件數
1871·72 (同上%)	221 (28.4)	263 (33.8)	111 (14.3)	104 (13.4)	79 (10.1)	778件 (100.0)	17.5 (44.5日)
1897 (同上%)	112 (16.5)	343 (50.5)	78 (11.5)	111 (16.3)	35 (5.2)	679件 (100.0)	8.0 (85日)
增減(%P)	-11.9	+16.7	-2.8	+2.9	-4.9		

주 : ① 1871년(2, 3, 4, 5월)은 56日·1,019件, 1872년(2, 4, 5월)은 33日·537
件, 총 1,556건임.
② 1871·72년은 양 연도의 평균치임.

형 II)가 343건343건(50.5%), 사회적 상투(유형 III)가 78건(11.5%),
청원간은류(유형 IV)가 111건(16.3%), 기타보고류(유형 V)가 35건
(5.2%)으로 나타난다. 유형 II와 유형 III을 합한 민간 사회경제적
상투가 전체 민장의 62.0%를 점하고 있음이 인상적이다.

1870년대와 비교하면, 유형 I 는 11.9% 포인트 감소한 반면 유형
II 는 16.7% 포인트 증가하였고, 유형 III·微減, 유형 IV·微增으로
정체적인 반면, 유형 V는 4.9% 포인트 가량 감소하였다. 유형 II의
증가분만큼 유형 I과 유형 V의 비중이 감소하고 있는데, 각종 보고
류인 유형 V는 부세문제를 둘러싸고 유형 I 의 감소와 관련된 것으
로 보인다.

그러나 여기서 유의하지 않으면 안 되는 사실은, 유형 II의 증가
도 상대적인 구성비의 증가를 보여주고 있을 뿐 절대적인 증가는

〈표 14〉 1903年 淳昌『民狀置簿册』의 類型別 分布

類型	件數	構成比	內容
財産紛爭	383	21.5	債錢推給, 奪物推給, 契約不履行, 賣買不履行 등
文報	381	21.4	稟目, 面里任報告, 吏胥請願 등
風俗紀綱	312	17.4	忠孝烈行褒賞, 相鬪, 浮浪輩, 亂倫 등
山訟	250	14.0	偸葬, 暗葬, 移葬, 松楸斫伐 등
賦稅訴訟	226	12.7	結稅錢, 戸錢, 賦役, 社還米, 雜稅 등
其他	231	13.0	敎育, 救恤 등
計	1,783	100.0	

아니었다는 점이다. 유형Ⅱ의 일당 평균건수는 1871~72년 · 5.9건
(=263件/44.5日), 1897년 · 4.0건(=343건/85일)으로 절대적인 빈
도수에 있어서도 감소하고 있음을 볼 수 있다. 민간의 경제적 상투
(유형Ⅱ) 또한 갑오개혁기에 들어 소송의 거대한 감소 경향 가운
데 있었던 것인데, 부세갈등(유형Ⅰ)에 비하면 그 감소 폭이 상대
적으로 적었다는 점을 보여주는 정도이다.[90]

참고로 1903년 순창군의 사례와 비교하기 위해 제시한 것이 다음
의 〈표 14〉이다. 순창의 경우 유형Ⅰ에 해당하는 부세소송이 12.7%,
유형Ⅱ에 해당하는 재산분쟁이 35.5%(산송 포함), 유형Ⅲ에 해당하
는 풍속기강이 17.4% 등으로 확인된다. 영광의 당해 수치와 비교한
다면 다소 낮은 수준이지만, 여기서도 부세분쟁에 대한 민간 경제
적 상투의 압도적 우위를 확인할 수 있다. 이것은 순창의 사례 또한
갑오개혁기에 들어 부세문제의 중요성이 감소함에 따라 민간 경제
적 상투의 비중이 상대적으로 증가하고 있음을 의미하고 있다.

1894년 갑오개혁을 전후한 두 시기 사이에 영광지역에서 나타난
주요한 사회경제적 변화양상은 무엇인가. 이하에서는 민소의 감소

---

90) 각 유형별 민장의 일당 건수의 변동상황을 보면 다음의 표와 같다.

時期別	類型Ⅰ	類型Ⅱ	類型Ⅲ	類型Ⅳ	類型Ⅴ	日當件數
1871 · 72	5.0	5.9	2.5	2.3	1.8	17.5
1897	1.3	4.0	0.9	1.3	0.4	8.0

경향을 전제하면서 다음의 〈표 15〉를 통해 민장의 각 유형별 소송
사항을 구체적으로 살펴보기로 한다.

먼저, 국가와 민간의 부세갈등을 보여주는 유형 I 을 보면, 군정과
잡역세의 비중은 각각 3.6%(4건), 12.5%(14건)로서 1870년대 초에
비해 대폭 감소하고 있다(1870년대 초 각각 21.9%, 20.8%). 이것
의 감소분만큼 전정·21.4%(24건), 호역·17.0%(19건), 공전·
15.2%(17건) 등의 비중은 상대적으로 증가하였다.

군정과 잡역세를 중심으로 한 부세갈등의 감소는 등장과 문보류
(품목, 문장 등)에서도 확인되고 있다. 1870년대 초에는 군정, 호
역, 잡역세 부문에 등장이 집중되었고 문보류에서도 약간의 편차는
있지만 대체적인 추이는 마찬가지였다. 그러나 1897년에 들어서면
서 이것들의 비중은 급격히 감소하고 있었다(〈부표 1〉, 〈부표 2〉
참조). 이것은 집단적으로 대응하던 부세상의 제이슈가 사실상 소
멸되고 있던 당시의 상황을 반영하고 있다.

갑오개혁기에 들어서 정부에서는 기존의 삼정체제를 토지에 부
과하는 地稅와 호에 부과하는 戶布錢으로 통합함에 따라 재정제도
를 지세와 호세의 兩稅 체제로 운영하였고, 여러 가지 명목으로 징
수하고 있던 제반 잡세도 모두 혁파하고자 하였다. 1895년 8월에는
법률 제13호로 「雜稅革罷에 關한 件」을 반포하여 각종 잡세 폐지에
대한 방침을 명확히 하였다. 이 조치는 지세, 호포전, 광업세, 해관
세 및 國科 이외의 모든 잡세를 폐지한다는 것을 의미하였다.[91] 아
울러 지세와 호세를 원활히 징수하기 위해 갑오정부는 1894년 이후
賦稅所와 稅務視察官을 두어 지세수취로부터 수령과 이서층을 배제
하려 하였고, 또한 1895년 9월에 「地稅及戶布錢에 關한 件」을 반포
하여 호포전을 그 해 3월과 9월 이내에 각각 분납하도록 하였다.[92]

---

91) 李潤相, 「1894∼1910년 재정제도와 운영의 변화」, 서울大博士學位論文,
1996.
92) 이영학, 「대한제국의 경제정책」 『역사와 현실』 26(원자료는 『韓末近代法
令資料集』제1권 법률 제15호), 1997.

이같은 재정개혁에 따라 부세문제의 대종을 이루었던 군정과 잡역세 문제는 급격하게 감소하였다. 또한 이에 수반된 각종 거납과 족징도 감소하고 있었다. 1896년 俄館播遷 이후 정책과 제도가 舊制로 복귀하면서 개혁시책들은 후퇴하고 있었지만, 최소한 향촌레벨의 지방재정에 있어서는 부세문제가 상당 부분 진정되었다고 보아도 좋을 것이다. 그러나 여전히 전정(결세), 호역, 공전 등의 문제는 잔존하고 있었다.

전정문제에서는 陳結, 流亡結 등 陳田課稅가 주요 쟁점으로 등장하고 있었고,[93] 호역에서는 家垈頹壓, 실화, 실농, 유리, 이거, 호역불균 등 종래 호역탈급의 요인으로 거론되던 사례들이 대부분 재론되고 있으며,[94] 공전에서는 세목을 알 수 없는 각종 세전이 여전히 문제거리로 등장하고 있었다. 새롭게 甲稅錢이 2건 보고되고 있음이 눈길을 끈다.[95] 간리횡침에서는 連長이라는 새로운 里任이 등장하고 있었다.[96] 이들은 과거 면임의 직능을 리 단위에서 승계하고 있는 자들이다. 여타 거납, 족징 등은 1870년대 초와 유사한 상황이었다. 요컨대, 향촌레벨의 지방재정에서는 민장 분석에 주목하는 한 구래의 삼정문란 문제는 1894년의 농민전쟁, 갑오개혁을 경과하면서 사실상 진정국면에 들어섰다고 평가하고 싶다.

다음, 민간 경제적 상투에서는 환퇴를 포함한 전답송이 22.2%에서 9.0%(31건)로 急減, 늑탈 등을 포함한 채송이 28.1%에서 27.4%(94

---

93) 奉山鄉約稟目以 後錄無亡陳結 依前面排事 題內合錢二十兩七錢 依稟施行 是矣 如或一分一里 加排之入廉 責有所歸向事.〈민장 6〉445쪽.

94) 官山學山李成化狀以 本面中村徐基白素以元戶 今當門運之不幸 至於蕩敗 戶役處分事 題內情景則雖然 戶無剩餘向事.〈민장 6〉570쪽.

95) 東部舊面任池玟洪狀以 矣名下己納甲稅錢 今又出督 處分事 題內覽此訴狀 則互相推委 是何委折 究其來歷 卽爲督捧 宜當向事 甲稅色.〈민장 6〉409쪽.

96) 令麻下大吳允心狀以 矣身以本村連長中間見遞 而所奉駄價 爲十一兩零 故已爲捧食矣 新連長不爲擔當事 題內稅錢未納 爲二十九兩七錢是去乙 今以十一兩零 致訴是何委折 卽爲畢納 毋至捉囚向事.〈민장 6〉456~57쪽.

〈표 15〉 1871・72~1897年 類型別 訴訟事項의 變動樣相

類型	訴訟事項	1871~72年	同左%	1897年	同左%
I	田政	30.5	13.8	24	21.4
	軍政	48.5	21.9	4	3.6
	還政	1.5	0.7	0	0.0
	戶役	12.5	5.7	19	17.0
	雜役稅	46.0	20.8	14	12.5
	公錢	2.0	0.9	17	15.2
	奸吏橫侵	32.0	14.5	18	16.1
	拒納	30.0	13.6	9	8.0
	族徵	12.5	5.7	4	3.6
	其他	5.5	2.5	3	2.7
	小計	221.0	100.0	112	100.0
II	田畓訟	28.0	10.6	8	2.3
	還退典當	30.5	11.6	23	6.7
	債訟	74.0	28.1	94	27.4
	奪作移作	38.5	14.6	87	25.4
	賭租推給	11.5	4.4	12	3.5
	山訟	49.5	18.8	89	25.9
	松楸偸作	22.0	8.4	21	6.1
	水爭	4.5	1.7	3	0.9
	其他	4.5	1.7	6	1.7
	小計	263.0	100.0	343	100.0
III	犯分	8.5	7.7	14	17.9
	風紀紊亂	6.5	5.9	7	9.0
	行惡悖惡	45.0	40.5	17	21.8
	專橫	8.5	7.7	6	7.7
	門中事	10.5	9.5	14	17.9
	誣訴再訴	21.5	19.4	16	20.5
	其他	10.5	9.5	4	5.1
	小計	111.0	100.0	78	100.0
IV	干恩結構	10.0	9.6	8	7.2
	罪囚放送	9.5	9.1	8	7.2
	孝烈	1.5	1.4	10	9.0
	立旨成給	23.0	22.1	23	20.7
	共同赴役	3.0	2.9	21	18.9
	官令不遵	53.5	51.4	36	32.4
	其他	3.5	3.4	5	4.5
	小計	104.0	100.0	111	100.0
V	給由任免	41.5	52.5	13	37.1
	單純報告	22.0	27.8	7	20.0
	題音類	15.0	19.0	15	42.9
	其他	0.5	0.6	0	0.0
	小計	79.0	100.0	35	100.0
	合計	778.0		679	

건)로 微減한 반면, 도조추급을 비롯한 경작송이 19.0%에서 28.9%(99건)로 급증, 송추투작을 포함한 산송이 27.2%에서 32.0%(110건)로 증가하고 있었다. 산송은 이 시기에도 여전히 집단적 소송형태인 等狀이 전체 산송의 26.4%(=29건/110건)를 점하고 있었다(〈부표 2〉 참조). 특히, 주목할 점은 1897년에 들어서면서 답주 작인간의 탈작·이작 문제가 급증하고 있는 점인데, 1894년 농민전쟁 이후 변화된 병작관행을 반영하고 있다고 생각된다.

1897년 민간 경제적 상투도 일부의 예외는 있지만 1870년대 초의 그것과 유사한 패턴을 보이고 있었다. 전술한 바와 같이, 이 시기에 들어서는 부세갈등의 비중이 급감함에 따라 민간 경제적 분쟁의 비중이 이전 시기보다 높아지고 있었다. 갑오농민전쟁이 진압된 이후 畓土 및 山林소유자, 채권자들의 권한은 관의 암묵적 지지를 받으면서 한층 강화되고 있었다. 이들의 개인주의적 재산권 의식은 경제적 이해를 둘러싸고 첨예한 대립과 분쟁을 야기하였다.

債訟에서는 채전추급, 물건가추급, 늑탈·억징, 債錢利條(高利貸), 債錢不報 등 1870년대 초의 사례들이 그대로 재연되고 있다.[97] 田畓訟에서는 전답투매, 이중매매, 위답환퇴, 전답환퇴 등 소유권분쟁 및 매매분쟁 등이 지속되었다.[98] 山訟에서는 투장을 비롯한 산지 경계분쟁, 소유권분쟁이 빈발하였고, 松楸偸作과 그에 대한 禁松이 반복되었다.[99] 특히, 투장과 송추투작에서는 사건의 특성상 등

---

97) 갑오농민전쟁과 관련된 흥미로운 사례로서 法聖浦金大郁狀以 弘農金致云處 有所推錢 二百二十兩 而甲午動亂時 稱以匪類 勒奪標紙 不報同錢 即爲推給事 …. 〈민장 6〉 576쪽.

98) 六昌韓良哲狀以 矣位土 去壬午年 典賣於邑底崔仲權處 而今欲還退 不肯事 題內壬午年畓價 如丙申年土價乎 從時價辨給于畓主 則必不無還退之理 向事. 〈민장 6〉 493쪽.

99) 道內丁永學等狀以 邑底朴近成雇奴 偸斫矣先山松楸事 題內松楸斫伐理合重□ 即刻捉來向事. 〈민장 6〉 570쪽. 黃良吳時得等狀以 禁松次 松契有司處 傳令成給事 題內今方令飭 是在果罰錢段 自契中 收合公用向事. 〈민장 6〉 581쪽.

장이 높은 비중(각각 24.7%(22건), 33.3%(7건))을 점하고 있다(〈부표 2〉 참조).

耕作訟의 급증은 이미 지적한 바, 이 시기에 들어서는 도조추급 뿐 아니라 지주측의 탈·이작, 작인간의 借地紛爭 등이 빈발하고 있었다. 특히, 갑오농민전쟁을 하나의 계기로 하여 지주-소작간 力關係에서 농민권(＝경작권)에 대한 지주권이 한층 강화되고 있음은 주목할만 하다. 1897년의 민장에서는 지주-소작간 역관계의 역전, 그에 따른 농민들의 어의제기와 '저항'의 일 측면을 읽을 수 있다.

移作은 지주의 뜻에 따르는 것이 당연하다는 인식이 일반화하였다. 이를 통해 우리는 당시 농촌에서 지주의 奪耕이 횡행하였던 저간의 사정을 유추해 볼 수 있다. 이러한 변화는 경작권을 둘러싼 지주-작인 간 분쟁에 개입하는 관의 대응방식에서 잘 나타나고 있다. 이작·탈작에 대해 1870년대 초에는 관이 牧民的 名分 하에 경작권의 보장, 작인의 보호를 강조하고 있으며, 지주-작인 간 분쟁에서 일반 농민(작인)의 입장을 옹호해 주고 있다.[100] 그런데 1890년대 후반에 들어서면 상당 부분 지주의 뜻을 중시하는 변화된 모습이 엿보인다. 종래 이른바 '無過失移作'의 경우에는 舊作人이 계속 경작하도록 하였으나, 이제는 지주·소작 간 분쟁 시, 또 구작인의 移作沮戲나 耕作沮戲 時 지주의 "標紙＝自意"를 분쟁 처결의 주요한 근거로 들어 지주의 입장을 지지하고 있다.[101] 관에서

100) 南竹佳山李士允狀以 隣里張仁宅處 畓主與成文後 時作更不移定之意 捧標於其妹夫徐益西處矣 今欲奪作事 題內手記若此決 不可移作是遣 春分己過於臨農 奪耕各別禁斷 宜當向事 面任.〈민장 5〉68쪽. 東部壇村朴成云狀以 畓主九水壯洞金允心 今忽移作事 題內春分後 時作不可移作 則行之規也 卽爲還給 毋至抵罪向事.〈민장 5〉93쪽.
101) 陳良趙秉燮狀以 興德李參判宅畓土 舍音處 畓土四斗落耕作次 受標矣 舊時作韓致成沮戲事 題內旣是春分前移作 則依舍音標施行向事.〈민장 6〉417쪽. 신·구작인간 차지경쟁시 "답주의 標紙"를 존중한 사례로서 外東西陽鄭致京狀以 矣所作畓 己得於畓主處 而本村金致淳欲奪事 題內依

는 지주가 이작할 수 있는 권리를 가지고 있음을 옹호하고 지주의
뜻에 따라 분쟁을 해결하려는 경향을 분명하게 보여주었다. 요컨대
갑오개혁 이후 관의 農政 중심과 농촌의 병작관행은 지주 측에 유
리한 방향으로 이동하고 있었다. 이와 같은 사례들은 향후 지주측
에 유리한 방향으로 地代率이 상승할 가능성을 내포하고 있었다.

다음, 유형Ⅲ의 사회적 상투를 보면, 범분 7.7% → 17.9%(14건),
풍기문란 5.9% → 9.0%(7건), 문중사 9.5% → 17.9%(14건), 무소
재소19.4% → 20.5%(16건)로서 그 비중이 증가한 반면, 유형Ⅲ의
대종을 점하였던 행악패악은 40.5% → 21.8%(17건)로 감소, 간리
토호의 전횡은 7.7% → 7.7%(6건)로 정체하고 있었다. 이 단계에서
도 여전히 1870년대와 유사한 범주의 각종 사회문제들이 상존하고
있었다.102) 그러나 한편 사회기강을 바로잡으려는 적극적 의미의
정소가 존재하였다. 특히, 행악패악이 급감함과 동시에 범분, 풍기
문란과 같은 倫紀 문제가 제기되고 있음은, 이같은 사실을 잘 보여
주고 있다.

이같은 민간 사회적 상투의 잔존 현상은, 한편으로는 갑오개혁
이후에도 여전히 향촌사회의 사회적 불안정이 해소되지 않음을 보
여주는 것이지만, 다른 한편으로는 갑오농민전쟁과 갑오개혁기
(1894~96)를 경과하면서 신분제를 비롯한 각종 사회제도의 개혁과
정에서 나타나는 과도기적 현상으로 이해할 만한 것이다. 1894년
농민전쟁기에 있어서 執綱所에 의한 치안기능의 강화,103) 갑오개혁

番主標處施行 宜當向事.〈민장 6〉435쪽. 작인의 이작저희시 "답주의
自意"를 지지한 사례로서 馬村金奴奉皆狀以 趙發成所作畓四斗落移作矣
沮戱事 題內旣己移作 則其在舊時作者宜乎 讓耕而有此沮戱 是何悖習 然
許耕與否 都在畓主之自意向事.〈민장 6〉480쪽.

102) 馬村李鳳佑狀以 矣身出往於弘農等地 而回路暫爲休息於該面江邊店矣 不
意常漢李洛西 被酒詬辱犯分事 題內休息於店 大非士者道理 凌辱於士 亦
□常漢悖習 嚴加徵辨次 李洛西星火捉來向事 主人.〈민장 6〉579~80쪽.
奉山金安仲等狀以 本面朴永實以幕漢 釀酒雜技事 題內朴永實官所痛□
卽爲捉來向事 將校.〈민장 6〉421쪽.

시 각종 사회개혁 입법 및 지방제도의 개혁,104) 특히 향촌레벨에서
의 鄕會制度의 강화105) 등은, 향촌사회에 있어서 새로운 질서의 확
립과 관련해 민소제도에 있어서 과도기적 변동과정을 노정하면서
종국에는 민간 갈등과 분쟁 양상을 상당 부분 진정시키고 있었다.
민소제도 상에서 빈발하던 무소·재소류106)나 후술하는 유형Ⅳ의
관령불준류의 감소도 같은 맥락에서 이해할 수 있다.

　다음, 유형Ⅳ에서는 관령불준이 51.4%에서 32.4%(36건)로 急減
하는 가운데, 농형(재해)을 포함한 간은결구가 9.6% → 7.2%(8건),
죄수방송이 9.1% → 7.2%(8건), 입지성급이 22.1% → 20.7%(23건)
로 감소하는 반면, 공동부역이 2.9% → 18.9%(21건), 효열포양이
1.4% → 9.0%(23건)로 증가하고 있었다. 입지성급은 당시의 불완
전한 계약과 거래관행에 기인한 것이지만, 다른 한편으로는 개인주
의적 재산권 의식이 적극적으로 반영된 산물이었다.107) 특히, 재해
보고, 간은결구류의 감소 현상은 1890년대 중반을 계기로 민간 경
제가 이전의 불안정성을 점차 극복하고 있음을 보여주고 있다.108)
동리내 공동부역은 수리시설의 수축이 다수를 점하였고,109) 교량,
船津, 도로 등의 수축도 청원 대상으로 등장하고 있었다. 공동부역

---

103) 盧鏞弼, 『『東學史』와 執綱所 硏究』, 國學資料院, 2001.
104) 柳永益, 『東學農民蜂起와 甲午更張』, 一潮閣, 1998.
105) 鄭銀景, 『甲午改革의 鄕會制度에 관한 硏究』, 漢陽大博士學位論文, 1996;
　　왕현종, 『甲午改革硏究』, 延世大博士學位論文, 1999.
106) 咸平鄭福守狀以 矣族鄭烓八三寸寶甲處 畓土四斗落耕作次買得 而同烓八
　　今忽還退樣 構誣越訴營門事 題內嚴査歸正次 捉來向事 狀民.〈민장 6〉
　　550쪽.
107) 茂長金泰凡狀以 矣祖父山在於馬村內洞後麓 而數百年空閒之地 今爲三十
　　餘年守護 則立旨事 題內靑山無主 巨靈爲主可乎 樵客爲主可乎 墳墓爲主
　　可乎 問於靑山 而決給次靑山捉來向事.〈민장 6〉565쪽.
108) 본서 제3장, 제4장 참조.
109) 靈光 辛氏家와 관례된 흥미로운 사례로서 道內元堂坪作人等狀以 潰堰
　　修築時日爲悶 而畓主等不肯事 題內助力築堰 毋至廢農 宜當向事 各作人.
　　〈민장 6〉469쪽. 道內元堂洑作人丁錫五等狀以 本洑潰缺處 依後錄收錢
　　修築之意 傳令成給事 題內措辭嚴勅向事 刑吏.〈민장 6〉487쪽.

은 총 21건 가운데 등장(28.6% · 6건)과 품목(47.6% · 10건)의 비중
이 높았는데(〈부표 2〉 참조), 사안의 특성상 민간 경제의 호전이라
는 중요한 의미를 담고 있었다.

　　마지막으로 기타보고류에서는 '제음류'가 42.9% · 15건으로 급증
한 반면, 급유임면과 단순보고의 비중(각각 37.1%, 20.0%)은 감소
하였다. 단순보고 중에는 사건(조사) 보고나 사건 後報가 적지 않
은 부분을 차지하였는데, 부세문제나 사회경제문제의 감소 경향이
이같은 행정보고류의 감소로 나타난 것 같다. 1897년 민장책에서는
단순보고류 총 7건 가운데 부세수취와 관련된 사례는 단 1건도 보
고 되고 있지 않으며, 각종 사회경제적 상투에 대한 보고도 사건
자체의 감소에 따라 1870년대 초의 수준(27.8%)보다는 상대적으로
낮은 수준이었다.

〈부표 1〉1870~72年 形態別 소송사항 分布

類型	訴訟事項	形態別		
		等狀	稟目	文狀
類型 I	田政	41	11	23
	軍政	131	102	44
	還政	8	10	4
	戶役	55	14	4
	雜役稅	105	34	20
	公錢	7	2	5
	奸吏橫侵	37	11	13
	拒納	21	57	71
	族徵	7	14	5
	其他	10	8	11
小計		422	263	200
類型 II	田畓訟	13	1	3
	還退典當	18	1	1
	債貸	15	5	4
	勒奪抑徵	14	2	3
	奪作移作		2	3
	賭租推給	8	2	
	山訟偸葬	65	1	6
	松楸偸斫	26	2	
	水爭	11	1	
	其他	1	1	1
小計		171	18	21
類型 III	犯分	8	8	2
	風紀紊亂	5	5	8
	行惡	13	9	23
	專橫	33	9	4
	門中事	18	1	
	誣訴再訴	17	1	4
	其他	7	2	3
小計		101	35	44
類型 IV	干恩結構	16	1	4
	農形災害	38	4	24
	罪囚放送	7		3
	孝烈	3	4	3
	立旨成給	17	3	3
	共同赴役	10	2	1
	官令不遵	39	21	36
	其他	9	3	
小計		139	38	74
類型 V	給由任免	52	46	11
	單純報告	5	103	84
	題音	3	1	1
	其他	1		
小計		61	150	96
計		894	504	435

〈부표 2〉 1897年 形態別 소송사항 分布

類型	訴訟事項	形態		
		等狀	稟目	文狀
類型 I	田政	4	4	
	戶役	3	2	
	雜役稅	7		
	公錢		1	
	奸吏橫侵	2	1	
	拒納	1		
	其他	1		
小計		18	8	0
類型 II	還退典當	1		
	債貸	6		1
	奪作移作	5	3	
	賭租推給	2		
	山訟偸葬	22		
	松楸偸作	7		
	水爭	1		
小計		44	3	1
類型 III	犯分	2	2	1
	風紀紊亂	2		
	行惡		1	1
	專橫	2		
	門中事	5		
	其他	1		
小計		12	3	2
類型 IV	干恩結構		2	
	孝烈	4	5	
	立旨成給	5		
	共同赴役	6	10	
	官令不遵	3	1	
	其他	2		
小計		20	18	0
類型 V	給由任免	2	1	
	單純報告		3	2
	題音	1		
小計		3	4	2
計		97	36	5

第 3 章

在村地主家의 土地所有와 農業經營

- 靈光 辛氏家의 事例分析 -

제3장에서는 19세기에서 20세기 전반에 걸치는 재촌지주가의 농업경영 양상을 사례연구의 형태로 다룬다. 여기서는 지주경영의 시각에서 전남 영광의 한 재촌지주가를 사례대상으로 삼아 19세기 이래 지주제 및 농업 변동의 구체적 실상을 확인하고, 식민지기에 걸쳐 그것이 어떠한 귀결 과정을 보이는가를 장기 동태적으로 구명하고자 한다.

근년까지 조선의 농업을 대상으로 하는 연구가 다수 발표되고 있지만, 그 어느 것을 보더라도 지주제에 대하여 언급하지 않는 것은 없다. 지주제야말로 조선 농업문제의 핵심으로 자리 잡고 있다고 할 수 있다. 그런데 지주제에 대해서는 개항 이전에 시각을 맞추어 그것의 20세기까지의 동태에 대해서는 그다지 알려진 바가 없다. 기존의 지주제연구는 개항이라는 외부효과에 대해 능동적으로 대처함으로써 식민지기에 걸쳐 성장추세에 들어서는 이른바 '新興地主'들을 대상으로 한 사례분석이 주류를 이루고 있다.[1] 金容燮의 江華 金氏家 사례를 필두로 한 지주제 사례 연구는 한말 이래 일제시대에 걸친 대지주를 대상으로 하여 그 역사적 배경과 이후의 성장과정을 계보론적으로 추구하는 형태로 이루어졌다.[2] 신흥

---

1) 金容燮, 『韓國近現代農業史硏究』, 一潮閣, 1992; 洪性讚, 「韓末・日帝下의 地主制硏究-江華 洪氏家의 秋收記와 粧冊 分析을 중심으로-」『韓國史硏究』 33, 1981; 同, 「韓末・日帝下의 地主制硏究-谷城 曺氏家의 地主로의 成長과 그 變動-」『東方學志』 49, 1985; 同, 「韓末・日帝下의 地主制硏究-50町步 地主 寶城 李氏家의 地主經營 事例-」『東方學志』 53, 1986; 同, 「日帝下 企業家的 農場型 地主制의 歷史的 性格」『東方學志』 63, 1989; 同, 『韓國近代農村社會의 變動과 地主層』, 지식산업사, 1992; 박천우, 「韓末・日帝下의 地主制硏究-岩泰島 文氏家의 地主로의 成長과 그 變動-」 延世大碩士學位論文, 1983; 崔元圭, 「韓末・日帝下의 農業經營에 관한 硏究-海南 尹氏家의 事例-」『韓國史硏究』 50・51 1985.
2) 金容燮, 「韓末・日帝下의 地主制-江華 金氏家의 秋收記를 통해서 본 地

지주들은 상업적 농업을 통해 소유지를 확대하거나, 집적된 토지자
본을 原資로 하여 산업자본가로 전환하기도 하고, 금융자본과 용이
하게 결합되면서 성장 추세에 있던 당시의 새로운 지주군이었다.
그러나 개항기에 있어서 조선의 지주들이 개항에 능동적으로 대응
함으로써 이같은 성장 추세를 그리고 있었는지에 대해서는 추가적
논의의 여지를 남겨 놓고 있다.

　기존 연구사를 고려할 때 京畿 果川縣의 在村地主家를 분석한
安秉珆의 논문은 개항 전후를 분석대상으로 삼았다는 점에서 이
계통의 귀중한 연구 성과이다.3) 그에 따르면, 1849~90년 사이에
民田 地主制(엄밀하게는 地主的 土地所有)는 1876년을 경계로 상
승에서 하락으로 반전되면서 전체적으로 정체적 양상을 보이고 있
으며, 그 요인은 "지주경영에 있어서 田畓의 荒廢化(=陳田畓化)와
(推定)陳雜頉田畓의 존재가 상당한 압력요인"으로 작용하고 있었
다는 것이다. 이같은 분석결과는 전장의 영광군 개양안의 분석과
近似한 것으로서, 거기서도 대규모 진전의 발생과 결세중압에 따른
지주적 토지소유의 정체 내지 축소 현상이 확인된 바 있다. 안병태
의 연구는 경작면적의 영세화, 농민궁핍화를 중핵으로 한 농민층의
불안정성이 지주제의 위기를 조장하고 있음을 제기함으로써 내재
적 발전이 풍미하던 당시에 커다란 반향을 일으킨 바 있다.

　최근 보고된 忠南 瑞山의 한 不在地主家를 대상으로 한 사례분

　　主經營-」『東亞文化』 11, 1972(同, 『韓國近現代農業史研究』, 一潮閣, 1992
　　所收). 여기서는 1851~1933년간의 秋收記(全 83冊)를 주 자료로 삼아 김
　　씨가의 경영규모(소작지)를 중심으로 1851~76년간을 지주경영의 萎縮期,
　　1876~96년간을 成長期, 1896~1911년간을 沈滯期, 1911~33년간을 衰退期
　　로 설정하였다. 이 연구에서는 1876年 濟物浦 開港을 전후한 지주제의 정
　　체와 성장이라는 시각이 제시되었는데, 전술한 한말 일제하 지주제 사례
　　연구는 개항 이후 성장 추세에 있는 지주들의 계보와 성장배경을 추구하
　　는 연구 경향을 띠고 있다.
3) 安秉珆, 「民田の構造-京畿道果川縣在地地主經營分析」『朝鮮近代經濟史
　　研究』, 日本評論社, 1975.

석에서는 1832~75년간의 추수기를 주요 자료로 삼아 지주경영을 고찰하였다.[4] 그 결과 지대수취량을 지표로 하여 개항 직전(~1875)까지 지대수입이 漸減하는 경영 양상을 제시하였다. 여기서는 1840년대 이후가 지주경영의 위기임을 설정하고, 그 요인으로서 작인층의 抗租를 지적한 바 있다.

한편, 개항기 지주제를 사례로 한 李榮薰의 연구는 이 시기 지주제의 동향과 관련해 중요한 시사점을 제기하고 있다.[5] 그는 지역적 차이(개항장의 배후지와 비배후지의 차이), 개항의 영향력을 수용할 수 있는 지주 개인능력의 차이, 그것을 규정하는 전통적 신분관계 등을 근거로 하여 지주제 전개의 다양한 가능성이 있음을 제시하였다. 이러한 사정 때문에 개항의 변화를 적극적으로 수용해 성장한 지주는 오히려 소수로밖에 볼 수 없으며, 보다 일반적 경향으로서 존재한 정체 혹은 쇠퇴과정에 있는 다수의 지주에 대해 충분히 주목할 필요가 있음을 지적하였다.

최근에 들어서는 식민지기를 중심으로 '地方有志' 혹은 在村中小地主라는 관점에서 지주제와 농촌사회구조와의 관련성을 분석하는 새로운 연구 성과가 발표되고 있다.[6] 특히, Scott-Popkin論爭의 시

---

4) 崔潤晤, 「18, 19세기 서울 不在地主의 土地集積과 農業經營」, 金容燮教授 停年紀念韓國史學論叢刊行委員會, 『韓國 古代・中世의 支配體制와 農民』, 지식산업사, 1997. 개항 직전까지를 지주경영의 危機로 설정한 최윤오 논문은, 개항 진후를 쇠퇴와 싱장으로 보는 金谷燮의 시각과 유사한 흐름을 보이고 있다.

5) 李榮薰, 「開港期 地主制의 一存在形態와 그 停滯的 危機의 實相−明禮宮房田에 관한 事例分析−」『經濟史學』9, 1985.

6) 지수걸, 「일제하 公州地域 有志集團 연구(1)」『역사와 역사교육』창간호, 1996; 同, 「일제하 公州地域 有志集團 연구(3)」『역사와 역사교육』2, 1997; 同, 「일제하 충남 서산군의 '관료−유지 지배체제'」『역사문제연구』3, 1998; 同, 「구한말・일제초기 有志集團의 形成과 鄕吏」『韓國近代移行期中人硏究』延世大 國學硏究院, 1999; 金翼漢, 「植民地期朝鮮における地方支配體制の構築過程と農村社會變動」, 東京大博士學位論文, 1996; 松本武祝, 『植民地權力と朝鮮農民』, 社會評論社, 1998.

각에서7) 식민지기 조선농촌사회를 거시적으로 해명하고자 하는 松本武祝의 논의는 주목할만한 하다. 그는 Scott-Popkin論爭이 초기에 제기했던 소작쟁의나 농민운동의 연구 범주를 넘어서 촌락 내에서 지주와 농민의 행동원리를 설명하는 데 동 논쟁의 함의를 전면적으로 적용하였다.8) 여기서는 集團的 生存倫理에 의한 촌락 질서를 전제로 하면서도 개인주의적 선택을 하게 되는 經濟的 合理主義에 입각한 재촌 중소지주상이 제기되었다. 그러나 개인주의적 지주상이 연출되는 구래의 촌락질서가 고정불변의 여건으로 취급되어 버리고, 촌락 내에서 재촌지주에 대한 구체적인 역할이 제시되고 있지 않다는 점에서, 추가적 논의의 여지를 남겨 놓고 있다.

한편 최근에 보고된 求禮 柳氏家의 사례분석은 지역사 연구의 틀을 취하고 있다는 점에서 방법론상 지주제연구에 시사하는 바 크다.9) 여기서는 전남 구례지역의 사회경제적 환경과 관련해 류씨가의 위치설정이 이루어지고, 그 가운데 류씨가의 지주경영 행태가 稻作經營과 收支構成이라는 두 측면에서 구체적으로 다루어졌다. 나아가 류씨가가 세거하는 五美洞과 吐旨面의 사회구조를 거시적으로 다룸으로써 사례분석이 흔히 봉착하게 되는 지역사연구의 특수성을 극복하고 있다.10) 醴泉 朴氏家 사례는 19세기 후반을 지주

---

7) 촌락내에서 농민운동을 둘러싸고 농민의 역할과 행태를 설명하는 원리를 각각 集團的 生存倫理, 經濟的 合理主義라 한다. James C. Scott, The Moral Economy of the Peasant, New Haven and London, Yale University Press, 1976; Samuel L. Popkin, The Rational Peasant, University of California Press, 1979.

8) Gi-Wook Shin, Peasant Protest and Social Change in Colonial Korea, University of Washington Press, 1996.

9) 이두순 박석두, 『한말 – 일제하 양반 소지주가의 농업경영 연구』, 한국농촌경제연구원, 1993; 同, 『한말 – 일제하 양반 소지주가의 수지변화에 관한 연구』, 한국농촌경제연구원, 1995; 박석두, 『한말 – 일제하 토지소유와 지세제도의 변화에 관한 연구』, 한국농촌경제연구원, 1995; 同, 『한말 – 일제초 농촌사회구조와 사회조직에 관한 연구』, 한국농촌경제연구원, 1996.

10) 李鍾範, 「19世紀末 20世紀初 鄕村社會構造와 租稅制度의 改編 – 求禮郡

경영의 위기국면으로 설정하고 水利施設의 악화를 중심으로 그 쇠
퇴 원인을 구명했다는 점에서 본고와 유사하다.[11]

　이 글에서 소개될 靈光 辛氏家의 사례는 촌락 내에서 조선인 재
촌지주의 농업경영과 행동원리를 장기간에 걸쳐 구체적으로 보여
주고 있다. 이와 관련된 사회사적 분석은 제5장에서 추가적으로 다
루어질 것이다. 여기서는 19세기 후반 지주제의 변동에 주목하여
지주경영의 구체적 실상을 구명하고, 한말에서 일제하에 걸치는 지
주제의 변동양상에도 상당한 다양성이 존재할 수 있음에 주목하고
자 한다.

I. 家門과 資料에 대하여

　靈光 辛氏家는 15세기 말~16세기 초 辛斯龜代에 全羅道 靈光郡
道內面(現 靈光邑) 立石里 일대에 入鄕한 것으로 추정되고 있
다.[12] 영광 신씨가가 도내면 입석리에 거주했음은 1693년 辛鼎和
(1668~98)의 準戶口, 辛鼎受(1671~1700)의 호적에서 확인되고
있으며, 이후 1890년대의 호적까지 그대로 기록되어 있다.[13] 현재

　　　吐旨面 五美洞「柳氏家文書」의 分析-」, 延世大博士學位論文, 1994.
11) 박기주, 「19세기 후반 지주경영의 쇠퇴와 그 원인-경북 예천 함양 박씨
　　가의 사례-」, 안병직 이영훈 편저, 『맛질의 농민들-한국근세촌락생활
　　사-』, 一潮閣, 2001.
12) 在京士族이었던 辛保安은 靈光 郡守로 부임하였을 때 그 곳 士族인 府
　　尹 韓彛와 친하게 지냈는데 후일 世宗10年(1428)에 다시 光州 牧使로
　　내려갔을 때에 次子 辛斯龜를 淸州 韓氏 한이의 딸과 결혼시켜 道內里
　　(道內面 立石)에 머물어 살게 하였다고 한다. 「世譜要略」『古文書集成二
　　十七・二十八-靈光 寧越辛氏家』, 韓國精神文化研究院, 1996(이하 『集
　　成』 27, 『集成』 28로 약함), 『集成』 28, 613쪽.

신씨가 宗宅 뒤의 先山에는 입향조인 辛斯龜 이하 4대의 묘소가 있고 종택의 상량문에 370년 전의 기록이 전해지고 있어 이 마을에 긴 연고가 있음을 보여주고 있다. 신씨가는 400여 년 동안 立石里에 터를 잡고 세거해온 兩班 在地地主家이다. 입석리 종가를 중심으로 신씨가의 世系를 소개하면 다음과 같다.[14]

신사귀(15세기 말~16세기 초)……신웅망(1595~1654)……
　　　　　　　　　　……신응순(1572~1636)……
신태성(1735~1810) - 신치묵(1756~1787) - 신항업(1789~1850) - 신광규(1815~1886)
　　　　　　　　　- 신의묵(1764~1821)
　　　　　　　　　- 신수묵(1768~1822)
　- 신휘상(1836~1924) - 신극수(1889~1962) - 신종하(1915~1987) - 신호준(1934~)

18세기말 신항업 이하 신극수 대까지 신씨 종가는 獨子 집안이었다. 항업의 親父인 수묵의 3대조까지 독자로서 손이 귀한 집안이었다. 18세기 두 차례 養子를 들여 집안의 대를 잇고 있는데, 치묵의 조부인 시갑(1697~1743)이 그러했고, 위에 제시한 항업(1789~1850)도 마찬가지였다. 두 경우 모두 작은 집의 장자가 종가의 가계를 계승하였다.

신씨가는 영광 입향후 辛應純·辛應望代에 家勢가 급격히 확장되어 군내 유력 姓氏인 靈光 丁氏, 靈光 金氏, 扶安 金氏, 咸平 李氏, 全州 李氏 등과 함께 명문가로서의 지위를 유지하고 있었다.[15] 辛應純(1572~1636)은 辛惟一(1569~1632)과 함께 丁酉倭亂 당시 향교의 위관과 전적을 피란시킨 공을 인정받아 大馬面 南岡祠에 配享된 인물이다. 辛應望(號는 寒沙)은 姜沆(1567~1618)의 문하에서 수학하고 1624년(仁祖 2年) 文科에 급제하여 관직이 경상·

---

13) 「(靈光郡)道內面立石里戶籍單子」『集成』27, 333~402쪽.
14) 『集成』27, 9~10쪽.
15) 李海濬, 「朝鮮時期 靈光地域의 士族活動과 姓氏勢力」『鄕脈』8, 靈光鄕土文化研究會, 1995.

전라도의 都事를 거쳐 司憲府 掌令에까지 이르렀다.16)

신씨가는 조선후기 영광 일대에서 鄕權을 갖고 있던 재지 양반이었다. 17세기 전반 영광의 鄕約案이 영월 신씨가 辛惟一(1569~1632)에 의해 작성되었고, 1797년 辛修默(1768~1822)에 의해 향약으로 重修되었다.17)

그러나 19세기에 들어서 신씨가는 뚜렷한 벼슬에 오르지 못하면서 가세가 기울고 있었다. 18세기 이래 신씨 종가의 戶籍單子를 보면, 1717년 100口 가까웠던 노비수는 18세기 중반까지 80구 전후를 유지하다가 18세기 말 20구 전후로 급격히 감소하는 추세가 나타난다. 이후 19세기 초까지 13구 전후로 더욱 감소하였다.18) 이같은 추세는 단순히 신분제 해체에 따른 소유 노비수의 감소를 말하는 것은 아니며, 관료 진출의 실패와 함께 가문의 쇠락을 말해주고 있다. 마을에는 동리의 위상을 보여주는 洞閣이나 신씨가의 門中祠宇 등은 확인되지 않아 독배기[立石] 마을이 명망 높은 班村이나 동족마을은 아닌 듯싶다. 다만, 신항업의 아들 宏珪(1815~1886)가 효자로 이름이 높아 1887년 童蒙敎官에 증직되어 지금도 신씨가 종택의 현판에는 그 敎旨가 걸려 있다.19) 이후 신씨가는 영광군 도내면 일대에서 '生員宅'으로 불리우며 在村中小地主家로서 존재하였다.

사례의 주인공인 영월 신씨 종가는 방대한 양의 고문서를 남겼다. 현재 신씨가 종손인 신호준(1934~　)이 소장하고 있는 고문서는 크게 보아 두 계열의 것이 합쳐진 것이다. 원래 그는 辛應望의 직계 후손이나 사촌지간인 辛應純의 여러 저작과 고문서를 함께 가지고 있다. 그것은 신응망의 曾孫이었던 鼎和(1668~1698)·鼎受(1671~1700) 형제가 無後하자 신응순의 증손 萬挺(1664~1717)을 繼後한 데서 두 계열의 문서가 합쳐졌기 때문이다.

---

16) 이상 『寧越辛氏世德言行錄』, 『省齋集』 참조.

17) 「丁巳十一月○○鄕約案」 『集成』 28, 43~74쪽.

18) 「道內面立石里戶籍單子」 『集成』 27, 346~402쪽.

19) 건치연혁은 약 170년이며 全羅南道 民俗資料 第26號로 지정되어 있다.

신씨가의 고문서에는 教旨類, 所志類, 關門·通報類, 證憑類, 明
文文記類, 書簡通告類, 置簿記錄類, 詩文類 등 거의 모든 분야가 망
라되어 있다.[20] 이 가운데 우리의 관심을 끄는 것이 농업관련 자료
를 담고 있는 치부기록류이다. 이 문서들은 대체로 다음의 두 계통
으로 대별된다. 첫째, 토지와 노비 등 재산 상태를 보여주는 것으
로서 田畓案(量案), 野草記, 結數連名簿, 衿記, 立案·戶籍(戶口單
子) 등. 둘째, 농사·지주제관련 문서로서 秋收記類인 先尺記[선자
기], 看坪記를 비롯해 尺租捧上記[자조봉상기], 尺條未收記[자조미
수기], 尺條記[자조기], 小作料通知書, 種租出給記, 種租未收記, 稅
米未收記, 雇地記(朔價記), 耕畓記 등. 토지·농사와 관련된 자료들
은 일부를 예외로 하면 대체로 19세기~20세기 초에 작성된 것들
이 다수를 점하고 있다.

신씨가의 전답안(3개년치), 야초기(4개년치), 그리고 결수연명부
(土地申告謫錄 포함, 1개년치) 등은 신씨가 소유 경지의 규모뿐 아
니라, 경지의 분포, 구성, 실태를 보여주는 농업사연구의 긴요한 자
료이다. 신씨가의 야초기는 경우에 따라 추수기의 기능을 겸하고
있었다.[21] 野草란 국가가 민의 토지에 대해 稅를 부과하기 위해 작
성한 토지·조세 公簿로 소위 行審이라 부르는 것으로서, 이 야초
에 기초해 中草·正書 단계를 거쳐 量案이 작성된다. 따라서 야초
자체가 양안의 존재를 말해준다고도 볼 수 있다. 영광에서는 1867
년 야초와 이듬해인 1868년 전답안·양안이 모두 존재함으로써 이

---

20) 상당수의 자료는 『古文書集成二十七·二十八 - 靈光 寧越辛氏家』, 韓國精
神文化硏究院, 1996으로 공간되었지만, 일부 자료는 별도로 한국정신문
화연구원에 마이크로필름의 형태로 소장중이다. 신씨가에 대한 전반적인
자료 소개는 安承俊, 「靈光 寧越辛氏家 解題」『集成』 27, 5~60쪽 참조.
21) 야초기의 기재양식을 보면, ① 所在地, (② 夜味數), ③ 斗落數, (④ 租；
先尺), ⑤ 時作名(作人名) 순으로 기재되어 있다. 1867년 야초의 경우
④항이 빠져 있고, 1877년 야초의 경우는 추수기의 고유한 기재사항인
④항을 포함하고 있다. 1911, 1914년 야초의 양식도 1877년의 것과 같
으나 완전한 형태는 아니다.

같은 사실을 극명하게 보여주었다.

영광 추수기의 이름이 '先尺記'로 되어 있음에 주목할 필요가 있다. 先尺[선자]란 지주가 작인에게 대여한 병작지에 대해 추수 이전(先)에 예상수확량을 고려하여 地代를 부과(尺)하는 방식으로서, 執租를 가리키는 이 지역 고유의 鄕音이다.[22] 打租(竝作), 定租(賭地)와 함께 조선 지주제에서 일반적으로 적용되던 지대 수취방식이었으며, 정조(賭地)와 마찬가지로 種子 및 結稅 부담이 작인에게 귀착되는 소작관행을 취하고 있었다. 집조의 부과량은 전체 수확량의 3분의 1 수준이 일반적이었으며,[23] 전라남북도와 경상남북도 서부지역(＝慶尙右道)에서 일반적으로 성립하고 있던 지대 수취방식이다.[24]

신씨가의 선자기는 현재 1830~1929년 사이의 총 65개년치가 전하고 있다.[25] 이 100년간에는 極凶이나 기타의 사정으로 애초부터 선자기가 작성되지 않은 해가 포함되어 있다(1857년, 1859년, 1880년, 1881년, 1901년, 1902년). 또한 자료 자체가 망실되어 존재하지 않는 해도 포함되어 있다(1845~54년, 1904~1921년). 신씨가의 추수기는 그 수록된 시기가 근세 한국경제사에서 급격한 변동을 보여주는 19세기부터 20세기 전반에 이르는 100년간을 대상 기간으로 하고 있다는 점에서 우리의 주목을 끌기에 충분하다. 다음에 제시한 〈자료 1〉은 신씨가 추수기의 기재양식을 제시한 것이다.

제시된 사료는 戊戌年(1836) 선자기의 첫 장이다. 자료명에 이어 다음 행을 보면, "草浦村前坪 十一斗落 五石十斗 作 德太"로 병작지의 위치, 면적(斗落), 지대량(斗), 작인명 순으로 기재되어 있다.

---

22) 「선자」라 읽는다. 또 지주의 소작료부과 행위를 「선자친다」라고 한다.
23) 이상 朝鮮總督府, 『朝鮮ノ小作慣行』(上), 1932, 116~19쪽.
24) 朝鮮總督府, 『朝鮮ノ小作慣行』(上), 1932, 그림 「李朝末期ニ於ケル特殊小作及定租打租執租小作ノ分布」참조.
25) 선자기 가운데 31개년치는 『集成28』에 수록되어 있고(163~200, 209~98쪽), 나머지 34개년치는 미공간사료(韓國精神文化硏究院 소장)이다.

<자료 1> 靈光 辛氏家의 先尺記

면적과 지대량 사이에 "租"가 삽입되어 있는 형태도 있는데, 지대
를 벼로 받고 있음을 의미한다. 여기서 "作"이란 작인을 의미한다.
때로 "時"로 표기되는 경우가 있으나 전자가 일반적이다. 작인명
뒤에 작인의 거주지가 나타나는 경우도 있으나 이 또한 소수의 연
도에 그치고 있다. 선자기는 경우에 따라 소작지의 위치를 중심으
로 기재하는 경우도 있고 작인(또는 작인의 거주지)을 중심으로
기록하는 경우도 있다. 그러나 〈자료 1〉에 제시한 소작지별 집계방
식이 일반적인 형태이다.

　이같은 선자기의 기재양식은 20세기 들어 1929년까지 일관되게
유지되다가 1931년대부터 『小作料收納原簿』・『小作料通知書』(193
1~1935)라는 근대적 장부양식으로 전환되었다. 신씨가가 작인과
소작계약을 체결한 후 작인에게 발부했던 것이 『小作料通知書』 또
는 『小作料控』인데, 매 필지마다 2부를 작성하여 한 부는 작인에게
나눠주고 나머지 한 부가 신씨가에 남게 된 것이다. 지주가에서는
작인으로부터 수납된 지대를 『小作料收納原簿』에 기록하고, 작인
들에게 『小作料領收證』을 발부해 주었다. 『小作料通知書』와 『小作
料控』은 그 상당수가 남아있는 반면, 『小作料收納原簿』와 『小作
料領收證』은 소략한 편이다.

　선자기를 비롯한 농업경영관련문서들은 이 지역의 農作業・小作
慣行과 깊은 관련을 갖고 있다. 신씨가에서는 舊曆(이하 同) 1월경
작인을 선정하어 병작지경영에 착수한다.[26] 3월 말까지 結稅 납부
가 이루어지는 데,[27] 지주가에서 상당 부분을 先貸하고 미납된 것
은 4월말에 『稅米未收記』에 기록한다. 移秧이 시작되기 전 4, 5월
경에는 種子를 선대하고 이를 『種租出給記』에 작성해둔다. 9월 초
에 이르면 비로소 선자 즉, 소작료를 부과하는 데, 이렇게 해서 작

---

26) 『土地小作契約書』(1938). 증서계약 이전에는 구두계약에 의해 그렇게 한
　　다고 한다. 辛氏家 宗孫 辛鎬俊(1936~　)의 증언.
27) 영광의 납세기한은 舊曆 3월말까지이다. 『韓國土地農産調査報告 - 慶尙道,
　　全羅道』, 313쪽.

성된 것이 추수기인 『先尺記』이다.28) 그러나 선자기 상의 지대량
은 실수취량이 아님에 유의해야 한다. 이것은 어디까지나 부과량이
며 實收는 따로 11월 말에 『尺租捧上記』에 기록하며, 완납되지 않
은 지대량은 12월 말에 재차 『尺條未收記』에 기록한다. 선자(=소
작료)와 함께 봄에 선대한 種租도 수납하는데, 미납된 것은 마찬가
지로 『種租未收記』에 기록한다. 대체로 이와 같은 방식으로 매년
농업경영문서들이 작성되고 있지만, 선자기를 제외한다면 기록은
극히 소수의 연도에 그치고 있으며 내용도 소략한 편이다.

Ⅱ. 土地의 集積과 經營規模의 推移

1. 耕地의 分布와 構成

영광 신씨가의 거주지인 도내면 입석리는 영광 관아로부터 북향
으로 20里 거리에 위치해 있다. 다음의 [그림 1]은 입석 일대를 중
심으로 주변의 산록과 하천, 경지, 水利 상황 등을 제시한 것이다.
입석리는 元立石, 陶洞, 新垈 등 3개의 자연촌락으로 구성되어 있
다. 이 가운데 일명 '독배기'라고 부르는 입석[元立石]은 신씨가가
이 지역에 내주하면서 형성된 집성촌으로 알려져 있다. 이 일대는
東高西低型의 緩傾斜를 이루고 있는 沖積壤土로서 臥灘川을 경계
로 茂長(현재 高敞郡으로 편입)과 접하고 있으며, 와탄천 양안의
광활한 평야지대를 무장군과 공유하고 있다. 신씨가의 소유경지는
와탄천 앞과 그 지류인 畝良川 사이에 소재하고 있으며, 묘량천의
여러 洑가 공동관개의 형태로 가동되고 있었다.

---

28) 看坪記, 時作記라는 선자기의 별칭도 등장하지만, 각각 1개년치의 소수
   의 분량만이 현전한다.

[그림 1] 靈光辛氏家 立石 一帶 耕地 配置 狀況

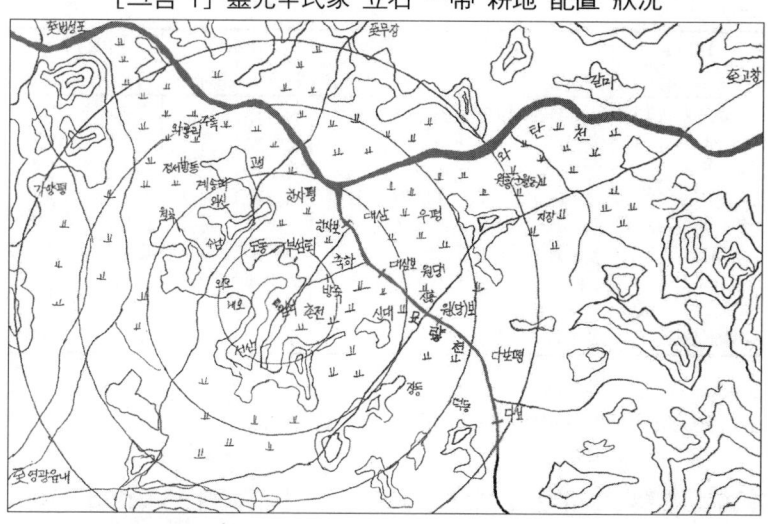

자료 : 朝鮮總督府, 『近世韓國五萬分之一地形圖』 上(影印本, 景仁文化社, 1982)
   國立地理院, 『縮尺 1 : 25,000 靈光地形圖』(도엽번호 NI52-1-17-3 영광),
   1990
   越智唯七, 『新舊對照朝鮮全道夫君面里洞名稱一覽』, 1917
   辛氏家 宗孫 辛鏑俊의 證言
주 : 지도 내 각 동심원 사이의 거리는 500m임

   신씨가의 소유지는 입석을 중심으로 大三坪, 元堂坪, 築下坪,
新垈坪(新畓坪), 牛(墨)坪 등 10여 뜰[坪]에 걸쳐 있다. 행정구역
상으로는 立石里, 桂松里, 牛坪里, 臥龍里 등 4개리이다.[29] 다음의
〈표 1〉은 추수기를 통해 1830년대 이래 신씨가 경지의 분포상황을
살펴본 것이다.
   19세기 후반 신씨가 소유지는 대삼평, 원당평, 축하평(방축평 포
함) 등 몇 개의 특정 뜰에 집중되어있는 특징을 보이고 있다.[30] 추

---

29) 立石里-(元)立石, 新大(新垈), 陶洞, 內五, 外新, 長嶝 등; 桂松里-古城,
   外新, 內五, 外五 등; 牛坪里-牛(墨)坪 등; 臥龍里-走鹿坪 등. 『新舊對
   照朝鮮全道府郡面里洞名稱一覽』, 400쪽.
30) 1867년 野草記上 상위 4개坪의 경지 합 201斗落은 전체 소유지의 75.0%를

〈표 1〉辛氏家 耕地의 分布와 變動 (단위 : %)

1835年		1855年		1875年		1895年		1925年	
村落名	構成比	村落名	構成比	村落名	構成比	村落名	構成比	村落名	構成比
元堂坪	19.3	大三坪	13.3	大三坪	19.7	大三坪	18.7	大三坪	23.0
牛坪	14.4	元堂坪	12.5	元堂坪	19.3	元堂坪	17.5	元堂坪	11.3
築下坪	12.8	防築坪	8.1	築下坪	14.8	築下坪	15.3	陶洞	9.8
大三坪	12.3	陶洞	7.6	新垈坪	11.4	新垈坪	11.9	築下坪	9.5
多洑坪	8.6	築下坪	7.1	富蟾坪	9.7	富蟾坪	7.5	新垈坪	7.7
陶洞	7.0	多洑坪	6.4	陶洞	5.9	陶洞	6.7	雁田坪	6.9
草浦坪	6.4	牛坪	6.4			雁田坪	5.3	富蟾坪	5.1
遠洑坪	5.3	富蟾坪	5.7						
		遠洑坪	5.2						

자료 : 「先尺記」各年版
주 : 면적대비 5% 이상의 自然村落을 적출한 것임.

수기를 통해 그 규모를 집계해보면, 1850년대 이래 면적대비 상위 4
개 뜰의 합이 60% 전후에 이르고 있다. 이같은 경지 분포는 대체로
19세기 중반 이래 정착하고 있으며, 20세기 들어서도 1920년대 중
반까지 큰 변동 없이 유지되었다. 종래 대지주의 소유 패턴이 재해
를 최소화하기 위해 경지를 분산적으로 소유했다는 사실에 비추어
본다면 재촌 중소지주로서 집중적 소유라는 신씨가의 경지소유상의
특징을 엿볼 수 있다.

점하고 있으며, 1877년 同 184두락은 68.1%를 점하고 있다(單位 : 斗落).

1867年 「野草記」		1877年 「野草記」	
村落名	面積 (同上%)	村落名	面積 (同上%)
大三坪	60.0 (22.4)	大三坪	57.0 (21.1)
元堂坪	56.0 (20.9)	元堂坪	56.0 (20.7)
築下坪	52.0 (19.4)	築下坪	43.0 (15.9)
新垈坪	33.0 (12.3)	新垈坪	28.0 (10.4)
富蟾坪	24.0 (9.0)	富蟾坪	22.0 (8.1)
陶洞村前	21.8 (8.1)	陶洞村前	20.0 (7.4)
其他	21.0 (7.9)	其他	44.0 (16.4)
計	267.8 (100.0)	計	270.0 (100.0)

주 : 면적대비 상위 5% 이상의 촌락만을 집계한 것임.

이같은 상황을 [그림 1]과 대비시켜 보면, 신씨가 소유지는 지주가를 중심으로 반경 1.5km 내에 그 상당 부분이 집중되어 있음을 볼 수 있다. 특히, 와탄천과 묘량천 사이에 소재하는 대삼평은 원당평과 함께 신씨가 경지 가운데 면적도 넓고 수확량도 가장 많은 곳이었다. 대삼평은 일명 '양수밭'이라 불리우는 곳으로 평년에는 묘량천의 한사보와 대삼보를 통해 농업용수를 공급받는 충적 양토였지만, 수해 시에는 수 주일간 침수하는 거대한 범람원으로 변하기도 하였다. 오히려 마을 앞 실개천 아래의 축하평이 立石村前坪과 함께 신씨가의 소유지 가운데에서는 가장 안정적인 경지였다고 한다.31)

다음의 〈표 2〉는 신씨가의 소유지를 시기별·자료별로 제시한 것이다. 1867년 상황을 살펴보면, 징세기인 野草記 상의 소유면적 267.8斗落은 추수기인 先尺記 상의 342.9두락보다 오히려 작게 나타나고 있음이 특징적이다.32) 이는 신씨가가 結稅를 적게 물기 위해 자신의 소유지를 축소·보고한 결과인데, 이러한 상황은 1877년, 1911년도 마찬가지의 상황이라고 할 수 있다. 오히려 1867년 야초기를 기초로 작성한 1868년 전답안의 면적 389.6두락이 선자기(1867) 상의 경지 규모와 유사한 수준이다.33)

1868년 전답안은 동년 영광군 전역에서 시행되었던 改量田 사업의 일환으로 작성된 것으로 신씨가에서 자신의 경지만을 적출해 기록한 것이다. 여기에는 228필지, 17결 80부 8속의 경지기 28인의

---

31) 이상, 신씨가 종손 신호준(1934~)의 증언에 의함.

32) 野草는 量田의 제1차 과정이며, 동시에 민(의 토지)에 대해 結稅를 부과하기 위한 行審 즉, 徵稅記이다. 따라서 야초기에는 담세자의 모든 과세지(=소유지)가 기록되는데, 여기서는 추수기인 선자기의 그것보다 면적이 오히려 더 작게 나타나고 있다.

33) 1868년 전답안의 平方尺을 坪으로 바꾸고 이를 두락으로 환산하면 답 221.4두락, 전이 168.3日耕, 합 389.6두락으로 산출된다. 量田尺 1尺=1m, 1坪=3.3㎡임. 영광의 경우 답 1두락은 259坪, 전은 그 절반 정도이다. 「土地小作料通知書」, 「小作料控」에서 산출. 『集成』 28, 524~606쪽.

〈표 2〉 辛氏家 耕地의 規模

資料(作成年度)	筆地數(夜味數)	面積(斗落, 結-負-束)
1867年「野草記」	64夜味	267.8斗落
1867年「先尺記」	81夜味	342.9斗落
1868年「田畓案」	214筆地	261,095.5尺2, 17-89-8束
1877年「野草記」	61夜味	270.0斗落
1911年「野草記」	70夜味	289.5斗落
1911年「結數連名簿」	112筆地	358.8斗落, 17-35-8束

量名(起主名)으로 分錄되어 있다.[34] 신씨가의 전답안은 당시 양전 과정에서 광범하게 성행하고 있던 分錄·代錄 관행을 반영하고 있다. 이 전답안에 주목하는 한 신씨가에서는 19세기 후반 350두락 전후, 17여결의 경지를 소유했던 것으로 추정된다.

결세수취를 위한 야초기(1867)의 소유 규모와 양안을 필사한 전답안(1868)의 수치가 커다란 차이를 보이고 있음에 유의할 필요가 있다. 야초기가 267.8두락, 전답안이 389.6두락 전후였으므로 양자 간에는 무려 100여 두락 이상의 차이가 나고 있는 셈이다. 이는 양안 상의 분록·대록 관행과 깊은 관련이 있다. 당시 면리 레벨의 결세 수취과정에서는 향리층의 농간뿐 아니라 지주층에서의 隱結이라 하여 결세부담을 위피하기 위한 각종 편법이 관행적으로 행

---

34) 辛氏家「田畓案」(1868年)에 실린 立石 일대 田畓의 量名.

量名	筆地	結負束	量名	筆地	結負束	量名	筆地	結負束
貴德	7	83-1	三金	2	16-3	允奉	19	94-2
今堂	2	6-9	三奉	10	79-1	以東	4	9-6
德尾	2	6-6	善山	7	69-2	一今	7	60-7
德辰	13	96-3	小德	3	35-9	正月	9	62-5
道石	13	1-67-0	小順介	1	6	中順介	5	30-2
門稧金	12	89-2	順介	34	2-21-3	次尙	5	84-4
文士尙	3	37-2	牙東	4	22-9	哲尙	9	1-04-9
文住尙	2	30-8	禮山	7	66-2	下順介	14	1-17-9
卞堂	2	28-0	右尙	2	7-1	不明	14	??
卜德	6	98-7	元金	10	63-0	總計	228	17-89-8

해지고 있었다. 양안 상에 광범위하게 나타나는 분록과 대록, 허록
관행은 그 대표적 사례 가운데 하나였다.

시기를 내려와서 1911년 結數連名簿 상의 면적을 보면, 신씨가
의 소유면적은 358.8두락·17-35-8束으로 확인된다. 결수연명부
또한 야초기와 마찬가지로 징세기인데, 이것은 토지조사사업을 행
하기 위한 예비조사로서 그 정확도가 비교적 높은 것으로 알려져
있다. 이것과 전답안(1868) 상의 면적(17-89-9속) 규모를 비교하
면 별다른 차이가 없다는 것을 알 수 있을 것이다. 결국 1850년대
이래 1920년대에 걸쳐 신씨가의 소유경지는 절대면적에 있어서나
그 위치에 있어서나 큰 변동이 없었던 셈이다.

다음의 〈표 3〉과 〈표 4〉는 19세기 후반 신씨가 소유전답의 지목
구성과 등급구성을 제시한 것이다. 〈표 3〉에 나타난 소유면적은 전
술한 바와 같이 제시한 두 시점 모두 17결 대에서 유사한 수준이다.
1868년 현재 전답구성을 보면, 답 72.5%·전 27.5%로서 답작이 중
심이었다. 이것이 1911년에 이르면 답 91.3%·전 4.6%·대 1.2%로
서 답의 구성비가 18.8% 포인트 증가하고 있음을 볼 수 있다. 지목
구성이 유일하게 표기된 1922, 1923년의 선자기를 참고하면,[35] 전
이 4% 전후로서 1911년의 구성비와 거의 비슷한 수준이다. 1868~
1911년간 답 구성비의 증가는 이 시기 신씨가의 소유규모에 큰 변
동이 없었던 점을 고려하면, 추가적인 畓地 매득과 함께 당시 제한
적으로 이루어졌던 反畓化의 경향을 반영한 것이리고 생각된다.

이어서 〈표 4〉를 통해 1868년 소유경지의 등급구성을 살펴보면,
1등전 6.1%, 2등전 14.3%, 3등전 46.7%, 4등전 29.9%, 5등전 3.0%,
6등전 0.0%로서 3등전 이상의 上等田의 구성비가 상대적으로 높다
는 사실을 알 수 있다. 이같은 상황은 전술한 反畓化 현상과 함께
등급 또한 상향 조정되고 있던 사실을 배경에 두고 있다. 그러나 역

---

35) 1922년 11.8두락, 1923년 11.0두락. 「壬戌條(先尺記)」, 「癸亥條(先尺記)」,
    『集成』 28, 217~228쪽.

<표 3> 辛氏家 耕地의 地目構成과 變動

年 度	地目	田	畓	垈	其他	計
1868年 「田畓案」	面積	21,788.0坪	57,331.8坪	0.0坪	0.0坪	79,119.8坪
	同上%	27.5	72.5	0.0	0.0	100.0
1911年 「結數連名簿」	面積	16.7斗落	327.6斗落	4.3斗落	10.2斗落	358.8斗落
	同上%	4.6	91.3	1.2	2.9	100.0

주 : 1868년 「田畓案」의 結負數 환산비율은 1萬 平方尺을 기준으로 하여 1等
    =1結, 2等=85負1把, 3等=70負1束1把, 4等=55負7把, 5等=40負, 6等=25
    負이다(『田制詳定所遵守條劃』).

<표 4> 辛氏家 所有耕地의 等級構成 (단위 : 坪, %)

等級	1	2	3	4	5	6	計
面積	4,797.3	11,311.2	36,919.1	23,689.2	2,403.0	0.0	79,119.8
同上%	6.1	14.3	46.7	29.9	3.0	0.0	100.0

자료 : 1868年 「田畓案」

으로 수도작에서 재해로 인해 작황이 부진해진다면 등급상승에 따
른 결세 부담은 지주와 작인들에게 상당한 하중으로 작용할 개연
성을 갖고 있었다.

2. 經營規模의 推移

  신씨가의 경지는 주로 買得에 의해 집적되고 있었다. 이에 대해
서는 신씨가 『土地明文』에 상세히 기록되어 있는데,[36] 이것은 賣
買文記를 나중에 정리한 것이기 때문에 일부 舊文記도 포함되어
있으며 누락된 부분도 있다.[37] 문기에는 토지의 매매방식이 적시
되어 있는데, 대부분 '永永放賣'이며 還退(또는 權賣) 거래는 극소

---

36) 「土地明文」『集成27』 575~693쪽.
37) 舊文記는 분석대상에서 제외하였다.

수이다. 여기서는 지주경영과 관련해 19세기 전 기간에 걸쳐 신씨가의 토지매득 상황을 시계열화 하였다.

〈표 5〉를 시기별로 살펴보면, 매득 건수에 있어서 1810년대부터 1840년대까지 상당히 활발한 매득 거래가 이루어지고 있음을 알 수 있다. 특히, 1820~40년대에는 거래액이 1,000兩을 상회하고 있을 정도로 규모가 상당히 크다. 그러나 1850년대를 경계로 19세기 후반에 들어서는 매득 건수와 거래가액 모두 급격히 감소하고 있음을 볼 수 있다.

매득된 지목을 보면, 田에 비해 畓이 압도적으로 높은 비중을 점하고 있다. 특히, 1821~1850년 간에는 매 10년 마다 150여 두락의 답이 매득되고 있다. 이렇게 매득된 답은 신씨가 병작 경영의 주요한 기반을 이루었는데, 이 시기 병작지 규모의 증가 추이의 주요한 요인이었다(이 점 후술).

그런데 홍미로운 사실은 山地가 시기에 상관없이 19세기 전 기간에 걸쳐 고르게 매득되고 있다는 점이다. 신씨가의 산지 매득은 先山 조성을 위한 墓地가 다소간 있었지만 경제적 목적의 柴場과 松田이 상당 부분을 점하고 있었다. 신씨가에서는 稻作經營만큼이나 山地經營 특히, 柴場經營에 큰 관심을 갖고 있었던 것으로 생각된다.[38] 이같은 시장경영은 전작과 함께 신씨가 지주경영의 중요한 補足原으로 작용하게 된다.

신씨가의 농업경영은 전통적으로 竝作과 家作이라는 두 가지 경작방식을 취하고 있었다. 이와 관련해 1867년 『野草記』는 신씨가 지주경영에 있어서 '內作'이라는 중요한 내용을 담고 있다.[39] 家作

---

38) 일 예로 신씨가는 16세기 말 이래 19세기 말까지 총 157건의 所志 가운데 산지 소유 및 벌목을 둘러싸고 19세기에 들러서만 무려 113건의 山訟을 기록하였다. 「所志」『集成』27, 57~190쪽. 영광 신씨가의 山訟에 대해서는 全炅穆, 「조선후기 山訟의 한 事例(Ⅰ)-전라도 영광군 立石里 世居 '독배기신씨' 松訟을 중심으로-」『古文書研究』14, 1998 참조.

39) 「同治六年丁卯九月二十七日野草記」『集成』28, 205~208쪽.

〈표 5〉辛氏家 土地 買得의 推移 (1801~1900)

年 代	件 數	地 目				價額(兩)
		畓(斗落)	田(斗落)	山地(束)	其他	
1801~1810	5	29.5	0	?		280.0
1811~1820	24	66.5	0	85-0	家垈浮柱	352.0
1821~1830	35	203.3	0	1-50-0	가대부주	1,316.0
1831~1840	28	159.8	0	3-66-0	가대, 松田	1,379.2
1841~1850	34	160.8	9.5	40-0	가대, 苧田	2,167.5
1851~1860	16	90.0	0	2-00-0	저전	526.5
1861~1870	8	3.0	6.0	95-0	가대부주	105.0
1871~1880	16	24.5	9.5	1-01-0	가대, 저전	496.0
1881~1890	9	23.2	0	30-0	가대부주	314.0
1891~1900	5	13.0	2.0	4-7	가대부주	437.0

자료 : 「土地明文」

주 : ① 지목 가운데 산지에 단위가 표기된 것은 모두 柴場, 松田임.

② 토지 매득의 자세한 사항은 鄭勝振, 1999, 「19·20世紀前半 在地地主
家의 土地所有와 農業經營 – 靈光 辛氏家의 事例分析 – 」『朝鮮時代史學
報』 10, 129~131쪽, 〈부표 1〉 참조.

이라고도 부르는 이 내작은, 신씨가의 지주경영이 竝作地經營과 家
作地經營으로 대별되어 있음을 보여주는 유력한 근거이다. 가작은
지주가 소유 노비나 雇工, 혹은 자유 농업노동자를 동원하여 농사
를 짓는 직영지 경영방식으로 알려져 있다.

1867년 야초기상 가작지는 3필지 16두락으로 신씨가 총 소유 규
모의 6.0% 전후를 점하고 있다. 그런데 이는 다소 과소 계상된 수
치이다. 그 이유는 가작지의 위치에서 신씨가의 세거지인 입석 村
前의 가작지가 누락되어 있었고,[40] 야초기 상에서 이미 전이 답에
비해 과도하게 누락되어 있었던 것이다. 신씨가에게는 어쩌면 너무
나 당연했던 그래서 별도로 기록해 둘 필요가 없었던 이 가작지들
은 어떤 형태의 문서로도 남아 있지 않다.[41]

---

40) 신씨가의 가작지는 영광 入鄕 이래 입석 촌전에 있었다고 한다. 辛氏家
宗孫 辛鎬俊(1936~)의 證言.

41) 이 점에 대해서는 본서 제5장에서 후술될 것이다.

[그림 2] 辛氏家 竝作地 規模의 推移

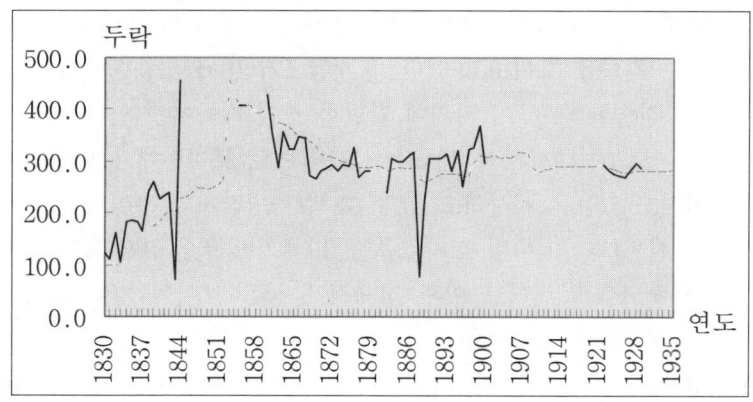

주 : 추세선은 이동평균법(moving average method)에 의함(이하, 동일).

신씨가의 총 소유지 350두락에 대해 병작지 규모를 대략 300두락 정도로 추정한다면([그림 2] 후술), 가작지는 약 50두락 정도 즉, 구성비로 환산해 소유지의 약 14.3%로 산출된다. 대체로 신씨가 지주경영에서 가작지 규모는 총 경지의 약 6.0%에서 14.3% 사이로 추정할 수 있을 것이다. 그러나 여전히 가작(주로 전작)은 산지경영과 함께 신씨가 지주경영의 부차적 경영범주임에 유의하지 않으면 안 된다.42) 신씨가에서는 입석리라는 제한된 공간 내에서 가작을 담당할 노동력원을 안정적으로 확보하는 일이 항상 쉬운 일만은 아니었다.

이제 [그림 2]를 통해 1830년 이래 신씨가 경영규모의 추이를

42) 그 근거는 ① 가작지의 농업노동자수가 10명 전후의 소수이며(「庚子雇地記」, 「朔價記」『集成』 28, 352쪽), ② 소유노비수도 아래의 표에서 보는 바와 같이 1870년대에 들어서는 全無한 상태를 보여주기 때문이다(「(靈光郡)道內面立石里戶籍單子」『集成』 27, 383~402쪽).

年度	1810	'13	'16	'22	'25	'31	'34	'37	'40	'43	'58	'61	'79	'82	'85	'88	'94	'98
奴	7	6	5	6	6	4	6	6	5	6	5	8	0	0	0	0	0	0
婢	6	7	7	6	7	6	7	7	8	11	11	13	0	0	0	0	0	0
合	13	13	12	12	13	10	13	13	13	17	16	21	0	0	0	0	0	0

살펴보면, 1850년대까지 가파르게 상승하고 있음을 알 수 있다. 1850년대 초 400두락 전후를 피크로 하여 이후 300두락 수준에서 停滯하는 경향을 보여주고 있다. 경지규모가 19세기 중반까지 급증한 것은 전술한 대로 이 시기에 활발한 경지 매득에 기인한 것이지만, 이후 1870년대까지의 감소추세는 역으로 토지방매가 완만하게 이루어지고 있음을 시사하고 있다. 대체로 병작지의 추이로부터 유추되는 신씨가의 지주적 토지소유는, 19세기 중반을 기점으로 상승에서 하락으로 반전되고 이후 정체적 양상을 보이는 것이 특징이라고 할 수 있다.

이같은 신씨가 경영규모의 추이는, 제1장에서 살펴본 영광군 西部面의 소유분화 양상과 무관하지 않다. 전술한 바와 같이 서부면에서는 대규모 진전의 발생과 함께 결세중압에 의한 정체적 소유분화, 지주적 토지소유의 축소 현상이 확인되었다. 대체로 정체적 양상을 보여주는 영광의 소유분화에 있어서 신씨가의 사례는 19세기 후반기로 가면서 지주적 토지소유의 정체 내지 축소를 보여주는 전형적인 사례에 속한다고 볼 수 있다. 이같이 정체적 경향을 띠는 신씨가 지주적 토지소유의 추이는 지주경영의 부침과 깊은 관련을 갖고 있다. 이제 節을 바꾸어 신씨가 지주경영에 어떠한 변동이 나타나고 있었는지 구체적으로 살펴보기로 하자.

Ⅲ. 地主經營의 危機

신씨가의 지주경영은 병작경영과 가작경영으로 대별되고 있지만, 여전히 전자는 지주경영의 중점적 지위를 점하고 있다. 따라서 병작경영에서 얻어지는 지대수취량의 추이는 이 시기 지주제 운영의 동향 즉, 지주제가 성장·발전하고 있었는가 아니면 정체·쇠퇴의 위기에 처해 있었는가에 관한 구체적 실상을 보여준다.

주요 분석 자료인 선자기는 100여 년간 65개년치이며, 野草記 3개년치와 小作料通知書 5개년치가 선자기의 缺失分을 보완하고 있다. 분석기간인 1830~1935년 사이에 1845~54, 1857, 1859, 1880, 1881, 1901, 1902, 1904~1910, 1912, 1913, 1915~1921, 1930년, 모두 33개년치가 누락되어 있다. 특히, 변화가 심했을 20세기 초의 자료가 많이 누락되어 근대전환기 지주경영의 변화상을 구체적으로 파악할 수 없는 아쉬움이 있다. 그러나 이같은 누락에도 불구하고 누락기간의 추세가 어떠하였는지는 前後의 相互聯關으로부터 추측이 불가능한 것이 아니다.

먼저 본격적인 분석에 들어가기에 앞서 선자기의 특징과, 제시하는 〈표 7〉의 작성방법에 대해 몇 가지 예비적 고찰을 해두고 싶다. 전술한 바와 같이, 先尺는 추수 이전에 당해의 작황과 그간의 선자량을 고려해 예상한 지대 부과량이기 때문에, 實收(=實捧)가 아니라는 점에 주의를 요한다. 그렇다면 실제 수취량은 어느 정도인가, 과연 산출된 實收는 선자량과 어느 정도의 차이가 나고 있는가. 이것을 확인하기 위해 제시한 것이 다음의 〈표 6〉이다. 우리는 선자기와 尺租捧上記·尺條未收記를 대조해봄으로써 당시 신씨가에서 거두어들였던 실수취량의 수준을 가늠해볼 수 있다.[43]

먼저 1889년의 경우를 살펴보면, 선자부과량 815두는 선자기 상의 총 35명의 작인(병작지 면적 226두락)에 대해 부과한 선자량이다(두락당 선자부과량 3.61두). 그런데 尺租捧上記를 통해 지주가에서 실제로 수취한 선자량을 보면, 17명의 작인에 대해 부과량 815두를 크게 하회하는 450.7두를 수취한 것으로 확인되고 있다. 따라서 신씨

---

43) 이용하는 자료는 1889, 1897, 1899년 3개년치의 『尺租捧上記』와 1896, 1900년 2개년치의 『尺條未收記』이다. 『集成』 28, 312~17, 321~22, 334, 356~58쪽.

〈표 6〉秋收記上 先尺量과 實收取量의 差異 (단위 : 斗, %)

年度	先尺(賦課)量	實收取量	實收取率	備考
1889	815	450.7	55.3	尺租捧上記
1896	1,288	1,049.2	81.4	尺條未收記
1897	1,469	846.0	57.6	尺租捧上記
1899	1,487	790.6	53.2	尺租捧上記
1900	1,769	1,224.3	69.2	尺條未收記

가의 선자 실수취량의 비율은 55.3%로 산출된다. 같은 방식으로 1897년과 1899년의 실수취율을 구한 것이 각각 57.6%, 53.2%이다.

다음, 1896년과 1900년의 수치는 지주가에서 수취하지 못한 선자량을 기록한 尺條未收記를 통해 산출한 것이다. 여기서는 자조봉상기와는 역으로 선자기 상의 총선자부과량에서 자조미수기 상의 모든 未收量을 차감함으로써 지주가의 實收를 구할 수 있다. 이렇게 해서 산출된 실수취율이 1896년 81.4%, 1900년 69.2%이다.

이같은 과정을 통해 선자부과량과 실수취량 사이에는 약 20~40% 가량의 차이가 발생하고 있었고 이것이 집조방식의 하나의 특징임을 확인해 두고 싶다. 이 차이는 1차적으로는 당해의 作況 즉, 생산력 수준과 관련된 문제이지만, 지대율을 둘러싸고 지주권·경작권의 강약과 관련된 사회적 문제와 관련되어 있다(이 점 후술).

선자기 상에는 지대로서 벼[租] 이외에 田에서의 太나 화폐지대가 등장하지만 후자는 극히 소수이며 분석의 편의상 제외하였다.44) 여기서 분석된 모든 수치는 선자를 벼로 부과한 것만을 대상으로 한 것이다. 또 병작지 규모도 자조봉상기의 예에서 살펴 본 것처럼 선자를 부과한 면적만을 의미하기 때문에 실제 병작지 규

---

44) 이 점이 종래 발굴된 추구기나 영광 신씨가의 추수기가 갖는 자료상의 가장 큰 한계라고 생각한다. 신씨가의 선자기는 전술한 야초기와 함께 田을 의도적으로 제외하고 있다. 따라서 추수기분석 자체는 지주경영의 또 하나의 축인 전작을 捨象할 위험성을 갖는다는 사실, 역으로 추수기 분석은 도작경영에 한정될 수밖에 없다는 비판을 면키는 어렵다.

모의 증감 없이 당해의 작황에 따라 극히 낮거나 높아질 수 있다.[45] 이렇게 선자량에서 병작지 규모를 나누어 산출한 것이 "斗落當租" 즉, 단위면적당(두락당) 지대(부과)량이다.

신씨가의 선자기는 지주가 부과한 선자량에 대해 작인이 완납한 경우, Ⅰ절의 〈자료 1〉에 제시한 바와 같이, 선자량의 해당란에 「ㄱ」(꺾은선) 표시를 하고 있다. 이것은 추수기상에 나타나는 執租라는 지대 수납방식의 또 하나의 특징인데, 선자일(구력 9월 9일 전후)과 수납일(동 10월 말) 간에는 약 1달 반이라는 시차가 발생하기 때문에 나타난 것이다. 지주가에서 수납한 실수취량을 선자량과 비교해 일치하면 당해 夜味[배미]에 꺾은선 표시를 한 다음 자조봉상기에 기입하고 완납되지 않은 것은 자조미수기에 기록한 것이다. 따라서 해당 필지의 꺾은선 표기는 부과한 선자량의 완납·미납 여부만을 보여준다고 할 수 있다. 여기서 이것을 필지별로 집계한 것이 "租收納率"(完納率)이다. 이같은 필지별 집계방식 때문에 가령 수납률이 0.0%라고 하더라도 실수취량 자체가 0.0두를 의미하지 않음에 유의할 필요가 있다.

여기서는 선자기가 없고 당해 야초기가 존재하는 경우 야초기로서 선자기를 대체하였으며, 1931~35년간은 小作料通知書를 이용하였다. 이상의 과정을 통해 작성된 것이 〈표 7〉인데, 1830~1935년간 영광 추수기의 전체 추이를 개관한 것이다. 표에 제시한 耕作面積, 作人存續率 등에 대해서는 다음 장에서 상술될 것이다.

우리가 관심을 갖는 것은 斗落當租 즉, 두락당 지대(부과)량이며 이것이 연출하는 100년간의 장기추세이다. 다음의 [그림 3]과 [그림 4]는 〈표 7〉을 기초로 지대량과 지대수납률의 추이를 제시한 것이다. 먼저, 신씨가 경영규모의 추이가 1850년대를 경계로 急增에서 이후 停滯로 반전되었다는 점을 염두에 두면서 양 추이를 살펴보기로 하자.

---

45) 〈표 7〉상에서 1843, 1888년의 경우가 그러하다. 작인수의 경우도 마찬가지.

〈丑 7〉1830～1935年間 靈光 推移 槪況

年度	垈作地	地代量	斗落當租	租收納率	作人數	耕作面積	作人存續率	備考
	斗落	斗	斗			斗落		
1830	124.0	1187.0	9.57	85.2%	22	5.64	72.7%	先尺記
1831	110.0	1021.0	9.28		24	4.58	54.2%	
1832	163.0	1048.0	6.43		28	5.82	35.7%	
1833	106.0	755.0	7.12		19	5.58	63.2%	
1834	182.5	1751.0	9.59		26	7.02	53.8%	
1835	187.0	1560.0	8.34		29	6.45	31.0%	
1836	183.5	1245.0	6.78	88.0%	29	6.33	24.1%	
1837	164.0	1222.0	7.45	80.6%	21	7.81	47.6%	
1838	244.0	1934.0	7.93	80.4%	27	9.04	63.0%	
1839	260.5	2497.0	9.59	92.3%	37	7.04	54.1%	
1840	228.0	2079.0	9.12		31	7.35	51.6%	
1841	233.5	2112.0	9.04		34	6.87	61.8%	
1842	238.5	1666.0	6.99	82.4%	35	6.81	31.4%	
1843	70.5	763.0	10.82	85.0%	13	5.42	84.6%	
1844	455.0	4168.0	9.16	90.9%	48	9.48		
1855	407.0	3546.0	8.71	22.7%	54	7.54	63.0%	
1856	407.0	3385.0	8.32	41.0%	59	6.90	35.6%	
1858	364.0	2629.0	7.22	45.4%	51	7.14	43.1%	
1860	429.0	3443.0	8.03	29.3%	64	6.70	40.6%	
1861	355.1	2080.0	5.86	7.2%	46	7.72	54.3%	
1862	286.0	1639.0	5.73	21.4%	45	6.36	57.8%	
1863	356.8	2192.0	6.14	16.7%	51	7.00	56.9%	
1864	324.3	2180.0	6.72	18.2%	44	7.37	65.9%	
1865	323.0	2374.0	7.35	17.9%	42	7.69	54.8%	
1866	348.0	2219.0	6.38	15.7%	45	7.73	62.2%	
1867	345.2	2520.0	7.30	34.6%	44	7.85	59.1%	
1868	271.0	1880.0	6.94	3.0%	36	7.53	75.0%	
1869	267.8	1417.0	5.29	4.5%	38	7.05	78.9%	
1870	280.8	2242.0	7.98	44.8%	40	7.02	85.0%	
1871	288.3	2356.0	8.17	42.6%	40	7.21	77.5%	
1872	292.0	2004.0	6.86	40.9%	40	7.30	62.5%	
1873	281.0	1210.0	4.31	41.5%	37	7.59	78.4%	
1874	294.0	2015.0	6.85	29.0%	36	8.17	86.1%	
1875	290.0	1817.0	6.27	30.8%	40	7.25	80.0%	
1876	326.0	595.0	1.83	0.0%	46	7.09	39.1%	
1877	270.0	1247.0	4.62	16.4%	31	8.71	74.2%	野草記
1878	280.0	1333.0	4.76	26.7%	33	8.48	75.8%	
1879	280.5	1280.0	4.56	32.7%	38	7.38	44.7%	
1882	240.0	914.0	3.81	9.4%	34	7.06	76.5%	

年度	竝作地	地代量	斗落當租	租收納率	作人數	耕作面積	作人存續率	備考
1883	305.0	801.0	2.63	19.7%	45	6.78	64.4%	
1884	298.0	1076.0	3.61	16.2%	45	6.62	60.0%	
1885	299.0	1291.0	4.32	22.2%	42	7.12	33.3%	
1886	312.5	1230.0	3.94	50.0%	40	7.81	52.5%	
1887	317.5	1218.0	3.84	61.5%	37	8.58	24.3%	
1888	78.0	64.0	0.82	0.0%	12	6.50	75.0%	
1889	226.0	815.0	3.61	42.8%	35	6.46	62.9%	
1890	306.0	1284.0	4.20	34.7%	38	8.05	60.5%	
1891	305.3	1237.0	4.05	21.5%	38	8.03	63.2%	
1892	305.0	1161.0	3.81	47.2%	37	8.24	64.9%	
1893	315.5	1047.0	3.32	36.8%	39	8.09	71.8%	
1894	281.0	596.0	2.12	51.5%	36	7.81	61.1%	
1895	320.5	1138.0	3.55	49.3%	40	8.01	57.5%	
1896	251.5	1288.0	5.12	65.5%	33	7.62	63.6%	
1897	323.5	1469.0	4.54	40.3%	42	7.70	66.7%	
1898	325.0	1867.0	5.74	37.8%	44	7.39	79.5%	
1899	367.0	1487.0	4.05	60.0%	48	7.65	64.6%	
1900	295.5	1769.0	5.99		45	6.57	62.2%	
1903	277.0	1166.0	4.21		45	6.16		
1911	289.5	2033.0	7.02		53	5.46		野草記
1914			9.84			5.24		野草記
1922	294.4	3548.8	12.05	80.0%	41	7.18	80.5%	
1923	281.8	3339.8	11.85	71.2%	38	7.42	89.5%	
1924	275.4	2185.6	7.94	71.1%	40	6.89	92.5%	
1925	273.6	3530.0	12.90	77.8%	43	6.36	83.7%	
1926	270.4	3077.0	11.38	78.5%	41	6.60	73.2%	
1927	280.8	3969.0	14.13	48.2%	43	6.53	88.4%	
1928	297.8	3380.6	11.35	67.0%	45	6.62	80.0%	
1929	287.1	2828.6	9.85	68.5%	44	6.53		
1931			11.57			6.77		이하 小作料通知書
1932			14.21			5.46		
1933			11.60			5.88		
1934			11.84			5.76		
1935			11.82			5.87		

자료 : 「先尺記」, 「野草記」, 「小作料通知書」 各年版
주 :　① 누락년도는 1845~54, 57, 59, 80, 81, 1901, 02, 1904~1910, 12, 13,
　　　　1915~1921, 1930년 총 33개년치임.
　　　② 1石 = 20斗, 1922년부터 도량형 변경을 고려 1두를 2배함.
　　　③ 표에서 耕作面積은 작인 1인당 경작면적임.

[그림 3] 斗落當 地代量(斗落當租)의 推移

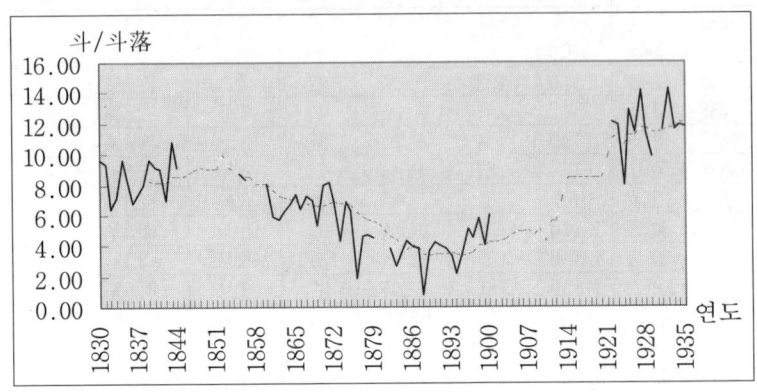

[그림 4] 地代收納率(租收納率)의 推移

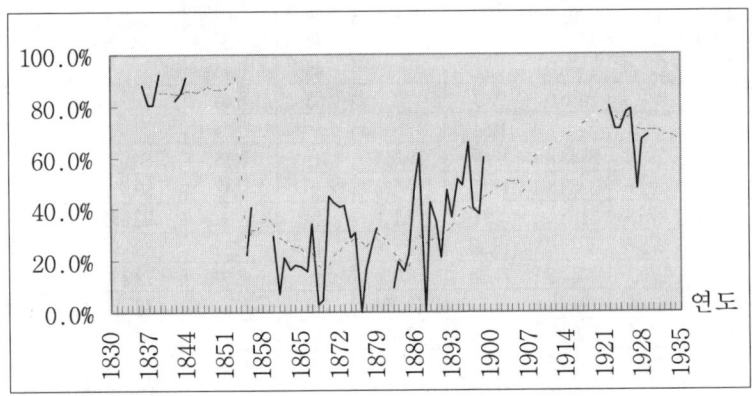

　　두락당 지대량은 1830년 이래 1844년까지 9斗 대이며, 같은 기간 지대수납률도 80% 수준을 상회하고 있다. 이후 1860년까지 지대량은 8두 대로 약간의 漸減 경향을 보여주고 있다. 이에 반해 지대수납률은 20~40% 대로 급격한 하락 경향을 보이고 있다. 특히, 1843년에는 병작지 규모가 70.5두락이라는 아주 작은 수치로 나타나고 있는데, 실제 병작지의 감소를 반영한 것은 아니며, 1843년에 흉년이 들자 신씨가에서 선자를 부과하지 못하고 다음 해로 延納을 인

정한 경우이다.

1861년 이래 두락당 지대량은 이전의 8~9두 대에서 5~6두 대로 선명한 하락 경향을 보이고 있다. 더구나 1876~94년에 들어서면 지대량은 2~3두 대로 급격히 하락함으로써 지주경영이 더욱 악화되고 있음을 보여주고 있다. 같은 기간에 지대수납률 또한 낮아지고 있음이 분명하며, 여기서는 지대량의 추이에서 볼 수 없는 각 년차간 커다란 차이를 볼 수 있다. 수납률의 년년의 저 급격한 편차는 낮은 지대량 수준과 함께 신씨가 지주경영의 위기적 실상을 직접적으로 반영하고 있다.

특히, 1876년에는 두락당 지대량이 1.83두, 지대수납률이 0.0%를 기록함으로써 이전 시기와 비교해 그 수준과 추이에 있어 커다란 차이를 보여주고 있다. 시기를 내려와서 1888년의 수치를 보면, 지대량 0.82두·지대수취율 0.0%로서 1876년에 비해 한층 악화된 상황임을 알 수 있다. 더구나 1888년은 선자를 부과한 병작지 면적마저 극도로 낮은 수준이며, 1844년의 경우와는 달리 이듬해에 延納도 이루어지지 않았다. 두락당 지대량의 측면에서 보면, 지대량이 2.63두를 기록한 1883년, 2.12두를 기록한 1894년도 신씨가로서는 어려운 한 해를 보내고 있음이 분명하다.

1876년 이후 이같은 추이는 1860년대 이후 병작지 추이의 정체 현상과 함께 신씨가 지주경영이 위기국면에 돌입하고 있음을 보여주는 것이다. 지주경영이 위기국면에 들어선 1860년대 이후 신씨가에서는 전기까지 빈번했던 토지 매득을 멈추고 자신의 소유 전답을 保持하는 것에도 급급했던 모양이다. 1870년대에서 1890년대 중반까지의 이 시기는 영광에 있어서 極凶, 疫病, 流亡, 民亂 등으로 인해 邑 자체가 존폐의 위기에 선 生存危機의 시대로 기록되고 있다.

19세기 후반 특히, 1876~94년간 신씨가 지주경영의 위기는 궁극적으로 영광에 내습한 災害와 그에 따른 대규모 경지황폐화, 이

를 직접적으로 경험하고 있던 소농민경영의 궁핍화 속에서 잉태
되고 있었다. 이 시기 농업생산력의 저하는 토지생산성의 하락과
함께 농민경영의 불안정을 배경으로 한 지대율의 하락을 반영하
고 있었다. 잇따른 흉작에 따라 농민궁핍화가 심화되면서 지대납
부 실적도 저조해지고 있었던 것이다. 이 시기에 종종 보고 되고
있는 작인들의 抗租 투쟁도 기실 농업위기를 경험하고 있는 소농
민경영의 구조적 취약성을 반영하고 있었다. 1876~94년간의 영광
의 농업위기에 대해서는 두락당 지대량의 의미와 함께 다음 章에
서 상술될 것이다.

1894년 농민전쟁을 위기의 終點으로 하여 1896년 이후 신씨가
지주경영은 드라스틱하게 반전되고 있었다. 두락당 지대량도 2~3
두 대에서 4~5두 대로 상승하고, 지대수취율도 50% 대로 회복기
운을 보이고 있다. 그러나 정상적인 생산력 수준에서 본다면 여전
히 낮은 수준이다. 1910년대에 들어서면 지대량 수준은 7~9두 대
로 상승하고, 1922년부터 兩 추이는 급격한 상승 경향을 보여줌으
로써 신씨가의 지대수입량은 19세기 말의 상황에 비해 최소 300%
이상의 증가세를 보여주었다.

영광 신씨가의 두락당 지대량의 장기추세는 甲午農民戰爭期를
循環의 低點으로 하는 거대한 U자형 커브를 그리고 있다. 순환의
저점을 1870년대 전후로 하고 있는 지대수납률의 추이도 마찬가지
이다. 이같은 영광의 장기추세는 최근에 보고된 靈巖의 사례와 대
단히 유사한 것이다.[46) 영암(1819~1927)에서도 두락당 지대량은
이전까지 漸減하는 경향을 보이다가 1860년대 초부터 급격히 하락
해 4~5두 대를 기록하고 있다. 이후 1880년대 말·1890년대 전반

---

46) 영암의 지대량 추이는 李榮薰,「湖南 古文書에 나타난 長期趨勢와 中期
波動」『호남지방 고문서 기초연구』, 한국정신문화연구원, 1999, 345쪽.
영암의 지대량 추이는 최근 金建泰에 의해 增補되었는데, 여기서는 增補
된 김건태의 추이를 사용한다. 金建泰,「1743~1927年 全羅道 靈巖 南平
文氏門中의 農業經營」『大東文化研究』35, 1999.

기에는 2~3두 대로 최저 수준을 보이다가 영광과 마찬가지로 20세기 초반에 들어서 지대량 추이는 급격한 상승세로 전환되었다. 영광과 영암 양 지역은 全羅右道 沿岸의 同質的인 稻作地帶로서,47) 지대량 추이의 同調性에서 확인되는 바와 같이, 높은 正(+)의 相關關係(r=0.75)를 보여주고 있다.

그런데 여기서 영광의 추이가 보여주는 또 하나의 특징은, 지대량과 수납률의 양 추이가 일정한 時差(time-lag)를 보여주고 있다는 사실이다. 즉, 1850년대부터 지대수납률 추이가 먼저 하락하자 1860, 70년대에 들어 두락당 지대량도 하락하고 있었다. 각각의 순환의 저점도 1860~70년대와 1890년대 중반으로 약 10여 년간의 시차를 보이고 있다. 이것은 지주가인 신씨가에서 지대수납 실적이 부진해지자 일정한 시차를 두고 지대(부과)량 수준을 인하하고 있음을 의미한다. 만일 그렇지 않다면, 신씨가의 지대수납 실적은 더욱 저조해지고 작인들의 입장에서는 과중한 지대 부담 때문에 지주가에 불만을 갖지 않을 수 없다.

지대수납률의 추이는 전술한 신씨가 경영규모의 추이가 1850년대를 기점으로 급증에서 정체로 반전되었던 사실과 긴밀한 관련을 갖고 있다. 1850년대 이후 지대 수납실적이 20% 전후로 극히 부진해져 지주경영이 악화되자 토지 매득이 급감하면서 지주적 토지소유의 확대경향도 이 시기부터 정체적 양상을 보여주고 있었던 것이다.

여기서 두락당 지대량과 경영규모의 상관관세가 시사하는 신씨가 토지소유상의 특징에 대해 주목할 필요가 있다. 지대량 추이와 수납률 추이가 급감하는 1870년대 이후 신씨가의 경영규모는 그 수준으로는 감소하지 않고 오히려 300두락 전후에서 고정적인 수준을 보였다. 반면, 1890년대 중반 이후 지대량 추이가 상승해 지

---

47) 農業經營地帶구분상 영광은 全南稻作地域, 영암은 多島海沿岸稻作地域에 속하고 있으나(久間健一, 『朝鮮農業經營地帶の研究』, 農業總合硏究刊行會, 1950, 422~428쪽), 農業生産力構造상에 있어서는 거의 동질적인 지역이다(본고 서장 〈표 1〉 全羅道 各郡 生産力構造 참조).

주경영이 호전되고 있음에도 불구하고 신씨가에서는 19세기 전반
기와 같은 소유지의 확대는 나타나지 않는다. 이같은 사실은 전술
한 병작지 위치의 고정성에서도 확인되고 있다.

신씨가에서는 경기 호전에 따른 소유지의 확대가 나타나지 않을
뿐 아니라, 기존의 한말 일제하 지주제 연구에서 언급되고 있는 고
리대활동이나 여타 부문으로의 자본전환 사례도 확인되지 않는다.
신씨가의 토지소유 상에 나타난 장기간의 固定性은, 1876~1894년
의 농업위기를 경험하고 근대전환기라는 격동기를 살아가야하는
양반 재촌지주가에게 있어서는 오히려 자연스러운 보수적인 경영
행태의 한 단면이라고 할 수 있다. 19세기 말, 20세기 초의 호경기
에도 불구하고 신씨가와 같은 재촌 중소지주에게 있어서 상업적
농업의 전개나 적극적인 토지투자는 여전히 모험적인 투자행위에
속했다고 할 수 있다.

Ⅳ. 植民地期 動態的 地主化

1896년 이후 신씨가의 지주경영은 호전되어 1910년대 이후가 되
면 두락당 지대량과 지대수납률의 추이는 급격한 증가세를 보이고
있다. 1920년대에 이르면 지대량은 11두 대, 수납률은 70% 대에
달하면서 이전 시기(1896~1918)와도 상당한 차이를 보이고 있다.
이것은 분명 19세기에는 보지 못하던 지주경영의 안정화이다.

한말 이래 두락당 지대량의 상승 추이는 영광에서만 나타나는
고유한 현상은 아니며, 기존의 江華 洪氏家(1908~1928),[48] 寶城

---

48) 洪性讚, 「韓末・日帝下의 地主制硏究 - 江華洪氏家의 秋收記와 長冊分析
을 중심으로 - 」『韓國史硏究』33, 1981.

李氏家(1896~1944),49) 高敞 黃氏家(1915~1936),50) 求禮 柳氏家
(1902~1941)51) 등 여타 사례에서도 광범하게 확인되는 이 시기의
일반적인 농업 발전상이었다. 각각의 사례는 지대량 수준에 있어서
약간의 편차가 있지만 대체로 1900년대 10두 미만에서 1920년대에
는 10두 이상으로 상승하는 경향성을 보이고 있다.

그렇다면 이같은 상승의 요인은 무엇인가? 이에 대해 구례 류씨
가의 사례는 농업생산성의 상승을 둘러싼 풍부한 근거들을 전해주
고 있다. 여기서는 耐肥性에 강한 개량품종의 보급, 화학비료의 도
입과 시비기술의 개량, 병충해 방제기술의 개선, 개량묘판과 정조
식 이앙법의 도입 등 改良農法으로 대표되는 생산력상의 다양한
기술혁신이 도입·보급되고 있음을 보여주고 있다.52)

농법상의 이러한 변화상은 20세기 전반기 신씨가 지주경영에서
도 확인되고 있다. 그것은 단순히 지대량의 양적 증가뿐 아니라 地
主經營의 性格變化를 담고 있다. 신씨가는 이제 단순한 지대수취자
에 머무르지 않고 적극적인 소작지경영에 착수하고 있었다. 무엇보
다 추수기인 선자기가 1930년대부터는 『小作料收納原簿』, 『小作料
通知書』로 전환되는 과정 자체가 그것을 상징적으로 보여주고 있
다.53) 이러한 근대적 장부양식으로의 전환은 필자가 확인한 한에서
는 寶城 李氏家와 함께 본 사례가 유일한 것이다.54)

---

49) 洪性讚, 「韓末·日帝下의 地主制硏究-50町步以上 寶城李氏家의 地主經
營事例-」『東方學志』53, 1986.
50) 金柄夏, 『韓國農業經營史硏究』, 韓國精神文化硏究院, 1993.
51) 박석두 이두순, 『한말-일제하 양반 소지주가의 농업경영 연구-구례 류
씨가의 사례를 중심으로-』, 한국농촌경제연구원, 1993.
52) 박석두 이두순, 앞의 책, 50~63쪽.
53) 일제시기에 들어서 신씨가 농업경영관계문서로는 「土地小作契約書」, 「小
作料收納原簿」, 「小作料通知書」, 「小作料領收證」, 「小作料控」, 「小作料通
知書兼領收證書」 등이 확인된다. 특히, 이 가운데 다량 확인되는 소작료
통지서는 1931~35년간 시계열을 이루고 있으며(단, 1931년치는 불완전),
본서의 〈표 7〉에 이용하였다. 『集成』28, 522~606쪽.
54) 寶城에서도 추수기인 「西成記」(1896~1931)가 1930년대부터 「小作料收納

　소작관계에 있어 근대적 장부양식의 도입은 『土地小作契約書』(證書小作契約書)가 그 핵심적인 지위를 점하고 있으며, 거기에는 지주–소작간 소작경영을 둘러싸고 제반 주요 사항이 구두계약이 아닌 文書로서 규정되고 있었다. 기존의 소작관행에서 지주–작인 간 소작계약이 口頭로 이루어지고 지주의 임의에 의해 이작이 행해졌던 사실을 감안한다면 커다란 변화상이라고 할 수 있다. 다음의 인용문을 통해 그 일단을 살펴보자.

第一條　此小作期限은 昭和十三年 四月 三日부터 昭和十四年 壹月 十五日間으로 定함

第二條　小作料는 地主의 勘定에 依하야 每年 拾壹月末日(舊拾月末日) 內로 地主의 指定場所에 相違업시 納入할 事

第三條　小作地에 對한 防築堰狀□土等을 怠慢히하여 損害를 生하는 時는 該損害를 地主의 相當한 計算書에 依하여 無違 納入할 事

第四條　小作料斗量 又는 斤量과 包裝에 對해서는 地主의 指定에 依함

第五條　農作上에 對해서는 貴殿의 指導에 依하여 農産物改良增收에 努力하고 每年 優良種을 播種하여 乾燥調製 充分히 完全한 穀物을 納入할 事

第六條　小作地는 他人에게 轉貸치 못함은 勿論 承諾업시 地目地形及 土地에 永久한 損害를 生하는 變更等은 決코 行치 아니할 事

第七條　小作地는 期限內라도 地主入用의 境遇에는 何時던지 返還할 事

第八條　地主의 勘定前에 穀物은 一切 刈取치 아니할 事

第九條　小作地는 天災其他 不可抗力의 事變으로 收穫 五割 以上 減少할 時는 小作料를 地主가 此를 相當히 勘定할 事

第十條　本條項에 漏落된 事項은 一般習慣에 依하야 協定할 事[55]

簿」・「小作料納入通知書」・「小作料納入領收證」(1938~1944) 등으로 전환되고 있다. 洪性讚, 같은 논문, 1986, 164~165, 187, 189~190쪽.

55) 『集成』 28, 522쪽. 「토지소작계약서」는 1938년의 1개년치만 현전하지만, 소작료통지서가 1930년부터 발행된 것으로 보아 동년부터 통지서와 함께 작성되었다고 추정된다.

소작계약서에 나타난 작인에 대한 강한 지도·통제는 이전 시기에는 좀처럼 보기 힘든 강제 조항이다. 계약서는 小作期間의 명시(제1조), 水利施設의 관리(제3조), 優良品種의 보급 및 乾燥調製에 대한 강한 권고(제5조) 등을 주요한 내용으로 다루고 있다. 또 제2조, 제3조, 제4조, 제6조, 특히 제7조에 나타난 바와 같이, 작인에 대한 한층 강화된 地主權의 위상을 그대로 보여주고 있다.56) 신씨가는 이같은 내용을 종래의 구두계약이 아닌 문서계약으로 명문화하고 있었던 것이다.

1920~30년대에 걸쳐 신씨가의 두락당 지대량 수준이 상승한 것은 농업기술의 발전뿐 아니라 이러한 경영형태 상의 변화에 기인한 것이었다. 그러나 이같은 기술적인 측면만을 두고 신씨가의 농업경영을 合理的 地主經營으로 평가하거나, 종래 알려진 '動態的 地主'의 범주로 간주하는 것에 대해 필자의 입장은 회의적이다.

일반적으로 동태적 지주화의 지표로서는 ① 증서소작계약의 체결, ② 비료·農資의 대부, ③ 미곡시장에의 개입, ④ 수리사업에의 참여 등이 지적되고 있다.57) 그런데, 이같은 지표에 입각하는 한 신씨가를 동태적 지주의 범주에 포함시키는 것은 용이하지 않다. 그것은 동태적 지주의 전형인 비료·農資의 대부를 통한 생산과정에의 개입 즉, 소작인에 대한 주도한 통제가 확인되지 않기 때문이다. 나아가 활발한 고리대 활동이나 농업자본의 산업자본으로의 전환과 같은 적극적인 투자행위도 나타나지 않는다. 오히려 여기서 나타난 제변동은 완만한 '動態化'라는 지주행태의 변화과정으로 이해할 만한 것이다.

여기서 강조하지 않으면 안 되는 사실은, 재촌지주의 '동태화'가

---

56) 단, 1년차 소작기간을 명시한 제1조는 구두계약이 문서계약으로 이행하는 과도기적인 형태를 보여주고 있다. 즉, 실질적으로 1년차 구두계약이 그대로 문서화한 것에 다름 아니다. 아마도 이 조항은 이후 3년 전후로 연장되는 것이 일반적인 양상이다.

57) 東畑精一, 『日本農業の展開構造』, 農産漁村文化協會, 1978. 109쪽 참조.

대단히 완만한 과정을 그리고 있으며 구래의 지주경영과 단절적인 과정은 아니었다는 점이다. 20세기 초는 19세기 이래 동요·해체과 정에 있었던 촌락공동체·촌락질서58)가 갑오개혁(1894)을 계기로 지주제의 강화와 함께 재정비되고 있던 시기였다. 식민지기에 들어 서면 오히려 새롭게 族譜가 創刊·重修된다거나, 同姓村落을 중심 으로 族契, 婚喪契 등 공동체적 결속이 강화되고 있었다.59) 이같은 촌락질서의 변화상은 식민지기에 들어서 有力在村地主層 예컨대, 有志나 宗家 등에 의해 주도되고 있었다.

제한된 범위에서 이루어지는 재촌지주의 합리적 지주경영도, 스 스로 재건하고 있는 村落秩序·小作慣行과 충돌할 가능성 즉, 촌락 내에서 동리민(=작인)과 마찰을 초래할 개연성을 안고 있었다. 더 구나 신씨가는 독배기(立石)라는 집성촌의 兩班 宗家地主로서 촌 락질서의 유지자라는 전통적인 신분관계로부터 자유로울 수 없었 다. 다음은 신씨가가 立石村契(1929)를 갖으면서 작성한 계문서의 完議이다.

一. 禊員 一切 團合하야 酒色才技 其他 諸般惡習을 改整하고 美風을 振興할 事

一. 水火也와 盜賊也와 疾病也와 死喪也와 孤弱也와 誣枉也와 賣巫者 를 極爲 救恤할 事

一. 小作地를 無故히 移轉을 當한 者면 其爲 周旋하야 期於還作케 할 事

一. 設禊基本은 三年爲限하고 一日式 相頭貸金으로 鳩聚하야 逐年秋 講信時 各員下 正租貳升式 補入할 事

一. 利息은 五割例로 爲定하야 並本利 支拂할 事

一. 租壹石과 金拾圓 以上의 典樣[典當 … 拙譯]이 無하면 出給지 아

---

58) 정진영, 「18, 19세기 士族의 村落지배와 그 해체과정-大邱 夫人洞洞約 을 중심으로-」, 鄕村社會史硏究會, 『조선후기 향약 연구』, 1990(정진영, 『조선시대향촌사회사』, 한길사, 1997, 제2부 제3장 所收) 참조.

59) 李榮薰, 『韓國 市場經濟와 民主主義의 歷史的 特質』, 韓國開發硏究院, 2000, 73~75쪽.

　　니할 事
一. 金租間 出利난 農費나 婚葬以外난 一切 不給할 事
一. 講信日時는 每年至月五日로 完定할 事
一. 右記 諸約을 終始 遵行하기[60]

　契案의 첫 번째 조항은 동리 내 계원 간 악습을 개정하고 미풍
양속을 진흥시키자는 촌계문서에서는 상투적으로 등장하는 조항이
다. 상호 救恤과 扶助를 규정한 두 번째 조항도 같은 맥락에서 이
해할 수 있다. 네 번째 이하는 契金의 운영방식에 대한 조항들로
立石村契의 殖利的 성격을 반영하고 있다. 금전의 수수를 동반한
상당히 강한 결사체의 모습을 보여주고 있다.

　우리의 관심을 끄는 것은 소작지의 무리한 沒收・移作을 엄금하
고 있는 세 번째 조항이다. 과연 이 조항이 어느 정도의 구속력과
실효성을 갖고 있었는지는 의문이지만, 계안의 두 번째 조항과 함
께 이 세 번째 조항은 신씨가가 재촌지주로서 동리민・작인들과
互惠的인 관계를 유지하는 것에 상당한 주의를 기울이고 있음을
보여주고 있다.

　신씨가는 양반 재촌지주로서 일상적으로 대면하는 동리민(작인
포함)과 일종의 가부장적 입장에서 集團的 生存倫理를 공유하고
있었다고 생각된다.[61] 신씨가 종손인 辛克洙(1889~1962)는 촌계

---

60)「己巳六月四日立石村契案」『集成』 28, 78쪽.

61) 이상 본서에서 구사하고 있는 集團的 生存倫理와 經濟的 合理主義라는
　　개념은 각각 James C. Scott(The Moral Economy of the Peasant, New
　　Haven and London, Yale University Press, 1976)와, Samuel L.
　　Popkin(The Rational Peasant, University of California Press, 1979)에
　　의한다. 원래 Scott-Popkin論爭은 20세기 전반 동아시아 일대의 농민운
　　동(소작쟁의 포함)을 설명하는 논쟁과정에서 전개된 것이다. 촌락내에서
　　농민(지주 포함)들은 농민운동을 전개함에 있어 어떠한 행동원리에 의
　　거하는가에 대하여, Scott은 집단적 생존윤리에 의해, Popkin은 경제적
　　합리주의에 의해, 각각의 요인을 설명하였다. 최근 신기욱은 자신의 주
　　어진 경제여건 속에서 상황에 따라 변할 수 있는 합리적인 조선농민상

의 座長으로서 또 입석 同族村의 辛氏家 門長으로서 입석 촌계를
주도하고 있었다. 신극수가 序한 村契의 서문은 이 점을 확인함에
있어 시사하는 바 크다.

契라는 것은 禊로, 계는 會合에 있다. 대저 尊華攘夷는 聖門의 大義요,
萬世垂範의 지극한 義다. 옛 사람 중에 蘭亭(왕희지)의 修禊와 香山(백거
이)의 結社와 元豊(曾公)의 樂道 또한 尊華의 일이 아닌 것이 없으니, 시
대가 다르고 이름이 다르다고 하나 그 義는 곧 하나다. 또 德業相勸, 過
失相規, 患難相恤 등은 呂氏鄕約의 규약인데, 진실로 능히 이것을 행하고
옮긴다면 나라(邦國)도 또한 이것을 행할 따름이다. 아! 尊華의 덕을 숭
상함은 옛날에도 어려웠거늘 하물며 지금 말세에 사람들의 욕심이 횡행
하는 세상에서랴. 風俗이 頹敗하여 百行이 옛날과 같지 않은 즉 이는 蘭
亭香社가 천년에 이르기까지 그 德化를 미치는 所以이다. 사람들 또한 爲
志의 선비가 바로 풍속을 마땅히 세우는 때가 아니겠는가. 故로 同志와
諸友가 개연히 이를 發論한 즉 이 禊를 설치하는 연유이다. 인하여 나에
게 序를 청하니 이 글을 쓰는 까닭이다. 생각건대 우리 한마을에 사는 여
러 사람들이 함께 절하며 飮하고 아침에 시작하여 밤을 세워 끝나니, 그
실제 이치는 곧 孔懷(공자의 무리)의 사람들과 다름이 없다. 그러나 밖으
로는 일찍이 곧 規矩의 道를 수습함이 없으니 이는 곧 痛切한 처지이다.
不孝, 非悌, 違法의 행위와, 풍속을 어그러뜨리고 거짓으로 더럽히고 옛것
을 배반하는 일을 마음에 충심으로 고하여, 그로 하여금 선을 향하고 악

을 제시하고 있다(즉, Rational Peasant). 특히, 그는 식민지기의 소작쟁
의, 농민운동(赤色農民組合운동) 또한 농민들의 합리적 선택에 의한 개
량적 경제투쟁의 성격을 가진다고 파악하였다(Gi-Wook Shin, Peasant
Protest and Social Change in Colonial Korea, University of Washington
Press, 1996). 한편 동논쟁의 함의를 村落社會史라는 시점에서 조선농업
사에 전면적으로 적용한 松本武祝은 식민지기 조선 재촌경작지주층('篤
農家' '地方有志')에 주목하면서, 촌락내에서 집단적 윤리의 존재를 전제
로 하면서도 Popkin의 경제적 합리주의에 근거하여 개인주의적 선택을
하게 되는 새로운 의미의 '동태적 지주론'을 제기한 바 있다. 특히, 1910
년대 촌락내 '內濟能力'(내부갈등의 조정능력)을 유지하고 있던 재촌경
작지주층은 1930년대 전반 농업공황을 계기로 경제적 침체, 총독부권력
과의 대립관계가 형성되면서 구래 촌락질서의 조정자로서의 역할을 상
실해가고 있었다(同, 「植民地權力と朝鮮農村社會」『商經論叢』31-2 神奈
川大學 1996; 同, 『植民地權力と朝鮮農民』社會評論社 1998).

을 배척하는 것을 제일의 목적으로 삼게 할 것이니 곧 어찌 삼가지 않으
리오. 삼가지 않으리오. 또한 국화가 지고 단풍나무가 붉어지는 사이에
햇살이 밝은 날에 서로 회합하여 무리를 따라 禊를 만들어 해를 놓아 법
도를 마련하고는 곧 그 蘭亭香社를 보니 누가 현명한지 아닌지를 알지
못하겠다. 다소의 여러 뜻을 대략 들어 뒤에 예시하니 번거롭다 할 수 없
을 따름이다. 人文이 또한 弁卷의 직임을 감당하지 못하나 그 의미는 곧
대략을 다음과 같을 뿐이다(完議 전술 … 인용자). 歲在己巳六月一日 辛
克洙序62)

  신씨가 종손인 신극수(1889~1962)는 동리의 村長으로서 또 집
성촌의 門長으로서 "不孝, 非悌, 違法"등 당시의 風俗紊亂 및 紀
綱解弛 현상을 개탄하면서 呂氏鄕約을 본받아 새삼 "蘭亭香山의
規矩의 道"를 밝혀야 함을 제기하고 있다. 인용문은 과거의 아름
다운 미풍양속을 이어받아 契를 재건해야 함을 은유적으로 표현
하면서, 새롭게 創契된 촌계를 통해 촌락질서를 재건하고자 하는
질서유지자로서의 신씨가의 모습을 보여주고 있다.
  다음의 〈표 8〉은 立石村契案의 座目을 제시한 것이다. 여기서는
촌계의 규모와 성격을 분명히 하기 위해 1797년 鄕約案도 附記하
였다.
  1797년 향약안은 16세기 말 辛惟一(1569~1632)에 창설되고 18세

---

62) 契也者禊也 禊在會合也 夫尊華攘夷 聖門大義 而萬世垂範之至義也 古人
    之蘭亭之修禊 香山之結社 元豊之樂道 亦無非尊華之事 而時異名殊 其義
    則一也 且德業相勸 過失相規 患難相恤 呂氏之鄕約也 而苟能爲此則推之
    邦國亦爲此而已耳 呼尊華尙德 於古爲難 況今叔季人欲橫行之世乎 風俗頹
    敗 百行不古 則此蘭亭香社之所以馨響千載者也 人不亦爲志之士 正宜樹風
    之秋也 故同志諸友槪此發論 卽斯禊之所由設也 因余請序 卽斯文之所以書
    也 惟我僉員一里以居 同拜以飮 普日以作 通夜以息 其實理則無異孔懷之
    人 而外則尙無收拾規矩之道 此卽爲痛切處也 不孝非悌違法之行 敗風汚僞
    背古之事 雷心忠告 使之向善背惡第一的地 則豈不愼哉 豈不愼哉 且於菊
    黃楓丹之間 蠲日相會 從衆修禊 放年度了 則其視蘭亭香社 未知孰賢否也
    多小諸意略擧後例 不可煩衍耳 人文且不堪弁卷之任 然其意味則若是梗槩
    云爾 歲在己巳六月一日 辛克洙序「己巳六月四日立石村契案」『集成』28,
    76~7쪽.

〈표 8〉 契文書(座目) 分析

姓氏別	金	丁	李	辛	徐	朴	韓	其他	計
1797年「鄕約案」	39 (19.4)	27 (13.4)	24 (11.9)	19 (9.4)	17 (8.4)	14 (7.0)	4 (2.0)	57 (28.4)	201 (100.0)
1929年「村契案」	3 (9.1)	1 (0.3)	3 (9.1)	24 (72.7)	0 (0.0)	1 (0.3)	1 (0.3)	0 (0.0)	33 (100.0)

주 : 괄호 안은 구성비

기 말 辛修黙(1768~1822)에 의해 重修된 군 레벨의 首領鄕約이다.63) 수령향약이란 집단주의적 내용의 규약 및 향촌질서가 민인들의 자발적 의지에 의해 형성된 것이 아니라 위로부터 官이 啓導的으로 부과한 향약 형태이다. 향약의 約條를 보면 각 면별로 執綱 1인과 直月 1인을 두고 각 촌락별로 里長 1인을 두는 지역적 안배를 하고 있으며, 姓氏도 비교적 고르게 분포되어 있음을 볼 수 있다.

그런데 20세기 전반에 들어서 형성된 입석 촌계는 동리 레벨로 그 규모가 축소되면서 계원도 거의 신씨 일색으로 구성되어 있다.64) 이것은 일차적으로 향약과 촌계의 성격 차이에 기인한 것이지만, 집성촌 내에서 촌락 단위의 소규모 공동체의 형태로 기존의 촌락질서가 재편되고 있는 모습을 보여주는 것이다. 입석 촌계는 동성촌락 하에서 지연공동체(=村契)의 외관을 띈 혈연공동체(=族契)에 다름 아니었다. 19세기 이래 향촌질서가 해체됨에 따라 신씨가에서는 郡·面 단위의 향촌지배보다는 촌락 단위의 族的 結合을 통한 촌락질서의 재건을 모색하고 있었던 것이다.

신씨가는 한편으로는 촌계를 통해 족적 결합을 강화함으로써 19

---

63) 「丁巳十日月○○鄕約案」『集成』28, 43~74쪽. 이 향약안에 대한 자세한 설명은 李海濬, 「고문서를 통해 본 호남지방의 촌락」『호남지방 고문서 기초연구』, 한국정신문화연구원, 1999 참조.

64) 신씨가 종손 辛鎬俊(1936~)에 의하면, 영광에 세거하는 신씨는 모두 寧越 辛氏家라고 한다.

세기 이래 해이해진 촌락질서를 재건하고, 다른 한편으로는 촌락
민·작인과 집단적 생존윤리를 공유함으로써 촌락질서의 유지자로
서의 입지를 강화하고 있었다. 따라서 재촌 양반지주로서 신씨가는
스스로 재건한 촌락질서를 저촉할 가능성 때문에 경제적 합리주의
만으로 주도한 지주경영을 행하는 것이 불가능하였다. 신씨가에게
는 촌락민과 호혜적 관계를 유지하고 그들과 집단적 생존윤리를
공유하는 것이 자신의 지위를 공고화하기 위해 무엇보다 절실한
과제였던 것이다.

근대는 의식 속에서 전통적 신분관계를 강화하고 있었다. 우리가
전통적이라 간주하는 것들도 극히 근세에 들어서 관념적으로 형성
된 관행과 질서체계의 일 부분이다. 신분제의 해체라는 사실과는
역설적으로 양반이라는 생활의식도 오히려 근세에 와서 재건되고
강화되었음에 주목할 필요가 있다.[65] 이에 따라 농촌의 재촌지주
들도 촌락 지배질서를 재건하는 과정에서 전통적 신분관계·혈연
관계를 통해 자신의 입지를 확대해나가고 있었다.

요컨대, 지주경영에 있어 재촌 중소지주의 성격전환은 촌락질서
를 저촉하면서까지 경제적 합리주의만을 제기하는 급격한 '동태화'
의 과정은 아니었다. 오히려 동리만과의 집단적 생존윤리가 촌락질
서를 저촉하지 않으면서 합리적 지주경영을 행하는 것을 보완하고
있었다. 일제 식민지기는 분명 새로운 지주-소작관계·촌락질서
가 재건되던 격동기였지만, 그 과정이 급격하거나 단절적인 과정은
아니었다.

---

65) 宮嶋博史, 『兩班 - 李朝社會의 特權階層』, 中央公論社, 1995; 李榮薫, 『韓國
市場經濟와 民主主義의 歷史的 展開』, 韓國開發硏究院, 2000.

第4章

農民經營의 變動樣相
－靈光 辛氏家의 作人層을 중심으로－

19세기 조선 농촌사회의 기본적인 생산관계는 地主制였다. 지주제의 경제적 성격 및 그 역사적 특질을 확정함에 있어 우선적으로 요청되는 문제는, 지주제의 토대를 이루는 直接生産者의 존재형태에 대한 철저한 究明이라 할 수 있다. 제4장에서는 전장의 문제의식을 이어받아 19세기 전반~20세기 전반에 걸쳐 農民經營은 어떠한 변동과정을 노정하고 있었는가 하는 점을 주요한 과제로 하고 있다.

농민경영의 시각에서 농업변동 및 지주제를 다루려고 하는 문제의식은 李榮薰의 정열적인 연구에 의해 본격화되었다. 그는 조선후기·개항기에 걸쳐 農民分化의 長期趨勢에 관한 약 30여 개의 사례를 보고한 바 있다.[1] ① 농민분화의 기본추세는 상층농이 감소하고 중·하층농이 증대하는 零細均等化 현상으로 요약할 수 있으며, 이같은 영세균등화 추세는 신분제의 해체에 따른 挾戶의 자립적 소경영으로의 성장이라는 구조적 변화의 내용을 담고 있었다. ② 여기에 조선후기 농업생산력 발전의 주체였던 集約的 小農農法이 소농민경영의 성장·발전을 근저로부터 규정하고 있었다. ③ 이렇게 성장하는 안정적 구조의 집약적 농민경영을 생산력적 기초로 하여 지주제가 발전하고 있었다. 그러나 소농민경영이 지니고 있는

---

1) 李榮薰, 「19世紀 農業變動의 一樣相 - 慶南 金海郡 內需司庄土의 事例를 中心으로 - 」『經濟史學』 6, 1983;「朝鮮後期 農業變動의 基本樣相에 관한 諸事例의 分析」『歷史學報』 102, 1984;「開港期 地主制의 一存在形態와 그 停滯的 危機의 實相 - 明禮宮房田에 관한 事例分析 - 」『經濟史學』 9, 1985;「19세기 農民經營의 分化趨勢와 階層別 存在形態 - 慶尙道 南海 龍洞宮庄土에 관한 事例分析 - 」, 韓國精神文化研究院, 『韓國의 社會와 文化』 13, 1990. 전 2편의 논문은 李榮薰, 『朝鮮後期社會經濟史』, 한길사, 1988, 제4부 「小農民經營의 發展과 地主制의 展開」에 所收. 위의 문제의식은 同書 제4부에 집약되어 있다.

재생산구조의 불안정성 때문에 지주제는 그 구조적 취약성을 완전
히 극복할 수 없었다는 것이다. 이와 같이 조선후기 농업변동의 방
향을 직접생산자 소농민경영의 동향에서 찾고 농민경영의 시각에
서 지주제의 동태를 논하고 있는 그의 立論은, 선진적인 방법론으
로서 시사하는 바 크며 향후 지주제 연구의 주요한 준거 틀을 제공
하고 있다고 생각한다.

농민분화 추이에 있어서 영세균등화의 경향, 18세기 중반 이래
신분제 해체에 따른 자립적 소농민경영의 성장이라는 그의 견해는
현재 학계의 폭넓은 지지를 받고 있다. 그런데 집약적 소농농법이
소농민경영의 안정화를 가져오고 이것이 지주제 성장의 생산력적
기초를 제공한다는 사실은, 그 중간단계로서 집약적 소농농법이 높
은 토지생산성(=농업생산력)을 실현한다는 것을 전제하고 있음에
유의해야 한다. 인구증가에 따라 조방적 대농농법이 零細錯圃制 및
勞動力의 多投를 중핵으로 하는 집약적 소농농법으로 이행한다는
점은 일반적으로 인정되는 사실이지만, 실제로 19세기에 걸쳐 소농
농법이 높은 토지생산성을 실현한다는 점에 대해서는 추가적 논의
의 여지를 남겨놓고 있다. 현재의 연구사 수준에서는 소농민경영의
안정화를 떠받칠만한 생산력적 발전은 여전히 확인되지 않았음에
주목하지 않으면 안 된다.

최근 忠南 瑞山 부재지주가의 秋收記(1832~1874년)를 분석한
崔潤晤의 연구에 따르면, 오히려 斗落當 地代收取量은 분석 전 기
간에 걸쳐 하락하고 있음이 확인되었다.[2] 이같은 분석결과는 安秉
珆의 果川縣의 사례와도 유사한 것이다. 과천현에서도 토지생산성
(田畓推定實收; 代錢)은 1849~90년간 상승과 하강을 반복하면서
도 1882년부터는 급격한 하락 경향을 보이고 있다.[3] 특히, 여기서

---

2) 崔潤晤, 「18·19세기 서울 不在地主의 土地集積과 農業經營」, 金容燮教授
停年紀念韓國史學論叢刊行委員會, 『韓國 古代·中世의 支配體制와 農民』,
지식산업사, 1997. 이 논문에서의 지대수취량 추이는 분석기간내 장기지
속한 2개의 필지만을 摘出하여 분석한 것이라는 한계점을 갖고 있다.

는 작인의 빈번한 교체(그에 따른 경작기간의 단기성), 경작면적의
영세화, 농민궁핍화 등을 주요한 내용으로 하여 作人層의 不安定性
이 지주제의 정체를 초래하고 있음을 보여주었다. 가령 이 두 지역
에서도 경영분화에 있어 영세균등화 현상이 일반적이었다고 한다
면, 소농민경영의 입장에서는 경작규모의 감소와 함께 수확량의 정
체 혹은 감퇴를 경험하게 되는(여기에 빈번한 작인의 교체 현상이
가세), 그야말로 농민분화에 있어서는 全層的 下降分解(=農民沒
落)를 연출하고 있다고 밖에 해석할 수 없는 것이다.

19세기 이래 한해·수해 등 자연재해의 내습, 수리시설의 황폐화
에 따른 대규모 진전의 발생이라는 제1장의 사실을 상기한다면, 이
같은 농업생산력의 정체 및 감퇴는 용이하게 유추 가능한 현상이
라고 생각된다. 1840년대 혹은 1860년대부터가 위기의 시대임은 그
때부터 조선 각지에서 동시다발적으로 발생한 민란이 스스로 말하
고 있다. 농업생산구조의 붕괴, 농촌사회의 불안정 위에 국가로부
터의 수탈적인 賦稅行政이 가세하면서 19세기 조선사회는 스스로
의 모순을 심화시키며 결국 거대한 농민전쟁을 전망하고 있었던
것이 아닐까.

현재까지의 연구사 상황을 돌이켜 볼 때 우선적으로 요청되는
것은 기초적인 사실의 확인작업이다. 구체적인 사실관계에서 19세
기 조선의 농업생산력은 어떠한 발전단계에 있었는가, 그 속에서
농민경영은 어떠한 변동양상을 ㄴ정하고 있었는가. 이 장의 목적은
중앙 관찬자료와 신씨가 고문서를 대비하면서 19세기 후반 영광지
역의 농업위기의 요인을 구명하고, 19세기 농민경영의 장기적 동태
를 20세기 전반과 비교론적으로 파악하고는 데 있다.

---

3) 安秉珆, 「民田の構造 - 京畿道果川縣在地地主經營分析」 『朝鮮近代經濟史
研究』, 98쪽, 1975.

I. 作人의 存在形態

영광 신씨가와 그 작인들의 생활공간이자 농업환경이었던 道內面(現 靈光邑) 立石 일대의 경지배치 상황을 제3장의 [그림 1]을 통해 다시 살펴보도록 하자. 입석(元立石)은 寧越 辛氏 일족을 중심으로 한 30戶 전후의 同族 마을이다. 전술한 바와 같이, 신씨가의 소유지는 입석을 중심으로 大三坪, 元堂坪, 築下坪, 新大坪(新垈坪, 新畓坪), 牛(墨)坪 등 10여 개 뜰(坪)에 걸쳐 있으며, 경지의 분포 상 몇 개의 특정 지역에 집중되어 있는 특징을 보이고 있다. 1867년에는 전체 병작지 267.8두락 가운데 상위 4개坪의 합이 201斗落으로 75.0%, 1877년에는 상위 4개평이 전체 270두락의 68.1%, 1911년에는 상위 2개 동리가 전체 358.8두락의 무려 80.8%를 점하고 있다.4) 소유 경지의 상당 부분이 입석촌전의 지주가를 중심으로 반경 1.5km 내에 집중되어 있다. 각 시기별로 그 구성비를 보더라도 이같은 집중성은 20세기 전반기에 들어서도 큰 변동 없이 유지되고 있었다.

일반적으로 작인의 거주지는 소작지와 같은 동리이거나 그 인접지인 경우가 많다. 그것은 작인이 농작업을 주도면밀하게 행하기 위한 필수조건이다. 신씨가 작인들의 경우도 일부의 예외를 제외한다면 이러한 일반적인 경향에서 벗어나지 않았다. 1877년『野草記』

---

4) 그 내역을 자세히 살피면 다음과 같다. 1867년『野草記』大三坪 60.0두락 (22.4%), 元堂坪 56.0두락(20.9%), 築下坪 52.0두락(19.4%), 新畓坪 33두락(12.3%) 총 9개 坪 267.8두락(100.0%); 1877년『野草記』대삼평 57.0두락(21.1%), 원당평 56.0두락(20.7%), 축하평 43.0두락(15.9%), 신답평 28.0두락(10.4%) 총 14개 평 270.0두락(100.0%); 1911년『結數連名簿』牛坪 151두락(42.1%), 立石 139두락(38.7%) 총 5개 里 358.8두락(100.0%). 1911년의 洞里는 行政里名임.

는 신씨가 야초기(4개년치) 가운데 경작지의 위치와 작인의 거주지를 동시에 보여주는 유일한 것이다.5) 이 야초기는 추수기와 달리 작인(의 거주지)을 중심으로 작성되어 徵稅記로서의 성격을 단적으로 보여주고 있다.

1877년 야초기에 따르면, 신씨가 소유지 총 61夜昧[배미], 270斗落 가운데 작인의 거주지와 경작지간 거리가 0.5km 미만인 경우가 15배미(24.6%), 0.5~1km인 경우가 32배미(52.4%), 1~1.5km인 경우가 6배미(9.8%), 1.5~2km인 경우가 1배미(1.7%), 2km 이상인 경우가 7배미(11.5%)이다. 크게 보아 총 61배미 가운데 47배미 (77.0%)의 경지가 1km 이내에 위치해 있었다. 이같이 작인의 거주지와 경작지 간에는 상당한 近隣性이 확인되고 있다.

전술한 바와 같이, 신씨가의 소작지가 지주가를 중심으로 반경 1.5km에 집중되어 있었기 때문에, 立石村前을 중심으로 지주가, 작인의 거주지, 경작지 이 3자 간에는 상당한 근린성이 확인된다고 할 수 있다. 이에 따라 촌락 내에서 작인들과 지주가인 신씨가와의 일상적 교섭(對面性)도 빈번하게 이루어지고 있었다. 이들은 작인이기 이전에 입석의 洞人들이다. 이들은 신씨가의 소작지만을 소작했던 것은 아니며 여타 지주의 소작지도 경작했을 것이며, 역으로 여타 작인들의 신씨가 소작지에 대한 入出도 빈번하게 진행되고 있었다.

그렇다면 신씨가 작인들은 어떠한 신분의 존재들이었는가? 이 점에 내해 신씨가의 추수기는 극히 간략한 사실만을 보여줄 뿐이다. 선자기 상의 時作名은 일부 姓名 3字의 형태도 있지만 대부분 名 2字의 형태를 취하고 있었다. 이같은 기재방식은 야초기도 마찬가지인데, 제1장에서 살펴본 量案 상의 그것과 동일한 것이다. 선자기 상의 이같은 기재방식은 선자기가 끝나는 1929년까지 일관되게 유지

---

5) 표제명은 「丁丑野草」이다. 기재내용은 작인의 거주지, 작인명, 경작지의 위치, 경작면적, 선자량, 種租 순이다. 『集成』 28, 209~13쪽.

되고 있었다. 때문에 이름만으로는 이들이 양반인지 노비적 존재인
지 알 수 없다. 시작명 가운데에는 신분을 나타내는 표기로서 ○生
員, 宅號, ○書房, ○奴○○, 宗人○○ 등이 있지만, 그 수는 소수에
그치고 있으며 대체로 1860·70년대에 이르면 사라지고 있다.

신씨가의 戶籍에는 「賤口秩」란에 奴婢名이 기재되고 있었다. 신
씨가에서는 18세기 이래 1861년까지 꾸준히 등장하던 20~30구의
노비가 1879년부터는 완전히 사라지고 있다.[6] 이에 따라 노비를
주요한 노동력원으로 하는 가작지의 규모가 低位에 그치고 있음은
제3장에서 전술한 그대로이다. 신씨가의 소유 노비가 전혀 없다는
극단적인 해석은 불가능하지만, 이같은 현상은 선자기 상의 표기방
식의 변화와 함께 19세기 후반 身分制 解體의 일반적인 경향을 보
여주는 것이라고 생각된다.

이같은 노비수의 감소는 18세기 이래 신분제의 변동과정에서 일
반적으로 지적되고 있는 사실인데, 최근 발굴된 醴泉 朴氏家의 사
례에서 그 구체적인 사실을 확인할 수 있다.[7] 18세기 말 이래 15
구 전후를 기록하던 박씨가의 大宅 노비수는 19세기 전반 박씨가
의 경제적 쇠퇴와 함께 점차 감소하다가 1870년대 들어서는 10구
이하로, 1890년대에는 3구로 급감하였다.

종래 노비수가 감소한 원인으로서는 逃亡奴婢의 증가에 기인한
다고 알려져 왔지만, 여기서는 오히려 노비세습 원리의 변동 즉,
奴 세습의 중단이 가장 큰 요인으로 지적되고 있다. 婢의 경우에는
여전히 그 신분이 세습되었지만, 奴의 경우 從良法 하에서 그 신분
은 더 이상 세습되지 않았고 당대에 한해 雇人이라는 期限附隷屬
人으로 변질되고 있었다.[8] 따라서 노는 주로 매득에 의해, 비는 세

---

6) 표제명은 「靈光郡道內面立石里戶籍單子」이다. 『集成』 28, 383~402쪽.

7) 李榮薰, 「18·19세기 大渚里의 身分構成과 自治秩序」, 안병직 이영훈 편
저, 『맛질의 농민들 - 韓國近世村落生活史 -』, 一潮閣, 2001.

8) 李榮薰, 「18-19世紀 奴婢 世襲原理의 변화 - 江原道 原州牧 權氏 兩班家
의 事例分析 -」 『李樹健教授停年紀念韓國中世史論叢』, 2000.

습에 의해 재생산되고 있었던 것인데, 박씨가 지주경영의 쇠퇴에
따라 奴의 매득이 정체하면서 소유 노비수가 감소하고 있었던 것
이다. 이에 따라 大渚里 洞里民 가운데에는 노비의 後裔로서 자유
인이 된 자가 늘어갔다. 이러한 과정이 누적되면서 이전의 良人과
노비의 구분이 애매해지면서 새로운 의미의 '下民'들이 생겨나고
있었다.

19세기에 들어서면 지주제에서 신분은 더 이상 중요한 변수가 아
니었다. 이 단계의 지주제는 經濟的 借地關係의 성격을 강하게 띠
면서 작인구성에서의 신분적 개방성을 그 최대의 특징으로 하고 있
었다.9) 여기서는 오히려 노비작인·평민작인·양반작인 간의 무차
별성에 주목하고 싶다. 이 가운데 작인층의 대다수를 점하고 있는
전 2자의 小農들이, 이 시기에 들어 과거 奴婢的·雇農的 존재에서
신분상으로 解放되는 과정에 있었음에 주목할 필요가 있다.10)

영광 신씨가의 추수기인 『先尺記』는 1930년대에 들어 『小作料通
知書』, 『小作料控』 등 근대적 장부양식으로 전환되었다. 다음의 〈
표 1〉은 이 자료를 통해 1930년대 전반 작인구성을 살펴본 것이다.
1931년 치는 자료상의 缺失이 있지만, 나머지 4개년 치는 소작지의
규모로 보아 신씨가의 소작지를 대부분 수록한 것으로 보인다.

『小作料通知書』와 『小作料控』은 『先尺記』와 달리 작인의 이름을
戶名이 아닌 姓名 3字의 형태로 기재하고 있었다. 이같은 기재양식
상의 장점을 활용해 辛氏 성을 가진 작인만을 摘出한 것이 표의
우단에 제시한 구성비이다. 자료가 불완전한 1931년을 예외로 하
면, 1932~35년간 전체 작인 가운데 신씨 성의 구성비는 40%를 상
회하고 있다. 이것은 立石[독배기] 마을 자체가 영월 신씨 집성촌
이라는 어쩌면 당연한 사실의 결과일지도 모른다. 제5장에서 후술

---

9) 이같은 시각의 연구로서 金鴻植, 「大韓帝國期의 역사적 성격」, 金鴻植외,
『대한제국기의 토지제도』, 民音社, 1990 참조.
10) 이에 대해서는 李榮薰, 『朝鮮後期社會經濟史』, 한길사, 1988. 제3부 朝鮮
後期 農民經營의 存在形態의 각 논문 참조.

〈표 1〉1930年代 辛氏家 小作地內 作人構成

年度	作人數	斗落數	筆地數	辛氏	同左%
1931	22	149.1	42	12	54.5
1932	68	372.7	108	28	41.2
1933	70	411.6	122	28	40.0
1934	60	345.6	112	25	41.7
1935	66	387.1	119	29	43.9

자료 :『小作料通知書』『小作料控』

하겠지만 이 일대의 신씨 성은 모두 寧越 辛氏이다.[11] 따라서 작인
의 40% 强은 지주가와 一家 親戚인 것으로 확인되고 있다. 나머지
60% 弱의 작인은 동리 내 각성의 일반 작인과 과거 신씨가의 노
비·雇工의 후예일 것으로 추정된다.

신씨가의 일반 작인 가운데에는 과거 신씨가의 노비 후예가 적
지 않게 포함되어 있었다. 전라도 求禮의 재촌지주가인 柳氏家의
사례를 참고하면,[12] 오미동이라는 집성촌을 배경으로 1910년대까
지 60% 전후한 작인이 지주가 노비의 후예로 확인되고 있다. 1920
년대부터는 노비 후예 작인들의 離農이 빈번함에 따라 지주가 경
작지에서 노동력부족 사태가 발생하면서 몰락한 일가 친척들이 그
빈자리를 메우고 있었다.

---

11) 辛氏家 宗孫 辛鎬俊(1936~)에 따르면, 立石 인근의 辛氏는 모두 寧越
辛氏家로서 일가친척들이라고 한다. 이같은 증언은 제5장의 입석리 제적
부 분석과 일치하고 있다.

12) 구례 류씨가의 노동력 원천은 한말의 경우 과거 노비의 후예들이 그 주
류를 이루었으나, 1920년대 후반부터는 몰락한 일가 친척들이 노력공급
원으로 등장하고 있다. 1920년대 중반 이전에는 가작지에서 다수의 머슴
(賣身)을 고용하였는데, 이 경우 자신이 이른바 '해방노비'이라도 그 아
비가 노비였다면 류씨가에 머슴을 살아도 雇奴가 된다고 한다. 주인과
노비간의 주종관계가 신분제 해체에 따라 경제적인 관계로 전환된다고
하더라도, 사회적·인격적 예속관계는 의식 속에서 엄존하고 있었던 것
이다. 이두순 박석두,『한말-일제하 양반 소지주가의 농업경영 연구-
구례 류씨가의 사례를 중심으로-』, 한국농촌경제연구원, 1993, 103~124
쪽 참조.

신씨 일족의 작인들과 과거 노비의 후예들은 몰락한 자유농민들
이었다. 1930년대 전반의 이같은 作人構成이 과연 어느 시기까지
소급될 수 있을지는 알 수 없으나, 심각한 노동력 부족을 겪고 있
는 집성촌의 또 하나의 특징이라는 사실을 지적하기에는 충분하다.
이들은 洞里民으로서 신씨가와 일상적 교섭(對面性)을 빈번히 하
면서 소작인으로 존재하고 있었다. 동족이 작인의 상당수를 이루는
신씨가의 작인구성은 집성촌이 발달한 지역에서는 오히려 보편적
인 노동력구성이었을지도 모른다.

Ⅱ. 農業危機의 要因

19세기 영광지역의 농업변동 가운데 나타난 특징적인 현상 중
하나는, 농업생산력의 정체 내지 감소 추세와 그에 따른 농민경영
의 불안정성의 심화이다. 이같은 長期趨勢는 단기간의 변동을 넘어
장기적으로 관철되는 일종의 경향성을 띠고 있다. 브로델에 정의에
따르면, 이것은 "다른 변동들의 잔재 같은 것"이며 많은 콩종끄튀
르(급격한 변동, 국면전환)의 "누적적인 과정"으로서 단기·중기
순환을 包絡하는 가장 긴 사이클(trend seculaire)이다.[13]

영광의 두락당 지대량의 추이는 여러 개의 斷層的인 기간을 포
괄하는 하나의 순환으로 이해할 수 있다. 이 장기추세는 브로델이
말한 대로 1890년대 중반을 低點으로 한 "거대한 사이클(순환)"을
이루고 있다. 1843년, 1861년, 1876·77년의 歉荒, 1888년의 極凶,
1894년의 갑오농민전쟁, 1910년대 후반 등은 그 자체 '콩종끄튀르'
로서 장기추세에 누적적인 영향을 미친 여러 요인이었다. 이제 이

---

13) 페르낭 브로델著 주경철譯, 『물질문명과 자본주의 Ⅲ-1 세계의 시간 上』,
   까치, 1997. 93, 99~101쪽 참조.

것들은 각각의 단층적인 기간을 劃定하면서 갑오농민전쟁기를 低
點으로 하는 거대한 U字型 커브를 그리고 있었다.

그렇다면 문제의 핵심인 두락당 지대량은 19세기 전기간에 걸
쳐 어떠한 요인에 의해 하락하고 있는가. 보다 본질적으로 두락당
지대량(斗落當租)의 성격은 무엇인가. 전장에서는 주로 지주경영
의 측면에서 이를 고찰했지만 이하에서는 농민경영의 측면에서
두락당 지대량의 의미와 그것의 하락 요인을 구명하는 가운데 19
세기 후반 영광에 있어서 농업위기의 요인을 살펴보기로 한다.

주지하다시피 단위면적당 지대량을 의미하는 두락당 지대량은,
土地生産性과 地代率의 결합물이다.[14] 토지생산성은 ① 경지조건
(水利, 耕圃), ② 노동력조건, ③ 농업기술(品種, 肥料, 耕種法) 등
으로 구성되어 있으며, 지대율은 ① 토지생산성, ② 竝作慣行, 農政
등 사회적 제조건으로 이루어져 있다. 두락당 지대량은 농업생산성
및 사회적 제조건을 반영하는 地代率과 깊은 관련을 갖고 있다. 이
것을 이해함에 있어 이 지역의 지대부과 방식인 先尺(=執租)에
주목할 필요가 있다.

일반적으로 執租방식은 지대(부과)량을 총 수확량의 1/3 수준에

---

14) 토지생산성, 지대율, 두락당 지대량의 이 3자간의 인과관계를 정리하면
다음과 같다.

   단위면적(斗落)을 D, 생산량을 P, 지대량을 R이라 하면, 단위면적당
대량은 (R/D), 토지생산성은 (P/D), 지대율은 (R/P)를 의미한다.
단위면적당 지대량(R/D)을 항등식으로 전개하면,

   $R/D \equiv (P/D)/(R/P)$

양변을 미분하면,

   $d(R/D) = d(P/D) + d(R/P)$

   결국 두락당 지대량의 증가율은 토지생산성(P/D) 증가율과 지대율
(R/P) 증가율의 합에 의해 결정된다는 것을 알 수 있다(이같은 사실
때문에 단기에 있어서는 두락당 지대량이 곧 지대율이라고 이해되기도
하였다). 토지생산성이 자연지리적 조건에 규제된 생산력적 개념이라면,
지대율은 전자에 제약되면서도 지주-소작간 분배관계를 둘러싼 생산관
계적 개념이다.

서 결정하고 있다. 신씨가의 경우 선자량은 지대 "收取量"이 아니라 추수 한 달 전에 예상수확량을 고려하여 결정한 "賦課量"이라는 점에 유의할 필요가 있다.15) 이것이 실수취량과 30~40%의 괴리 를 보이고 있음은 전술한 그대로이다. 신씨가의 두락당 지대량은 당해의 작황을 고려한 예상치이기 때문에 打租制 하의 지대수취량 보다 당해의 생산량을 보다 近似하게 반영하고 있다. 만일 지대율 이 총수확량의 1/3 수준에서 고정되어 있다고 가정한다면, 신씨가 에서 산출된 두락당 지대량은 곧 '33% 수준으로 저평가된 토지생 산성'을 의미하게 된다. 그러나 문제는 이 지대율(여기서는 집조 율)도 토지생산성과 마찬가지로 장기간에 걸쳐 고정되어 있지 않 다는 점이다. 이것은 당시의 농업생산력에 제약되면서 소작관행, 농정의 방향, 그리고 지주권·소작권의 강약과 관련된 사회적인 문 제까지 포괄하고 있다.

19세기 후반 두락당 지대량이 하락하는 요인으로서 먼저 '지주 권'의 약화에 따른 지대율의 하락 현상을 고려하지 않으면 안된다. 1862년 晋州民亂의 발발로 대표되는 이 시기 農民運動의 고양과 그에 따른 '농민경작권'의 강화 현상을 상기할 필요가 있다. 이 시 기에 들어서면 농촌사회가 불안정해짐에 따라 지주·소작 간 力關 係의 역전이 나타나고 있었다. 이것은 소작관행에 있어 '지주권'에 대한 '농민권'의 우위를 의미한다. 후술하겠지만 영광에서는 1870년 대에 들어서면서 연이은 흉년이 발생하였고 1880년대 후반에는 흉 년에 이은 소규모 지역 민란이 발발하였다. 제2장에서 살펴 본 바 와 같이, 관에서는 농촌사회의 안정화 차원에서 농민의 요구를 일 정 부분 수용하는 牧民的 農政을 펴면서 불안정한 농민층을 진정 시키고자 하였다. 때문에 농촌불안정을 배경으로 농촌에서는 작인 들의 抗租, 賭租愆納 사태가 빈출했던 것이다. 때문에 농민운동기

---

15) 이 외에도 신씨가에서는 전 2~3년간의 지대 수준과 지대수납 실적을 고 려하여 결정하였다. 제3장 참조.

에는 구래의 병작관행이 농민에게 유리한 방향으로 변동됨으로써
지대율은 더욱 하락할 가능성을 안고 있었다.

지대율의 하락은 추수기 상의 地代收納率의 추이와 斗落當 地代
量의 추이가 암시적으로 보여주고 있다. 이 두 추이는 19세기 후반
에 들어 10여 년 정도의 시차를 보이며 하락하는 양상을 보여주었
다. 1860년대 들어 지대수납률의 추이가 먼저 하락하자 1870년대에
들어 두락당 지대량의 커브가 순차적으로 하락하였던 것이다. 지대
수납률이라는 지표는 지주가 입장에서는 '지대완납률'을 보여주는
것이지만, 작인측 입장에서는 사실상 도조납부를 거부하는 '抗租率'
을 의미하고 있다. 양 추이가 연출하는 이같은 양상은 신씨가에서
지대수취 실적이 저조해지자 작인들에 대해 지대량 수준을 낮추고
있음을 의미한다. 그렇지 않다면 지주 측의 지대수납 실적은 더욱
저조해지고 농민 측의 불만도 누그러지지 않을 것이다. 이같은 상
황에서 신씨가에서 격해진 작인층을 진정시키기 위해 지대율의 하
락을 허용할 수밖에 없었음은 용이하게 추정할 수 있다.

민란이 삼남지방을 휩쓸고 있었던 시기에 지주층에서 이전 시기
보다 상대적으로 강화된 '작인권'에 대해 부담을 느끼고 지대 수준
을 낮추는 일은, 신씨가로서는 지주로서의 생존을 위해 오히려 일
반적인 일이라고 할 수 있다. 후술하겠지만, 이 시기에는 병작지에
서 '作人存續率'도 일시적으로 상승하고 있던 바, 지주 측에서는 작
인에 대해 移作·奪耕도 삼가고 있는 형편이었다. 1876년 이후 지
주경영의 위기를 경험하고 있는 신씨가로서는 작인의 교체, 이작도
삼가야 하는 병작관행 상의 변동을 겪고 있었던 것이다. 그러나 한
편으로는 이 시기에 나타난 지대율의 하락과 '작인존속률'의 고위
성은, 한편으로는 농촌불안정에 따른 지주-소작 간 계급갈등의 소
산으로 이해할 수 있지만, 다른 한편으로는 당시 농업생산성의 하
락을 배경으로 하는 농민궁핍화의 한 단면을 보여주는 것이기도
하였다(이 점 후술).

그런데 1894년 이후가 되면 상황은 급변하고 있었다. 농민전쟁
이 실패하자 갑오개혁과 광무개혁이 전격적으로 실시되었다. 이제
는 안정된 사회적 분위기 속에서 地主, 山主 등 토지소유자들의 권
리가 적극적으로 보호되었다. 중앙 정부에서는 농촌불안정을 해소
하고 농촌을 안정화하는 차원에서 地主支持的 農政으로 선회하고
농촌의 치안강화와 안정화에 나서고 있었다.16)

갑오개혁 이후 사회적 안정기에 들어서면서 지대율은 지주적 농
정을 배경으로 이전의 수준을 회복하고 있었다. 영광에서는 갑오개
혁 이후 '합방'을 전후한 시기까지 농업생산력 상의 별다른 변동은
확인되지 않았다. 생산성 상승과 같은 별다른 계기가 없더라도, 상
대적으로 낮은 수준에 있었던 지대율은 지주권의 강화와 함께 상
승하는 것이 일반적이었다. 지대율의 상승이라는 병작관행에 있어
서의 커다란 변화는 1894년, 1896년 이후의 시기에 두락당 지대량
의 상승을 주도하고 있었다. 이것은 신씨 추수기 상의 두락당 지대
량이 당시의 병작관행에 의한 지대율을 상당 부분 반영하고 있음
을 의미하는 것이다.

다음, 두락당 지대량의 하락을 유발한 요인으로 19세기 후반에
걸친 토지생산성의 감퇴를 지적할 수 있다. 여기에는 노동력 조건,
농업기술 상의 여러 문제가 고려되어야 하지만, 평야부 저지대라는
영광의 자연지리적 조건 상 경지의 질적 상태가 1차적으로 관철되

---

16) 필자는 이같은 가능성을 이미 제2장 민장의 시기별 변동상황(갑오농민
전쟁 전후)에서 지적한 바 있다. 지주-소작간 이작·탈작 등의 분쟁에
서 농민전쟁 이전인 1870년대 초반에는 官은 권농적 명분하에 작인의
입장을 지지해 주었으나, 1890년대 후반에 들어서면 舊作人의 移作沮戲
나 耕作沮戲時 지주의 "標紙＝自意"를 처결의 주요한 근거로 삼아 지주
권을 지지하는 변화된 모습을 보여주었다. 이를 통하여 甲午改革을 전후
한 작인의 '耕作權'에 대한 地主權의 우위를 엿볼 수 있으며, 이 경우 토
지생산성이 하락하지 않는 한 地代率이 상승할 것임을 용이하게 추론할
수 있다. 『韓國地方史資料叢書 民狀篇 4, 5, 6』(1870~72년 『民狀置簿冊』
23冊(奎27609), 1897년 『民狀置簿冊』 3冊(奎古5125-30))

고 있었다고 생각된다. 경지상태는 농민의 생활환경이자 농업의 주
요한 생산수단이다. 장기간을 분석시야에 넣을 때 경지조건의 변동
양상은 농업생산력(=토지생산성)을 1차적으로 규정하면서 지주제
전개의 기술적 조건으로 기능한다.

  "조선농업 최대의 적인 春旱性 기후에 따른 旱害와 猛暴한 夏雨
에 따른 水災는, 水利施設의 缺如와 天水畓의 遍滿이라는 생산력
발전 수준의 低位性과 결합하여, 조선농업을 大自然의 변덕 앞에
여지없이 노출시키고 있었다."17) 이같은 자연재해가 沿岸 低濕地
라는 영광의 지리적 요인과 결합하여 대규모 陳田의 발생을 초래
하고 있었음은 제1장에서 살펴 본 그대로이다.

  다음에 제시한 〈표 2〉는 1800년 전후 전라도에서 20개소 이상의
제언을 보유하고 있던 郡縣을 적출해 제시한 것이다. 전라도 전체
추계로 보는 한 正祖 末年(1800)을 경계로 제언수는 924개소에서
745개소로 감소하는 경향을 보이고 있다. 그 이유는 일차적으로 19
세기 국가 관리체계의 해이가 그 원인이지만, 근본적으로 지주와
일반 농민들 간에 횡행하고 있던 冒耕과 산림황폐화, 그로 인한 수
리시설의 기능불충분 사태에 기인하고 있다. 〈표 2〉에서 보는 바와
같이, 영광에서의 廢堤化 현상은 전라도 전체에서도 가장 심각한
것이었다. 1760년대의 34개소를 피크로 하여, 이후 1800년 29개소
에서 1908년 7개소로 급감하고 있었다. 영광과 같은 평야부 開豁地
에서는 후술하는 洑관개에 비해 堤堰관개의 영향력은 상대적 컸다.
무엇보다 불규칙하게 발생하는 수해에 대해 제언관개의 방수기능
은 압도적이라고 할 수 있다.

  한편, 전라도 도작지대에서는 제언과 같은 대규모 관개뿐 아니라
농민간의 소규모 洑灌漑도 활발하게 전개되었다.18) 필자는 제3장의

---

17) 李榮薰, 「開港期 地主制의 一存在形態와 그 停滯的 危機의 實相-明禮宮
    房田에 관한 事例分析-」『經濟史學』 9, 1985, 382쪽 인용.
18) 최원규, 「朝鮮後期 水利기구와 經營문제」『國史館論叢』 39, 1992. 최원규
    는 "호남 등 서해안 지대는 영남지역과 달리 대규모의 複合洑가 발전한

<표 2> 全羅道 堤堰數의 變動

郡縣別	1760年頃	1782年	1800年前後	1908年
全州		56	57	15
羅州	96	106	106	83
光州	44	45	46	42
益山		25	27	27
古阜		23	23	16
金堤		60	59	59
靈光	34	36	29	7
靈巖	31	32	32	10
萬頃		24	24	29
咸平	27	28	27	24
咸悅	24	24	26	20
泰仁	30	30	30	26
南平	24	24	24	7
興德	27	27	33	17
高敞	20	20	20	20
茂長	36	52	56	46
…	…	…	…	…
計	568	913	924	745

자료 : 宮嶋博史, 「李朝後期の農業水利 – 堤堰(溜池)灌漑を中心に –」
　　　『東洋史研究』 41, 1983, 44~5쪽에서 재작성(原資料는 『與地圖書』(1760),
　　　『增補文獻備考』(1782), 『湖南誌』(1800), 『堤堰調查書其一』(1908))
주 : 1800년 전후 20개소 이상의 제언을 가진 郡縣만을 적출한 것임.

[그림 1]에서 입석촌전의 防築 1개소와 畝良川을 締切하고 있는 4
개소의 洑를 제시한 바 있다. 洑라는 것은 河川을 堰止시켜 경사도
를 이용해 높은 水面의 물을 관개에 이용하는 引水시설이다. 경지
와 하전의 高低差에 따라 '水高畓低型'과 '水低畓高型'의 두 형태가
있다. 전자의 경우 상설 洑垌과 洑梁이 축설되어 常設型洑라고도
하는데, 대규모 보에서는 보량을 언지시키는 挾洑가 축설되어 複合
洑의 형태를 띠고 있다. 반면, '水低畓高型洑'는 늦겨울에 築洑(洑

───────────────

것으로 보인다. (蒙利面積이나 蒙利安定度라는 측면에서) 19세기 무렵
洑는 堤堰보다 우위를 점하는 것으로 판단된다"고 지적하면서, 19세기
국가 관리의 부실화에 따른 廢堤化 현상을 농민간의 공동관개(洑, 溝渠)
가 상쇄하고 있던 것으로 추론하였다.

垌築造)하여 이앙기에 堰止한 관개용수를 引入하고 여름에 毁破시
키는 '冬築夏決型洑'이다.19) 이 경우가 농촌에서 다수 목격되는 소
규모 보의 일반적 형태인데, 신씨가 경지 내의 洑가 이러한 비상설
형의 모습을 취하고 있었다.

소규모 비상설형 보는 하천으로부터 引水하는 관계상 그 용수원
이 天水(강우량)와 堤堰灌漑에 제약되고 있었다. 보는 제언에 비해
그 설치가 용이한 반면 유지관리의 어려움을 겪고 있었다. 또한 排
水施設을 결여함으로써 水害에 노출될 수밖에 없는 기능상의 한계
를 갖고 있었다. 보의 이같은 한계 때문에 영광과 같은 開豁地 평
야부에서는 제언관개의 중요성이 한층 높아지며, 따라서 제언수의
격감은 사실상 水利荒廢化를 의미하고 있다.

영광과 같이 여름에 집중호우가 빈번한 沿岸 低地部의 경우, 국
가가 관리하는 대규모 堤堰이나 複合洑가 축설되지 않는 한, 보의
관개 또한 그 기능적 한계 때문에 유효하게 기능하지 못하였다. 이
일대는 연안 저습지로서 여름철의 집중호우와 그에 따른 排水不良
이 稻作 상의 가장 큰 문제거리였다. 입석리처럼 대하천인 臥灘川
의 流量을 조절하는 것이 중요한 경우에는 그 支流인 畝良川의 洑
들은 그 자체 관개 시설로서는 양호하지만, 수해방제 기능을 담당
하기에는 거의 무력하였다. 제7장에서 후술하겠지만, 묘량 천변의
보들은 홍수 시 배수불량을 초래해 惡水의 停滯를 유발하였다. 경
사도가 낮은 관계로 오수는 하천 兩岸으로 범람하여 夏雨 時 수 일
간 혹은 일주일 이상 이 일대 경지를 침수시키고 있었다. 하천의
범람은 대하천의 천변보다는 묘량천과 같은 하천 지류에서 먼저
발생하는 것이 일반적이다. 재해가 복구되지 않은 상태에서 또 다
른 재해가 잇따르게 되면, 이제 경지는 풀밭으로 또 모래밭으로 변

---

19) 이상 宮嶋博史, 「李朝後期の農業水利 - 堤堰(溜池)灌漑を中心に - 」『東洋
    史研究』 41, 1983 참조. 비상설형 보의 경우 洑垌이 없는 경우 溝渠라
    한다.

하면서 이른바 '永久陳田'화하는 것이다.

  문제는 이상의 수리시설 그 자체의 존재가 아니라, 그것이 과연
어떻게 관리되고 유효하게 기능하는가 하는 점이다. 일반적으로 제
언과 달리 洑는 多額의 추가개량공사비, 유지관리비, 수해복구비
등을 요하는데, 당시의 사정으로는 그 부담을 떠안기에 농민경영이
너무나 취약하였다. 입석리에서는 농민들 간에 자치적인 洑契가 존
재하고 있었지만 그 운영이 비상설적으로 이루어졌으며 계원의 入
出도 빈번하였다. 또 농민경영 자체가 불안정하여 충분한 농민잉여
를 통해 재해구제를 위한 契金을 보유하는 것도 용이하지 않았고
그 조차도 불규칙하였다. 수해 시 보의 遺失과 함께 洑契도 자연
해체되기도 하고, 다음 해 이른 봄에 다시 조직되기를 반복하였다.
따라서 보 기능 자체의 한계와 그 유지관리의 어려움 때문에 이 지
역에 있어 제언관개의 황폐화는 경지황폐화 즉, 진전화 현상으로
이해되고 있다. 이상의 사실은 낮은 토지생산성과 관련해 이 지역
의 농업경영을 결정짓는 핵심적인 내용을 이루고 있다.

  이상 수리황폐화를 중심으로 한 토지생산성의 하락 가능성을 추
론하였는데, 생산성의 하락은 전술한 지대율의 하락에 영향을 미치
면서 두락당 지대량의 장기적인 하락추세를 유도하고 있었다. 기실
지대율의 하락 현상 또한 토지생산성에 제약되고 있음은 두말할
나위가 없다. 최근 19세기를 대상으로 한 장기 物價史 연구는 18세
기 이래 19세기까지의 米價 장기 추이를 보고하면서 두락당 지대
량의 해석에 대한 새로운 논의의 여지를 열어놓았다.

  최근 靈巖에서는 두락당 지대량뿐 아니라 장기간의 米價 추이
(1744~1911)가 보고되었는데,[20] 동추이는 인근 海南의 미가 추이

─────────────

20) 영암의 사례에 관해서는 全成昊, 「朝鮮後期 米價史 研究(1725~1875)」,
   成均館大博士學位論文, 1998 참조. 전성호 논문에서 분석한 미가 시계열
   은 1741~1862년간이지만, 최근 李榮薰에 의해 1911년까지 추가되었다
   (李榮薰, 앞의 논문, 1999). 여기서는 구한말 米價暴騰을 고려하여 1894
   년까지만 분석대상으로 삼았다.

(1823~1882)와도 대단히 높은 相關度를 보여주고 있다(r = +0.86).
다음에 제시한 [그림 1]은 영광, 영암, 해남 등에서 최근까지 보고
된 미가 및 지대량 추이를 함께 제시한 것이다. 먼저 영암과 해남
의 미가[租價] 추이를 보면, 19세기 중반까지 안정적인 순환변동을
보이다가 영광의 두락당 지대량이 하락하는 1860년대 초부터 급격
히 상승하고 있다.21) 영암과 해남의 추이가 상당한 동조성을 보이
는 것으로 보아 연안 제읍에 있어서 미곡시장의 統合度는 매우 높
았다고 생각된다.

여기서 흥미로운 사실은 미가와 두락당 지대량 사이에 연출되는
상관관계이다. 영암의 미가와 동지역 지대량 간의 상관계수를 보
면, 마이너스 0.66으로 負(-)의 상관관계에 있다. 또 영광의 지대량
과 영암의 미가 간의 상관계수를 보면, 마이너스 0.70으로 영암 지
대량의 경우와 비슷한 수준이다.22) 이것은 미가가 상승함에 따라
지대량이 하락하고 지대량이 하락함에 따라 미가가 상승하고 있음
을 의미하는 것인데, 그림에서 보는 바와 같이, 변화의 劃期가 되는
1860년대, 1870년대부터 그러한 경향을 선명하게 읽을 수 있다.

---

21) 李榮薰, 「호남 고문서에 나타난 장기추세와 중기파동」 『호남지방 고문서
   기초연구』, 한국정신문화연구원, 1999 참조. 이와 관련하여 최근 발표된
   두 편의 사례연구를 참고할 만 하다. 19세기 중반 이래 미가 상승에 따
   른 농업임금(실질임금)의 급격한 하락 현상에 대해서는 李宇衍, 「농업임
   금의 추이: 1853~1910」 『經濟史學』 29, 2000 참조: 19세기 중반을 전후
   한 전국적 시장의 분열 양상에 대해서는 李榮薰 朴二澤, 「農村 米穀市場
   과 全國的 市場統合: 1713~1937」 『朝鮮時代史學報』 16, 2001 참조.

22) 單純相關分析 結果

地域과 項目	相關係數(r)
靈巖 米價 — 海南 米價	+ 0.86
靈巖 米價 — 靈巖 執租	- 0.66
靈巖 執租 — 靈光 執租	+ 0.75
靈巖 米價 — 靈光 執租	- 0.70

주 : -1 〈 r 〈 +1

[그림 1] 靈光, 靈巖, 海南의 斗落當 地代量 및 米價(租價) 推移

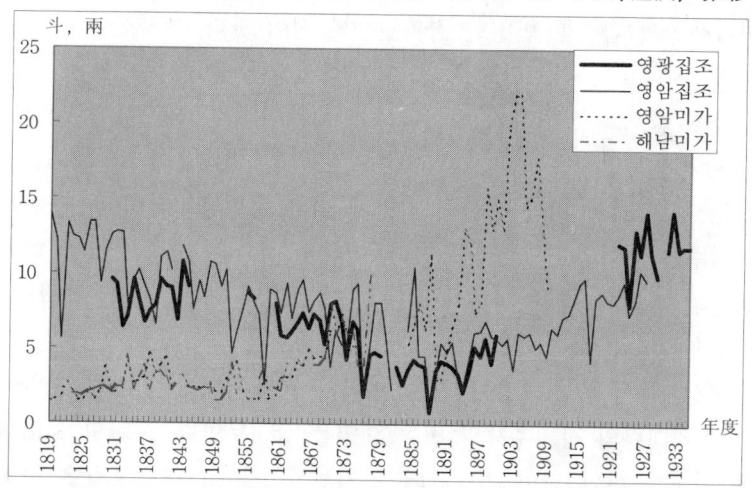

지대량과 미가 간의 부(-)의 상관관계는 두락당 지대량이 단순히 地代率만을 의미하지 않음을 의미한다. 19세기 후반 이래 지주권이 약화됨에 따라 지대율이 하락하고 있음은 용이하게 추측할 수 있지만, 이상과 같은 미가 추이를 볼 때 지대율의 하락만으로 1860 · 70년대의 미가 폭등을 모두 설명하기는 곤란하다.23) 경제학적으로

---

23) 이같은 사실은 지주-소작간 抗租만으로 "두락당 지대수취량"의 하락을 주장하는 기존의 견해가 허약하다는 것을 반증하고 있다(崔潤晤, 「18 · 19세기 서울 不在地主의 土地集積과 農業經營」, 金容燮敎授停年紀念韓國史學論叢刊行委員會, 『韓國 古代 · 中世의 支配體制와 農民』, 지식산업사, 1997). 실제로 지주-소작 간 계급투쟁의 산물로서 작인측의 항조가 頻發했다면, 항조된 농민잉여는 어떠한 방식으로든 농촌시장에 흘러나올 수밖에 없으며, 그 경우 19세기 후반 미가는 이토록 급등할 수는 없다. 또한 항조된 농민잉여가 농촌시장에 공급되지 않았다면, 즉 항조된 租가 작인측의 자급자족분으로 모두 소진되었다면, 항조는 그 자체 농민궁핍화의 산물이다. 미가급등은 생산량 즉, 공급량의 감소를 전제하지 않고서는 나타날 수 없는 경제적 현상이다. 또한 항조만으로는 지대량의 추이에서 보는 300~400%의 급감 경향을 모두 설명할 수는 없다. 이같은 생산 감퇴로 인해 19세기 후반 호남 연안 제읍의 미가는 500% 전후로

미가의 상승이 미곡의 공급이 감소한 결과라면, 지대율의 감소는 미곡생산의 감소를 반영한 결과일 가능성이 크다. 총생산이 동일하다면, 지대율의 감소만으로 농촌 미곡시장에 출하되는 모든 미곡 공급의 감소를 설명하기는 곤란하기 때문이다.[24] 때문에 1870년대 이후 농촌불안정을 배경으로 지주-소작 간 지대율이 하락하고 있는 상황도 기실 미곡 생산의 감소에 따른 농민궁핍화의 한 단면을 보여주는 것이라 생각할 수 있다. 이같은 상황은 19세기 후반 미곡 생산의 감퇴에 따라 미가가 폭등하고 있었던 영광, 영암, 해남 등 全羅右道의 沿岸部 稻作地帶에서 일반적으로 발생하고 있었다.

이상, 두락당 지대량이 갖는 의미와 19세기에서 20세기 전반에 걸친 지대량의 장기추세의 변동 요인을 살펴보았다. 두락당 지대량은 전술한 바와 같이 지대율과 토지생산성을 그 구성요소로 하고 있으며, 양자의 하락 요인은 그 자체 농업위기의 한 단면이다. 그러나 이것만으로 영광에서 연출된 장기추이의 원인과 구조, 그 특질이 완전히 해명되었다고는 생각되지 않는다. 이것은 보다 상세한 고찰을 요망하는 것인데, 다음 節의 주요한 과제이다.

Ⅲ. 農民經營의 危機的 實相

호남 沿岸 諸邑에 있어서 19세기 초는 잇따른 자연재해로 인해 경지는 황폐해지고 경작은 極凶을 보이는 危機의 始點이었다. 기근이 만연하고 관의 구휼 기능도 약화되는 가운데 민의 궁핍화가 심

폭등하였다.

24) 이상 李榮薰, 「호남 고문서에 나타난 장기추세와 중기파동」 『호남지방 고문서 기초연구』, 한국정신문화연구원, 1999, 340쪽 인용.

화되면서 流亡이 속출하였다. 이 시기는 농업생산력의 감퇴와 인구의 정체 내지 감소가 나타나는 生存危機(Subsistence Crisis)의 時代로 기록되고 있다.[25] 다음의 인용문을 통해 호남지방에서 나타난 당시의 사정을 살펴보자.

湖南에서 흉년이 든 것으로 말하면 乙亥年[1755]과 丙子年[1756]이 가장 크다고 하는데 늙은이들에게 물어본즉 모두들 올해[1809]의 흉년이 그보다 더 심하다고 합니다. 그러니 참으로 백년 사이에 있어 본 적이 없는 흉년입니다.[26]

나라의 財富와 경비는 절반 이상 湖南에 부담시키는데 호남이 호남 구실을 못하게 된 것은 거기에 沿海의 여러 고을들이 있기 때문입니다. 그런데 己巳年[1809]과 庚午年[1810] 이후부터는 零落하여 이 연안의 고을들이 7년 동안 거의 해마다 재해를 특히 심하게 입은 등급[尤甚] 속에 들고 있습니다.[27]

19세기 초에 들어 "호남이 호남 구실을 못하게 되었다"라는 사실은, 한편으로 19세기 호남 농촌이 18세기와는 상이한 역사적 국면에 진입하고 있음을 보여주는 것이다. 특히, 1809~14년 동안은 가뭄이 극심하였고 1814~25년 사이는 홍수로 인해 수해가 빈발하였는데, 이같은 재해의 빈번한 내습은 당해 농사의 작황을 흉년으로 만들고 민의 유망을 촉발하는 주요 요인이었다. 19세기의 재해는 과거의 재해가 극복되지 못한 상황에서 내습하고 있었기 때문에 이 전 시기의 재해 양상과는 그 規模와 性格을 달리 하고 있다. 다음의 인용문은 19세기 전반 全羅右道 지역의 일반적인 상황을 압축적으로 제시한 것이다.

---

25) 이호철 박근필, 「19세기초 조선의 기후변동과 농업위기」 『朝鮮時代史學報』 2, 1997. 저자들은 당시 농업위기의 요인으로서 '異常氣候變動說'을 제기하고 있지만, 이에 대한 필자의 입장은 유보적이다. 기후변동설을 제기하기 위해서는 보다 精緻한 자료와 분석이 요구되기 때문이다.
26) 『純祖實錄』, 純祖 9년 己巳(1809) 12월 4일.
27) 『純祖實錄』, 純祖 15년 乙亥(1815) 10월 12일.

全羅道 暗行御史 趙萬永의 別段을 보니 묵어버린 전답에 稅를 징수하
는 것이 호남 백성의 가장 뼈에 사무친 원통함이 되었습니다. 현재 묵은
전답이라해서 세를 면제해준 것이 총 면적의 10분의 2~3인데 沿海邊의
고을[邑]이 더욱 심합니다. 해마다 주인이 없는 빈 전답에 稅米를 받는데
그것이 이웃과 친척에게까지 물려지고 있습니다. … 묵은 전답에 세를 받
는 것은 잔약한 백성들의 원성이 있는 일인데 호남의 한 島는 흉년을 겪
은 뒤로 떠돌아 나선 사람이 많아 논갈이를 않은 곳이 많고 마을에는 빈
집이 많아 이웃과 친척에게까지 세를 물리게 되니 戸口는 날로 줄어들고
토지는 더욱 묵어버린 것입니다. … 그 하나는 곡식의 내고 들임에 대한
虛錄의 폐단입니다. … 그 중에서도 尤甚한 고을을 말하자면 全州 등 4읍
은 5분의 4가 되고 雲峰 등 3읍은 4분의 3이 되며 靈光 등 13읍은 多寡가
균등하지 않지만 그 수효가 적지 않습니다. 이것은 원래 流亡한 자로 인
한 것이 과반수이고, 증거조차도 찾을 길이 없는 것을 利息을 계산하여
虛簿만 갖고 있는 형편이며 아울러 貪官猾吏가 作奸을 하여 虛錄이 더욱
많아지고 있다는 것입니다. …28)

기사의 내용은 陳田課稅에 대한 고통과 結稅 장부 상 허록의 폐단
에 대해 다루고 있다. 탐관활리의 농간이 사태를 악화시키고 있음은
익히 알려진 사실이다. 여기서 우리는 '陳田 발생 ⇒ 結稅 賦課 ⇒ 1
차 流亡 ⇒ 隣徵・族徵 ⇒ 2차 流亡'이라는 호남에서의 농업위기, 그
위에 전개된 田政紊亂의 한 단면을 보게 된다. 이하에서의 설명은
영광 또한 이 거대한 경향에 예외가 아니었음을 보여주고 있다. 여
기서는 19세기에 한하여 구조론적 설명을 가하기로 한다.

1829년 전라도에는 水害, 風害가 來襲하여29) 총 54邑鎭 가운데
영광의 農形(농사형편)은 羅州, 扶安 등 17읍진과 함께 "之次"로
보고되고 있다.30) 이같은 수해, 한해는 陳田의 중요한 발생 이유
가운데 하나였는데, 먼저 진전의 실상에 대해 살펴볼 필요가 있다.

비변사에서 아뢰기를 全羅監司 徐有榘의 災實分等의 狀啓를 보니 靈光

---

28) 『備邊司謄錄』, 純祖 16년 丙子(1816) 윤6월 15일.
29) 『各司謄錄』(『全羅監司啓錄』), 純祖 29년 己丑(1829) 8월 13일.
30) 『各司謄錄』(『全羅監司啓錄』), 純祖 29년 己丑(1829) 10월 11일.

등 20읍을 尤甚으로 쳤고 順天 등 23읍을 之次로 쳤으며 光州 등 11읍을 稍實로 쳐서 事目을 만들었는데 災結이 1천 9백결이 넘고 조금 덜한 災結이 2만 4천 6백 22결 2부 2속이라며 특별히 대책을 세워달라고 後錄을 적어 모두 廟堂에서 여쭈어 분부를 내려 주시도록 해달라고 했고 재해를 혹독하게 입은 곳은 적당한 조치를 취해 구제해 달라고 했습니다. ….31)

여기서 말하는 재해에 대한 '적당한 조치'는 停稅 내지 延納을 의미하는데, 중앙에서는 이같은 건의를 각 등급에 따라 가능한 범위 내에서 받아들이고 있었다. 인용문에서 보는 바와 같이 영광은 農形이 "尤甚"이었으므로 災結地가 상당한 수준이었음은 용이하게 유추할 수 있다. 여기서 말하는 農形에 대해 설명할 필요가 있다. "尤甚"이란 極凶으로 인해 기근과 전염병이 만연하고 여기에 民의 유망이 속출하는 단계이다. 농형이 우심인 경우 당해 지역은 일정 기간동안 稅額의 절반가량, 심할 경우 전액을 免除받는다. "之次"란 우심(극흉)보다는 덜한 보통 흉년 상태를 이르며, 이 경우 稅의 일부 가령 1/3~1/4 가량을 탕감 받으며 稅의 延納, 分納도 인정된다. "稍實"은 평년작을 이른다.32)

1845년 영광의 농형은 羅州, 萬頃, 金堤 등 28邑鎭과 함께 "之次"였다.33) 1854년의 농형 보고에서도 영광은 羅州, 井邑 등 28읍진과 함께 여전히 "지차"를 기록하였다.34) 이같은 현상은 19세기 후반에 들어서면 연안 평야부를 중심으로 급격히 변동하고 있는데, 19세기 호남 제읍의 농형을 정리한 다음의 〈표 3〉을 참고해 보자. 〈표 3〉은 『全羅監司啓錄』과 『湖南啓錄』에 수록된 19세기의 농형을 모두 기록한 것으로 이를 통해 호남 제읍 가운데 영광의 위치를 살펴볼 수 있다.

---

31) 『備邊司謄錄』, 純祖 33년 癸巳(1833) 10월 19일.
32) 稍實은 때로 作況이 "之次"보다 덜한 흉년을 이르기도 한다.
33) 『各司謄錄』(『全羅監司啓錄』), 憲宗 11년 乙巳(1845) 10월 12일.
34) 『各司謄錄』(『全羅監司啓錄』), 哲宗 5년 甲寅(1854) 10월 7일.

〈표 3〉 19世紀 湖南地域 農形 一覽

年 度	尤 甚	之 次	稍 實
己丑 (1829, 純祖29) 총 54邑	진도, 해남 등 2읍	강진, 영암, 옥구, 무안, 나주, 부안, 함평, 고부, 靈光, 임피, 만경, 홍덕, 용안, 함열, 무장, 홍양, 법성 등 17읍	전주, 고산, 진산, 금산, 무주, 운봉, 남원, 용담, 진안, 임실, 순창, 담양, 창평, 동복, 곡성, 구례, 광양, 낙안, 보성, 장흥, 광주, 능주, 남평, 화순, 태인, 금구, 김제 등 35읍
乙巳 (1845, 憲宗11) 총 54읍	여산, 용안, 함열, 임피, 옥구, 홍양, 해남, 진도, 전주 등 9읍	부안, 홍덕, 고창, 무장, 靈光, 함평, 무안, 광양, 순천, 낙안, 보성, 장흥, 나주, 영암, 금구, 진안, 강진, 운봉, 만경, 남원, 고산, 진산, 금산, 장수, 김제, 고부, 익산 등 28읍	광주, 남평, 능주, 동복, 화순, 순창, 담양, 옥과, 창평, 장성, 임실, 곡성, 구례, 정읍, 태인, 무주, 용담 등 17읍
甲寅 (1854, 哲宗5) 총 54읍	순천, 구례, 곡성, 용안, 함열, 옥구, 만경, 김제, 창평, 운봉 등 10읍	고부, 나주, 靈光, 무장, 함평, 무안, 해남, 강진, 진도, 전주, 장성, 장흥, 여산, 남원, 보성, 낙안, 익산, 영암, 임피, 금구, 부안, 태인, 홍덕, 고창, 정읍, 홍양, 광양 등 28읍	능주, 광주, 담양, 무주, 순창, 진산, 용담, 임실, 진안, 장수, 옥과, 동복, 화순, 남평, 고산 등 16읍
戊寅 (1878, 高宗15) 총 56읍	靈光, 부안, 만경, 옥구, 무안 등 5읍	광주, 담양, 남원, 진안, 태인, 금구, 전주, 익산, 여산, 용안, 함열, 임피, 김제, 고부, 정읍, 홍덕, 무장, 함평, 나주, 영암, 강진, 해남, 진도, 장흥, 보성, 홍양, 낙안, 광양, 순천, 법성, 가리포, 청도 등 32읍	금산, 진산, 무주, 용담, 고산, 고창, 남평, 능주, 동복, 화순, 창평, 곡성, 구례, 임실, 장수, 운봉, 순창, 옥과, 장성 등 19읍
己卯 (1879, 高宗16) 총 56읍	금산, 만경, 부안, 고부 등 4읍	옥구, 익산, 용안, 태인, 靈光, 낙안, 홍양, 강진, 담양, 홍덕, 해남, 영암, 임피, 고산, 무안, 무장, 진안, 금구, 순창, 구례, 진산, 전주, 운봉, 옥과, 무주, 창평, 남원, 광주, 나주, 화순, 장성, 순천, 진도, 장흥, 함평, 여산, 함열, 김제, 정읍, 가리포, 청산도 등 42읍	용담, 장수, 능주, 고창, 광양, 동복, 곡성, 남평, 임실, 보성 등 10읍

年 度	尤 甚	之 次	稍 實
丙戌 (1886, 高宗23) 총 58읍	나주, 靈光, 김제, 강진, 영암, 해남, 진도, 익산, 전주, 흥양, 순천, 부안, 무장, 군산 등 15읍	장흥, 함열, 광양, 낙안, 정읍, 옥구, 함평, 흥덕, 만경, 용안, 무안, 고부, 태인, 금구, 여산, 법성, 성당, 가리포 등 18읍	능주, 임실, 담양, 보성, 진산, 창평, 용담, 진안, 동복, 곡성, 구례, 화순, 남평, 운봉, 장수, 옥과, 고창, 고산, 금산, 광주, 무주, 남원, 장성, 순창, 청산도 등 25읍
丁亥 (1887, 高宗24) 총 58읍	흥양, 광양, 진도, 낙안, 영암, 나주, 순천, 해남, 무안, 부안, 김제, 옥구, 만경, 임피, 함열, 용안, 무장, 靈光, 운봉, 전주, 강진, 장흥, 함평, 광주 등 27읍	진안, 순창, 화순, 동복, 창평, 진산, 옥과, 금산, 곡성, 구례, 금구, 익산, 고창, 고부, 정읍, 여산, 보성, 담양, 고산, 태인, 흥덕, 임실, 장수, 가리포 등 24읍	장성, 무주, 용담, 능주, 남평, 남원, 거문도 등 7읍
戊子 (1888, 高宗25) 총 59읍	무안, 옥구, 김제, 만경, 임피, 고부, 부안, 함평, 나주, 靈光, 영암, 흥양, 해남, 진도, 고창, 흥덕, 전주, 광주, 구례, 화순, 금구, 태인, 정읍, 익산, 남평, 창평, 무장, 여산, 함열, 용안등 35읍	능주, 장성, 강진, 광양, 곡성, 남원, 옥과, 담양, 순창, 임실, 순천, 낙안, 장흥, 보성, 운봉, 동복, 진안, 장수, 고산, 가리포 등 20읍	무주, 용담, 금산, 진산 등 4읍

자료 : 『各司謄錄』 中 『全羅監司啓錄』 己丑(1829) 10월 11일; 『全羅監司啓錄』 乙巳(1845) 10월 12일; 『全羅監司啓錄』 甲寅(1854) 10월 7일; 『湖南啓錄』 戊寅(1878) 10월 25일; 『湖南啓錄』 己卯(1879) 10월 14일; 『湖南啓錄』 丙戌(1886) 10월 18일; 『全羅監司啓錄』 丁亥(1887) 10월 16일; 『全羅監司啓錄』 戊子(1888) 10월 10일.
주 : 표 작성 상의 편의를 위해 일부 殘邑은 기록에서 제외하였다.

〈표 3〉을 통해 19세기 호남지역에서 농형이 "우심"을 기록한 지역 수를 보면, 1829년 2읍, 1845년 9읍, 1854년 10읍, 1878~79년 4~5읍, 1886~88년 15~35읍으로 후대로 갈수록 점차 증가추세에 있다. 이 가운데 영광의 등급을 보면 19세기 전반까지 "지차"였다가 1876년(병자년)과 1877년(정축년)의 歉荒 이후 "우심"으로 전환되고 있음을 볼 수 있다. 단, 1879년은 丙丁의 겸황 이후 농형이 호전된 경우이다. 표의 지역 명에 주목하면, 영광은 나주, 영암, 부안 등 호남평야의 중심지대와 그 경향을 같이 하고 있었다.[35]

다음에 제시한 [그림 2]는 호남 제읍의 농형을 19세기 전 기간

[그림 2] 19세기 全羅道 諸邑의 農形 推移

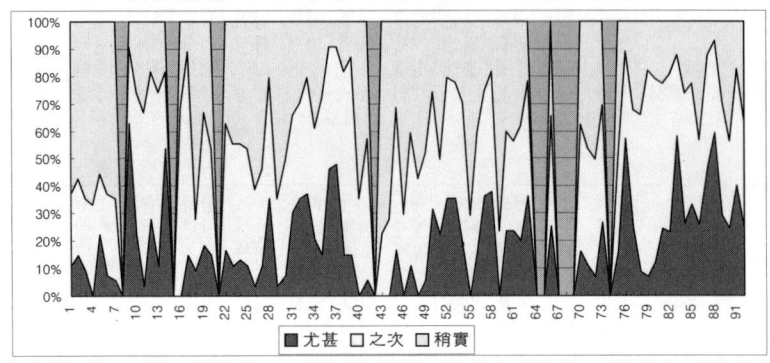

주 : 자료 및 수치는 〈부표 1〉 참조

에 걸쳐 시계열화 하여 살펴본 것으로 〈표 3〉의 누락된 연도들을
보충하는 의미가 있다. 여기서는 『備邊司謄錄』에 수록된 농형을 지
수화 하여 그 비중의 추이를 제시하였다(해당 수치는 〈부표 1〉을
참조). 단, 자료의 한계 상 개별 읍의 농형은 불명하다. 전라감영과
중앙의 호조에서 파악한 농형 기록은 結稅 부과 및 給災의 기초 자
료로서 당해 지역의 농사 상황과 재정 추이를 파악할 수 있는 긴요
한 자료이다.

먼저 19세기 전반에 한해 농형이 "우심"인 邑數를 보면, 1809년
34읍(전체 54읍), 1814년 29읍(동 54읍), 1833년 20읍(동 54읍),
1837년 26읍(동 54읍) 등으로 일정한 주기를 갖고 흉년이 발생하
고 있음을 볼 수 있다. 산발적으로 흉년을 기록하던 19세기 전반과
달리 19세기 후반에 들어서면서 호남의 농형은 보다 악화되고 있
었다. 농형이 "우심"을 기록한 읍수를 보면, 1876년 32읍(전체 56),
1883년 33읍(동 57읍), 1887년 27읍(동 58읍), 1888년 35읍(동 59

---

35) 참고로 『湖南廳事例』(純祖年間)를 통해 田結에 따른 邑格을 보면, 호남
에서 結稅 6천 결 이상의 大邑은 羅州, 全州, 光州, 南原, 順天, 靈光, 靈
巖이다.

읍), 1891년 23읍(동 57읍) 등으로, 흉년이 보다 잦아지고 있음을
볼 수 있다. 특히, 1870년대부터 1892년까지는 "우심" 읍이 호남
전체 56읍의 1/3 가량을 점하기에 이른다. 이에 따라 "초실" 읍은
상대적으로 감소하고 있었다.

19세기 후반기에 들어 농형이 자주 "우심"을 기록하면서 結稅
납부실적도 저조해지고 있었다. 1862년에는 備邊司로부터 각종 세
가 오래도록 미납되었다며, 大同米와 結錢을 동년 10월 내로 바치
면 그간의 延納은 불문에 부치겠다는 令이 내려오고 있다.[36] 1870
년대부터 "우심"으로 전환되는 영광의 농형 추이는 후술하는 給災
추이와도 일치하고 있다. 영광의 농형이 악화되면서 중앙에서 인정
하는 재결지의 규모도 증가하고 있었는데, 확실히 1870년대 이후
영광의 농업상황은 새로운 국면으로 접어들고 있었다.

1876년부터는 보다 구체적인 실상을 살펴볼 필요가 있다. 1876
년은 초여름까지 旱魃로 인해 移秧 시기를 놓치고 이어 폭우가 來
襲하여 水害가 혹심하였으며 이 외에도 風害·病蟲害 등으로 인해
당해 수확은 거의 전무한 상태로 기록되고 있었다.[37] 이같은 흉년
은 이듬해인 1877년에도 계속되고 있다. 다음의 인용문을 보자.

> 영의정 李가 아뢰기를, 전 전라감사 李敦相이 아뢴 바를 보니 영광군
> 수 朴齊敎가 낸 牒子를 낱낱이 들어서 말하는데 丙丁[丙子·丁丑年]의
> 대흉년은 設邑한 뒤로 처음이요 一省에서도 가장 심한데다가 전염병까지
> 겹쳐 流亡한 사람이 많아 各 항의 上納을 전례대로 녹족했다가는 남은
> 백성이 모두 흩어져 고을이 장차 텅 비게 생겼다며 본 군에 丙子年 稅米
> 중 流亡條 9백여 석을 특별히 탕감해 주고 未收條도 자세히 살펴 다른
> 것으로 代納을 하게 해달라고 했습니다. 본 군은 큰 흉년을 겪은 뒤로 여
> 러 가지 고통이 고질화되어 경황이 없어 형편이 扶安과 甲乙이 될만합니

---

36) 『備邊司謄錄』, 哲宗 13년 壬戌(1862) 10월.
37) 『各司謄錄』(『全羅監司啓錄』), 高宗 13년 丙子(1876) 4월 26일; 동 5월
　　22일; 동 6월 8일; 동 7월 10일. 동년 6월 8일까지는 旱魃과 그에 다른
　　未秧이, 이후는 수해, 풍해, 병충해 등이 집중적으로 거론되어 있다.

다. 그러니 이 狀辭 속에 백성이 흩어지고 고을이 텅비게 생겼다는 말이
과언이 아닐 것입니다. 그러니 어떻게 경작도 못한 전답에 稅를 받으며
죽게된 백성에게 억지로 (세를) 독촉합니까. ···38)

영광에서는 재해의 내습, 진전의 발생, 수확 급감 위에 기근과
전염병이 가세함으로써 民의 流亡이 촉발되고 있었다. 이같은 상황
은 이듬해에도 계속되어 연안 평야부 지역을 중심으로 堤堰, 堤防,
溝渠 등 水利施設이 유실되고 대규모 陳田化를 초래하고 있었
다.39) 진전의 발생은 농업에 있어서 失農의 주요인이며 給災의 중
대 사유 가운데 하나였다. 이같은 상태에서 농민들은 관의 적극적
인 구휼대책과 각종 稅의 代納·免除를 호소하고 있었다.

흉작과 마을의 殘敗로 인해 각종 세의 대납·면제를 호소하고
결세를 탕감 받는 장면은 영광에서 뿐 아니라 扶安, 羅州, 咸平 등
에서도 확인되는 호남 연안 평야지대에서는 일반적으로 연출되는
흉년의 풍경이었다.40) 1884년부터는 영광 등 재해가 심한 평야부
제읍에 대해 결세가 전액 탕감되고 있었다.41)

求禮 柳氏家의 사례는 1877년의 극흉을 다음과 같이 전하고 있다.

---

38) 『備邊司謄錄』, 高宗 15년 戊寅(1878) 8월 27일. 이 기사는 다음의 『各司
  謄錄』의 그것과 일치한다. "··· 靈光郡守 朴齊教가 낸 牒子를 낱낱이 들
  어 말한 보고서에 丙丁年의 큰 가뭄은 읍이 설치된 이후 가장 심했고
  거기에다 전염병이 더해서 일정한 거처없이 떠돌아다니는 사람이 많은
  데 각 항을 들어 上納하라고 재촉이 심하다고 합니다. 그렇게되면 나머
  지 백성들도 모두 다 흩어지고 읍은 장차 空虛가 될 것이니 본 군의 병
  자년 稅米 중 流亡條 900여 석을 특별히 탕감해 주고 아직 거두어 들이
  지 못한 1천 여석은 詳定法에 의해 다른 것으로 대신 납부할 수 있도록
  해 주십시오. ···"『各司謄錄』(『湖南啓錄』), 高宗 15년 戊寅(1878) 8월.
39) "珍島 등 8읍진은 지난달 25, 26일 모진 바람이 불고 우박이 내려 논밭의
  모든 곡식이 심한 피해를 입었으며 ···. 제방, 저수지, 도랑 또한 많이 유
  실되고 결손되었습니다."『各司謄錄』(『湖南啓錄』), 高宗 15년 戊寅(1878)
  9월 8일.
40) 『備邊司謄錄』, 高宗 16년 己卯(1879) 6월 11일.
41) 『備邊司謄錄』, 高宗 20년 癸未(1883) 11월 13일.

이 해 봄에 크나큰 흉년으로 온 가족이 유리걸식하고 온 나라가 서로
같은 처지여서 굶어죽는 자가 속출했다. 죽으로 굶주린 사람을 구휼하기
가 터진 냇물을 막기보다 어려웠다. 쌀죽에다 미역이나 소나무 껍질을 섞
어 삶아서 굶주린 입들을 구휼하고 집 뒷산의 큰 소나무를 베도록 해 마
을 사람이나 이웃 동네의 가난한 사람들에세 송피를 벗겨다가 죽 끓여
먹는 데에 보태도록 했더니 나무를 찍는 소리가 원근을 진동했다. 먹을
것 없는 사람으로 인해 화가 소나무에까지 미쳤다.42)

이후 구례군 토지면 오미동에서는 농민의 궁핍화가 보다 심화되
었는데, 1888년의 혹심한 가뭄과 火賊떼의 성행 등으로 인해 원래
50~60호나 되었던 오미동의 호수는 20세기 초 그 절반인 30호 전
후로 줄어들었다고 한다.

1883년 나주 등 연해변을 중심으로 또 한번의 커다란 재해가 내
습하여 호남의 농형은 크게 악화되고 있었다. 이 해는 호남 총 57
읍 가운데 33읍이 "우심"을 기록하였다. 이에 전라감사는 災實分等
의 狀啓를 올려 재해지에 대한 세의 전액 연기와 일부 탕감을 윤허
받고 있었다. 특히, 영광과 전주 양 읍의 無亡減稅條는 무려 930결
에 이르고 있었다.43)

영광에서는 停稅 조치가 종료된 1886년 겨울 騷擾가 발생하였다.
이 시기 지역 민란은 영광의 농촌사회가 보다 심각한 위기 국면에
들어서고 있음을 예고하는 것이었다.44)

전에 의정부에서 화적무리들이 떼를 지어 협박하고 도적질을 하니 이
를 바로 잡고 섬멸하는 책략을 세우라는 공문이 내려왔습니다. 그러던 중
작년 12월 영광에 賊徒들이 일어나 떼를 지어 다니면서 협박하고 약탈하

---

42) 李海濬譯, 『求禮 柳氏家의 생활일기 - 1851~1915』 상, 한국농촌경제연구
   원, 1991, 11쪽(原文: 「是言」, 丁丑(1877) 春).
43) 無亡減稅란 민의 流亡으로 無主地가 발생해 세를 감해주어야 하는 상황
   을 이른다. 『備邊司謄錄』, 高宗 20년 癸未1883) 11월 13일.
44) 농민들이 몰락하면서 유민화 하는 일반론에 대해서는 邊柱承, 「19세기
   流民의 실태와 그 성격」, 『사총』 40, 1992 참조.

여 소요를 일으키니 몹씨 혼란스러웠습니다. 이들의 수괴는 金興祚와 鄭多物이라는 인물로, 김흥조는 스스로 적장이라 칭하고 검을 차고 말을 타고 다녔으며 정다물은 스스로 改過하였다고 하여 김흥조와 함께 의기투합하여 성안으로 들어가 성을 차단하고 옥에 갇혀있던 적당 2명의 쇠사슬을 끊고 옥을 부수어 방자하게 빼앗아 갔으며 읍 가운데의 射亭에 명령하여 두 명의 적을 제멋대로 죽이고, 興德에서는 백성의 재산을 탈취하고 민가를 불태운 후 재빨리 도망하였습니다. 그리하여 백성들은 날이 어두워지면 이들 賊徒들로 인하여 걱정으로 몹씨 시달렸습니다.45)

1883년의 흉년은 여기서 끝나지 않았다. 1888년 또 한 번의 재해가 영광 일대를 내습하고 있었다. 災結의 발생, 大凶作, 그에 따른 稅蕩減의 호소가 지속되고 있다.46) 이같은 상황은 丙丁의 겸황이 회복되지 않은 상태에서 발생함으로써 더욱 누진적인 효과를 보이고 있었다. 다음의 인용문을 보자.

　　의정부에서 아뢰기를, 전 전라감사 金奎弘이 영광의 묵은 결세를 면제해 달라는 일로 본 군수 民致憲의 牒呈을 들어 여러 차례 府에 알려왔습니다. 본 고을은 丙丁의 極凶을 겪은 뒤로 7백결의 전답이 완전히 풀밭으로 변해 영원한 묵전[陳田]으로 변해 버렸습니다. 많은 해를 면세를 해주다가 이제 갑자기 불모지에 稅를 내라는 것은 마치 거북이 등에서 털을 깎으려는 격입니다. ….47)

---

45) 『各司謄錄』(『全羅監司啓錄』), 高宗 24년 丁亥(1887) 2월 25일.
46) 『備邊司謄錄』, 高宗 26년 己丑(1889) 11월.
47) 『備邊司謄錄』, 高宗 28년 辛卯(1891) 8월 28일. 여기서 언급되고 있는 700결의 陳田에 대해서는 1888년의 극흉이 발생하기 1년 전인 1887년 기록에서도 확인되고 있다. "의정부에서 아뢰기를, 전라감사 이헌식이 아뢴 것을 보니 본군의 서쪽 9개면에 있는 無亡陳結에 대해서는 세를 면제해주는 연한이 이미 찼으니 당연히 세를 내야 하지만 작년 여름의 장마와 금년 여름의 가뭄으로 쓰러진 민정이 소생할 겨를이 없어 손을 대지 못하고 있으니 7백결에 이르는 진결을 5년의 한도로 다시 세를 내지 않도록 해달라고 했습니다. 〈이하 생략〉" 『備邊司謄錄』, 高宗 24년 丁亥(1887) 11월.

내용의 핵심은 丙丁의 歉荒으로 인한 이 일대의 재해지가 1888
년의 極凶 이후 永久 陳田化 단계로 진입하고 있음을 보여주고 있
다. 특히, 위의 인용문은 이같이 악화된 상황에서 結稅 부과의 위
험성을 생생하게 전하고 있다. 중앙에서는 악화된 농형을 감안하여
1890년부터 陳結 7백결에 대한 3년간의 停稅 조치를 내리고 있
다.[48] 영광은 호남 일대의 재해지 가운데에서도 가장 심각한 상태
였던 모양이다.

그런데 여기서 結稅의 過重性에 대해 살펴볼 필요가 있다. 茶山
에 따르면, 19세기 전반 打租制하 세액의 비중은 지대량의 25%로
정도로 추정되고 있다.[49] 시대를 내려와서 1900년대 초 결세의 비
중은 총 수확량의 10% 정도, 환산하면 지대량의 20%로 보고 되고
있다.[50] 거의 1세기간의 변화임에도 불구하고 큰 변화 없이 높은
수준을 유지하고 있었다. 더구나 결세의 과중함은 비총제라는 전세
총액제하에서 각 면간, 동리간의 불균등에 의해 그 부담이 증폭되
고 있었다.[51]

이같은 상황은 영광 또한 예외가 아니어서 제1장에서 살펴 본
바와 같이 대량의 진전이 존재하는 가운데 결세부담은 증가하고
있었다. 西部面의 경우 각 등급별 구성비를 보면, 구량 단계(1719)
에서는 1등지 7.9% · 2등지 6.3% · 3등지 19.3%였던 것이, 1868년
금량 단계에서는 1등지 11.5% · 2등지 7.1% · 3등지 32.5%로 상등
전을 중심으로 결부의 등급이 상향 조정되고 있었다. 이러한 등급
상승은 畓에서 더욱 심하였는데, 反畓化 경향이 병행함으로써 결세
부담은 더욱 과중한 것으로 되지 않을 수 없었다.

다음에 제시한 [그림 3]은 19세기 전 기간에 걸쳐 全羅道 出稅

---

48) 『高宗實錄』, 高宗 28년 辛卯(1891) 8월 28일.
49) 茶山研究會譯註, 『譯註牧民心書』 II, 創作과 批評社, 253쪽.
50) 日本農商務省, 『韓國土地農産調査報告』(慶尙道·全羅道), 1902, 308쪽.
51) 李榮薰, 「開港期 地主制의 一存在形態와 그 停滯的 危機의 實相」 『經濟
史學』 9, 1985, 402쪽.

[그림 3] 1801~1900年間 全羅道 出稅實結數와 靈光 斗落當租의 指數推移

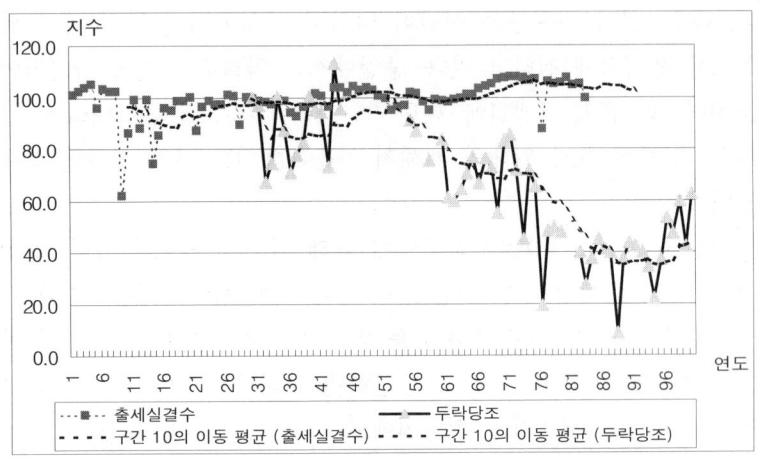

자료 : 麻生武龜, 『朝鮮田制考』, 朝鮮總督府中樞院, 1940

주 : 指數化는 "斗落當租"의 始點인 1830년을 100으로 함

實結數와 靈光의 두락당 지대량(斗落當租)의 지수 추이를 대비한 것이다. 영광 신씨가에서 산출된 "斗落當租"는 영광지역의 農形을 반영하고 있다. 이를 통해 당시 일반 농민들의 조세부담의 실태를 살펴볼 수 있다.

전라도 출세실결수의 추이는 다소간의 순환변동을 보이고 있지만 전세 비총제에 따라 일정한 수준에서 고정되는 경향을 보이고 있다. 영광의 두락당 지대량의 추이도 1850년대까지는 큰 폭의 등락을 보이면서도 출세실결수와 유사한 장기추이를 보이고 있다. 그러나 1860년대 이후가 되면 두락당 지대량은 감소하기 시작하여 1876・77년의 歉荒을 경과한 이후부터는 출세실결수의 추이와 그 괴리를 증폭시키고 있었다. 특히, 1888년의 극흉 이래 1894년의 농민전쟁기에 이르면 양자의 차이는 피크에 달하고 있다. 이같은 사실은 전라도에서의 결세 수취가 당시의 農形을 탄력적으로 수용하지 못함을, 나아가 19세기 후반의 賦稅政策이 사실상 농업현실을 외면하고 있음을 시사하고 있다.

이같이 출세실결수가 당시의 생산성을 탄력적으로 수용하지 못할 때 느끼는 농민들의 조세부담은 단순히 양적인 문제만으로 국한되지 않는다. 농민들은 흉년이 든 경우 생계조차 해결하기 어렵기 때문에 결세부담은 소농민경영의 단순재생산분까지 침식해 들어오고 있었다. 이같은 상황이 1876·77의 겸황 이후 악순환 됨으로써 영광 농민들은 서서히 몰락해 갔다. 당시 농촌현실을 탄력적으로 수용하지 못한 19세기의 부세정책은 전라도 농민들을 막다른 골목으로 내몰고 있었다.[52]

다음의 〈표 4〉는 1876~92년간 호남의 給災 상황을 구체적으로 제시한 것이다. 원 자료인 『年分災實要覽』은 1876년부터 1892년까지 17년 동안 전국의 災實分等 내역을 조사해 기록한 책으로 각 도의 監司 및 留守의 年分狀啓 및 그에 다른 처리내용을 정리한 전국적 단위의 財政 公簿이다. 특히, 자료의 대상기간을 1876~92년간으로 설정하고 있는 것이 이채로운데, 〈표 4〉에 실린 農形과 給災의 상관관계가 그 이유를 말하고 있다.

1876~92년간 호남에서 악화된 농형은 중앙에서 인정한 급재 상황에 그대로 반영되었다. 〈표 4〉 상의 "급재"액(『年分災實要覽』)을 〈부표 2〉 상의 "급재"액(『度支田賦考』)과 비교하면 1876년과 1877년의 수치만이 일치할 뿐, 〈표 4〉의 "급재"액은 과소 계상되어 이것이 당시 급재의 중간과정임을 보여주고 있다. 때문에 〈표 4〉에서는 『度支田賦考』에서는 찾아보기 힘든 급재의 보다 선명한 시계열 추이를 엿볼 수 있다.

1876년의 경우를 보면, 전라도 총 56읍 가운데 32읍의 농형이 "우심"을 기록해 중앙의 호조에서 인정한 "災結"은 2,500결이었다.

---

52) 金建泰, 「1743~1927年 全羅道 南平文氏 門中의 農業經營」 『大東文化研究』 35, 1999, 316~7쪽 인용. 〈그림 3〉의 작성방법도 金建泰로부터 시사받은 것이다.

〈표 4〉1876∼92年間 湖南 災實分等 一覽（단위 : 結）

年度	尤甚/全體	災結(a)	加請災結	加給(b)	又給(c)	給災(a+b+c)
1876	32/56	2,500	87,212	45,000	1,500	49,000
1877	14/56	150	41,656	11,769	0	11,919
1878	5/56	150	25,058	3,500	0	3,650
1879	4/56	150	25,202	3,000	1,000	4,150
1880	7/57	0	22,131	0	0	0
1881	14/57	100	28,511	1,000	2,000	3,100
1882	12/52	150	46,911	5,000	0	5,150
1883	33/57	400	80,137	10,000	3,000	13,400
1884	15/57	200	41,483	2,800	0	3,000
1885	19/57	300	51,389	5,000	1,000	6,300
1886	15/58	0	36,547	3,000	0	3,000
1887	27/58	200	54,187	4,000	500	4,700
1888	35/59	2,000	113,988	48,000	4,500	54,500
1889	17/58	200	43,121	7,000	2,000	9,200
1890	14/57	0	29,749	1,400	0	1,400
1891	23/57	0	42,862	6,500	0	6,500
1892	14/57	150	52,999	9,000	2,000	11,150

자료 : 『年分災實要覽』(1876∼92) (奎12207)

이에 대해 각 읍에서 "加請災結"한 것이 87,212결인데, 중앙에서 이를 심사하여 "加給"한 재결이 45,000결이다. 여기에 각 읍에서 재차 청원한 재결을 호조가 다시금 인정해 추가로 "又給"한 결수가 1,500결, 이렇게 해서 1876년의 "給災"액은 49,000결로 결정되었다. 여기서는 편의상 농형이 "之次"인 경우는 고려하지 않았으나 이 또한 차등을 두고 급재 하였음은 두말할 나위가 없다. 19세기 후반 가장 극심한 흉년으로 기록되었던 1888년의 경우를 보면, 호남의 59읍 가운데 35읍에서 극흉이 발생해 "가청재결"은 무려 113,988결에 달하고 있으나 "급재"액은 결국 그 절반가량인 54,500 결로 귀결되었다. 이 해의 극흉은 실로 심각하여 이례적으로 "加給", "又給"에 이어 "三給"까지 급재를 시행하였고 沿岸 諸邑의 諸

稅가 "全數停退"되기에 이르렀다. 이제 〈표 4〉를 역으로 해석해 보
면, 급재액이 10,000결을 상회했던 1877년, 1883년, 1892년 또한 극
심한 흉년을 경험하고 있음을 유추할 수 있다. 1877년의 경우 "가
청재결" 안에는 9,769결의 舊災가 포함되어 있는데, 모두 "재결"로
인정받고 있다. 이 해는 丙子年(1876년)의 극흉이 남긴 歉荒으로
기록되고 있다.

　1876년 이래 문제의 이 17년간은 〈부표 1〉의 "농형" 추이(『備邊
司謄錄』)나 〈부표 2〉상의 "급재"액(『度支田賦考』)에서는 찾아볼
수 없는 년년의 선명한 격차를 확인할 수 있다. 그러나 〈표 4〉상
의 "급재"액이 급재의 최종적인 과정은 아니었다. 가령 1879년에는
영광의 "無亡減稅"條 700결, 1880년과 1882년에는 영광 등 3읍의
"무망감세"조 1,500결 등이 더해지고 있다. 영광에서는 흉년인
1883년에도 전주와 함께 "무망감세"조 930결을 기록하였다. 여기
서 결정된 급재액은 각 읍에서 별도로 인정받은 舊災, 無亡減稅條,
限年減稅條, 全數停退條 등이 모두 합산되어 결국 『度支田賦考』상
의 "급재"액에 이르고 있었다. 〈부표 2〉상에서는 전답별 급재 상
황을 볼 수 있는데, 평년의 경우 "畓災"는 "田災"의 4배 가량을 상
회하고 있으나, 흉년이 든 경우에는 "전재"를 약 2,500결 대에서
고정시킨 상태에서 "답재"를 증가시켜가며 급재를 조정하고 있음
을 볼 수 있다. 답이 상대적으로 많았던 호남의 자연지리적 특성을
최대한 반영한 급재 방식이었다고 이해할 수 있다.

　영광에서는 農形이 호전되지 않았음에도 불구하고 1893년 그간
의 停稅 조치가 종료되면서 이듬해인 1894년 2월 민들의 불만과
원성이 폭발해 지역 民亂으로 확대되었다.53) 그동안 축적되어 온

53) 黃玹은 『梧下記聞』(第一筆)에서 甲午年 2월 28일 영광에서 일어난 민란
　　에 대해 다음과 같이 적고 있다. 창두 金國鉉이 弊瘼을 바로잡는다고 칭
　　하며 죽창으로 무장한 수백의 농민군을 이끌고 관아에 난입하여, 청사를
　　파괴하고 군교들을 죽였으며 화가 군수 閔泳壽에게도 미쳤다고 한다(靈
　　光郡民亂 稱以橋正弊瘼 各持竹槍 突入郡底 毁公廨刺軍校 郡守閔泳壽 槍

사회경제적 제모순에 대해 농민들은 관아에 대량의 所志를 제출하
는가 하면, 급기야 일부 몰락 농민들은 亂民化하면서 농민전쟁의
한 복판으로 뛰어들고 있었다.[54] 동년 4월 영광의 亂民들은 茂長
으로부터 내려온 농민군 1만여 명과 합세하여 영광 관아를 함락시
키고 있었다.[55] 이후 1만 여의 농민군은 咸平, 長城, 羅州 등으로
남하하면서 농민전쟁은 전라도 전역을 포함한 삼남 일대로 확대되
었다.[56] 결국 19세기 전 기간에 걸쳐 심화된 농촌모순은 이와 같은
혁명적인 방법을 통해 스스로의 모순을 해소하고 있었다.

及其身 首倡金國鉉等 來訴巡營). 이 사건은 茂長 기포(1894.3.20) 약 한
달 전에 일어난 지역 민란으로 기록되고 있다.
54) 亂民이란 일반적으로 反官的 暴動에 가담한 질서파괴행위자를 가리킨다.
그들은 정치적 목적달성이라는 일관성있는 원칙에 움직이는 반란집단과
는 개념적으로 구별된다. 그들은 촌락방위, 조세문제, 소작료납부거부, 기
근해제폭동, 약탈, 방화, 불법경제행위(密輸, 密賣) 등 비교적 직접적이며
일상적 차원의 작고 특수하고 좁은 목표를 내건 폭동에 가담한 민중이
다. 그들의 존재형태가 不安해지고 그들에게 어떤 轉機가 작용하면 이들
난민은 이제 정치적 반란집단으로 변모하게 된다. 그들은 자료상에서 흔
히 "賊"이라고 기록된다. 閔斗基, 「中國近代史에 있어서의 '亂民'」『大東
文化研究』18, 1984 참조.
55) 1894년 4월 12일 茂長으로부터 2隊로 내려온 농민군 1만 여명이 申時(午
後4時)경 영광군을 無血入城하였다고 한다. 영광군수 閔泳壽는 농민군이
茂長에 이르렀다는 소식을 접한 9일부터 法聖浦로 피신해 있었는데, 12
일 영광 관아가 농민군에 점령되었다는 소식을 듣고 七山 앞바다를 통
해 도성으로 달아났다고 한다. 영광은 당시 茂長 大接主 孫化中의 관할
지역으로 영광의 농민군 지도자는 宋文洙, 吳泰淑, 李玄淑 등으로 나타
나고 있으며, 2차 봉기인 9월봉기에서는 병력이 8천 여명에 달했고 지도
자는 吳河永, 吳時泳으로 호남에서는 南原 다음 가는 농민군의 봉기 기
지였다고 한다. 와탄천을 경계로 영광 도내면과 접하고 있는 茂長縣 冬
音峙面 堂山은 古阜와는 별도 조직에 의한 갑오농민전쟁의 기포지로 알
려져 있다. 이상 靈光鄕土文化研究會, 『동학농민혁명 영광자료집』(원자
료는『梧下記聞』외 다수), 1995.
56) 동학 농민군의 최초의 이동경로는 다음과 같다. 1894년 4월 7일, 井邑 삼
거리 → 8일, 興德, 高敞 → 9일, 茂長 → 12일, 靈光 → 16일, 咸平 →
21일, 長城 → 27일, 전주성. 裵亢燮, 「제1차 동학농민전쟁 시기 농민군
의 진격로와 활동양상」『동학연구』11, 2002 참조.

19세기 영광 농촌이 안고 있던 사회적 제모순의 기초에는, 지주제의 착취기반인 농민경영의 불안정성, 그 구조적 취약성이 자리하고 있다. 이것은 수해·한해 등 自然災害의 來襲 ⇒ 凶作 ⇒ 농민의 離去·流亡 ⇒ 結稅의 重壓 ⇒ 2차 流亡의 악순환이라는 農業危機에 의해 재생산되고 있었다. 때문에 국가에서는 재해지에 대해 結稅의 延納·蕩減 등을 허용하는가 하면, 몰락한 貧農에 대해 救恤·賑貸 정책을 펴고 있었지만, 진주민란 이후 還穀制가 사실상 해체되면서 최소한의 농촌안정화 조치마저 불가능해지고 있었다. 대원군 집권기에 그 대안으로 社倉制가 실시되었지만 이미 순수한 賑恤穀의 의미를 벗어난 것이었다.[57] 특히, 1876년의 極凶 이후 부세부담과 이같은 환곡의 기능불능 상태에서 다수의 소농민은 沒落·流亡하는 가운데 그 일부는 亂民化하고 있었던 것이다.

요컨대, 영광의 농업위기(1876~1894)는 다음과 같은 구조를 취하고 있었다. '재해의 累積 ⇔ 水利施設의 荒廢化'의 악순환 ⇒ 대규모 陳田의 발생 ⇒ 2차 재해 ⇒ 永久 陳田化 ⇒ 농업생산구조의 붕괴. 요컨대, 19세기 농민경영의 불안정성은 대규모 陳田에 따른 농업생산구조의 붕괴, 陳田課稅를 중핵으로 한 結稅의 過重性에서 찾을 수 있다. 극도로 불안정해진 영광 농촌사회는 이제 조그마한 충격에 의해서도 얼마나 쉽게 난민화의 가능성을 갖는가를, 농민전쟁의 역사를 통해 웅변적으로 말해주고 있다.

---

57) 宋讚燮, 「19세기 還穀制 改革의 推移」, 서울大博士學位論文, 1991; 문용식, 『조선후기 진정과 환곡운영』, 경인문화사, 2000.

Ⅳ. 農民分化의 樣相

1. 經營分化 狀況의 推移

분석 시각을 좁혀 영광 신씨가의 병작지 내 경영분화의 추이를 살펴보기로 하자. 먼저, 전장에서 설명을 생략했던 〈표 7〉의 경작면적에 대해 상술할 필요가 있다. 이것은 "작인 1인당 경작면적"인데, 실제 작인의 총 경작면적에 비하면 상당히 과소 계상된 수치이다. 작인들은 신씨가의 경지만을 소작했던 것은 아니며, 다른 지주의 소작지와 함께 자신의 자작지도 갖고 있었다.58) 전장에서 살펴 본 바와 같이, 1830년 이래 신씨가 병작지의 규모는 1850년대 중반까지 증가하다가 이후 300두락 전후에서 정체적인 양상이었다. 작인 수는 1850년대 중반까지 증가, 이후 1890년대 중반까지 40인 전후에서 정체, 이후 약간 증가하고 있는 상황이다. 따라서 작인 1인당 평균경작면적은 1890년대까지 7斗落 대에서 정체적 양상을 보이고 이후 하락하고 있다. 그러나 그 감소의 경향은 대단히 완만하다.

여기서 주목할 만한 사실은, 7두락이라는 상대적으로 넓은 경작면적이 장기간 지속하다가 1890년대 중반에 들어서야 감소하고 있다는 점이다. 7두락을 영광의 경지관행에 따라 坪數로 환산하면 대략 1,800평 정도로 산출되는데,59) 이 수치는 영광의 경작패턴이 상대적으로 '조방적'임을 보여주고 있다.60) 이같은 '조방적' 경작면적이 1890년대 중반을 계기로 하락해 비로소 '집약화'=영세화의 경향으로 전환되었던 것이다.

---

58) 또한 여기서의 1인당 경작면적은 실제로는 "戶當" 경작면적일 가능성이 크다. 그러나 여기서는 분석의 편의상 이를 "人當" 개념으로 본다.

59) 신씨가의 「小作料通知書」(1931~35)에서 답 1두락은 259평, 전은 답의 절반 정도로 산출된다. 『集成』 28, 524~606쪽.

60) 참고로 본서 序章 〈표 1〉의 "人當耕地面積" 참조.

〈표 5〉 靈光 農民分化 推移

區間 (斗落)	1830			1840			1855			1860			1870		
	人數	面積	同上%	人數	面積	同上%	人數	面積	同上%	人數	面積	同上%	人數	面積	同上%
18-	0	0	0.0	3	72	31.6	4	105.5	25.9	1	34	7.9	1	27	9.6
15-17	0	0	0.0	0	0	0.0	2	32	7.9	1	15	3.5	1	15	5.3
12-14	0	0	0.0	0	0	0.0	5	61	15.0	8	103	24.0	4	52	18.5
9-11	4	38	30.6	7	68	29.8	1	9	2.2	7	68	15.9	5	50	17.8
6-8	6	41	33.1	6	43	18.9	12	88	21.6	11	76	17.7	8	52	18.5
3-5	10	41	33.1	11	38	16.7	25	103	25.3	33	129	30.1	19	81.5	29.0
0-2	2	4	3.2	4	7	3.1	5	8.5	2.1	3	4	0.9	2	3.3	1.2
計	22	124	100.0	31	228	100.0	54	407	100.0	64	429	100.0	40	280.8	100.0

區間 (斗落)	1882			1890			1900			1911			1922		
	人數	面積	同上%	人數	面積	同上%	人數	面積	同上%	人數	面積	同上%	人數	面積	同上%
18-	1	20	8.3	3	83	27.1	1	19	6.4	0	0	0.0	1	21	7.1
15-17	2	32	13.3	0	0	0.0	0	0	0.0	2	33	11.4	2	31.3	10.6
12-14	4	49	20.4	1	14	4.6	2	27	9.1	4	52.7	18.2	4	49.5	16.8
9-11	1	11	4.6	8	78	25.5	9	85	28.8	1	10.3	3.6	8	77	26.2
6-8	9	64	26.7	8	59	19.3	11	80.5	27.2	6	40	13.8	7	48.9	16.6
3-5	16	62	25.8	18	72	23.5	21	82	27.7	37	148.5	51.3	14	61.7	21.0
0-2	1	2	0.8	0	0	0.0	1	2	0.7	3	5	1.7	5	5	1.7
計	34	240	100.0	38	306	100.0	45	295.5	100.0	53	289.5	100.0	41	294.4	100.0

다음의 〈표 5〉는 작인층의 경영분화 양상을 제시한 것이다. 표에 제시한 각각의 年次는 전장 〈표 7〉의 제지표상 편차가 적으면서 각 시기를 반영한다고 생각되는 연도를 추출해 작성한 것이다. 표에 나타난 분화의 변동추세를 해석함에 있어 우선 그 해석의 기준이 필요하다. 만약 어느 농민분화가 그 내부에 近代的 農民層分解의 진행을 포함한 경우 다음의 세 가지 현상이 나타나게 될 것이다.61) 첫째, 經營 上層農의 인적 구성비 및 경지집중률이 확대되어 간다. 둘째, 中層農은 안정적인 추세를 보인다. 이들은 상층농의 출신터전이 되므로 이 계층의 안정적 존립은 상층농 성장의 안정적 뒷받침이 된다. 셋째, 下層農의 몰락 즉, 그들의 경지집중률이 감소되어간다. 그들은 一片의 토지와 결합되어 있으나 격렬한 농민층분

---

61) 山崎隆三,「江戶後期における農村經濟の發展と農民層分解」『日本歷史』近世4, 1963 참조.

해 속에서 농촌프롤레타리아트로 전락할 것이다. 이러한 특징은 근
대적 농민층분해가 초기단계에서는 안정적인 중층농보다 하층농을
집중적으로 분해시키며 그 분해의 주체는 상층농임을 의미한다.

이러한 기준을 두고서 표에 나타난 분화의 추이를 살펴보면, 대
체로 이 기준의 역의 현상이 지배적임을 보게 된다. 〈표 5〉에서 15
두락 이상을 經營 上層, 6두락~15두락 미만을 中層, 6두락 미만을
下層으로 잡으면, 경영 상층을 제외하고는 주목할만한 변동양상이
확인되지 않음을 볼 수 있다. 면적 구성비(=경지집중률)에 주목하
면, 상층은 1830년 0.0% → 1840년 31.6% → 1855년 33.8% →
1860년 11.4% → 1870년 14.9% → 1882년 21.6% → 1890년 27.1%
→ 1900년 6.4% → 1911년 11.4% → 1922년 17.7%로서 상당한 波
動을 그리며 경향적으로 하락하고 있다. 이에 대해 경영 중층은
63.7%(1830) → 48.7%(1840) → 38.8%(1855) → 57.6%(1860) →
54.8%(1870) → 51.7%(1882) → 49.4%(1890) → 65.1%(1900) →
35.6%(1911) → 59.6%(1922), 하층은 36.3%(1830) → 19.8%(1840)
→ 27.4%(1855) → 31.0%(1860) → 30.2%(1870) → 26.6%(1882)
→ 23.5%(1890) → 28.4%(1900) → 53.0%(1911) → 22.7%(1922)
로서 각 기간별 편차를 보이고 하지만, 상층과 달리 각각 50% 대
와 30% 대에서 일정한 수준이 유지되고 있음을 볼 수 있다. 여기
서는 소농층의 분해를 중핵으로 하는 근대적 농민층분해의 현상은
확인할 수 없으며, 오히려 그 역의 경향으로서 경영분화는 상층의
점진적인 몰락과 중·하층의 강고한 존속이 주요한 내용을 이루는
거의 고정적인 분화구조를 보여주고 있다. 이같은 장기간의 고정적
인 분화양상은 그 자체 19세기 후반 영광의 낮은 생산력 수준을 반
영하는 것으로, 변화의 유인을 갖지 못하는 前近代的 農民分化라
할 만한 것이다.

중복된 감이 있지만 이상의 분화추이를 [그림 4]에서 추가적으
로 확인해 보기로 하자. [그림 4]는 각 계층의 평균경작면적을 분

[그림 4] 階層別 平均耕作面積의 推移

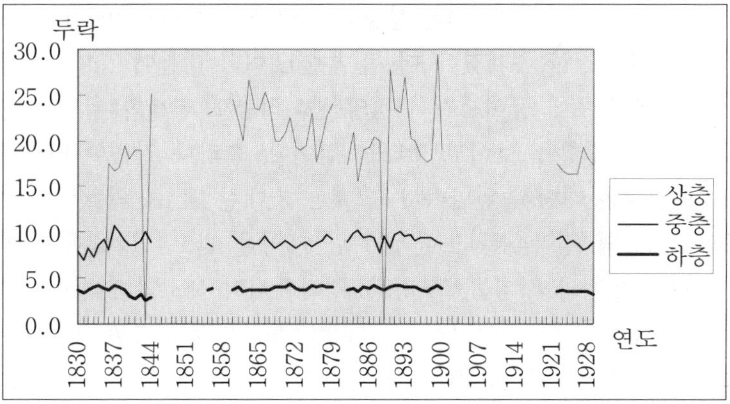

석 전 기간에 걸쳐 시계열화 한 것으로 〈표 5〉의 결락치들을 증보
하는 의미가 있다. 경영 중층의 규모는 약 8두락, 하층은 4두락 전
후를 기록하여 균질적인 소농층이 장기간에 걸쳐 재생산되고 있
음을 볼 수 있다. 반면, 상층은 커다란 진폭을 보이며 1850년대 이
후 하락하는 경향을 보이고 있다. 단, 1890년은 예외이다.

영광의 소농층에서 확인되는 균질적이며 고정적인 분화 구조는,
19세기 이전까지 경영 중·하층의 零細均等化가 사실상 완료되
어,62) 이 단계에 들어서면 더 이상 생산력 상의 변화의 유인을 갖
지 못했기 때문이다. 19세기 후반 농업위기에 따른 농민경영의 구
조적 취약성은, 낮은 생산력 수준을 상대적으로 넓은 경영면적을
통해 상쇄하면서 끊임없이 재생산해나가고 있었던 경영 중·하층
의 움직임 속에서 조성되고 있었다.63)

---

62) 李榮薰, 『朝鮮後期社會經濟史』, 한길사, 1988. 제8장 朝鮮後期 農業變動의
    基本樣相 참조.
63) 李榮薰은 이같은 현상에 대해 "농민분화의 본질은 그 자체 균질적인 소
    농민경영을 재생산해가는 과정이었으며, 소농민경영의 해체를 동반하는
    단계의 것은 아니었다"고 정리하고 있다. 앞의 책, 제7장 19세기 農業變
    動의 一樣相, 478쪽.

1890년대 중반 이후 평균경작면적의 감소 현상은, 상층농의 몰락에 의해 주도되고 있었다. 상층농은 분해의 주체가 아니라 대상이 되는 불안정한 존재였다(이 점 후술). 이와 더불어 흥미로운 사실은 20세기 초에 들어서면서 경영 중·하층도 영세화(=경작면적의 축소)의 경향을 보이고 있다는 점이다. 그러나 전술한 바와 같이 그 진행은 대단히 완만하다. 그것은 거대한 陳田化의 경향 앞에 중·하층농의 경작패턴 또한 커다란 제약을 받고 있기 때문이다. 1890년대 이후의 시기는, '조방적' 경작면적이 해소되는 방식이 분화의 양상과 속도를 결정짓고 있으며, 集約化로의 전환이 중대한 과제로 되고 있는 단계였다고 할 수 있다.

2. 小農民經營의 構造的 脆弱性과 그 解消

경영 상층이 감소하고 균질적인 소농층이 재생산되고 있다는 영광의 농민분화 양상이 소농민경영의 안정화를 보증하는 것은 아니다. 이것은 挾戶的 소경영이 자립적 소경영으로 성장하고 있다는 생산관계 차원의 경향적 사실일 뿐, 경영내부의 구체적인 상황 즉, 경영안정성 여부와는 별개 차원의 문제이다.

먼저, 작인층의 교체상황을 살펴보자. 다음의 [그림 5]는 1830~1929년간 신씨가 병작지 내에서의 作人存續率의 추이를 제시한 것이다(수치는 제3장 〈표 7〉 참조). 이 존속률은 매년 작인을 중심으로 전후 연간의 존속·교체 여부를 판단하여 존속한 작인수를 총작인수로 나누어 산출한 것이다. 여기서는 기존의 '필지별' 집계 방식이 아닌 '작인별' 방식을 취했다. 가령 性澤이라는 한 작인이 1830년 元堂坪의 논 1필지(엄밀하게는 夜味)를 경작했는데, 이듬해인 1831년 그의 소작지가 防築下坪으로 바뀌었다고 하자.[64] 이

---

64) 이것은 신씨가 소작지에서 실제로 있었던 일이다. 性澤(성택)은 신씨가의 宗人으로서 1831년에 선자기상에는 性宅으로 등장하고 있다. 또 한

경우 기존의 필지별 방식에 따라 작인의 교체상황을 판단하면, 그는 해당 배미에서 작인으로서 탈락한 것이다. 그러나 여기서는 작인 성택이 방축하평에서 여전히 신씨가의 경지를 경작하고 있으므로 존속한 것으로 간주한다. 이와 같이 작인을 중심으로 존속률을 구하는 것은, 이 지역이 재해로 인해 지대(先尺) 면제지가 빈번히 바뀌어 작인들이 경작하는 당해 배미의 변동이 심하였기 때문이다. 또 실제로 필지별 집계방식으로 존속률을 잡으면 작인존속률은 여기서 제시하는 것보다 더욱 낮아진다.

　[그림 5]를 통하여 다음의 몇 가지 사실을 확인할 수 있다. 첫째, 19세기 선 기간에 걸친 작인존속률의 상대적 저위성이다. 19세기 전 기간에 걸쳐 존속률은 60% 전후에서 형성되고 있다. 이것은 지주가 입장에서 移作을 빈번히 행하였던 당시의 병작관행을 배경에 두고 있다. 둘째, 각 년 사이에 커다란 편차를 볼 수 있는데, 특히 1830년대와 1880년대가 그러하다. 이 점은 영광의 취약한 농사 사정과 관련해 19세기 농민경영의 불안정성의 핵심적인 내용을 이루고 있다. 셋째, 1860년대 후반~1870년대 후반 작인존속률의 일시적인 상승 현상이 나타나고 있다. 이후 두락당 지대량이 최저점에 달하는 1888년까지 급하게 하락하고 있다. 전자의 사실은 잇따른 흉작에 따라 지주가에서 작인들의 곤란한 상황과 농촌 내 사회적 불안정을 고려하여 移作을 삼가고 있기 때문이다. 농촌불안정을 배경으로 한 지주권의 약화가 그 원인이었지만, 추가적인 극흉에 따라 민의 유망이 속출하면서 작인존속률은 19세기 전반보다도 낮아지고 있다. 넷째, 19세기 말에서 20세기 초에 걸쳐 작인존속률이 크게 상승하고 있다는 점이다. 1830년대 이래 1세기간 존속률은 50%~60% 대에서 꾸준히 상승하여 이 단계에 이르면 70%를 상회하고 있다.

가지 이와 같이 한자명이 다름에도 불구하고 그 音이 같은 경우 동일인으로 간주한다. 『集成』 28, 165~66쪽.

[그림 5] 作人存續率의 推移

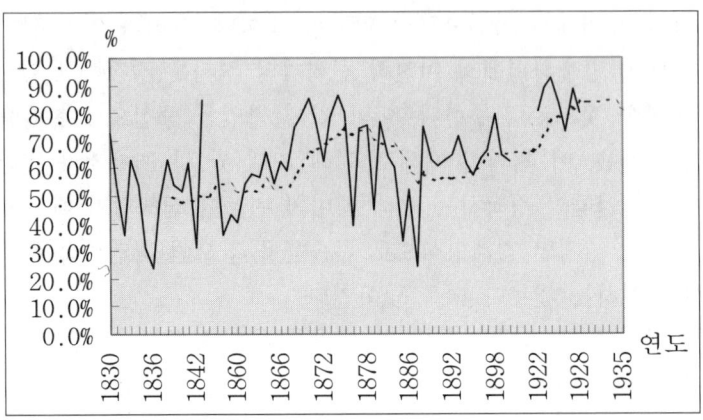

우리는 [그림 5]에 나타난 작인존속률의 저위성과 큰 편차를 보면서 19세기 전 기간에 걸친 농민경영의 구조적 취약성의 일단을 보게 된다. 앞의 [그림 4]에서 본 '경영 중·하층의 고정적 분화 구조'는 이와 같은 빈번한 작인교체를 그 구조적 내용으로 담고 있었다. 영세균등화의 분화 상황을 고려한다면, 경영 중·하층은 이같이 빈번한 작인 교체를 겪으면서 재생산되고 있었던 것이다.

19세기 후반 신씨 병작지 내에서의 빈번한 작인교체 즉, 작인존속률의 저위성도 20세기에 접어들면서 점진적으로 해소되어가고 있었다. 다음에 제시한 〈표 6〉의 高敞의 사례를 살펴보면 이같은 사실을 용이하게 확인할 수 있다.[65]

1915~1936년간 고창의 추이는 작인존속률이 평균 80~90% 대를 유지함으로써 19세기 후반 60~70%에 머무르던 영광의 사례와 좋은 대조를 이루고 있다. 여기서도 영광의 사례와 마찬가지로 두락당 지대량(斗落當租)은 10두 이상에서 형성되고 지대수납률(租收納率)도

---

65) 『高敞黃氏家秋鑑記』(1915~1936)에서 산출한 것임. 황씨가 작인층의 동향에 대해서는 金柄夏, 「日帝下 黃尙翼家의 小作農研究」(제3장), 같은 책, 1993 참조.

〈표 6〉 1915~1936년간 高敵 推移 概況

年度	小作地	地代量	斗落當租	租收納率	作人數	耕作面積	作人存續率	備考
	斗落	斗	斗	%	人	斗落	%	
1915	262.5	2838.0	10.82	86.79	45	5.83	86.7	秋鑑記
1916	276.5	3012.5	10.90	93.10	48	5.76	91.7	
1917	271.5	2975.0	10.96	94.91	47	5.78	87.2	
1918	277.0	3202.0	11.56	91.22	48	5.77	91.7	
1919	327.0	4180.0	12.78	85.71	58	5.64	82.8	
1920	333.0	4275.0	12.84	78.87	58	5.74	77.6	
1921	337.5	4421.0	13.10	87.67	61	5.53	72.1	
1922	334.5	4447.0	13.29	91.78	59	5.67	72.9	
1923	322.6	4337.0	13.44	87.32	58	5.56	70.7	
1924	321.6	2680.0	8.33	91.18	58	5.54	81.0	
1925	307.6	4205.0	13.67	96.87	55	5.59	72.7	
1926	311.6	4147.0	13.31	92.31	52	5.99	86.5	
1927	357.6	4876.0	13.64	87.01	60	5.96	90.0	
1928	366.7	4343.0	11.84	76.83	63	5.82	88.9	
1929	370.3	4576.0	12.36	71.43	64	5.79	89.1	
1930	369.8	5146.0	13.92	64.28	64	5.78	73.4	
1931	438.8	5667.0	12.91	59.78	61	7.19	65.6	
1933	547.4	8123.0	14.84	69.56	83	6.60	78.3	
1934	503.0	6082.0	12.09	94.28	73	6.89	75.3	
1936	548.4	8642.0	15.73		77	7.14		

자료 : 『高敵黃氏家秋鑑記』(韓國精神文化研究院 所藏)
주 : ① 누락년도는 1932, 35년 총 2개년치임.
　② 1石 = 20斗임.
　③ 표에서 耕作面積은 작인 1인당 경작면적을 의미함.

도 평균 80% 이상을 기록하고 있다. 최근 李榮薰의 사례연구에 따
르면, 식민시기에 들어서면 작인존속률이 상승하고 경작기간이 길어
짐으로써 소농민경영은 전기에 비하여 한층 안정화되었다고 한다.[66]
　다음, 작인층의 평균경작기간을 살펴보자. 여기서는 자료의 제약
상 결락치가 적은 19세기 후반기만을 분석대상으로 삼을 수밖에
없다.[67] 1855~1903년간 신씨가의 추수기에 등장하는 작인수는 총

---

66) 李榮薰, 「植民地期 小農經濟의 動向」『제41회전국역사학대회발표요지』,
　　1998, 441~449쪽. 그는 작인의 존속률과 경작기간을 지표로 하여 식민지
　　기 소농민경영의 안정화 즉, '小農前進'을 제기하고 있다.

<표 7> 作人層의 耕作期間 (1855～1903)

耕作期間	人 數	同上構成比
5년 이상	102명	20.0%
4년	37	7.3
3년	52	10.2
2년	63	12.4
1년	255	50.1
計	509	100.0

509명으로 확인된다. 이들의 경작기간을 제시한 것이 위의 <표 7>
이다. 표의 작성방법은 "작인별" 집계 방식으로 전술한 작인존속률
의 그것과 동일하다.

총 작인수 509명 가운데 경작기간이 1～2년인 경우가 62.5% 정
도에 달하고 있고, 3～4년 정도까지 합하면 80.0% 수준이다. 185
5～1903년간 전체 작인의 평균경작기간을 구하면 3.4년으로 산출되
고 있다. 반면, 10년 이상 안정적으로 경작한 작인을 적출하면 37
명에 불과할 정도로 소수에 그치고 있다(전체 작인수의 7.3%). 최
근 확인된 瑞山의 사례에 따르면, 1832～1875년간 전체 255명의 작
인 가운데 경작기간이 1～2년에 해당하는 경우가 58.3%, 3～4년까
지 경작하는 경우가 77% 가량 된다고 한다.[68] 영광과는 상당히 유
사한 수준이라고 할 수 있다. 그렇다면, 영광 작인의 평균경작기간
3.4년이라는 수치는 어떻게 해석해야할까?

전술한 高敞 黃氏家의 사례에서 좋은 비교대상을 찾을 수 있다.
1915～36년 사이의 21년간 총 작인수는 276명으로 여기서의 평균
경작기간은 4.3년으로 산출되었다. 20세기 전반기 고창에서 산출된

---

67) 신씨가 선작기가 1845～1854년간, 1904～1921년간 缺失되어 時系列이 형
    성되지 않기 때문이다. 또 분석기간내 1857, 59, 80, 81, 1901, 02년의 6개
    년치도 현존하지 않는다(여기에는 極凶으로 선작기 자체가 애초 작성되
    지 않은 해가 포함되어 있다).
68) 崔潤晤, 「18·19세기 서울 부재지주의 土地集積과 農業經營」, 1997, 601쪽.

4.3년이라는 기간에 비하면, 영광에서 확인되는 3.4년이라는 기간은
약 1년 정도 짧은 셈이다. 고창 사례의 대상 기간이 단기라는 점을
감안한다면 이 차이는 더 커질 것이다. 이같은 사실은 求禮 柳氏家
의 사례에서도 확인되고 있다.[69] 1902~41년의 40년간 작인의 경
작기간은 1년인 경우가 28.3%, 2년 13.0%, 3년 이상 58.7%이며, 평
균경작기간은 5.5년이었다. 이에 비하면, 영광의 경우는 반세기 사
이에 경작기간이 거의 2년 가량이나 짧은 셈이다.[70] 영광에 있어
서 이러한 경작기간의 단기성은, 전술한 [그림 5] 상에서 丙丁의
겸황 이후 작인존속률의 급감 추세가 보여주는 바와 같이, 농업위
기가 내습한 1876~1894년 사이에 심화되고 있었다.

마지막으로, 1855~1903년간 상층농의 동향을 살펴보자. 여기서
상층농이라 함은 분석기간 내 어느 시기에 적어도 한 번 이상 15두
락 이상의 경작규모를 보유한 경험이 있는 자를 가리킨다. 이들의
경작규모와 기간을 제시한 것이 〈표 8〉이다.

---

69) 이두순 박석두, 『한말-일제하 양반 소지주가의 농업경영연구-구례 류
 씨가의 사례를 중심으로-』, 한국농촌경제연구원, 1993, 34쪽. 여기서 산
 출된 경작기간은 류씨가의 당전평 內作畓의 소작인을 대상으로 한 것이
 기 때문에 다소 과대계상된 것임에 유의해야 한다. 저자들은 일반 外作
 畓(=소작)의 경우는 이보다 낮을 것으로 추정하고 있다.
70) 참고로 19세기 사례로서 慶尙道 金海郡 內需司庄土와 南海郡 龍洞宮庄土
 를 살펴보면 다음과 같다. 김해 내수사장토의 경우 1892~1904년간 작인
 의 평균경작기간은 약 7.6년으로 산출되었다(李榮薰, 「19世紀 農業變動의
 一樣相-慶南 金海郡 內需司庄土의 事例를 中心으로-」『經濟史學』 6,
 1983). 남해 용동궁장토의 경우 1858~1905년간 평균경작기간은 상층농민
 의 경우 14.7년, 하층농민의 경우 4.8년으로 산출되었다(李榮薰, 「19세기
 農民經營의 分化趨勢와 階層別 存在形態-慶尙道 南海 龍洞宮庄土에 관
 한 事例分析-」 韓國精神文化硏究院『韓國의 社會와 文化』 13, 1990). 庄
 土의 경우 평균 7, 8년이라는 경작기간은 당시 병작제하의 평균경작기간
 과는 성격이 다르다. 장토의 작인은 장토내 병작제하의 小作農뿐 아니라
 自作農도 포함되기 때문이다. 自作 筆地일수록 작인변동은 작게 나타날
 것이다.

〈표 8〉 上層農의 動向 (1855~1903)

연도	강원	경운	귀덕	귀례	귀재	김내댁	내길	내심	대덕	덕중	덕진	덕흥
1855				34.0	28.0		26.5					
1856							4.5					
1858							8.0					
1860												
1861	16.0				32.0							
1862						14.0						
1863						12.0						
1864				31.0		17.0						
1865				31.0		17.0						
1866				19.0							8.0	
1867				19.5				15.0			8.3	
1868								15.0			9.0	
1869											8.0	
1870				5.0							12.0	
1871				5.5							13.0	
1872			3.0	5.0							15.0	
1873										3.0	15.0	
1874				8.0						8.0	15.0	
1875			6.0	6.0						8.0	11.0	
1876			6.0	14.0						15.0	6.0	
1877			15.0	5.0							12.0	
1878			15.0	5.0							12.0	
1879				5.5							5.0	
1882			7.0									
1883			7.0	5.0			5.0					
1884			7.0	5.5								
1885			8.0	5.0								
1886		17.0	8.0	5.5								
1887			8.0	5.0					9.0			
1888			8.0									
1889			8.0									
1890			11.0						18.0			
1891			11.0						20.0		4.0	
1892			11.0						20.0		4.0	
1983			5.0						13.0		4.0	
1894			5.0									
1895			5.0								4.0	
1896									2.0		4.0	17.0
1897			5.0						6.0			17.0
1898									9.0		5.0	17.0
1899			5.0						4.0		5.0	
1900											5.0	
1903												
기간	1	1	21	19	2	4	3	3	9	4	22	3

연도	무곡댁	보봉	복원	삼동	삼문	삼춘	성기	성선	성속	수덕	순개	순성
1855											17.0	
1856											17.0	
1858	34.0	15.0									17.0	
1860		5.0	6.0									
1861		8.0										
1862			16.0								3.0	
1863		4.0	21.0								8.0	
1864			18.0		5.0						3.0	
1865			25.0		16.0	9.0					3.0	
1866				15.0		10.0					3.0	
1867					5.5	9.0						
1868						9.0						5.0
1869						9.0						
1870						9.0						
1871						9.0						
1872						9.0					2.0	
1873			1.0			11.0						5.0
1874						12.0						
1875						12.0						
1876						12.0						
1877						17.0						5.0
1878						14.0						5.0
1879						14.0						5.0
1882									16.0			16.0
1883						14.0						11.0
1884						14.0						11.0
1885						14.0						3.0
1886				4.0								
1887				10.0								
1888												
1889						4.0						
1890					4.0							
1891				12.0								
1892				9.0		3.0		4.0				
1983				9.0		11.0				9.0		
1894				9.0		16.0	21.0					
1895				9.0			•	21.0				
1896				10.0								
1897				12.0				17.0				
1898						4.0		24.0				
1899						4.0		14.0		21.0		
1900				9.0		4.0						
1903												
기간	1	4	6	11	4	25	1	5	1	2	9	9

연도	아곡댁	여옥	여필	영계	예산	원상	유안	윤서	윤화	이금	이만	이춘
1855		15.0	26.0		5.0							
1856			26.0		13.0							
1858					13.0						5.0	
1860			14.0		15.0		34.0				13.0	
1861			3.0		13.0						17.0	
1862					3.0							
1863	31.0				3.0							
1864					3.0							
1865												
1866					3.0	10.0				12.0	11.0	
1867					3.0					16.0	10.0	
1868					3.0					17.0	10.0	
1869					3.0	15.0				14.0	11.0	
1870					6.0	15.0				14.0	11.0	
1871					10.0	15.0				12.0	9.0	
1872					7.0	15.0				12.0	9.0	
1873					10.0					12.0	18.0	
1874					16.0					7.0	18.0	
1875					16.0					8.0	12.0	
1876					8.0					8.0	5.0	
1877						5.0			27.0		5.0	18.0
1878						5.0			28.0		5.0	11.0
1879						9.0			23.0	4.0	8.0	
1882									8.0	6.0	12.0	
1883									8.0	4.0	12.0	
1884				11.0		11.5			15.0	8.0	12.0	
1885				11.0		19.0			19.0	3.0	12.0	
1886				14.0		13.0					15.0	
1887				19.0				5.0			9.0	
1888											9.0	
1889				11.0							14.0	
1890				11.0								47.0
1891				11.0							33.3	
1892				11.0				14.0			32.0	3.0
1983				11.0				14.0		2.0	32.0	3.0
1894				11.0				14.0			24.0	3.0
1895				11.0				19.0		7.0	20.0	3.0
1896				11.0						4.0	20.0	3.0
1897				11.0				19.0	9.0		9.0	
1898				11.0				19.0			13.0	
1899				11.0				38.0			13.0	
1900								19.0				
1903							3.0	9.0				
기간	1	1	4	15	19	11	2	10	8	19	349.0	8

연도	일남	점백	정가	정안	정운	철상	춘금	춘협	치경
1855				16.0				25.0	
1856								12.0	
1858								14.0	
1860								14.0	
1861								23.0	
1862								24.0	
1863								28.0	
1864								28.0	
1865								28.0	
1866						25.0		42.0	
1867						21.0		48.0	
1868						17.0		31.0	
1869						17.0		28.0	
1870	5.0					14.0		27.0	
1871	6.0					14.0		35.0	
1872	6.0					14.0		28.0	
1873	6.0					10.0		24.0	
1874	9.0		1.0			11.0		29.0	
1875	9.0					10.0		30.0	
1876	16.0		15.0			10.0		25.0	
1877						5.0		25.0	
1878						11.0		25.0	
1879			10.0			11.0		25.0	
1882		12.0						20.0	
1883		13.0	5.0			3.0		21.0	
1884		13.0				3.0	4.0	16.0	3.0
1885		13.0					5.0	19.0	
1886		6.0						16.0	
1887		9.0			17.0			25.5	
1888		3.0						20.0	
1889		6.0			14.0		10.0	7.0	
1890		14.0					18.0	7.0	
1891		14.0					10.0	7.0	17.0
1802		14.0						7.0	17.0
1983		14.0						7.0	20.0
1894		14.0						7.0	6.0
1895		14.0						7.0	8.0
1896		18.0						7.0	
1897								7.0	
1898								7.0	
1899								7.0	
1900								7.0	
1903								11.0	
기간	7	15	4	1	2	16	5		

주 : ① 1855~1903년간 누락연도는 1857, 59, 80, 81, 1901, 02년 총 6개연도임.
② 표 하단의 "기간"은 당해 작인의 경작기간을 의미함.

15두락 이상의 상층농은 총 45명으로 전체 작인수 509명의 8.8%를 점하고 있을 정도로 소수이다. 이들의 평균경작기간에 주목하면, 산출된 8.9년은 전체 평균경작기간인 3.4년보다 상당히 긴 기간으로 확인된다. 그러나 이들 상층농간에도 상당한 편차가 나타나고 있다. 이들 가운데, 10년 이상 안정적으로 경작한 자만을 적출하면 14명으로 전체 상층농의 31.1%에 불과하다.[71] 이것은 경영형 부농(경영 상층)의 안정적인 성립이 소농(경영 중·하층)만큼 순조롭게 재생산되지 못함을 시사하고 있다. 이들 또한 일반 소농과 마찬가지로 불안정한 경작상황에 거의 무방비상태로 노출되어 있음을 말하고 있다. 이같은 사실은 전술한 경영 상층의 '하강분해'와 결합됨으로써 그 구조적 취약성의 정도를 증폭시키고 있었다.

이상과 같이 19세기 후반 농민경영의 구조적 취약성은 빈번한 작인변동(작인존속률의 저위성)과 그에 따른 경작기간의 단기성을 주요한 내용으로 하고 있다. 이같은 구조적 취약성은 낮은 토지생산성의 실현이라는 영광의 농업조건과 결합되어 농민경영의 불안정성을 심화시키고 있었다. 그러나 20세기에 들어서서 농민경영은 점차 안정화되고 있었다. 작인존속률이 상승하고 이에 따라 경작기간이 장기화됨으로써 19세기 후반에 노출된 소경영의 구조적 취약성은 상당 부분 해소되고 있었다. 이러한 현상이 경작면적의 축소 즉, '집약화'와 동시병진하고 있었던 것이다.

---

71) 이들은 지주가의 舍音[마름]이거나 일가친척 혹은 노비 후예, 하인 등의 특수 작인들이다. 이들은 지주가와 호혜적, 온정적 관계에 있는 자들이다.

〈부표 1〉19세기 全羅道 農形 一覽

年度	尤甚	之次	稍實	年度	尤甚	之次	稍實
1801(54)	6	14	34	1846(54)	0	16	38
1802(54)	8	15	31	1847(54)	6	26	22
1803(54)	5	14	35	1848(54)	0	23	31
1804(54)	0	18	36	1849(54)	3	25	26
1805(54)	12	12	30	1850(54)	17	23	14
1806(54)	4	16	34	1851(54)	12	15	27
1807(54)	3	16	35	1852(54)	19	24	11
1809(54)	34	15	5	1853(54)	19	23	12
1810(54)	12	28	14	1854(54)	10	28	16
1811(54)	2	34	18	1855(55)	0	16	39
1812(54)	15	29	10	1856(55)	9	24	22
1813(54)	6	34	14	1857(55)	20	21	14
1814(54)	29	15	10	1858(55)	21	24	10
1816(54)	0	37	17	1859(55)	0	13	42
1817(54)	8	40	6	1860(55)	13	20	22
1818(54)	5	10	39	1861(55)	13	18	24
1819(54)	10	26	18	1862(55)	11	23	21
1820(54)	8	21	25	1863(55)	20	23	12
1822(54)	9	25	20	1866(55)	14	22	19
1823(54)	6	24	24	1870(56)	9	26	21
1824(54)	7	23	24	1871(56)	6	24	26
1825(54)	6	23	25	1872(56)	4	24	28
1826(54)	2	19	33	1873(56)	15	24	17
1827(54)	6	19	29	1875(56)	9	20	27
1828(54)	19	24	11	1876(56)	32	18	6
1829(54)	2	17	35	1877(56)	14	24	18
1830(54)	4	23	27	1878(56)	5	32	19
1831(54)	17	20	19	1879(56)	4	42	10
1832(54)	19	19	16	1880(57)	7	38	12
1833(54)	20	23	11	1881(57)	14	30	13
1834(54)	11	22	21	1882(52)	12	30	10

年度	尤甚	之次	稍實	年度	尤甚	之次	稍實
1835(54)	8	31	15	1883(57)	33	17	7
1836(54)	25	24	5	1884(57)	15	27	15
1837(54)	26	23	5	1885(57)	19	25	13
1838(54)	8	36	10	1886(58)	15	18	25
1839(54)	8	39	7	1887(58)	27	24	7
1840(54)	0	19	35	1888(59)	35	20	4
1841(54)	3	28	23	1889(58)	17	24	17
1843(53)	0	12	41	1890(57)	14	18	25
1844(54)	0	15	39	1891(57)	23	24	10
1845(54)	9	28	17	1892(57)	14	22	21

자료 : 『備邊司謄錄』

주 : 자료 결락분은 1808, 15, 21, 42, 64, 65, 67, 68, 69, 74년 총 10개년.

〈부표 2〉湖南의 給災 및 出稅實結數 推移(1841~85) (단위 : 結)

年度	災結(a)	狀請災結(b)	給災(a+b)	田災	畓災	出稅實結數
1841	600	17,700	18,300	4,009	14,291	201,390
1842	800	26,000	26,800	3,926	22,874	192,930
1843	700	10,807	11,507	2,802	8,705	208,346
1844	600	11,400	12,000	2,721	9,279	207,975
1845	800	15,000	15,800	2,691	13,109	204,224
1846	600	11,000	11,600	2,710	8,890	208,486
1847	500	13,800	14,300			205,843
1848	400	12,386	12,786	2,729	10,057	207,435
1849	400	13,746	14,146	2,770	11,376	205,614
1850	600	18,000	18,600	3,179	15,421	201,095
1851	600	16,532	17,132			199,924
1852	400	26,000	26,400	3,071	23,329	190,681
1853	300	23,000	23,300	3,129	20,171	193,557
1854	300	22,000	22,300	3,907	18,393	194,181
1855	50	12,000	12,050	3,157	8,893	204,534
1856	400	13,000	13,400	3,216	10,184	203,190
1857	500	19,000	19,500	4,007	15,493	197,110
1858	400	26,000	26,400	3,876	22,524	190,302
1859	300	18,400	18,700	3,540	15,160	198,309
1860	600	20,000	20,600	3,807	16,793	198,232
1861	300	22,000	22,300	3,867	18,433	196,511
1862	500	23,000	23,500	3,960	19,540	198,311
1863	200	22,000	22,200	3,867	18,333	199,616
1864	200	18,811	19,011	3,858	15,160	202,815
1865	250	19,000	19,250	3,524	15,726	202,628
1866	0	15,000	15,000	2,981	12,019	207,096
1867	0	13,916	13,916	2,959	10,957	208,476
1868	0	12,921	12,921	2,779	10,142	210,551
1869	0	9,860	9,860	2,335	7,525	214,159
1870	0	9,773	9,773	2,309	7,464	215,358
1871	0	9,773	9,773	2,309	7,464	215,952
1872	0	9,773	9,773	2,309	7,464	216,140
1873	0	10,469	10,469	2,309	8,160	215,469
1874	200	12,266	12,466	2,393	10,073	213,476
1875	100	11,769	11,869	2,461	9,408	214,076
1876	2,500	46,500	49,000	2,406	46,594	175,668
1877	150	11,769	11,919	2,333	9,586	212,371
1878	100	13,269	13,369	2,309	11,060	210,927
1879	150	14,469	14,619	2,408	12,211	211,541
1880	0	11,285	11,285	2,562	8,723	215,341
1881	100	15,969	16,069	2,620	13,449	209,720
1882	150	16,284	16,434	2,561	13,873	210,462
1883	400	27,284	27,684	2,305	25,379	199,215
1884	200	17,084	17,284	2,561	14,723	210,765
1885	300	19,464	19,764	2,561	17,203	207,518

자료 : 『度支田賦考』.

第5章

재촌지주와 독배기 마을의 社會相

-辛氏家의 山訟과 契文書를 중심으로-

　　정치, 경제, 사회, 문화 등 거의 모든 분야를 망라하는 영광 신씨가의 古文書는 당시 재촌지주의 존재형태와 그가 살던 마을의 사회상을 엿볼 수 있는 귀중한 생활사 자료이다.[1] 제3장과 제4장에서는 경제관련 자료만을 제한적으로 이용해 영광의 농업변동 과정을 살펴보았지만, 여기에는 우리의 흥미를 끄는 신씨가와 독배기 마을을 둘러싼 촌락문서류가 다수 포함되어 있다. 이것은 18세기의 鄕約案을 필두로 19세기의 書齋契, 門契 등 각종 契文書, 20세기 전반의 村契, 農業契 등 기층 농민들의 생활상을 엿볼 수 있는 촌락문서들이다.

　　영광의 자료 조건이 상대적으로 양호함은 전술한 그대로인데, 이 때문에 일찍이 필자를 포함해 여러 연구자들이 이 사례에 주목하였다.[2] 특히 全炅穆의 山訟 연구와 鄭求福의 書齋契 연구는 두 연구 사이에, 또 필자의 지주제 연구와도 밀접히 관련되어 있다. 이 장에서는 산발적으로 전개되었던 그간의 연구를 결합하고, 몇 가지 새로운 사회사 자료를 재구성함으로써 19세기 이래 식민지기에 걸친 재촌지주의 사회적 존재형태와 독배기 마을의 사회상을 구체화해 보고자 한다.

---

1) 『古文書集成 _十七 _十八 ―靈光 靈越辛氏篇(Ⅰ)(Ⅱ)―』, 韓國精神文化研究院, 1996.
2) 全炅穆, 「조선후기 山訟의 한 事例(Ⅰ)―전라도 영광군 입석리 世居 '독배기신씨' 山訟을 중심으로―」『古文書研究』14, 1998; 정구복 박병호 이해준 이영훈 김현영, 『호남지방 고문서 기초연구』, 1999, 한국정신문화연구원. 이 책에는 영월 신씨가 이외에 부안 김씨, 해남 윤씨, 남평 문씨의 사례가 소개되고 있다. 鄭求福, 「19세기 중엽 靈光 寧越辛氏家의 書齋契文書」『古文書研究』20, 2002. 이외에 현장감 있는 농촌사회사 연구로서 丁炳烋, 「韓國의 農業勞動에 관한 一考察―全羅南道 靈光郡下 3個部落의 調査를 中心으로―」『經濟論集』Ⅵ-2, 서울大 經濟研究所, 1967 이 주목할 만하다.

19세기 이래 식민지기에 걸쳐 장기사적 시야를 확보하는 것은 긴요한 문제이다. 기존의 한말 일제하 지주제 연구는 지주경영에 초점을 맞춰 당시의 농업 상황을 구체화하는데 공헌했지만, '한말~일제하'라는 상대적으로 좁은 시공간을 설정해 지주경영의 근대적 변동과정에 집중함으로써 이행기의 이면에 흐르는 전통적 요소의 변천과정을 고찰하는 데 미흡하였다. 또 기존의 지주제 연구는 농촌의 다수를 점하고 있는 농민들을 분석 시야에서 놓치고 있다는 방법론상의 한계를 노출하고 있다. 여기서는 기존의 연구가 지주경영에 초점을 맞추었던 점을 의식하면서 지주의 다양한 삶을 둘러싼 사회사적 제문제와 그것을 실마리로 하여 기층 농민들의 생활상에 접근해보고자 한다.

여기서 산송이나 계문제와 같은 사회사적 측면에 관심을 갖는 이유는, 지주의 다양한 삶의 양태에 대한 고려 때문이다. 이것은 지주 개인의 문제를 넘어서 촌락민들의 공동관심사이기도 했다. 마을의 각종 계문서가 신씨가에 소장되어 있다는 사실은 마을 내 신씨가의 영향력이 컸다는 점을 시사하고 있다. 지주가의 문서 속에는 농민들의 삶의 편린들이 남아 있다. 여기서는 신씨가의 개인적 문제(=산송)를 계기로 하여 마을의 공동관심사(=계문제)로 분석의 범위를 확장할 것이다.

이 글이 특히 지주가의 계 문서에 천착하는 이유는 스스로 기록을 남기지 못한 기층 농민의 삶에 접근하기 위한 하나의 대안을 모색하기 위함이다.3) 대다수의 농민들은 신씨가와 같은 재촌 중소지주에 배속되어 소작 농민으로서의 삶을 영위하고 있다. 여기서는 재촌지주의 문서들을 통해 간접적으로 드러나는 농민의 생활상에 접근함으로써 농민과 지주를 둘러싼 촌락의 모습을 복원하는 데 일조하고 싶다.

---

3) 이 점과 관련해 李榮薰, 「18·9세기 大渚里의 身分構成과 自治秩序」, 安秉直·李榮薰, 『맛질의 농민들－韓國近世村落生活史－』, 一潮閣, 2001 참조.

I. 독배기[立石] 마을의 풍경

독배기는 마을 앞에 비석과 같은 작은 돌이 박혀있다 해서 생긴 이 지역 고유의 鄕音이다. 통상 경계표지를 의미하는 이 선돌[立石] 때문에 독배기는 오래 전부터 이 마을을 가리키는 지명으로 사용되어 왔다. 사례의 주인공인 영광 신씨가는 약 400년 전 이 지역에 이주해 와 집성촌을 형성하였는데, 마을의 역사는 立石이란 지명이 보여주듯 그보다 더 거슬러 올라간다.

독배기 마을은 행정구역상 전라남도 영광군 道內面[현 영광읍] 입석리이다. 도내면은 입석리, 桂松里, 牛坪里, 臥龍里의 4개리를 포함하고 있다. 이 가운데 입석리는 1914년 행정구역의 개편 결과 元立石, 陶洞, 新垈 등 3개의 자연동리와 內五, 外五, 外新의 일부를 포함하는 오늘날의 입석리로 확대 개편되었다. 독배기는 원입석을 가리킨다.

영월 신씨가가 많이 거주하던 인근의 桂松里가 桂洞과 松亭이라는 두 동리의 첫 글자를 따서 계송리라는 행정리명으로 붙여진 반면, 행정리로서의 입석리는 입석이라는 자연동리명을 그대로 승계한 경우이다.4) 이러한 원입석의 위상은 독배기 집성촌의 종가인 영월 신씨가와 깊은 연관이 있다.

독배기는 신씨가의 세거지로서 신씨 가문의 부침과 영욕을 같이 한 마을이다. 신씨가는 조선후기 영광 일대에서 鄕權을 갖고 있던 재지 양반이었다. 영광의 鄕案이 17세기 전반 영월 신씨가 辛惟一(1569~1632)에 의해 작성되었고, 1797년 현 종손 辛鎬俊(1934~)

---

4) 도내면 내 와룡리가 계송리와 마찬가지로 臥津里와 龍溪里의 첫 글자를 따서 새로운 행정리명으로 된 반면, 우평리는 입석리와 마찬가지로 유력한 자연동리명을 행정리명으로 그대로 승계하였다. 越智唯七編, 『新舊對照朝鮮全道府郡面里洞名稱一覽』(上), 1917, 400쪽.

의 6대조인 辛修默(1768~1822)에 의해 鄕約으로 重修되었다. 18세기 말까지 신씨가는 道內面 내에서 명실상부한 양반가문으로 명망과 영향력을 확보했던 것으로 보인다.

그러나 신씨가는 19세기 들어서 大科 入格은 고사하고 생원, 진사도 배출하지 못했다. 신씨 종가의 戶籍單子를 보면, 1717년 100口 가까웠던 노비수는 18세기 중반까지 80구 전후를 유지하다가 18세기 말 20구 전후로 급격히 감소하는 추세가 나타난다. 이후 19세기 초까지 13구 전후로 더욱 감소하였다.5) 이같은 추세는 단순히 신분제 해체에 따른 소유 노비수의 감소를 말하는 것은 아니며, 관료 진출의 실패와 함께 가문의 쇠락을 말해주고 있다. 마을에는 동리의 위상을 보여주는 洞閣이나 신씨가의 門中祠宇 등은 확인되지 않아 독배기 마을이 명망 높은 班村이나 동족마을은 아닌 듯 싶다.

독배기 마을은 동쪽에서 서쪽으로 완경사를 이루는 영광군의 지세를 전형적으로 보여준다. 신씨 종가는 마을 중앙부에 위치한다. 종가 뒤로 야트막한 구릉을 따라 신씨 先山이 좌우로 펼쳐져 있다. 마을 앞으로 실개천이 흘러 독배기의 경지를 적시면서 畝良川에 합류한다. 소규모 하천인 묘량천은 대하천인 臥灘川으로 합류하는데, 이 와탄천을 경계로 영광군은 전북 고창군과 경계를 이루고 있다. 마을 앞, 묘량천 앞, 그것과 와탄천 합류 지점까지를 '입석 안뜰'이라 부르는데 여기에 독배기 농민들의 경지가 집중되어 있다.

독배기 마을은 20~30호 남짓의 자연동리이다. 영월 신씨가를 중심으로 한 동족마을로 알려져 있는데, 종손 신호준(1934~)에 따르면 독배기를 비롯한 입석리 일대는 새마을운동이 한창이던 1970년대까지도 전통적인 집성촌의 모습을 띠고 있었다고 한다. 이 때문에 마을에 거주하는 신씨들을 '독배기 신씨'라고 부른다. 독배기 마을은 한국 농촌에서 흔히 발견되는 집성촌 가운데 하나이다.

---

5) 「道內面立石里戶籍單子」『古文書集成 二十七 - 靈光 靈越辛氏篇(Ⅰ) - 』, 韓國精神文化研究院, 1996, 346~402쪽.

일제시기 除籍簿를 통해 당시 마을의 동리민들을 재구성하는 것
이 가능하다.6) 1915~1959년간 입석리에서 제적된 戶主 성명을 통
해 이들의 姓氏 구성을 살펴보면, 총 제적 호주 63인 가운데, 도동,
신대, 내오를 제외한 독배기 마을은 43인으로 확인된다. 이들의 제
적 사유를 보면, 사망 24인(55.8%), 이거 11인(25.6%), 혼인 2인,
호주상속 1인 등이다. 여기에는 신씨가 종손 신휘상(1836~1924)의
호적도 포함되어 있다.

제적부 분석 결과 같은 기간에 寧越 辛氏는 총 43인 가운데 13
인(30.2%)으로 마을 내 최대 성씨로 확인되었다. 그밖에 金海 金
氏 3인, 靈光 丁氏 3인 등을 제외하고는 2인 이하의 '各姓'들이었다.
신씨 가운데에는 平山 申氏 1인이 존재할 뿐인데(愼氏는 없음), 독
배기 일대의 辛氏 성은 모두 영월 신씨 동족이라는 신씨가 종손 신
호준의 증언과 일치하고 있다. 제적부에서 도동, 신대, 내오를 포함
한 입석리 전체의 辛氏 성을 추계하면 21인(33.3%)으로 그 구성비
는 보다 높아진다.

전장에서 살펴본 바와 같이 1930년대 신씨가의 추수기(1931~35)
를 보면, 소작인의 40% 남짓은 신씨 성으로 확인되었다.7) 이들은
대부분 신씨가의 몰락한 일가친척들이었다. 마을 내에서 소작인의
40%가 동족이기 위해서는 마을 자체가 동족촌일 뿐 아니라, 신씨
가의 소유 경지가 독배기 일대를 중심으로 상당히 집중되어 있음을
시사하고 있다.8)

신씨가에서 나타난 경지 소유상의 집중성은 재촌 중소지주가 농
업경영을 행하는 경우 당해 경지에서 노동력 확보가 지주경영의

---

6) 『靈光郡靈光面立石里除籍簿』(1915~1959). 영광군 영광읍사무소 소장.
7) 「小作料通知書」, 「小作料控」 『古文書集成 二十八 - 靈光 靈越辛氏篇(Ⅱ)
  - 』, 韓國精神文化研究院, 1996, 524~606쪽. 여기서 추계된 신씨 구성비
  는 1932년 41.2%, 1933년 40.0%, 1934년 41.7%, 1935년 43.9%이다.
8) 신씨가 소유지가 독배기 마을을 중심으로 4개뜰[坪]에 60% 전후가 집중
  되어 있음은 제3장에서 전술한 그대로이다.

핵심적인 문제라는 것을 간접적으로 보여주고 있다. 지주가 문중의 종가인 경우 소유 경지의 집중성과 집성촌간에는 상당한 상관관계가 존재한다. 여기에는 지주가 믿고 신뢰할 만한 양질의 노동력을 확보해야 한다는 문제와 함께, 몰락한 일가친척 및 자신의 해방 노비 출신 작인에 대한 온정주의적 배려가 작용하고 있다. 신씨 지주가는 집성촌 내에서 우호적인 관계를 유지하기 위해 작인 선정 시 이들을 우선적으로 고려하고 있었다.

Ⅱ. 沒落地主의 家計基盤

신씨가의 지주경영은 전술한 바와 같이, 竝作地 경영과 家作地 경영으로 나뉘어 진다. 19세기 후반 이래 1930년대까지 신씨가의 경작 규모는 350두락 전후였다. 이 가운데 추수기를 통해 확인되는 병작지 규모가 약 300두락(85.7%)이었고, 나머지 50두락(14.3%) 전후가 가작지로 추정되었다. 신씨가의 가작은 전과 답뿐 아니라 일부 산지경영에서도 행해지고 있었다.

신씨가 병작경영에서 나타난 두락당 지대량의 장기추세는 갑오 농민전쟁기를 순환의 低點으로 하는 거대한 U자형 커브를 그리고 있다. 특히, 1876~1894년의 시기는 신씨가 지주경영에 있어서 위기 국면으로 확인되었다. 그런데, 같은 기간에 병작지의 규모는 지대량 추이와는 달리 300두락 전후에서 별다른 변동이 없었다. 이것은 신씨가가 경제적 위기에도 불구하고 자신의 병작지를 방매하지 않았음을 의미한다. 그렇다면 신씨가는 이같은 경제적 어려움를 어떻게 극복해 나갈 수 있었던 것일까? 나아가 19세기 후반 농업위기를 겪고 있는 독배기 농민들은 이러한 상황을 어떻게 극복해 나가고 있었던 것인가.

신씨가는 병작지에서의 수입감소를 밭과 일부 논에서의 가작경
영, 선산 근처의 산지경영에서의 수입으로 상쇄하고 있었다. 그밖
에 각종 契를 이용하기도 하였다. 독배기 농민들의 삶의 편린이 재
촌지주가의 지주경영의 이면에 베어 있다.

19세기 후반 신씨가의 경작 규모 350두락 가운데 가작지는 약
50두락 전후로 추정되었다. 그런데 이 가작지는 과소계상된 것 같
다. 추수기에는 독배기 마을 앞[立石村前]의 가작지가 빠져 있었던
것이다. 마을 앞의 가작지는 농지개혁(1950) 이후 현재까지도 신씨
가가 계속 소유하고 있는 조상 전래의 문전 옥답이다. 신씨가에게
는 너무나 당연했던 그래서 별도로 기록해 둘 필요가 없었던 이 가
작지들은 어떤 문서양식으로도 남아있지 않다.

일반적으로 가작지는 전에서 많은 것으로 알려져 있지만, 여기서
는 답도 상당 부분 존재하였다. 신씨가 종손 신호준(1936~)은 마
을 앞의 실개천을 배경으로 존재한 조상 전래의 답이 가작지였음
을 증언하고 있다. 또한 마을 뒤의 선산 기슭으로 많은 전이 가작
지로서 존재했다고 한다. 종손 신호준는 祖父 辛克洙(1889~1962)
로부터 익힌 마을 앞 가작 논의 이름을 일일이 증언하고 있다: 샘
웃배미, 활배미, 길[질]앞배미, 우묵배미 등. 이같은 가작지들은
1920년대부터 그 일부가 추수기인 선자기에 地目 표기와 함께 등
재되기 시작하였다.9)

1900년대 초의 기록이지만 19세기 후반 가작의 존재를 알려주는
유일한 기록이 남아있다. 「更子雇只記」(1900), 「朔價記」(1900), 「更
子耕畓記」(1900)가 그것이다.10) 이 자료들은 신씨가가 자신의 가
작지 내에서 고용한 '일꾼'들과 작업내용, 고용관계, 임금 등을 체
결하면서 남겨놓은 문서들이다. 여기에는 추수기 상의 작인과 동일
한 인물이 적지 않게 등장하고 있다.

---

9) 『집성』 28, 222~63쪽.
10) 『집성』 28, 352~53쪽.

가작관련 자료의 기재양식은 '일꾼' 중심으로 되어 있는데, 경자
년(1900) 경답기에는 총 16명의 '雇只'와 총 83두락의 가작지가 등
장한다. 이 83두락의 가작지는 신씨가 전 경지 350두락의 23.7%를
점하는 것이며 전술한 추정치 50두락(14.3%)보다 확실히 많은 수
치이다. 19세기 후반 경지 규모가 정체적이었음을 감안하면 가작
지 규모가 늘어났다고는 볼 수 없다. 결국 9% 가량의 가작지가
기록에서 누락되어 있었던 것이다. 문제는 이 가작지들의 위치가
생략되어 기록되었다는 점이다. '일꾼' 중심의 기재양식을 보이는
가작관련 자료는 노동력 확보가 주요 관심사였음을 단적으로 보
여주고 있다.

신씨가 호적에 등록된 신씨가의 소유 노비수는 18세기 후반 이
래 19세기에 걸쳐 家勢의 침체와 함께 감소 추세에 있었다.[11] 그런
데 이 호적에는 1861년 이후부터 종래 13구 전후 존재하던 노비가
전혀 없는 것으로 확인된다. 특정 시기에 노비가 모두 해방되어 종
가에서 또 촌락 내에서 없어졌다고는 판단하기 어렵다. 이들 가운
데 일부는 해방노비로서 신씨가 주변에서 '호외집'을 형성하며 신
씨가의 각종 허드렛일을 도와주거나 가작지를 경작했다고 생각된
다. 이들은 촌락의 '下民'으로 존재하면서 신씨가의 가작 노동에 동
원되고 그 대가로 약간의 병작지도 분배받았다. 때문에 이들은 추
수기 및 가작관련 자료에 동시에 등장하고 있다.

이같은 사례는 求禮 柳氏家의 家作畓에서도 확인되고 있다. 190
2~41년간 류씨가의 塘前坪 작인은 연 46명에 달하고 있는데, 그들
의 출신 성분을 보면 노비 출신 9명(19.6%), 머슴 12명(26.1%),
친척 11명(23.9%), 일반 소작인 14명(30.4%)으로 확인된다.[12] 작
인의 출신 성분은 1920년 이전까지는 노비 및 노비 후손의 비중이

---

11) 「道內面立石里戶籍單子」『집성』 27, 383~402쪽.
12) 이두순 박석두, 『한말-일제하 양반 소지주가의 농업경영 연구-구례 류
    씨가의 사례를 중심으로-』, 한국농촌경제연구원, 1993, 34~5쪽.

높으나 1920년 이후에는 류씨가의 일가친척들도 적지않게 등장하
고 있었다.

　산지경영도 큰 범주에서는 가작에 포함된다. 전라도의 경우 柴
場, 柴田, 松田이라는 용례가 자주 등장한다. 산지는 신씨가의 주요
재원 가운데 하나였다. 신씨가의 방대한『土地賣買文記』에는 시장,
송전 등이 주기적으로 등장하는 것을 볼 수 있는데,13) 여기에는 산
지를 다루는 별도의 매매문기가 존재하기도 하였다.14)

　1900년 전후의 것으로 추정되는 柴場 기록은 불규칙하지만, 산
지경영이 존재하였음을 말하고 있다.15) 柴役이 주기적으로 있었던
것은 아니며, 시역이 있을 때에만 당해 장부가 만들어지고 있었다.
여기에는 14인의 '일꾼들'이 등장한다. 이들은 1900년 전후의 선자
기 및 가작 관련 자료에 동시에 등장하는 인물들이다.

　요컨대, 신씨가가 동원한 노동력원은 동리 내 일반 작인을 비롯
해 몰락한 신씨 동족 및 신씨가의 해방 노비 등 촌락내의 '하민'으
로 구성되어 있었다. 마을 내에 함께 사는 해방 노비나 雇工 등은
사실상 일반 동리민과 동질적이다. 이들은 자유로운 계약에 의해
신씨가의 작업에 참여하지만, 한편으로 이같은 노동력구성은 신씨
가로 하여금 정상적인 임금이나 지대율을 관철시키기 어려운 조건
을 조성하였다.

　산지경영을 포함한 가작경영에는 병작경영과는 상이한 인신적
지배원리가 관념적으로 투영되어 있다. 19세기 들어서 신분제가 사
실상 해체되었던 점을 상기한다면 아이러니한 사실이지만, 신씨가
에서는 주기적인 농작업이건 불규칙적인 시역이건 간에 적지 않은
노동력을 동원하였다. 신씨가와 같은 종가 지주의 경우 농사일 이
외에 집안의 대소사나 허드렛일에도 안정적인 노동력원이 필요하
였다. 노동력 공급의 대가로 얻은 반대급부는 독배기 농민들의 생

---

13)「土地明文」『집성』27, 575〜693쪽.
14)「丁未家垈柴場記」(1847),『집성』27, 456쪽.
15)「柴役朔價八月四日, 九月二日柴役」(연대미상),『집성』28, 359쪽.

존에 필수불가결한 칼로리원이다.

독배기 마을과 같은 일정한 공간구조 내에서 양질의 노동력을 안정적으로 확보한다는 것이 항상 쉬운 일만은 아니다. 신씨가는 수익성보다는 안정성을 우선시하는 보수적인 노동관리 시스템을 채용하였다. 노동생산성이 우월한 遠地의 일꾼들보다 동리 내의 안면 있는 '하민'들을 선호하였다. 신씨 지주가와 이들간에는 느슨한 예속관계, 호혜적 관계, 계약관계가 혼합되어 있다. 이같은 환경에서는 계약 당사자간 '온정주의'가 개입할 개연성이 커진다. 이것은 지주와 작인이 함께 공생하는 말 그대로의 '竝作' 관계이다.

신씨가 뿐 아니라 마을 농민들은 이상의 가작, 산지 경영을 통해 병작지에서의 수입 감소를 상쇄하고 있었다. 호경기에 가작, 산지 경영은 약간의 家計 補足源에 불과하지만, 1876~1894년과 같은 불경기에는 부족한 가계 수입을 보전할 수 있는 거의 유일한 수입원이다. 전근대 농업이 주기적으로 직면하는 흉년과 생존위기 시에 이같은 가작경영, 산지경영은 취약한 지주경영, 또 그것에 참여하는 다수의 소농민경영에게 주요한 생계보족 수단으로 기능하고 있었다. 이 외에도 신씨가는 동리민들과 契 활동을 하였다.

후술하겠지만 1850년대부터 신씨가는 계 활동에 큰 관심을 갖기 시작했다. 이것은 경제적 동기에 의한 고리대만을 의미하는 것은 아니었으며, 門契, 族契 등 각종 목적계의 형태를 띄고 있었다. 계 관련 자료와 같은 촌락문서가 종가에 소장되어 있음에 유의할 필요가 있다. 이것은 신씨 종가가 각종 계 활동을 주도하였고 이를 통해 마을 내 촌락질서를 유지해가고 있음을 의미한다.

1860년대부터 영월 신씨 동족간에 조직된 문계와 족계는 가난한 동족들에게 쌀을 대부하였고,16) 흉년에는 동리 내 일반 민인들에게도 契米를 대부하고 있었다.17) 5, 6월 絶糧期에 촌락 민인들을

---

16) 「辛酉門契米作計記」(1861), 『집성』 28, 83쪽.
17) 「庚申□月二十四日稧米出給記」(1880), 『집성』 28, 348쪽.

상대로 한 양곡 대부는 자급자족적인 독배기의 농민들에게는 거의 유일한 생계유지 수단이었다.[18] 계를 통한 신씨가의 식리활동은 그것의 수혜를 입은 동리민들에게는 귀중한 생계 유지수단이었고 지주가에는 별도의 현금 수입원으로 기능하였다.

이 외에도 신씨가에서는 종자와 稅米를 先貸하고 추수 시 선자 [지대]와 함께 이자곡을 받고 있었다.[19] 이것은 執粗의 소작관행 에서는 일반적인 일이었다. 세미 납부는 매년 舊曆 3월 말에 이루 어지는데, 춘궁기가 한창인 이 때에 작인으로 선정된 마을 농민들 은 지주가로부터 세미를 先貸 받으면서 가계의 어려움을 극복해나 가고 있었다.

집성촌에서 특정 성씨가 계를 주도하고 있었음은 독배기 마을에 서도 예외가 아니었다. 신씨 종가는 마을의 村長으로서 또 신씨 동 족의 門長으로서, 계의 운영을 주도하였다. 이러한 계 활동은 일제 시기에도 村契나 農業契의 형태를 취하면서 지속되었다. 후술하겠 지만, 하나의 가문과 마을이 농업위기를 경과하며 장기간 존속하기 위해서는 계 활동과 같은 사회적 안전망(social safety net)이 존재 하지 않으면 안 된다. 신씨가와 독배기 마을 농민 간의 계 활동은 계 본연의 고리대적 성격과 계원에 대한 '온정적주적' 태도의 어느 접점에 위치해 있었다.

Ⅲ. 辛氏家의 山訟 : 갈등과 분쟁

신씨가의 산송은 신씨가의 直系 宗家와 傍系 간에 松楸의 用益

---

18) 「甲申六月日貸糧記」(1884), 『집성』 28, 405쪽.
19) 先尺記의 부속 자료인 「種租出給記」, 「種租未收記」, 「稅米出給記」, 「稅米 未收記」 등이 그것이다.

과 山地의 소유권을 둘러싸고 벌어진 동족간 산지 분쟁이었다. 문제의 산송은 1841년부터 4년간, 약 50여 건의 소송과 誣告, 수차례의 침탈·폭행으로 점철되어 있다. 갈등과 반목으로 얼룩진 이 산송은 이후 신씨 종가가 인근의 동족 동리인들과 친목과 화합 그리고 "집단적 생존윤리"를 강화시켜 간 중요한 계기가 되었다.

제2장에서 살펴본 바와 같이, 1870~72년 사이에 영광군에서 발생한 민간 경제적 相鬪는 총 2,064건으로 확인되는데, 이 가운데 산송은 424건(27.8%)으로 채권－채무관계 소송과 함께 수위를 점하고 있다. 전라도 지역의 경우 산지의 희소성, 건설 자재 및 땔감 수요의 급증으로 인해 산송은 송추의 용익을 발단으로 하여 소유권 문제로 비화하는 민간의 폐습 가운데 하나였다. 신씨가에서는 선산의 偸葬 사건과 松訟을 둘러싼 소유권 문제, 두 유형의 산송이 모두 발생하였다. 전자는 속결로 처리된 전형적 사례였지만,[20] 후자는 장기간의 친족간 분쟁으로 비화했던 門中事였다. 여기서는 최근 신씨가의 산송을 집중 조명한 全炅穆의 논문, 「조선후기 山訟의 한 事例(Ⅰ)－전라도 영광군 입석리 世居 '독배기신씨' 山訟을 중심으로－」에 기초해 산송의 귀결과정과 그것이 갖는 의미를 검토해 보고자 한다.

신씨가의 산송은 직계 종가인 신항업(1789~1850)이 선산의 송추를 임의로 방매한 것에 대해 방계 宗人인 辛復鉉이 그 부당함을 관에 고발한 것이 발단이 되었다. 사건의 발단이 된 선산 산록은 독배기 마을 뒤부터 도동, 내오와 계송리의 외오, 계동, 송정, 수남평 등에 걸치고 있었다. 영월 신씨 일편의 방계 동족들은 인근 도동과 계송리에 터를 잡고 살았다.

신복현측은 종가 신항업이 관의 허락도 받지 않고 무단으로 송추를 방매하였다며, 송추가 200냥을 문중에 귀속시킬 것을 요구하

---

20) 박병호, 「去來와 訴訟의 文書生活」 『호남지방 고문서 기초연구』, 1999, 107~10쪽 참조.

며 이를 全羅右水營에 고발하였다. 이에 화가 미칠 것을 우려한 신항업은 문제의 송추가 있는 선산은 종가의 사양산이라며 그간의 경위와 자신의 입장을 진술한 탄원서를 영광군수에게 제출하였다. 문제의 본질은 先山이 문중의 공동소유인가[宗中山], 종가의 사유인가[私養山]에 달려 있었다.

당시에는 비록 사양산의 송추라도 이를 斫伐·放賣하려면 반드시 사전에 관의 허가를 받아야 했다. 신복현은 종가의 이 약점을 파고들었던 것이다. 신복현측은 종중의 공동재산임에도 불구하고 신항업이 송추의 용익을 사사로이 착복하였다고 주장한 것이다.

전라 우수영의 지시를 받은 영광군수는 사건을 조사한 결과 문제의 선산은 영월신씨의 종중산이 아니라 신항업의 사양산이라 결정하였다. 이어 신복현이 우수영에 越訴한 죄와 신항업이 무단 작벌한 죄를 물어 양측을 모두 옥에 가두었다. 군수는 문중과 관련된 소송은 문중 내에서 宗人들끼리 자체 해결하라는 영을 내리고 있지만, 이후 문중회의는 아무런 화해와 합의도 이끌어내지 못한 채 무산되었다.

문중회의가 무산된 후 신복현측은 방계를 규합하여 무단 방매한 송추가 200냥을 추급하여 문중에 귀속시킬 것을, 종손 신항업은 문제의 선산을 사양산으로 공증해 달라는, 서로 상반된 고소장을 각각 관에 제출하면서 사건은 직계와 방계간의 門中事로 확대되었다. 군수는 신복현이 요청한 200냥 가운데 100냥만을 문중에 배상하고 이 산송과 관련된 일체의 소송 서류를 신항업에게 넘겨주도록 판결하였다. 신복현은 종손 신항업으로부터 받은 배상금 100냥을 문중에 전달하지 않았고 소송문서도 넘겨주지 않았다. 신항업은 이같은 사실을 관에 또다시 고발하였는데, 大宗의 종손 辛恒惟와 門中有司 辛光燮이 종가 신항업에 동조하였다. 이를 계기로 군수도 이 산이 종가의 사양산임을 증명하는 完文을 발급해 주었다.

형세가 불리하게 된 신복현측은 자신들의 입장을 반전시킬 계기

를 찾고 있던 중 신항업이 1841년 8월 또다시 송추를 작벌·방매
한 사실을 알게 되었다. 신복현측으로부터 고발장을 접수받은 군수
는 신항업의 유죄를 결정하고 그의 아들 굉규(1815~1886)를 옥에
가두고 문중에 송추가 6냥을 물어주라는 처분을 내렸다. 이것은 문
제의 선산이 신항업의 사양산이라는 이전의 판결에서 한결 후퇴한
것이었다.

신복현측은 승소한 여세를 몰아 신항업의 선산을 종중산으로 확
정하려고 하였다. 그들은 門長 辛璬 등을 내세워 신항업의 송추작
벌한 사실을 다시금 全羅監營에 고소하였다. 종가에서는 선산이 사
양산임을 내세워 다시금 송추를 작벌·방매하였던 것이다. 전라감
사의 지시를 받은 영광군수는 무단 작벌한 죄를 물어 신항업을 잡
아다가 곤장 30대를 치고 옥에 가두었다. 이어서 그간의 소송을 종
결시킬 방안으로 양측이 가지고 있던 소송 서류를 모두 소각시킬
것을 명하였다.

이후 사건은 감영에 상소하는 과정에서 신복현측의 군수에 대한
誣告가 드러나고 이에 嚴刑取招와 유배형이 결정되어 사태는 종결
되는 듯 했지만, 군수가 교체되고 刑 집행이 정지되면서 사건은 유
야무야 되었다. 사건을 이어 받은 신임 군수는 문중사는 문중 내에
서 자체 해결하라는 새로운 판결을 내렸고, 사태는 다시 잠복했다.

관의 방관적 태도는 향후 사태를 침탈과 폭행으로 몰고 갔다. 신
복현측은 남은 송추 값을 받겠다며 무리를 이끌고 와 路釭, 鞍裝,
銶器 등 고가의 기물을 탈취해 갔다. 이 과정에서 신복현측은 방계
庶族들을 내세웠다. 그러나 신임 군수는 문중 내의 일이니 문중에
서 처리하라며 신항업 측의 소송을 기각시켰다. 1843년 2월과 같은
해 7월에는 신복현측이 빈궁한 방계 서얼들을 또다시 동원해 農牛
와 馬 등을 추가 탈취하였다.

신항업측은 직계 친족들을 동원해 이것의 부당함을 고발하였지만
소송은 번번이 기각되었다. 이에 고무된 신복현측은 가난한 방계 서

얼들을 규합하여 선산의 송추를 작벌하려 하였다. 이들은 평소 직계 종가에 대해 반감을 갖던 자들이었다. 신복현측은 이를 통해 선산에 대한 권리를 확보하고 종가 신항업으로 하여금 선산의 권리를 포기 토록 하려했던 것이다. 이 사건은 신복현측이 이를 막으려는 신항업 측의 직계 친척들을 毆打하는 유혈 사태로 비화하였다.

선산의 송추를 작벌하려던 시도가 실패하자 신복현측은 신항업 이 송추를 매매하려고 할 때 송추 구매자와 공모해 그 대금을 중간 에서 가로채는 방법을 취하기로 하였다. 이같은 방법이 성공하자 이듬해인 1843년 또다시 두 차례에 걸쳐 이를 기도하였다.

사태가 미궁에 빠지사 낭시의 門長 辛光漢과 문중유사 辛光燮, 大宗宗孫 辛恒惟 등은 1844년 2월 양측의 화해 방안을 마련하였다. 중재안은 신항업이 현재 선산에 남아 있는 송추와 남아 있던 송추 가 30냥을 여러 동족들에게 돌려준다면, 방계 동족들은 향후 선산 의 소유와 송추용익에 대한 소송을 다시는 제기하지 않겠다는 것 과 군과 감영에 제출했던 이전의 소송문서를 넘겨주며 또 화해의 사실을 증빙하는 立旨도 받아주겠다는 것이었다.[21] 신항업은 결국 자신에게 불리한 이 타협안을 받아들였는데, 그래도 안심이 안 되 었던지 관에 訴志를 올려 다시금 화해 사실을 입지로 받아내면서 사태는 종결되었다.

신씨가 산송은 문제의 선산이 종손 신항업의 사양산인가, 신씨 문중의 종중산인가 하는 소유권문제였는데, 당시에는 이를 구분하 는 법적 규정이 명확하지 않았다. 뿐만 아니라 이를 처리하는 관의 태도도 일관적이지 않고 때로 방관적이었기 때문에 사건은 약 4년 간 지리하게 전개되었던 것이다.

일반적으로 친족집단, 문중을 연구할 때 대부분의 기존 연구는 이들 집단이 가지고 있는 단결력과 응집력에 대해서만 강조할 뿐 이들 집단이나 구성원 상호간에 존재하는 갈등이나 반목에 대해서

---

21) 「不忘記」『집성』27, 408~11쪽.

는 거의 주목하지 않았다. 전경목은 독배기 신씨가의 산송 사건에
천착하면서 친족간의 갈등과 분쟁도 단결과 응집력만큼이나 친족
집단의 하나의 특질임을 구체적으로 보여주었다.

신씨가의 산송 사건은 송추용익과 소유권 문제를 둘러싼 친족간
의 분쟁을 주요한 내용으로 하고 있지만, 사건의 이면에는 직계 종
가와 방계 동족 간에 소유권문제를 유발시킬 만한 다음과 같은 분
쟁의 맹아가 내재되어 있다. 영광 도내면에 거주한 영월 신씨가에
서는 종중산의 分山化 경향 즉, 私養山化 현상이 매우 이른 시기부
터 진행되었다. 18세기 초부터 종중산을 分麓守護하고 그 후손들이
繼葬하는 것을 문중의 家法으로 규정하였다.22) 이에 따라 종중산
내의 촌수가 가까운 인척을 중심으로 소규모 단위의 소종산들이
형성되어, 같은 종산 내라도 그 경계를 침범할 수 없는 것이 가문
의 規例였다.

독배기의 신씨 종가는 신응망(1595~1654)의 직계 후손으로서
17세기 중반 신응순(1572~1636)계로부터 분화하였다. 이후 입석
리와 계송리 일대의 종중산은 私養化의 길을 걷었는데, 이 과정에
서 종중산을 둘러싼 분산의 규례·가법과 실제의 송추용익 관행
사이에 일정한 괴리가 발생하고 있었다. 도동 및 계송리 일대의 여
타 동족들이 이전과 마찬가지로 관습적으로 독배기 마을 뒤 선산
의 송추를 용익하고 독배기 신씨 종가에서도 이를 호혜적 견지에
서 관행적으로 허용했던 것이다. 이같은 구래의 송추용익 관행이
100년 이상 지속될 때 사유화된 산지의 소유권은 다시 애매한 지

---

22) 1707년(숙종 33년) 8월 영월신씨 辛萬休 등이 전라도 관찰사에게 올린
    議送 가운데 이를 짐작할 수 있는 구절이 보인다. "삼가 아뢰는 소지는
    저희 10대조께서 서울에서 내려온 뒤로 □□先山이 家後에 있어 分麓用
    山한 지가 300년에 가깝습니다. 後屬들이 소원해진 뒤로 각각 (分麓을)
    차지하고 경계를 지어 分張한 것이 저희 □□家法이었습니다."「所志」
    16『집성』27, 32쪽. 종중산의 분산화 경향에 대해서는 김경숙,「朝鮮後
    期 親族秩序와 宗山紛爭」『朝鮮時代史學報』14, 2000 참조.

위로 하락할 가능성을 안고 있었다.

다시 신씨가 산송의 귀결과정에 주목하면, 사건 자체는 관의 중재가 아니라 결국 문중 내에서 자체 해결되고 있음을 볼 수 있다. 大宗이라는 보다 상위의 종법질서가 독배기 신씨가의 사양산을 재차 인정하는 방향으로 사건을 귀결짓고 있다. 문제는 이 사양산이, 재판과정에서 보듯이, 관의 강한 法認을 받지 못한 상황에서 마을 간의 공동 송추용익 관행에 따라 애매한 소유권 상태에 놓여 있었다는 사실이다. 때문에 동족 내 산지분쟁은 원칙과 관행 사이에서 조그마한 균열에 의해서 언제든지 현상화할 가능성을 안고 있었던 것이다.

1841년부터 4년간 진행된 소유권 분쟁은 그 가능성 가운데 하나였다. 이 시기의 산송은, 전경목이 지적한 그대로, 혈연적으로는 嫡庶 간의 갈등, 사회적으로는 世閥과 鄕族 간의 갈등, 경제적으로는 빈부격차 등 현상적 차원의 문제에 의해 촉발되고 있었다.[23]

신항업은 소송 과정에서 신복현측에 대해 猥濫되고 犯分을 일삼는 서얼들이라 멸시하였다. 여기에는 신분상으로 방계 '향족'에 대한 직계 班家의 사회적 무시가 담겨 있다.[24] 이들은 양반 勢閥의 족보에 제대로 수록되지도 못했다.

아마도 신씨 동족 내 빈부격차는 이같은 분쟁을 한층 격화시킨 측면이 있었을 것이다. 신복현측은 부유한 종가가 빈궁한 자신들을 돌보지 않는다 하여 분쟁을 일으켰고, 더 이상 잃을 것도 없는 빈한한 이들은 산송을 유형 분쟁으로 몰고 갔던 것이다. 신씨 종가는 인근의 빈한한 동족들의 원성을 사고 있었다.

신씨가의 산송은 19세기 촌락사회에 내재하는 갈등과 분쟁의 한 단면과 인근 집성촌 간 친족집단의 모순을 적나라하게 보여주고

---

23) 全炅穆, 앞의 글, 1998, 91쪽.
24) '향족'이란 지방양반이 아니라 土班이라 하여 座首, 別監 등 鄕役을 역임하는 집안을 가리킨다.

있다. 신씨 종가는 장기간의 유혈 산송을 경과하면서 이후 동족과
화해와 단합이라는 새로운 과제를 떠안게 되었다. 신항업이 결국
자신에게 불리한 중재안을 받아들이며 산송을 종결시켰던 이유는
경제적 문제뿐 아니라 이러한 정서적 측면에 기인하고 있었다.

Ⅳ. 독배기의 書齋契와 村契 : 화합과 단결

1. 19세기 중반의 書齋契

　1840년대 전반 신씨가의 산송은 이후 신씨 종가에게 방계 친족
및 동리 민과의 화해와 단결이라는 새로운 과제를 부여하고 있었
다. 그것은 한 동리 내에서 적대적인 친족들로부터의 생존, 어렵게
사양산으로 인정받은 선산의 수호, 마을 내 村長으로서의 위치를
유지하기 위한 유일한 방법이었다. 특히, 진주민란(1862) 이후 농
촌사회의 불안정이 심화되는 시기에 마을 내 동리민이었던 이 적
대적인 동족들과의 관계는 신씨 종가의 입지를 더욱 좁혀 놓고 있
었다고 생각된다.

　소송의 당사자인 신항업은 취조과정에서 모진 곤장을 맞고 수차
례 투옥되는 힘겨운 옥고를 당했던 것 같다. 부친 신항업이 투옥과
정에서 병을 얻어 식음을 전폐하자 아들 굉규는 아비의 몸조리를
위해 자신을 代囚하도록 읍소하였다. 신항업은 출옥 이후에도 취조
과정에서 얻은 지병과 노령으로 인해 오래도록 고생하였다. 아버지
의 병간호를 위해 자신의 엉덩이 살을 떼어 지성으로 간병하였다
는 굉규의 효자 이야기는 지금도 영광 일대에서 德家의 미담으로
회자되고 있다. 신호준(1934~) 가옥에 들어서면 대문 현판에 효
자 정려가 걸려 있는데, 굉규의 지극한 효성을 기려 그가 죽은 다
음 해인 1887년에 내려진 童蒙教官의 교지이다.25) 여기서는 최근

신씨가의 서재계를 집중 조명한 鄭求福의 논문, 「19세기 중엽 靈光
寧越辛氏家의 書齋契文書」에 기초해 독배기 마을에서 갖는 서재계
의 의미를 검토해 보고자 한다.

1849년 독배기 일대를 중심으로 書齋契가 창립되었다. 그 해는
신씨가 종손 신항업이 죽기 1년 전의 일이며 산송이 종결된 지 5년
만의 일이다. 서재계의 座目을 보면 총원 9명 가운데, 辛氏 4명, 李
氏 2명, 崔氏, 韓氏, 申氏 각 1명이었다. 이 가운데 최씨 1명과 한씨
1명은 영월 신씨가의 사위들이었다. 계의 서문[條約序文]은 신씨의
사위인 최씨가 쓰고 있다. 신씨 4인 가운데 신항업의 아들 굉규가
포함되어 있으며 그가 이 계를 수도하고 있었다.

서재계는 1849년에 설치되었지만 실재로 서재을 짓고 운영한 것
은 1870년대 초 齋室이 지어지면서부터였다. 書齋는 글자 그대로
학동을 가르치는 書堂과 선조를 제사 지내는 齋室을 합쳐놓은 것
이다. 이같은 서재의 기능은 동몽교관이자 문중 종손인 신굉규에게
는 매우 적합한 그것이었다. 재실은 산송의 발단이 된 선산 기슭과
그 아래에 위치한 종가 사이 즉, 종가 바로 위에 세워졌다.

1849년부터 1870년대 초 사이에 서재계에서는 재실＝서당의 건
설비용과 그 운영자금을 마련하기 위해 계금을 축적하고 利殖을
행하였다. 같은 기간에 계원은 9명에서 69명으로 대폭 확대되었는
데, 모두 신씨 일색으로 재편되었다. 계원의 확대와 동시에 서재계
는 門契로 개편되었던 것 같다.[26] 이것은 서당이 문중 재실로 겸용
되었던 사실과 궤를 같이한다. 1860년대 초 문계에서는 축적된 계
금으로 동족 계원들에게 계미를 대부하고 다소간의 식리활동을 행
하고 있었다. 이 단계에서 독배기의 서재계는 영월 신씨 문중계로
서의 성격을 강화하고 있었다.

---

25) 신호준 가옥은 전라남도 민속자료 제26호로 지정되어 있다(입석리 337
　　번지).
26) 「辛酉門契米作計記」 『집성』 28, 83쪽.

1850년 이래 서재계의 계금은 1인당 1냥, 師糧契錢 쌀 1두, 補學
契錢 3전이었다. 원계금 1냥은 재실=서당 건립을 위해 적립하고,
보학계전 3전은 서당의 운영자금으로 또 사량계전 1두는 선생과
객의 식량으로 사용되었다. 서재계에서는 매년 적립된 원계금으로
다소간의 식리활동을 행하였다.[27] 대부된 계전의 이자율은 연
60%로 확인되는데, 당시의 이율이 100% 전후였음을 고려한다면
고리대적 성격이 강하다고는 볼 수 없다.

서재계에서는 다소간의 書堂田과 柴場도 마련하였다. 서당전에
서의 『種租出給記』가 이같은 사실을 확인시켜주고 있다.[28] 서재계
에서는 봄에 동족 계원들에게 서당전을 나뉘어주며 종자도 선대하
고 추수시에 소작료와 함께 이자곡을 수취했던 것으로 보인다. 신
씨 종가는 이 서당전을 '서당나무밭'이라 불렀는데, 서당의 안정적
인 운영을 위해 또 서당전을 부쳐먹는 동족 계원들에게도 도움이
되었다.

19세기의 계는 조선후기 洞契가 기능적으로 분화된 형태로 알려
져 있다. 19세기 들어서면서 보다 전문화된 목적계의 형태로 재편
되고 있었다. 1860년대 신씨가의 문중계는 1754년, 1808년의 고문
서 상에서도 확인되는 것으로서 이 시기에 들어서 새롭게 서재계
로 재건된 것이다. 18세기의 토지매매문기에 나타난 祭位田 등이
당시 문중계의 존재를 말해주고 있으나,[29] 당시 문계의 운영과 실
태에 대해서는 자세한 사항을 알 수 없다.

김필동에 따르면, 殖利性은 계의 본질적 측면은 아니며 단지 수
단적인 것에 지나지 않는다고 한다. 계는 일차적으로 어떤 목적을
달성하기 위해 조직되지만, 그 목적을 달성하기 위해서는 기금이
필요하게 되고 기금은 본래의 목적달성에 충분할 정도로 넉넉하지
않으면 안된다.[30] 19세기 상당수의 계는 고리대적 식리활동에 목

---

27) 「庚申□月二十四日稧米出給記」『집성』 28, 348쪽.
28) 「己亥十月書堂分排記」『집성』 28, 110쪽.
29) 18세기 계 문서에 대해서는 박병호, 앞의 글, 1999 참조.

적을 두지 않는다 하더라도 일부 목적계의 형태로 기금을 적립하면서 식리사업에 간여하고 있었다.

서재의 위치가 문제의 선산 아래 종가 바로 위에 세워졌다는 사실에 주의를 환기하고 싶다. 서재를 짓는 목적은 후진을 교육시킴과 동시에 종가의 선산을 수호하는데 있었다. 종손 신굉규는 자신의 집 뒤에 서재를 지어 문중의 화합과 단결을 꾀하면서 문제의 선산을 宗人들로부터 사양산으로 인정받으려는 의도를 갖고 있었다. 문제의 선산(재실)은 동몽교관의 기능을 수행하는 서당으로서, 유혈의 쟁송 속에서 필사적으로 수호한 조상 전래의 상속물로서, 신굉규에게는 종가의 家格을 선양하는 특별한 의미를 갖고 있었다. 선산 주변 산록을 배경으로 하는 柴場, 松田 등의 경제적 가치에 대해서는 긴 설명을 요하지 않는다.

신씨가의 고문서에는 서당의 배치도와 강의록이 남아 있어 당시의 정황을 상세히 전하고 있다.31) 여기에는 서재 내의 배치도와 함께 講規, 講誦, 講儀, 讀法 등 다양한 교육 내용이 수록되어 있다. 특히, 주목할만한 사실은 강의록에 呂氏鄕約과 禮法이 강조되고 있던 점인데, 서당을 겸한 재실(=문계)로서의 성격을 단적으로 보여주고 있다.

서재는 1893년 齋閣이라 명하여 重修되었다.32) 신휘상(1836~1924)대에 들어서면서 서재의 공적 교육기능은 사실상 사라지고 재실로서의 기능이 강화되고 있었다. 이와 동시에 결사체로서 계의 기능은 현저히 약화된 듯하다. 신씨 종가는 서재계를 통해 선산을 수호하는데 성공하였지만, 서재계는 재각 중수를 계기로 당초 서당으로 시작하였음을 망각하고 그 교육 기능을 상실해가고 있었다.

---

30) 金弼東, 『韓國社會組織史硏究-契組織의 構造的 特性과 歷史的 變動-』, 一潮閣, 1992, 185쪽.

31) 「講義錄」 『집성』 28, 485~506쪽.

32) 「癸巳十月齋閣重修所入記」 『집성』 28, 110쪽; 「甲午四月初九日運瓦記」 『집성』 28, 368~69쪽.

2. 1929년의 立石村契

19세기 말까지 유명무실화된 서재계를 뒤로하고 독배기 마을에
서 촌락단위의 계 활동이 재개된 것은 1920년대에 들어서부터였다.
1929년 立石村契가 성립한 것이다. 19세기 후반의 서재계 이후 계
문서로는 이것이 처음이다. 이 촌락문서도 서재계와 마찬가지로 종
가에 소장되어 있다. 이 촌계에는 신굉규의 손 신극수(1889~1962)
가 참여하고 있었다.

제3장에서 서술한 바와 같이, 1929년에 와서 형성된 입석 촌계는
계원이 총 31명이었는데, 당시 독배기 마을의 규모를 반영하고 있
다. 계원의 성씨구성도 영월 신씨가 23명(74.2%)으로 다수를 점하
고 있다. 契長은 신극수, 부계장은 한영규, 評議員은 신극린, 김형
신, 신항덕, 신상섭, 신휘발, 재무는 신항용이 담당하였다. 촌계는
동성촌락 하에서 지연공동체(＝村契)의 외관을 띤 혈연공동체(＝
族契)에 다름 아니었다. 이러한 모습은 실상 19세기 중반의 서재계
와 유사한 것이다.

19세기 이래 향촌질서가 해체됨에 따라 신씨가에서는 촌락 단위
의 族的 결합을 통해 촌락질서의 재건을 모색하고 있었다. 신씨가
는 촌계를 통해 일상적으로 대면하는 동족 동리민과 집단적 생존
윤리를 공유함으로써 해이해진 문중질서를 바로잡고자 하였다. 신
씨가의 종손인 신극수는 촌계의 座長으로서 또 독배기 동족촌의
門長으로서 입석 촌계를 주도하고 있었다.

신극수는 촌계의 서문을 통해 不孝, 非悌, 違法 등 당시의 풍속
및 기강문란 현상을 개탄하면서 여씨향약을 본받아 새삼 "蘭亭香
山의 規矩의 道"를 바로 세워야 함을 강조하고 있다.33) 특히, 기강

---

33) 歲在己巳六月一日 辛克洙序 「己巳六月四日立石村契案」(1929) 『집성』 28,
   76~7쪽.

문란을 이야기하며 과거 여씨향약의 중요성을 환기시키는 부분은 19세기 서재계의『강의록』에서도 누차 언급되고 있는 향약에서는 상투적으로 등장하는 구절이다. 촌장 신극수는 이제 새롭게 창설된 촌계를 통해 촌락질서를 재건하고자 하는 질서유지자로서의 모습을 보여주고 있다.

契案의 조항을 구체적으로 살펴보면, 첫째 동리 내 계원 간 악습의 개정과 미풍양속의 진흥, 둘째 상호 구휼과 부조 등 촌계문서에서는 흔히 등장하는 조항이 나타난다. 이어서 셋째 소작지의 무리한 몰수·이작을 엄금하고 있는 조항, 넷째 계금의 운영방식을 둘러싼 입석촌계의 식리적 성격을 반영한 여러 조항이 실려있다.[34] 특히, 계안의 두 번째와 함께 세 번째 조항은 신씨가가 재촌지주로서 인근 동리민·작인들과 호혜적인 관계를 유지하는 것에 상당한 주의를 기울이고 있음을 보여주고 있다.

독배기의 촌계는 19세기의 서재계와 문계, 거슬러 올라가면 18세기 말의 鄕約이라는 오랜 역사적 연원을 갖고 있다. 1797년 향약안은 16세기 말 신씨 직계인 신유일(1569~1632)에 의해 창설되고 18세기 말 신수묵(1768~1822)에 의해 重修된 군 단위의 首領鄕約이었다.[35] 신씨가에서는 조상 대대로 내려온 향약의 전통을 이어받아 19세기 중반에는 서재계＝문계의 형태로, 20세기 전반에는 촌계의 형태로 촌락의 질서와 안정을 꾀하며 마을의 촌락질서를 유지해나가고 있었던 것이다. 18세기 말의 향약을 고려한다면 19세기 후반의 서재계, 문계와 20세기 전반의 촌계는 자연부락 단위의 소규모 '공동체'의 형태로 기존의 촌락질서가 재편되고 있는 모습을 보여주고 있다.

1935년 독배기에서는 農業契도 기능하고 있었다.[36] 농업계의 구

---

34)「己巳六月四日立石村契案」『집성』28, 78쪽.
35)「丁巳十日月○○鄕約案」『집성』28, 43~74쪽. 수령향약이란 집단주의적 규약이 일반 민인들 사이에 자발적으로 형성된 것이 아니라 위로부터 관이 계도적으로 부과한 향약 형태이다.

성원을 보면 계원이 약간 늘어났을 뿐 성씨 구성이 촌계(1929)와 유사하여 양자가 깊은 관련이 있음을 보여주고 있다. 계원은 총 38 인인데 영월 신씨가 25인(65.8%)이며, 촌계에서도 나타난 13인의 동일인이 확인되고 있다. 그런데 여기에는 신씨가 종손 신극수가 빠져 있다. 독배기의 농업계는 그야말로 작인들만의 자율조직으로 기능하고 있었다. 농업계는 농번기에 공동노동의 제공, 계금의 축적과 대부, 종자와 稅米의 先貸 등 상호 부조라는 마을내의 공공적 써비스를 제공하고 있었다.

농업계는 기존에 알려진 공동체적 두레가 계의 조직으로 세련되게 발전한 형태이다. 품앗이가 파트너의 합리적 선택이 전제된 노동 교환의 관습인 반면(Gesellschaft, Associative), 두레는 촌락공동체의 멤버들이 공동체적 단결에 기초해 집합적 노동을 행하는 노동 결사체이다(Gemeinschaft, Communal). 공동체적 속성 때문에 두레를 일명 '두레패', '두레공동체'라고도 하는데, 독배기의 농업계는 이같은 두레의 속성에 '상호금융' 기능이 가미된 마을 공동조직이었다. 전술한 입석 촌계는 이같은 농업계로 轉身해 마을 내 상호부조와 농작업을 효율적으로 전개하고 있었다.

한편, 일반 동리민간에는 품앗이도 활발히 전개되었다. 1966년 현재 영광군 佛甲面 加五部落, 順良部落과 郡南面 道哲部落의 총 173家口(가오 48, 순량 50, 도철 75)에서의 농업노동 관행에 관한 흥미로운 농촌조사보고서를 참고해 보자.[37] 이 통계는 1960년대의 것임에도 불구하고 전근대 농촌 농민들의 노동관행을 잘 보여주고 있다.

영광 농촌의 노동관행은 머슴勞動, 품앗이勞動, 품팔이勞動, 雇只 勞動으로 대별되는데, 이 가운데 유리의 관심을 끄는 것이 품앗이이

---

36) 「乙亥十月初七日農業契租收捧記」『집성』 28, 343쪽; 「乙亥十月七日講行下記」『집성』 28, 344쪽; 「乙亥十一月四日契穀未收記」『집성』 28, 345쪽; 「乙亥十月初七日稧租捧上記」『집성』 28, 346쪽.

37) 농가계층별 경작면적과 家口數(단위 : 坪)

다. 이 지역에서 1966년 1년간 품앗이를 행한 농가는 91戶로서 전
농가 173호의 52.6%에 달하고 있다. 3개 부락의 품앗이 일수를 보
면, 도합 1,870日로서 호당 평균 20.5일로 확인된다. 주로 경작규모와
가족노동력 수준이 비슷한 인근 농민들 간에 일반화되어 있었다.

품앗이를 나간 일꾼은 일하는 집에서 점심과 저녁 식사와 오전,
오후의 2회의 술과 간식 및 약간의 담배를 제공 받는다. 품앗이는
노동과 노동의 1:1 교환이기 때문에 피차간에 남의 일을 자기 일
처럼 열성을 다한다. 이같은 이유 때문에 여타 머슴노동, 품팔이노
동, 고지노동보다 노동효율성이 높은 장점을 갖고 있으나, 유휴 가
족노동의 교환이라는 노동공급 상의 한계 때문에 절대 노동일의
공급에 제약이 있다. 그러나 독배기 농민들은 품앗이라는 노동관
행을 통해 농업계에서 담당할 수없는 부족한 일손을 메워나가고
있었다.

요컨대, 독배기 동족마을은 신씨가를 중심으로 향약(1797), 서재
계(1849), 촌계(1929) 등 촌락 결사체 내지 친족집단을 통해 촌락
질서를 유지하고 있었다. 혈연과 지연에 기초한 촌락결사체들은 신
씨 지주가와 독배기 농민들이 생존위기를 함께 극복해나가는 최소
한의 사회적 안전망(social safety net)으로 기능하고 있었다. 독배
기라는 한 동족촌의 장기존속의 이면에는 촌락질서를 재건해 마을
내 안정과 균형을 유도하려는 촌락 단위의 결사체의 모습이 숨어
있다.

계층별	경작면적	가구수	평균면적
0	0	34	0
~1,500	60,000	78	782
~3,000	74,279	37	2,008
~6,000	72,924	18	4,051
6,000~	45,334	6	7,556
계	253,532	173	1,466

丁炳然,「韓國의 農業勞動에 관한 一考察 – 全羅南道 靈光郡下 3個部落의
調査를 中心으로 –」『經濟論集』 Ⅵ-2, 서울大 經濟研究所, 1967.

독배기 마을은 1950년대 이후에도 집성촌으로 존재하고 있었다. 1950년 農地改革은 현대 한국농촌에서 집성촌을 지속시킨 또 하나의 요인이었다. 독배기 마을의 사례처럼 지주가의 동족들이 소작인 가운데 적지 않은 수를 차지하는 경우 농지개혁을 통해 소작지가 분배되는 순간 집성촌은 보다 강화될 가능성을 갖는다. 신씨 작인들은 종가 근처에서 이른바 '戶外집'을 형성하며 소작지를 부쳐먹고 살았는데, 이들은 농지개혁을 통해 비로소 자신의 경작지를 소유하게 되면서 마을 내에서 보다 안정적인 自作農으로 성장할 수 있었다.

총독부 농정에 의해 지지되었던 식민지지주제도 농지개혁에 의해 역사의 뒤안길로 사라지고 명실 공히 耕者有田의 원칙이 관철된 자작농체제가 성립하였다.[38] 오랜 세월 염원하던 자신의 소작지를 소유지로 갖게 됨으로써 농민들 간에 빈번히 행해지던 移作, 離農의 모습도 감소하고 있었다. 독배기의 농민들은 소작인으로서의 불안정성을 극복하고 비로소 자신의 거주지=소유지에 강하게 着根하면서 자작농으로 전진하고 있었다. 신씨가 종손 신호준에 따르면, 독배기 마을을 비롯한 입석리 일대는 새마을운동이 한창이던 1970년대까지도 전통적인 집성촌의 모습을 띄고 있었다고 한다.

---

38) 농지개혁에 대해서는 張矢遠, 1995, 「地主制 解體와 自作農體制 成立의 歷史的 意義」『광복50주년기념학술대회』, 한국경제학회 경제사학회 참조.

靈光 場市의 長期 動態

제6장은 19세기 후반 영광의 농업위기, 농촌위기의 실상을 시장과 유통이라는 관점에서 재조명하려는 것이다. 시장은 생산, 유통의 최종 결과물로서 당시의 경제 상황을 반영하고 있다. "시장은 일반 산업경제의 발달, 인구의 증가, 지리적 조건 및 그 사회의 경제사정 등에 의해 그 수의 증감과 변천을 보여주고 있다."[1] 전근대 자급경제의 특성상 호혜적 거래 및 국가적 재분배 등의 비시장적 교환 형태가 강고하게 존속하고 있지만,[2] 조선후기 이래 상품화폐경제의 진전에 따라 시장은 그 독자적 영역을 설정하고 당대의 경제상황을 일정 부분 반영하고 있었다. 여기서는 장기사적 시각에서 영광군을 하나의 지역사례로 하여 여타 지역과의 비교, 인근 지역과의 유통에 분석의 초점을 맞추고자 한다. 이같은 시각은 시장유통사 연구가 흔히 부딪치게 되는 자료상의 제약을 일정 부분 극복하면서 특정 지역의 국부적 현상을 보편화하는 장점을 갖고 있다.

場市를 주제로 한 기존의 시장사 연구는 지리학, 역사학, 사회학, 경제학 등 여러 분야에 걸쳐 상당히 축적되어 있다. 善生永助의 『朝鮮の市場經濟』(1929)와 文定昌의 『朝鮮の市場』(1941)이라는 고전적 연구 이래 상당한 연구 성과가 축적되어 있다. 최근에는 1920년대 후반에 간행된 것으로 알려진 村山智順의 『朝鮮場市の研究』가 복간되어 이 계통의 연구자에게 신선한 충격을 던지고 있다.[3]

---

1) 文定昌, 『朝鮮の市場』, 日本評論社, 1941, 153쪽.
2) 교환의 유형과 발전단계에 대해 Karl Polanyi(1886~1964)는 호혜와 대칭성, 재분배와 중심성, 교환과 시장으로 정리한 바 있다. 칼 폴라니 지음 朴賢洙 옮김, 『人間의 經濟』 I II, 풀빛, 1983(Originally Published in 1977).
3) 村山智順, 『朝鮮の市場經濟』, 國書刊行會, 1999. 이 책은 善生永助의 『朝鮮の市場經濟』와 표절 문제가 발생해 당대에는 출간되지 못했던 사회사적 관점의 시장사 저서이다.

1990년대 이후 본격적으로 진행된 시장유통관계 연구로서 주요
한 것만을 살펴보면, 스키너의 중심지이론을 개항기 시장구조에 적
용한 이헌창의 연구,[4] 문화인류학적 관점에서 시장의 사회사를 구
사한 정승모의 연구,[5] 조선후기 이래 개항 이후의 상업정책을 논
하고 있는 須川英德의 연구,[6] 개항기 곡물유통과 가격변동을 분석
한 하원호의 연구,[7] 조선후기 지방장시의 동향을 파악한 김대길의
연구[8] 등이다. 한편 시장사에 대한 지역사례연구는 분석 범위에
따라 다음과 같은 두 경향으로 유형화할 수 있다. 하나는 道를 분
석범위로 한 것으로서 조선후기의 경상도지방, 개항기 충청도, 개
항기 충청남도의 유통루트, 조선후기 이래 전북지방의 정기시, 조
선후기 전라남도의 장시 추이, 조선후기 한강유역을 중심으로 교통
로와 장시와의 관계 등이 그것이다.[9] 주로 官撰資料에 의존하여
도레벨의 시장 상황을 거시적으로 파악하는 공통성을 보이고 있다.
다른 하나는 郡을 분석 단위로 한 것으로서 井邑郡, 光陽郡, 蔚
山地方, 羅州郡, 水原地域, 洪城郡, 昌寧, 沃川 등의 지방장시가 다

---

4) 李憲昶, 「開港期 市場構造와 그 變化에 관한 硏究」, 서울大博士學位論文,
   1990.
5) 鄭勝謨, 『시장의 사회사』, 웅진출판, 1992.
6) 須川英德, 『李朝商業政策史硏究』, 東京大學出版會, 1994.
7) 河元鎬, 『韓國近代經濟史硏究』, 新書苑, 1997.
8) 金大吉, 『朝鮮後期 場市硏究』, 國學資料院, 1997.
9) 韓相權, 「18세기말~19세기초의 市場發達에 관한 基礎硏究-慶尙道地方을
   중심으로-」 『韓國史論』 7, 서울대 국사학과, 1981; 李憲昶, 「舊韓末 忠淸
   北道의 市場構造」 『近代朝鮮의 經濟構造』, 比峰出版社, 1989; 同, 「開港期
   忠淸南道의 流通構造」 『近代朝鮮 工業化의 硏究』, 一潮閣, 1993; 同, 「충
   청북도에서의 定期市 變遷에 관한 기초적 연구」 『中原文化論叢』 4, 2000;
   吉野誠, 「領事館報告를 통해 본 朝鮮의 內地市場-1900년의 忠淸南道-」
   『近代朝鮮의 經濟構造』, 比峰出版社, 1989; 朴宣姬, 「全北地域 定期市場의
   特性과 變化-朝鮮後期에서 日帝時代까지-」, 서울大碩士學位論文, 1996;
   고석규, 「朝鮮後期 場市 變動의 樣相-전라남도의 장시를 중심으로-」
   『韓國文化』 21, 1998; 金鍾赫, 「朝鮮後期 漢江流域의 交通路와 場市」, 高
   麗大博士學位論文, 2002.

각적인 관점에서 구체적으로 다루어졌다.[10] 여기서는 특정 지역 내 장시의 장기적 변천을 고찰한다거나, 장시권을 통해 지역구조를 분석하거나, 옥천의 사례처럼 특정 장시의 出市 농민들에 주목하고 있다. 홍미로운 사실은 지방 정기시 연구는 유통권을 둘러싸고 지역이라는 공간적 개념에 무게중심을 두는 연구 경향성을 띄고 있다는 점이다. 때문에 시장사 연구는 특정 지역을 연구하는 경우 지역사회의 특질을 구체화할 수 있는 논점과 소재를 제공하고 있다.

이 글은 장기 지역경제사 연구의 일환으로 지방 농촌사회에서 일반적으로 전개된 5일장체제 즉 정기시에 주목한다. 기존의 지방 장시 연구가 道레벨과 郡레벨에서 각각 구체적인 사례연구로 진행되었던 점을 감안하여, 영광이 포함된 全羅右道 혹은 全羅南道 내에서 여타 지역과의 관련성과 차이점을 비교사적으로 다루는 가운데, 영광의 지역적 특질에 접근하고자 한다.

I. 湖南 地方場市의 變遷(1770~1830)

18세기 중엽 조선에서는 이미 효율적인 장시망이 형성되고 있었다. 각 지방마다 市日을 달리하는 5일장이 열리고 각 지방을 순회

---

10) 崔享心, 「井邑郡의 定期市場에 關한 地理學的 研究」『地理學報告』 2, 1983; 鄭勝謨, 「농촌 定期市場體系와 농민 地域社會構造 - 全羅南道 光陽郡一帶의 事例를 中心으로 -」『湖南文化研究』 13, 1983; 李正煥 盧陽柱, 「蔚山地方의 定期市場研究」『地理學研究』 9, 1984; 洪起大, 「羅州地方 定期市場의 變遷과 空間構造」『無等地理』 2, 1984; 李昌植, 「朝鮮時代 이후의 水原市場」『기전문화』 1, 1986; 李憲昶, 「홍성지방의 시장 발달사」『(增補版)洪城郡誌』, 1990; 金基赫, 「場市 體系에 나타난 昌寧 地域構造 變化」『한국문화연구』 7, 부산대학교, 1995; 韓柱成 金奉謙, 「忠北 沃川郡 靑山 定期市 出市者의 空間的 特性」『한국지역지리학회지』 2, 1996.

〈표 1〉 全國 道別 場市數 및 市場密度

區分	面積 (㎢)	場 市 數(基)			道 別 分 布(%)			邑數	郡別 場市數
		東國	林園	總督府	東國	林園	總督府		
京畿	11,796	101	93	110	9.5	8.8	10.2	36	2.81
忠淸	16,515	157	158	138	14.8	15.0	12.7	54	2.91
全羅	19,537	216	188	208	20.3	17.9	19.2	56	3.86
慶尙	30,316	276	268	246	26.0	25.5	22.7	71	3.89
黃海	16,993	82	109	97	7.7	10.4	9.0	23	3.57
平安	43,176	134	143	125	12.6	13.6	11.5	41	3.27
江原	26,538	68	51	73	6.4	4.9	6.7	26	2.62
咸鏡	52,906	28	42	87	2.6	4.0	8.0	23	1.22
計	217,777	1,062	1,052	1,084	99.9	100.1	100.0	330	3.22

자료 : 『增補東國文獻備考』(1770) 卷165, 市糴考; 『林園十六志』(1830), 倪圭
志 卷 4; 『朝鮮總督府統計年報』(1911).

하는 褓負商이 긴밀한 市場連鎖를 유발하면서 농촌을 주무대로 하
는 定期市體制가 안정적으로 정착하고 있었다.[11] W. Skinner가 말
하는 이른바 '基層市場圈'이 형성되면서 농민들의 시장 수요에 적
절히 대응하고 있었다.[12]

여기서 중점적으로 고찰하고자 하는 호남지역은 조선후기에 들
어 상품화폐경제가 진전됨에 따라 지방 장시가 이미 포화상태에
들어가 있었다. 호남은 조선 초이래 미곡공급과 結稅수취의 중심지
로 기능해왔고, 浦口와 行政中心地를 중심으로 대규모 곡물시장,
특히 미곡시장이 발달해 있었다. 다음의 〈표 1〉을 통해 전국적 레
벨에서 호남지역이 점하고 있는 위치를 살펴보기로 하자.

전국적 단위의 장시 통계가 정비되는 것은 『增補文獻備考』(1770)
단계에 들어서부터였으며, 이후 편찬된 『林園十六志』(1830)를 통해
전국 장시수의 추이를 파악하는 것이 가능하다. 5일장을 중심으로
전국적 양상을 보면, 장시수는 1,062基에서 1,052기로 거의 변화가
없음을 볼 수 있다. 그런데 전라도의 경우 장시수는 1770년 216기에

---

11) 시장연쇄에 대해서는 村山智順, 『朝鮮場市の研究』, 國書刊行會, 1999(復
刊本) 참조.
12) Skinner G. William 著 梁必承 譯, 『中國의 傳統市場』, 新書苑, 2000, 72쪽.

서 1830년 188기로 감소하고 있었다. 1911년에는 208기로 약간의 회복 경향을 보인다. 1770~1830년 사이에 남부의 여러 지역은 정체 내지 漸減 경향에 있으며, 반면 북부지역인 황해도, 평안도, 함경도에서는 증가함으로써 전국적 수준에서는 큰 변화 없는 유사한 수준이 유지되었다.

각 도별 장시분포를 보면, 경상도와 전라도가 각각 26.0%(1770) → 25.5%(1830), 20.7%(1770) → 17.9%(1830)로 수위를 점하고 있으며, 『增補文獻備考』 단계에서 군내 장시수도 3.89기(경상도), 3.86기(전라도)로서 마찬가지의 양상이 확인된다. 이것은 邑數가 많은 兩南지역에서 市場密度가 상대적으로 높다는 것을 보여주는 것이다. 양남지역에서는 郡內 및 郡間 시장연관이 원활하기 때문이며, 기본적으로 대규모 곡물생산, 魚鹽 및 海草類 생산이 풍부하기 때문이다.

여기서 관심을 갖는 전라남도 지역은 自然地形에 따라 4개의 대권역과 1개의 소권역으로 나누어진다. 蘆嶺山脈의 남단에 위치하는 潭陽의 추월산과 光州의 무등산은 전라남도를 동서로 나누고 靈岩의 월출산이 전남 서부를 남북으로, 光陽의 백운산이 동부지역을 남북으로 나눈다. 노령산맥의 끝자락은 영광을 영산강 유역권에서 떼어내 하나의 소권역을 이루게 하였다. 정리하면, 대권역은 ① 羅州의 영산강 유역권, ② 靈巖의 동쪽으로 이어지는 서남해안권, ③ 光州권, ④ 順天을 중심으로 한 蟾津江 유역권, 소권역은 ⑤ 靈光권이다.13) 나주는 전라우도의, 광주는 전라좌도의 행정중심지이며, 순천에는 全羅左水營이 소재했다. 영광은 漕運을 통해 나주와 밀접히 관련되고 있었다. 이같은 자연지형에 의한 구분은 『湖南廳事例』(純祖年間)에서 田結에 따른 邑格의 구분과 일치하고 있다. 호남에서 結稅 6천 결 이상의 大邑은 羅州, 全州, 光州, 南原, 順天, 靈光, 靈巖이다.14) 전라북도에 위치하는 전주와 남원을 제외한다면 자연

---

13) 『擇里志』 「居總論」 「山水」, 乙酉文庫, 201쪽 참조.

지형에 의한 지대구분과 일치하고 있음을 볼 수 있다.

이러한 지형구분은 시장·유통이 갖는 교통로의 확보와 관련해 그 타당성을 갖고 있는데, 驛 제도나 賦稅수취의 지대유형이 상업적 지대구분과 높은 상관성을 갖고 있었다. 이 시기에는 장시세를 역에서 거두는 경우도 적지 않았는데, 수세 권역 또한 상업 유통권과 유사하였다.15) 자연지형, 행정체계, 驛 그리고 교통권까지도 대체적인 일치를 보이는 4개의 대권역은 전라남도의 주요 시장권이라 보아도 별 무리는 없을 것이다. 이 경우 소권역인 영광은 크게 보아 나주 영산강 유역권에 속한다고 볼 수 있다.

호남지역을 전라우도와 전라남도로 구분해 각각의 장시수 추이를 살펴 본 것이 다음의 〈표 2〉이다. 전남의 대읍은 대시장권 즉, 연안 평야부의 나주, 영암, 순천, 영광권과 내륙 평야부인 광주권과 일치한다는 점에 유의하면서 표를 살펴보기로 하자.

대시장권과 깊은 관련을 갖는 호남 대읍의 시장수 추이를 보면, 1770~1830년간 전라좌도의 광주 6기 → 4기로 감소, 남원 6기 → 7기로 증가, 순천 13기 → 8기로 감소, 전라우도의 전주 9기 → 10기로 증가, 나주 13기 → 5기로 감소, 영광 7기 → 4기로 감소, 영암 4기 → 5기로 증가가 확인되고 있다. 이 가운데 전라좌도의 순천, 전

---

14) 19세기 초 全羅道 邑勢 一覽(『湖南廳事例』(純祖年間))

區 分	全 羅 左 道	全 羅 右 道
大邑(7) 6,000結 이상	광주, 남원, 순천	나주, 전주, 영광, 영암
中邑(14) 2,000~4,000결	장흥, 담양, 순창, 보성, 홍양, 강진	장성, 김제, 고부, 임피, 무장, 해남, 태인, 함평
小邑(26) 1,000-2,000결	능주, 낙안, 금산, 창평, 임실, 광양, 곡성, 옥과, 고산, 구례, 장수, 운봉, 남평	여산, 익산, 진도, 금구, 만경, 용안, 무안, 부안, 함열, 홍덕, 고창, 정읍, 옥구
殘邑(6) 1,000결 이하	무주, 용담, 진안, 동복, 화순	진산

15) 고석규, 「朝鮮後期 場市 變動의 樣相 - 전라남도의 장시를 중심으로 -」 『韓國文化』 21, 1998, 214~16쪽.

〈표 2〉조선후기 全羅左道와 全羅右道間 장시수의 비교

全羅左道(27邑)					全羅右道(26邑)				
郡縣別	口數	1770	1830	增減	郡縣別	口數	1770	1830	增減
光州	32,690	6	4	-	全州	72,505	9	10	+
綾州	18,727	2	2		羅州	57,782	13	5	-
南原	43,411	6	7	+	長城	22,789	5	2	-
長興	20,983	10	9	-	礪山	19,011	1	1	
茂朱	14,032	4	3	-	益山	15,822	2	3	+
潭陽	18,270	3	1	-	金堤	27,585	5	2	-
順天	46,330	13	8	-	珍島	25,013	3	4	+
寶城	22,274	7	5	-	古阜	28,631	3	5	+
樂安	9,018	2	3	+	珍山	7,940	3	2	-
淳昌	26,849	5	2	-	靈光	44,783	7	4	-
錦山	20,795	3	2	-	靈巖	29,288	4	5	+
昌平	7,601	2	1	-	臨陂	22,131	3	3	
龍潭	12,860	1	2	+	萬頃	14,674	1	2	+
康津	27,059	8	8		金溝	9,242	2	3	+
興陽	45,044	6	5	-	龍安	5,625	1	1	
光陽	17,586	2	4	+	沃溝	14,649	3	2	-
同福	7,720	4	3		扶安	38,448	8	6	-
和順	5,967	1	1		興德	10,115	2	1	-
南平	20,191	2	2		高敞	8,402	1	1	
求禮	8,831	1	2	+	井邑	9,674	2	2	
玉果	9,299	2	2		茂長	27,149	5	3	-
谷城	8,453	2	3	+	咸平	22,391	5	5	
長水	17,539	4	2	-	務安	22,711	4	4	
雲峰	7,055	2	2		泰仁	31,205	5	4	-
任實	27,516	6	5	-	咸悅	15,943	2	3	+
鎭安	22,210	2	3	+	海南	18,897	8	7	-
高山	16,773	1	2	+					

자료 : 『湖南廳事例』(純祖年間), 『戶口總數』(1789), 『增補文獻備考』(1770),
『林園經濟志』(1830)

라우도의 나주, 영광 등 장시수가 감소하고 있는 대읍들은 연안 평
야부에 속하는 지역임을 볼 수 있다. 그러나 이 표에서는 전라좌우
도간 장시수에 있어서 유의할만한 차이는 확인되지 않는다.

<표 3> 1770~1830년간 湖南 場市數의 추이

구 분	감 소	일 정	증 가	계
연안부	13	5	4	22
내륙부	11	9	11	31
계	24	14	15	53

자료 : 李榮薰 朴二澤,「農村 米穀市場과 全國的 市場統合 : 1713~1937」
『朝鮮時代史學報』16, 2001, 180쪽 <표 6> 인용.

최근 이영훈의 연구는 19세기 전라도의 경우 미곡시장을 중심
으로 연안부와 내륙부 사이에 시장권역이 분열되어 있음을 보고
하고 있다. 전라북도의 경우 25개 군에서 미가는 내륙부 石當 8~
11兩과 연안부 17~20냥의 두 가격대로 확연히 양분되어 있었다.
위의 <표 3>은 호남지역을 연안부와 평야부로 구분해 장시수의 추
이한 제시한 것이다.

전라도 53개군 가운데 특히 연안부 22개 군에서 장시수의 감소
추이가 두드러진다. 연안부 22개 군에서 장시가 감소한 경우는 13
개 군으로 59%에 이르고 있지만, 내륙부 31개 군에서는 11개 군으
로 35% 수준에 그치고 있다. 이같이 전라좌 · 우도간에 상이한 추
이를 보이는 이유는 교통의 곤란함에 따른 양 지역간 미곡시장의
분열 때문이라는 것이다.[16] 두 지역의 米價는 19세기 후반으로 갈
수록 그 동조성을 인정하기 어려울 정도로 상이하며 그 편차도 불
규칙하다.

고석규는 전라도 장시의 침체 현상에 대해 "큰 장의 不在"라 규
정하였다.[17] 전라도는 전국 최대의 미곡 생산지, 물산 공급지였지

16) 李榮薰 朴二澤,「農村 米穀市場과 全國的 市場統合: 1713~1937」『朝鮮時
代史學報』 16, 2001, 180~1쪽; 李榮薰 朴二澤,「19~20世紀 米穀市場의
統合과 分列 : 靈巖의 米價變動에 대한 生産衝擊의 影響分析」『經濟學研
究』50-2, 2002.
17) 고석규,「朝鮮後期 場市 變動의 樣相 - 전라남도의 장시를 중심으로 -」
『韓國文化』21, 1998, 223쪽.

만, 일찍부터 각종 조세의 수탈대상지로 전락했기 때문에 현지 상인에 의한 상업자본이 축적될 수 없었다는 것이다. 전라남도의 연안 평야부 지역은 교역과 유통 기능을 주체적으로 담당하지 못하고, 각 지방의 물자를 수집하여 경성으로 중계할 뿐이었다.

영광군은 나주군과 함께 호남 연안부에서도 장시수가 가장 크게 감소한 지역이었다. 1770~1830년간 나주에서는 13기가 5기로, 영광에서는 7기가 4기로 급감하고 있었다. 이 두 지역에는 전라도의 租稅米를 서울로 운송하는 榮山浦와 法聖浦라는 유명한 두 浦口가 있었다.

1512년(중종 12년) 나주 榮山浦의 漕倉 기능이 法聖浦로 옮겨가자, 영산포는 江倉으로만 남게 되고 법성포는 전라남도의 유일한 조창으로 기능하였다. 그러나 법성포에서 漕運을 담당하는 선척의 수도 처음 30척에서 『속대전』단계(1746년)에 이르면 28척으로 줄고 『대전회통』단계(1865년)에 가면 21척으로 더욱 줄었다. 그만큼 漕運의 기능과 역할도 감소하였다.

영광과 나주를 포함한 전라우도의 장시수가 감소하고 있는 현상은 1793년 漕轉事目의 반포 즉, 作隊法의 시행과 깊은 관련이 있었다.[18] 당시 세곡 운송을 둘러싸고 지역에서 세곡선의 고의적인 致敗 즉, 故敗가 빈발하자, 조정에서는 京江 船人으로 하여금 漕運을 독점케 함으로써 세곡운송을 보다 안전하게 하고자 하였다. 이것이 기존의 호남 조운을 담당하던 法聖浦 船人에게 불리하게 작용하였던 것 같다.

19세기 들어서 작대법이 본격적으로 시행되자 전라도 조세미의 운송은 京江船이 사실상 독점하게 되었고, 기존의 영광 법성포, 나주 영산포 船人들이 확보했던 운임수입은 물론, 서울과의 商業利潤의 대부분이 경강선인의 몫으로 빼앗기고 말았다. 법성포와 영산포를 낀 영광과 나주에서는 상업자본이 축적될 여지를 잃게 되었고

---

18) 崔完基, 『朝鮮後期 船運業史硏究』, 一潮閣, 1997.

양 지역의 시장·유통 상황이 침체하면서 장시수의 감소로 나타나고 있었다.

Ⅱ. 19세기 후반 靈光 場市의 停滯的 樣相

농촌 장시에서 농민들은 '半商人'이다. 적어도 시골 장에서 무언가를 파는 사람은 곧 사는 사람이고 사는 사람은 곧 파는 사람이다. 빈손으로 장에 나가는 사람은 없다 해도 과언이 아니다. 이들은 조금마한 것이라도 팔 수 있다면 장에 가지고 나간다.

정주상인이 적은 지방 농촌에서는 褓負商이 일정한 시장권 내에서 市日이 다른 장시를 순회하며 농민들의 수요에 대응하였지만, 그것도 어디까지나 인근 장시간의 시장연쇄를 가능하게 하는 범위에서였다. 농촌의 정기시는 자급자족적인 농민들의 물품 공급능력, 이들의 구매력에 좌우되고 있었다.

다음에 제시한 〈표 4〉는 영광을 비롯한 인근 지역의 장시수의 추이를 비교한 것이다. 1830년 이후 영광의 장시는 합방 직전(1909)까지 4기에서 3기로 감소하여, 인근의 장성군 및 무장군과 상이한 양상은 보이고 있다. 함평은 감소, 고창은 정체적 양상이다. 영광과 동질적 지대에 속하는 나주군은 5기에서 7기로 증가하였으나 18세기 상황(13기)에 비해 시장유통 상황이 회복되었다고는 보기 어렵다.

19세기 후반 간행된 邑誌類는 각 군의 장시 상황을 수록하고 있는데, 영광의 경우를 보면 『靈光郡邑誌』(1897)의 장시수가 『市場狀況調査書』(1909)와 3기로서 동일한 수치를 보여주고 있다. 그런데 가령, 나주군을 보면 『錦城邑誌』(1897)가 13기로서 〈표 4〉에 제시 된

〈표 4〉 18세기 이후 靈光 인근 평야부 地方 場市의 推移

區 分	靈光	長城	咸平	茂長	高敞	羅州
『增補文獻備考』 (1770)	7	5	5	5	1	13
『林園經濟志』 (1830)	4	2	5	3	1	5
『市場狀況調查書』 (1909)	3	4	3	4	1	7
『朝鮮の市場經濟』 (1929)	3	6	4	3	1	9

주 : 영광에는 法聖浦場이 제외되어 있다.

7기(『市場狀況調查書』)와 상당한 차이를 보이고 있다. 19세기 후반 각지에서 활발하게 간행된 읍지류는 당해 지역의 장시 상황을 누락하고 있거나 많은 지역에서 18, 19세기의 문헌을 그대로 筆寫하고 있어서 19세기 후반의 상황을 구체적으로 살펴보기 어려운 자료상의 한계를 안고 있다.[19]

1830~1910년간 영광 장시의 정체적 양상은 1770~1830년간의 감소 추세의 연장선 위에 있다. 1830년대 이후 영광에서 확인된 4기의 정기시는 당해 지역의 시장권을 포괄할 수 있는 최소한의 시장밀도에 불과하다. 이 시기 영광과 인근 지역과의 장시 네트워크는 한층 엉성하고 느슨해졌다. 19세기의 교통 상황은 18세기 후반과 유사한 수준이었다.

19세기 후반 영광 장시의 정체 이유는 무엇인가. 그 배경에는 장시의 주요 품목인 미곡 공급에 어떠한 애로가 발생하고 있었다고 생각된다. 문제는 미곡의 생산과 유통에 있었다. 조선후기 상품화폐경제의 발전에 있어서 그 발전의 계기는 稅穀과 小作米의 유통에 있었다. 장시의 주요품목인 곡물은 세곡을 마련하고 소작미를

19) 『湖南邑誌』는 1872년(11册)과 1895년(18册) 두 차례에 걸쳐 간행되었다. 『邑誌』 四 全羅道①, 亞細亞文化社, 1983. 여기에는 영광을 비롯한 인근 지역의 기록은 전무하며 나주의 장시 상황만을 간단히 볼 수 있을 뿐이다.

유통하는 과정에서 장시에 흘러나오게 된다.

영광에서는 1876·77년의 歉荒이 있은 후 재해가 복구되지 않은 상황에서 1888년의 極凶이 더해지자 수많은 경지가 陳田으로 변해 갔다. 이것이 지주경영의 악화와 소농민의 궁핍화를 초래하였음은 제3장과 제4장에서 언급한 그대로이다. 잇따른 재해와 경지의 황폐 화는 농업생산의 감소로 연결되었고, 장시에 출하되는 미곡 공급량 의 감소를 초래하였다.

영광 인근의 靈岩과 海南에서의 미가 시계열자료는 19세기 곡물 시장의 동향을 보여주는 흥미로운 사례이다. 양 지역에서는 농업위 기가 본격화하는 1876년 이후부터 미가가 다락같이 상승하고 있었 다.[20] 미가 급등 자체가 곡물 공급 상의 애로를 단적으로 말하고 있는 것이다. 여기에는 미곡 공급의 부진에 더불어 인근 지역간 곡 물 유통의 장애가 가세하고 있었다.

壬戌民亂(1862) 이후 농촌 불안정이 심화되는 가운데 곡물의 유 통을 금지하는 防穀令이 항상적으로 발포되고 있었다.[21] 1870년대 이후가 되면 방곡령을 발포하지 않는 해가 오히려 예외적인 해로 인식될 정도였다. 방곡령이 실시된 직접적 원인에 대해 河元鎬는 다음의 네 가지 사실을 지적하고 있다.

첫째, 흉년으로 곡물의 대외 유출을 막기 위해, 둘째, 지방관들이 곡물유출로 인한 곡가 등귀를 우려했기 때문에, 셋째, 곡물유출로 야기될 세납곡물의 부족을 우려하여, 넷째, 조선상인의 기존 상권 을 보호하기 위해 등. 궁극적으로 방곡령은 관할구역 내 곡물이 심 하게 유출됨으로써 농촌시장이 불안정해져 지방관이 흉흉한 민심 을 안정시키고자 실시한 것이었다. 곡물과 화폐의 유통이 정체하면 서 미곡시장을 중심으로 장시의 기능도 한층 위축되고 있었다.

---

20) 인근 靈巖의 사례 참조. 全成昊, 「朝鮮後期 米價史 硏究(1725~1875)」, 成 均館大博士學位論文, 1998; 李榮薰, 「호남 고문서에 나타난 장기추세와 중기파동」『호남지방 고문서 기초연구』, 한국정신문화연구원, 1999.
21) 하원호,『한국근대경제사연구』, 신서원, 1997, 167~203쪽.

〈표 5〉 18세기 후반～20세기 초 靈光 場市의 變動

時期別	場市別 (市日)
『增補文獻備考』 (1770)	邑內場(1, 6), 外城場(3, 8), 九岫場(5, 10), 元山場(2, 7), 佛 甲場(4, 8), 大安場(7日三市), 社倉場(1, 6)
『林園經濟志』 (1830)	邑內場(3, 8), 造山場(3, 8), 元山場(2, 7), 社倉場(1, 6)
『邑誌』 (1897)	邑內場(3, 8), 浦川場(3, 8), 社倉場(1, 6)
『市場狀況調査書』 (1909)	邑內場(1, 6), 浦川場(2, 7), 社倉場(1, 6)
『朝鮮の市場經濟』 (1929)	靈光市(1, 6), 浦川市(2, 7), 立石市(4, 9)

그러나 1830년대 이후 영광 장시의 정체적 추이가 고정적인 장시
구조를 의미하는 것은 아니다. 다음에 제시한 〈표 5〉에서 보는 바와
같이, 1830～97년간 영광에서는 造山場이 없어지고 元山場이 浦川
場으로 이동되는 등 군내에서는 격렬한 변동을 내포하고 있었다.

영광 관아의 서문 밖에 있던 조산장(3.8)은 읍내장(3.8)과 함께
영광 읍내의 시장·유통을 양분하고 있었지만, 1830년대 이후 어느
시기에 없어졌던 것 같다. 관아로부터 서남향으로 20리 거리에 있
던 원산장(2.7)은 丙戌年(1886) 三角山 기슭의 화적 떼들이 성행한
후 치안 상황이 보다 양호한 포천장(3.8)으로 옮겨졌다. 포천장은
1887년 관아로부터 남향 10여리 거리에 세워졌는데, 지리적으로나
市日 상으로 볼 때 과기 조산장의 기능을 승계하고 있었나.[22] 이해
를 돕기 위해 [그림 1]을 병기하였다.

[그림 1]을 통해 19세기 후반의 상황을 입체적으로 살펴보자. 영
광과 인근 지역 사이의 장시 위치에 주목하면, 함평 방면으로 원산
장과 그것을 승계한 포천장이 있고, 장성, 광주 방면으로 사창장이
위치하고 있음에 반해, 무장과 고창 방면으로는 장시가 존재하지
않았다. 특히, 1880년대 후반 기승을 부리던 적도 및 화적떼는 영광

---

22) 이상 『靈光邑誌』(1897) 참조.

[그림 1] 靈光郡 一帶 概況圖(『大東輿地圖』 1861년)

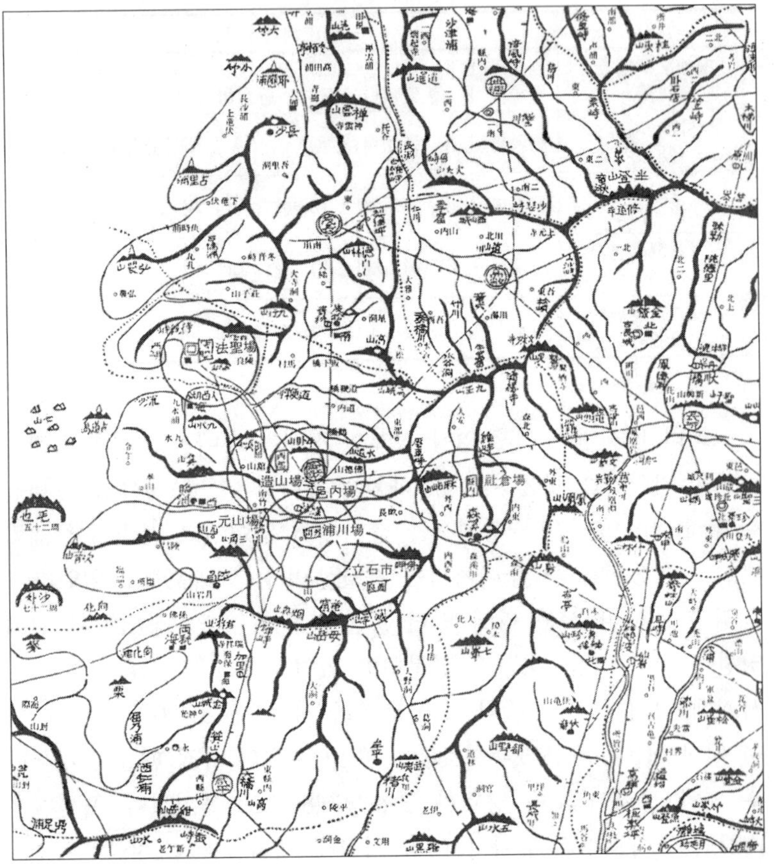

과 고창·무장의 접점 산록에 진을 치면서 영광－고창·무장간 유
통루트는 사실상 기능불능 상태에 빠지고 있었다.[23) 19세기 후반에
접어들면서 영광은 유통로가 보다 안전한 나주, 광주 권역과 긴밀
하게 관련되고, 북부의 무장, 고창과의 유통은 전통적 수로인 臥灘
川을 따라 법성장이 담당하게 되었다.

---

23) 영광향토문화연구회, 『동학농민전쟁 영광사료집』, 1995. 이 루트는 후일
   무장에서 봉기한 동학 농민군이 영광으로 진입한 길이었다고 한다.

당시 인근 지역과의 유통관계에 대해 20세기 초의 한 보고서는 "暴徒의 出沒이 끊이지 않고 인심이 흉흉하여 상인의 출입이 없어 거래는 부진한 상태이다. 新貨의 流通은 絶無하다 해도 과언이 아니다"고 하였다.[24] 지리적으로 고립된 지역에 위치하던 영광군은 부진한 육상교통의 한계에 덧붙여 불안한 치안상황이 극복되지 않으면서 유통 상황이 침체일로에 있었던 것이다.

옛말에 흉년이 들면 場을 옮긴다는 말이 있다.[25] 흉년이 들어 동리가 쇠잔해지면 마을 민인들이 하나 둘씩 동리를 떠나 결국 장시를 옮겨 풍요를 기원하는 구복적인 의미가 장시의 이동에 담겨 있다고 한다. 일반적으로 장시의 이동은 당해 지역의 경제적 부침과 인근 지역과의 유통 상황을 상당 부분 반영하고 있었다.

정승모에 따르면 "정기시장인 농촌 소시장의 소멸 또는 폐지는 경제적 거래의 중단만을 의미하는 것이 아니라 마을간 커뮤니케이션의 중단을 의미하는 것이다. 농촌 소시장의 존재를 비효율적인 것으로 규정짓는 것은 장시의 주된 수요자인 농민의 입장을 고려하지 않은 것이다."[26] 영광에서와 같은 장시의 폐지와 신설, 그에 따른 장시의 이동은 경제적 필요 특히, 운송편의 여부에 따른 것일 뿐 아니라, 농민들의 '소통권'의 변동을 반영한 것일 수도 있다.

Ⅲ. 木浦 開港 이후 靈光의 流通關契

개항 직전 木浦鎭은 2, 3척의 선박이 정박하는 조그마한 漁港에 불과했다. 반면, "북쪽 2백리인 영광의 法聖浦, 다시 북쪽 80, 90리인 興

---

24) 『韓國各府郡市場狀況調査書』(1909).

25) 鄭勝謨, 『시장의 사회사』, 웅진출판, 1992.

26) 鄭勝謨, 「농촌 定期市場體系와 농민 地域社會構造 - 全羅南道 光陽郡一帶의 事例를 中心으로 -」 『湖南文化研究』 13, 1983.

德의 沙浦는 모두 良港으로 항상 30여척의 선박이 정박하여 전라도 서부의 상권을 壟斷하"였다. 법성포와 사포의 "선박이 관계하는 곳도 역시 그 대부분은 釜山"이지만 "지금 목포가 개항장이며 근거지인 이상 이들 선박은 곧 목포와 관계하게 될" 것으로 전망하였다.27)

1897년의 木浦 개항, 1899년의 群山 개항과 함께 전라도 지역은 개항장을 통해 일본 자본주의체제, 나아가 국제적 시장에 급격하게 편입되었다. 이 두 개항장을 중심으로 이른바 '開港場市場圈'이 형성되고 개항장과 외국, 개항장과 배후 농촌지역 간의 새로운 유통 및 분업관계가 형성되고 있었다. 일반적으로 '개항장시장권'은 樹枝狀型 구조로 내륙 농촌시장을 포섭해가는 것으로 알려져 있다.28)

개항장의 대시장과 배후 농촌 장시는 원격지 교역과 국지적 교역이라는 2개의 유통루트를 갖고 있다. 개항기 양자의 유통루트는 첫째, 개항장과 농촌간의 수직적 유통경로, 둘째, 개항장과 개항장 간, 농촌과 농촌간의 수평적 유통경로로 대별된다. 목포와 같은 대시장의 경우 개항장간의 수평적 유통경로를 통해 국제적 米綿交換體制에 깊숙히 개입해 있었지만, 내륙의 농촌 장시들은 육상교통의 한계로 인해 고립적인 정기시 구조 즉, 전통적인 수평적 유통경로를 유지하고 있었다.

개항 이후 영광에서 원격지 교역을 위한 운송상황은 과거에 비해 위축되고 있었다. 해상교통은 전통적으로 법성포 방면이 담당하고 있었다. 법성포는 木浦群山間 요충지로서 목포와 법성포간 월 2회 운항하는 汽船이 취항하고 있었지만, 법성포 항만의 수심이 얕아지고 동절기에는 선박의 航行이 곤란해 포구로서의 기능이 현저히 약화되고 있었다. 이로 인해 대규모 기선의 정박이 불가능하게 되고 점차 단순한 어항으로 그 기능이 축소되고 있었다.29)

---

27) 李憲昶, 「開港期 市場構造와 그 變化에 관한 硏究」, 서울大博士學位論文, 1990, 53쪽(원자료 : 『日韓通商協會報告』 7호(1896.3), 「朝鮮新開港場たるべき木浦」).

28) 李憲昶, 같은 논문, 1990.

육상교통도 불편하였다. 영광의 집산물은 靈光街道를 따라 법성포로 집하되고 법성포는 목포 및 제물포와 연결되었다. 군산－법성포－영광－나주간, 영광－광주간 영광가도가 있지만 좁고 울퉁불퉁하여 전통적인 우마차에 의존하는 형편이었다. 철도는 곧 개통(湖南線 : 경성－조치원－강경－익산－전주－정읍－장성－나주－목포)될 예정이었지만, 장성군이나 구 광산군(송정리)을 경유해야 했기 때문에 그 운송편의가 예상보다 적었다. 요컨대, 육상교통이 여전히 개선되지 못한 상황에서 개항에 이어 전개된 개항장과 내륙 농촌시장과의 시장통합 효과는 일반적 예상과 달리 그다지 크지 않았다.

다음의 〈표 6〉에서는 개항장 목포와 직접적으로 관련된 전남 서부지역(舊全羅右道)의 집산화물과 그 집산지를 제시하였다.

영광, 나주, 남평(屬羅州)지역에서는 米, 豆類 등 곡물 생산과 집산이 활발하여 이 지역이 전라도 평야부 지역의 대표적 곡창지대임을 알 수 있다. 여기서는 곡물 매집을 가능케 하는 정미업, 도정업 등이 발전하였고 그 중개기능을 담당하는 객주들의 내왕이 빈번하였다. 또 면화, 연초, 生牛, 牛皮, 어염, 해초류 등 각 지역의 특산물이 원격지 교역을 촉진하였다.

集散區域은 곧 당해 지역의 시장권을 의미한다. 개항기에 들어서면서 영광의 집산구역은 함평, 장성, 무장, 고창 등 인근 지역에 한정되었다. 법성포 漕倉을 통해 전라도 20여 읍의 세곡을 갈무리하던 과거의 偉容은 사라지고 전라도의 여타 농촌지역과 마찬가지로 인근 군으로 그 유통구역이 축소되었다. 이 단계에 들어서면 내륙지역과의 장거리 유통은 사실상 두절되었다.

白銅貨 등 新貨의 유통은 개항장 목포와 각 지역간 화물의 유통상황을 간접적으로 보여주고 있다. 新貨의 유통은 무안, 나주(남평 포함), 영암, 강진, 해남 등지에서는 비교적 원활하게 이루어지고

---

29) 『開港場ト附近市場トノ經濟交通關係』(1910); 染川覺太郞, 『全南事情誌』 1931.

〈표 6〉 全南 舊全羅右道 地域別 集散貨物의 種類와 集散地

地域別	集散貨物의 種類	集散區域	新貨流通
務安府	煙草, 箕蓆, 鹽漁, 靑物, 木棉, 麻布, 籠類, 家禽, 棉花 등	府內一圓	원만
羅州郡	米, 豆類, 牛皮, 食鹽, 煙草, 金巾, 石油, 燐寸, 明太魚, 陶器, 酒類 등	潭陽, 昌平, 長城, 和順, 同福, 綾州, 光州, 南平	대개 양호
靈光郡	米, 豆, 煙草, 白木, 白苧, 陶器, 獸肉, 魚類, 蓆, 薪炭 등	靈光, 咸平, 茂長, 長城, 高敞	絶無
靈巖郡	金巾, 麻布, 煙草, 麴子, 明太魚, 靑魚, 大口魚, 眞梳, 木棉, 玄米, 籾, 煙竹, 紙, 生絹, 狗皮, 煙草入, 鐵鼎, 眞席 등	長興, 寶城, 忠淸道, 元山, 釜山, 長城, 南平, 慶尙道, 京畿道	원만
康津郡	金巾, 麻布, 煙草, 麴子, 明太魚, 靑魚, 大口魚, 眞梳, 木棉, 玄米, 籾, 煙竹, 紙, 生絹, 狗皮, 煙草入, 鐵鼎, 眞席 등	長興, 寶城, 忠淸道, 元山, 釜山, 長城, 南平, 慶尙道, 京畿道	원만
咸平郡	魚類, 白米, 牛皮, 沙器, 甕器, 煙草 등	咸平, 務安, 羅州, 靈光	침체
珍島郡	生金巾, 晒金巾, 石油, 燐寸, 絹織物, 鐵物, 紙類, 生牛, 乾魚, 麴, 煙草, 木棉 등	木浦, 任實, 全州	유통희박
海南郡	麻布, 木棉, 金巾, 綿, 絹布, 筵, 紙, 煙草, 鹽, 牛, 魚類 등	馬山面北倉, 花二面海倉, 北終面南倉, 莞島, 珍島, 康津, 靈巖, 木浦	점차 양호
南平郡 (屬羅州)	米, 大豆, 布木類, 紬緞類, 木棉, 紙類, 魚類, 雜貨 등	光州, 羅州, 綾州, 靈山浦, 木浦, 咸平, 靈巖	대개 양호

자료 :『韓國各府郡市場狀況調査書』(1909), 19~37쪽.

있으나, 영광, 함평, 진도 지역은 여전히 전통 韓錢이 강세이고 신화의 유통은 부진한 상태였다.

다음의 〈표 7〉은 개항장 목포의 물자집산구역을 정리한 것이다. 목포는 영산포, 법성포를 필두로 하여 海倉(屬長興), 해남, 제주 등을 주요 집산 거점으로 하고 있었다. 각 지역별로 보면, 영산포는 羅州, 靈巖, 南平, 光州, 長城, 綾州, 潭陽, 昌平, 谷城 등으로부터 물자를 매집하였고, 법성포는 전술한 대로 靈光, 咸平, 長城 등에 한정되어 있으며, 해남과 해창이 서남해 제군과 제도의 물산을 갈무리하였다.

〈표 7〉 개항장 木浦의 物資集散地

地域別	物 資 集 散 區 域
海倉(長興)	長興, 寶城, 興陽, 康津의 각 일부
海南	海南, 康津, 莞島, 靈巖의 각 일부
濟州	濟州, 旌義, 大靜
木浦	務安, 智島, 珍島
榮山浦	羅州, 靈巖의 일부, 綾州, 南平, 同福, 光州, 長城의 일부, 潭陽, 昌平, 谷城의 각 일부
法聖浦	靈光, 咸平, 長城의 각 일부

자료 : 『開港場ト附近市場トノ經濟交通關係』(1910), 164쪽.

영광의 월 집산고는 7萬圓 내외를 기록하였다. 무장 및 고창과의 유통은 그리 활발하지 못했고, 오히려 목포 및 군산과의 관련성이 높아지고 있었다. 법성포는 목포-군산간 해상교통의 요지로서, 목포 및 군산의 상업세력의 경쟁 지점이었으나 목포상업권이 강세를 보였다. 이 시기에 들어서 법성포는 七山灘이라는 조기어장을 배경으로 조기(石首魚) 출어기인 4~5월에 波市를 갖는 단순 漁港으로 그 기능이 축소되고 있었다.

전라남도의 시장유통권은 西海岸, 榮山江流域, 蟾津江流域, 東部南海岸, 西部南海岸의 5개 지역으로 유형화된다.[30] 이 가운데 영광이 속해 있는 서해안지역은 木浦, 務安, 咸平, 靈光, 法聖浦, 茁浦, 智島의 7邑, 영산강 유역은 羅州, 榮山浦, 靈巖, 海倉, 南平, 綾州, 光州, 長城, 潭陽의 9都邑을 포함하고 있다. 두 지역은 모두 구 전라우도 지역에 해당하며, 개항 이후 대규모 汽船을 통해 그 유통기능이 현저히 제고되었다. 관심 대상은 영산포와 법성포에 모아진다.

다음의 〈표 8〉은 영산포와 법성포의 이출입액 및 생산액을 제시한 것이다. 이출액은 영산포가 86만여 원으로 수위를 점하고 있으며, 인근의 영암, 남평까지 고려한다면 더욱 많아진다. 그런데 법성포는 영산포와 달리 이출액(760,000円)이 이입액(106,500円)을 7배 이상 상회하고 있는 것이 특징적이다.

---

30) 『開港場ト附近市場トノ經濟交通關係』(1910)

〈표 8〉 全南 西海岸 및 榮山江流域의 移出入 및 生產額 狀況

(단위: 円)

地 域 別		移 出	移 入	生產額
西海岸	法聖浦	760,000	106,500	2,405,000
	智島	54,850	29,125	132,600
榮山江 流域	榮山浦	867,000	846,000	
	靈巖	130,400	67,800	906,000
	南平	166,000	90,950	

자료 : 『開港場ト附近市場トノ經濟交通關係』(1910), 125∼36쪽.

　법성포의 이출액은 영광군을 포함한 것으로 곡물과 원료 공급지로서의 영광의 성격을 그대로 반영하고 있다. 이 이출액은 영광의 총생산액 240만 여원의 31.6%를 점하고 있다. 이제 〈표 9〉와 〈표 10〉을 통해 영광의 이출입과 생산 동향을 종합적으로 살펴보기로 하자.

　단가를 중심으로 移出 품목을 보면, 쌀(玄米＋籾)과 해산물이 수위를 달리고 있으며, 잡곡과 면화가 그 뒤를 따른다. 해산물에는 법성포의 조기와 각종 해초류가 포함되어 있다. 移入 품목을 보면, 명태와 陶器類를 제외하면, 雜貨, 金物類, 金巾(玉洋木) 등 공산품이 주류를 이루고 있다.

　〈표 10〉을 통해 영광의 생산 품목을 살펴보면 미, 잡곡 등으로 〈표 9〉의 이출 품목과 거의 유사하다는 것을 알 수 있다. 미곡 생산은 74.8%로 압도적이다. 잡곡은 大豆, 小豆 등 豆類가 대종을 이룬다. 이것을 합한 곡물생산은 2,250,000원 즉, 총생산액의 93.5%로서 미곡생산에 집중하고 있는 영광의 농업생산력구조를 단적으로 보여주고 있다.

　영광의 이같은 생산력구조는 이 지역의 유통 상황에 깊게 반영되어 있었다. 〈표 9〉의 쌀(玄米＋籾) 이출액 37만원은 〈표 10〉의 미 생산액 180만원의 20.5%를 점하고 있었다. 이것은 영광 농업생산의 20% 가량이 원격지교역을 통해 이출되고 있음을 말하고 있

〈표 9〉 합방 전후 法聖浦(영광)의 移出入 동향

移出			移入		
품목	수량	단가(円)	품목	수량	단가
玄米	30,000石	270,000	金巾類	1,000反	7,000
雜穀	10,000石	50,000	石油	1,000	3,500
棉花	600,000斤	24,000	燐寸	300	1,500
木棉	5,000反	5,000	砂糖	10,000斤	1,000
紙	10,000斤	1,000	紙卷煙草	50	2,500
籾	20,000石	100,000	明太漁	2,000個	40,000
麻布	5,000反	10,000	陶器類		10,000
海產物		300,000	金物類		10,000
			農具類		1,000
			雜貨		30,000
合計		760,000			106,500

자료 : 『開港場ト附近市場トノ經濟交通關係』(1910), 125쪽.

〈표 10〉 法聖浦(영광)에서 생산된 물품

품 목	수 량	단 가(円) (%)
米	200,000石	1,800,000 (74.8%)
雜穀	90,000石	450,000 (18.7%)
棉花	1,000,000斤	40,000 (1.7)
木棉	50,000反	50,000 (2.1)
紙	50,000斤	50,000 (2.1)
麻布	30,000反	60,000 (2.5%)
合計		2,405,000 (100.0)

자료 : 『開港場ト附近市場トノ經濟交通關係』(1910), 123~4쪽.
주 : 海產物 특히, 石首魚(30~40만원의 漁獲高) 제외.

는 것인데, 이러한 상황은 개항 이후 영광의 농업생산구조를 미단작화의 경향으로 몰고 가는 시발점이 되었다. 역으로 말해 외부로부터의 시장 및 유통 상황이 영광 내부의 생산구조를 규정해나가고 있었던 것이다.

영광과 동질적인 지대에 속하는 나주지역에 대해 당시의 한 통상보고서는 "貿易의 盛衰消長은 결국 農業의 豊凶如何에 귀착하고 있으며, 道路交通이 不便하여 農作物을 海港에 輸送하는 것이 (오히려) 問題"가 되고 있다고 보고하고 있다.[31] 목포 개항 이후 곡물

이 주요한 이출상품으로 부상하고 있었지만, 농업생산이 양호하더
라도 도로상황 등 낙후된 '유통인프라'는 당시 연안 평야부지역의
유통을 제약하고 있었다. 육상교통을 중심으로 교통상의 획기적인
개선이 이루어지는 것은 식민지기에 들어서부터였다.

Ⅳ. 合邦 이후 常設市場의 등장

근대에 들어서면서 교통 및 유통 상황 등 이른바 '시장인프라'
조건이 크게 개산되었다. 철도로 상징되는 '교통혁명'에 의해 전근
대의 공간적 제약이 극복되고, 산업구조의 개편, 유통기구의 다변
화, 정부의 시장규제, 행정구역 개편 등 새로운 변화의 계기가 주
어지고 있었다.

20세기 전반의 '교통혁명'은 시장구조의 변혁을 초래하였다. 1880
년대 이래 汽船을 이용한 연안 해운이 성장하고 있었음은 전술한
그대로인데, 20세기 전반에 접어들면서 철도운송의 발전이 내륙 간
시장관련을 심화하였다. 20세기 전반에는 일본인들의 내주와 함께
상설점포를 가진 도매상이 대도시를 중심으로 성장하였고 유통경로
에서도 도·소매기능의 분화가 나타나고 있었다. 전라도에서는
1914년 호남선이 개통되고, 포장도로 등이 건설되면서 새로운 육상
교통의 시대를 맞고 있었다.

1914년 총독부는 市場規則을 공포하면서 기존의 재래 정기시를
제도화하고 규제하였다. 제1호 시장은 정기시, 제2호 시장은 공설도

---

31) 「韓國榮山江ノ商業」『通商彙纂』115호(1898.11.8), 580~90쪽. 여기에는 나
주 영산포를 중심으로 1) 영산강과 목포와의 관계, 2) 浦口情況, 3) 客
主의 情態, 4) 韓國米商人, 5) 客主와 客人과의 관계, 6) 客主의 組織 및
賣買法, 7) 雜組 등 자세한 내용이 수록되어 있다.

〈표 11〉 지역별 장시수 추이

지역별	1915	1920	1930	1940
경기	115	97	120	111
충북	51	52	58	65
충남	93	89	89	94
전북	71	66	63	70
전남	125	116	121	129
경북	157	155	170	171
경남	149	137	145	162
강원	92	97	132	155
계	853	809	898	957

자료 : 『朝鮮總督府統計年報』 해당연도판

매시장 및 상설시장, 제3호 시장은 어채도매시장, 기타로 분류하여 편제하였다. 제1호 시장은 그 수나 거래액에 있어서 압도적이었지만, 새로운 유통기구로서 제2호 및 제3호 시장도 도시지역을 중심으로 활발하게 성장하였다.[32]

1920년 이후 전국의 시장별 거래액은 인구증가 및 도시화, 지방경제의 발달 등에 힘입어 증가하기 시작했다. 전통적인 1호 시장의 비중은 압도적으로 높지만, 2호 시장과 3호 시장은 그 증가율이 급증하고 있는 추세였다. 거래액으로 보는 한, 상설점포의 증가와 일본인 자본의 진출 속에서 재래시장은 일제시기 내내 지속적으로 증가하면서(주로 北鮮 지역에서) 상설시장과 경쟁하며 공존하였다.

위의 〈표 11〉을 통해 한국 남부지역의 지역별 장시 상황을 살펴보면, 거래액 만큼은 아니지만 1920년대부터 시장의 수가 꾸준히 증가하고 있음을 확인할 수 있다. 1915~20년간의 시장수 감소는 1914년 시장규칙에 따라 난립하고 있던 군소 장시들을 정리한 결과로 추정된다.

여기서 주목해야 할 사실은 전국적 추이와 달리 전남과 전북의

---

32) 許英蘭, 「일제시기 '市場'政策과 在來市場商業의 변화」 『韓國史論』 31, 서울대 국사학과, 1994.

〈표 12〉 지역별 시장수의 변동 (단위 : 基, %)

지역별	1922	폐지	신설	변동률	1928	폐지	신설	변동률	1937
경기	104	19	25	20.5	110	11	18	12.7	117
충북	52	5	8	12.1	55	1	8	7.6	62
충남	90	8	5	7.3	87	5	7	6.8	89
전북	64	7	10	12.9	67	7	6	9.7	66
전남	117	21	16	16.1	112	12	25	15.6	125
경북	160	21	16	11.7	155	11	20	9.7	164
경남	138	15	22	13.0	145	11	25	11.8	159
강원	95	19	34	25.8	110	5	37	16.6	142
계	820	115	136	14.9	841	63	146	11.3	924

자료 : 許英蘭, 1994, 「일제시기 ‘市場’政策과 在來市場商業의 변화」 『韓國史論』 31, 303쪽. (원자료 : 1922년은 善生永助, 『朝鮮の市場』, 1924; 1928년은 京城商業會議所, 『朝鮮經濟雜誌』 117, 1929; 1937년은 京城商業會議所, 『經濟月報』 275・276, 1933).

시장수 추이가 정체하고 있다는 점이다. 規模의 經濟에 의해 기존의 시장만으로 증가된 시장거래액을 커버할 수 있다는 해석이 가능하지만, 여타 지방과 비교하면 분명 정체되어 있는 경향성을 읽을 수 있다. 호남 농촌 장시의 침체는 개항 도시인 목포와 군산의 성장, 행정중심지인 광주와 전주의 도시화, 그에 따른 여타 전라도 장시의 구매력을 흡수한 결과가 그 배경에 있었다고 생각된다.

〈표 12〉는 1920~30년대에 걸쳐 지역별 시장의 변동양상을 제시한 것이다. 전국적 레벨에서의 시장 변동률은 1922~28년간 14.9%, 1928~1937년간 11.3%에 이르고 있다. 전남의 시장변동률에 주목하면, 1922~28년간 16.1%, 1928~1937년간 15.6%로서 전국 평균을을 상회하고 있다. 1920년대 이후 전남 장시의 정체의 이면에는 여타 지역보다 격렬했던 시장의 폐지와 신설이 전제되고 있음을 엿볼 수 있다.

1914년 동시에 일어난 시장규칙의 시행, 행정구역의 개편, 특히 호남선의 개통은 전남의 시장유통 상황에 커다란 영향을 주었다. 1897년 목포 개항, 1899년의 군산 개항 이래 개항장을 중심으로 유

통권이 재편되었음은 전술한 그대로인데, 1914년 이후 본격적으로
는 1920년대 이후 육상교통의 진전에 따라 커다란 변동이 일어나
고 있었다.

1920년대에 전남의 대시장권은 목포, 여수, 광주로 재편되고 있
었다.[33] 여기를 중심 시장으로 하여 지역유통권이 발달하였는데,
이 단계에 들어서면서 근대적 상설시장을 배경으로 大市場의 모습
을 갖추기 시작한 듯 하다. 1920년대 이전까지 나주의 南平 大市가
木浦市와 함께 전남의 대표적인 大市였음을 고려하면,[34] 커다란
변화를 느낄 수 있다.

한편, 20세기 들어서 영광은 道레벨에서 大市로서 성장하지 못했
다. 법성포의 어시장이 유명할 뿐, 영광 읍내의 상업 중심지는 활
기를 띄지 못하였다. 법성포는 영광과 고창(무장 포함)의 물산이
모이고 흩어지는 곳이며 해산물의 전통적 집산지였다. 특히, 4~5
월의 漁期에는 많은 어선이 七山 앞바다에 몰려들고, 중매인, 奧地
의 魚商, 잡화상, 요정 등이 모여들어 극히 번성한 모습을 보였다.

1920년대 들어 영광 읍내에도 행정관서 및 주재소 주변으로 상
설점포가 들어서기 시작하였다. 하지만 영광과 같은 농촌지역에서
상설점포들은 장시 개시일 이외에는 그리 활발한 모습을 보이지
못했다.[35] 영광군은 아직은 농업이 중심 산업이었고, 시장유통을
일으킬만한 자본주의적 상공업은 제대로 발전하지 못했다. 영광의
몇몇 지주들이 1920년대 이후 농산물, 수산물, 그리고 금융업, 창고
업 등과 관련된 회사를 설립하는 초보적 수준이었다.[36]

33) 여기에 제주가 포함된다. 善生永助, 『朝鮮の市場經濟』, 1929, 223쪽.

34) 1910년 전후 光州大市의 매상고가 157,000원일 때 나주 남평시는 257,820
원이었다. 善生永助, 『朝鮮の市場經濟』, 1929, 195~6쪽.

35) 『全羅南道事情誌』, 1931, 938쪽.

36) 김민영, 「한말 일제하 영광지역 대지주 조희경·조희양 연구」『鄕脈』7,
영광향토문화연구회, 1994; 박찬승, 「일제하 영광지역의 민족운동과 사
회운동」『안중근과 한인민족운동』, 韓國民族運動史學會, 2002.

〈표 13〉1830∼1938년간 靈光 定期市의 浮沈

1830年	1897年	1909年	1929年	1938年
邑內場	邑內場	邑內場	邑內場	邑內場
造山場				
	浦川場	浦川場	浦川場	邑內場
元山場				
社倉場	社倉場	社倉場		
			立石場	
法聖場	法聖場	法聖場	法聖場	法聖場

자료 : 1830년, 1897년, 1909년의 자료는 〈표 5〉와 동일. 1929년은 善生永助,
『朝鮮の市場經濟』, 1929; 文定昌, 『朝鮮の市場』, 日本評論社, 1941

다음의 〈표 13〉는 전술한 〈표 5〉의 장시 변동을 1938년까지 확
장해 제시한 것이다. 영광의 정기시는 1909년 이래 法聖浦場을 합
하더라도 여전히 4기로서 정체적 양상이다. 1929년 단계에서는 18
세기 이래 장기 존속한 社倉場이 소멸하고 佛甲面에 立石場이 신
설되고 있었다.

입석장은 1770년에 존재한 佛甲場이 한 세기를 뛰어 넘어 일제
시기에 새롭게 들어선 것이다. 이것이 불갑면의 북향 5里 거리에
있던 사창장을 대체한 것으로 보이나, 1938년 말 기록에는 읍내장
과 포천장 그리고 법성포장만 확인될 뿐 입석장은 나타나지 않는
다.[37] 어쨌든 영광의 읍내장과 법성포장은 영광군의 양대 장시로
서 각각 영광 읍내와 법성포 읍내의 상설점포와 경쟁하며 재래 장
시의 기능을 유지하고 있었다.

일반적으로 산업경제의 발달과 이에 수반한 시장경제의 활성화
는 필연적으로 농촌에 있어 유일한 거래기관인 장시수의 증가를
요청한다. 유통시설 자체의 기술혁신이 없기 때문에 장시의 거래액
자체가 커지는 규모의 경제를 기대하기란 어렵다. 이것은 영광지역
에 있어서 장시수의 정체 내지 감소가 영세한 농민의 구매력, 이

---

37) 文定昌, 『朝鮮の市場』, 1940, 263쪽.

지역의 경제상황을 반영하고 있음을 의미한다. 1920년대에 들어서도 영광에서는 여타 농촌지역과 마찬가지로 산업경제상 커다란 변화가 확인되지 않았다. 오히려 목포나 광주 등 주변 대도시의 영향을 받고 있었다. 도시화와 離農에 따라 목포와 광주에 대시장이 조성되고 이를 중심으로 상권이 보다 커지면서 주변의 대시장권은 영광과 같은 배후 농촌지역의 구매력을 흡수하고 있었다.

일본인의 來住와 함께 상설시장이 들어섰던 사실도 정기시의 역할을 감소시키기는 마찬가지였다. 그러나 상설시장이 주로 도시지역에서 활성화되고 있음을 감안한다면 영광과 같은 농촌지역에서 상설시장의 영향력은 크게 고려할만한 것이 아니었다. 식민지기에 접어들면서 법성포는 원격지 교역을 통한 중개 기능이 더욱 약화되면서 단순한 漁港으로 그 기능이 축소되고 있었는데, 이것이 연쇄적으로 영광의 물동량을 감소시키고 있었다.

오히려 문제의 관심은 개항을 전후한 시기부터 식민지기까지 사회경제적 격변기를 경과하면서도 영광의 재래 정기시가 비교적 장기간 안정적으로 존속한 사실에 있다. 이것은 구래 정기시가 상설시장과 대립적이기보다는 오히려 그 기능적인 측면에서 유기적 상보관계를 형성해오고 있음을 의미한다.

정기시가 존재하는 경제적 기반은 영세 농민들의 購買力이다. 정기시 出市者의 대부분을 점하는 이 농민들은 시장에 물품을 공급하고 구매하는 '半商人'들이다. 때문에 이들의 경제력이 거래 횟수와 거래량 그리고 정기시의 규모를 결정하고 있다. 5일장이라는 정기시체제는 이렇듯 오랜 세월동안 영세 농민들의 거래관습과 시장수요에 대응하고 있었다. 경제적으로 커다란 진전이 없는 한 장기간에 걸쳐 형성된 5일장체제는 별다른 영향을 받지 않는다. 이것이 농촌 읍내에 상설시장이 활발하지 못했던 이유 가운데 하나이다.

농촌지역에서 상설점포가 재래시장보다 부진한 이유에 대해 文定昌은 영세농민들의 빈약한 구매력과 재래시장의 물품공급 능력

상의 우위에서 찾고 있다. 특히 후자와 관련해 기존의 재래 정기시
는 精米, 製粉, 紡績 등의 工場 需要에 대해 郡農會와 金融組合 등
의 중개상을 매개로 유효하게 대응하였다고 한다. 여기서는 오히려
상설점포의 전업 상인들이 원료 공급과 중개 과정에서 배제되는
'在來市場의 變態的 發達'이 나타나고 있었다.[38]

'상설시장 앞의 정기시'가 공존하는 모습은 지방 읍내에서는 오
히려 일반적인 풍경이었다.[39] 오히려 장날의 거래 분위기를 타고
상설점포도 장사가 더 잘된다고 한다. 농촌 농민들이 정기시를 출
입했던 오랜 관습은 새로운 유통기구에 의해 일거에 해소되기 어
려운 오랜 거래 관행이었다. 이것은 정기시를 출입했던 농민의 생
태적 관습에서 비롯된 것이다.

장시는 오랜 세월에 걸쳐 영세 농민들의 소비공간, 생활공간으로
서의 의미를 갖고 있었다. 또 장시에 출입하는 농민들에게는 유일
한 휴식와 오락의 장으로서, 정보소통의 장으로서의 기능이 농민들
의 삶 속에 깊게 투영되어 있었다.[40] 이같은 농촌장시의 사회적 기
능은 조선후기로 거슬러 올라가는 오랜 연원을 가지고 있다. 지방
장시는 3·1운동에서 정치공간으로 기능하기도 하였다.

---

38) 상설점포가 미발달한 또 하나의 이유는 조선인의 미숙한 점포운영에 기
   인한다고 한다. 文定昌, 앞의 책, 1940, 218~9쪽.
39) 鄭勝謨, 『시장의 사회사』, 웅진출판, 1992, .
40) 村山智順, 『朝鮮場市の硏究』(國書刊行會, 1999(復刊本)).

靈光水利組合事業의 展開

필자는 제1장에서 다음과 같은 두 가지 사실을 제기하였다. 1868
년까지 佛甲川 중류인 西部面에서는 ① 대규모 陳田化·耕地荒廢
化가 심화되고 있으며, 이것과 結稅重壓이 동시 병진함으로써 ②
정체적 소유분화가 연출되고 지주적 토지소유는 부진하였다는 사
실의 두 가지이다. 제4장에서 상론한 바와 같이, 영광에서의 경지
황폐화는 1876년·1877년의 歉荒, 1883년과 1888년의 極凶을 초래
한 누적되는 재해에 의해 가속화되면서 영광 농업에 있어서 최대
의 문제거리로 부상하고 있었다. 그렇다면 20세기에 들어서 영광의
경지 실태는 어떠한 변동을 보이고 있는가. 여기서는 서부면(現 郡
西面)을 포함해 佛甲川邊의 5개 面을 蒙利區域으로 하는 靈光水利
組合의 전개과정을 구명함으로써 전장에서 남겨진 과제에 접근하
고자 한다.

   영광을 포함한 전라도 평야부 도작지대는 경지에 노동력을 투입
하면 투입할수록 토지생산성이 더욱 높아지는 동아시아 도작지대
의 일반적 특징을 보이고 있다. 이와 달리 서유럽의 건조농업에서
는 토지의 한계생산성은 경지에 추가적인 노동력을 투입하더라도
생산성은 일정 시점부터 체감할 뿐이며, 노동수단인 農具의 발전만
이 농업생산력의 발전을 촉진하고 있다. 때문에 동아시아 도작지대
의 경우 높은 생산성을 유발하는 최대의 요인은 토지 그 자체이며,
토지에 대한 투자가 결정적으로 중요하게 된다. 문제는 경지의 질
적 상태를 제고하는 治水·水利 사업에 있다.

   영광지역은 19세기 이래 진전화가 누진적으로 진행되었던 전라
도의 저명한 旱水害地 가운데 하나였다. 갑오개혁기 이래 1910년
대에 걸쳐 별다른 변동이 없다가 1920년대부터 커다란 농업변
동·토지변동 과정에 들어가게 되었다. 영광 일대는 수리조합사업

을 통해 비로소 생산력 상승의 계기를 갖게 되었다. 대규모 토지
개량사업이 産米增殖計劃이라는 국가적 규모의 농업개혁 방안으
로 시행되었던 것이다. 이에 따라 영광에서는 전남 최대 규모의
수리조합이 설치되면서 灌漑ㆍ耕圃 환경이 크게 변모하였다. 이
일대는 일본인의 來住가 이루어지고 수리조합사업이 전개되면서
구래의 진전화 경향을 극복해 나가는 격렬한 농업변동 과정을 노
정하고 있었다.

수리조합에 대한 기존 연구는 상당한 정도로 축적되어 왔다.
1980년대 말까지 진행된 연구 성과를 요약하면,[1] ① 産米增殖計劃
에서 가장 중요한 사업이었던 土地改良事業이 대부분 수리조합에
의해 진행되었고, ② 수리조합지구야말로 植民地地主制가 가장 전
형적으로 전개되었던 곳이며, 궁극적으로 ③ 수리조합사업 나아가
산미증식계획은 일본식량의 안정적 공급을 위해 米穀掠奪的 성격
을 띄고 있었다는 것이다. 이어서 이를 지지하는 몇 편의 사례연구
가 진행되었다.[2]

한편, 1990년대에 들어서는 식민지기 조선농민의 능동적 대응이
라는 시각 하에 조선수리조합사업의 전반적 특징이 구명되고, 수리

---

1) 崔泰鎭, 「1920年代における日本帝國主義の産米增殖計劃の掠奪的本質」『朝
鮮學術通報』3-1, 1966; 西條晃, 「1920年代朝鮮における水利組合反對運動」
『朝鮮史硏究會論文集』8, 1971; 林炳潤, 「産米增殖計劃-그 推進主體의 性
格規定을 中心으로-」『일제의 한국 식민통치』, 정음사, 1985; 田剛秀, 「日
帝下 水利組合事業이 地主制展開에 미친 影響-産米增殖計劃期(1920~34
년)를 中心으로-」『經濟史學』8, 1984; 李愛淑, 「日帝下 水利組合의 設立
과 運營」『韓國史硏究』50ㆍ51, 1985; 河合和男, 『朝鮮における産米增殖計
劃』, 未來社, 1986.
2) 박명규, 「일제하 수리조합의 설치과정과 그 사회경제적 결과에 관한 연
구-전북지방을 중심으로-」『省谷論叢』20, 1989; 徐承甲, 「日帝下 水利
組合 구역내 增收糧의 분배와 農民運動-臨益ㆍ益沃水利組合을 중심으
로-」『史學硏究』41, 1991; 朴永九, 「水利組合 整理過程에서 나타난 朝
鮮總督府 經濟政策의 性格 연구 : '津南水利組合' 사례」, 延世大 『産業과
經營』28-2, 1991; 이경란, 「日帝下 水利組合과 植民地地主制-沃溝ㆍ益
山지역의 사례-」『學林』12ㆍ13, 1991.

조합사업에 따른 農業生産構造의 變容이라는 문제가 상당 부분 해
명되기에 이른다.[3] 이어서 '한일 공동연구'의 일환으로 조선수리조
합의 전체상 파악 및 유형화 작업과, 그것을 구체화한 富平, 馬九
坪, 論山, 長湖院 등 개별 수리조합의 사례연구가 진행되었다.[4] 특
히, 사례연구에서는 수리조합의 창설과정, 재무구조, 직원구성, 사
업의 성과 등 수리조합에 관한 보다 정치한 분석이 이루어짐으로
써 그간 막연한 이미지 속에 방기되어 있던 수리조합 연구를 한층
구체화시키는 데 공헌하였다. 필자도 여기에 舒川水租의 사례를 추
가한 바 있다.[5]

　이같은 연구 성과에 의해 식민지기의 수리조합상은 현저히 구체
화되었다고 말할 수 있을 것이다. 그런데 이 글과 관련하여 주목되
는 것은 최근 일련의 사례연구이다. 최근까지의 사례연구는 일부의
연구를 예외로 한다면 수리조합 자체의 계통연구에 충실하고 있을
뿐, 수리조합사업과 경지실태·농업기술과의 관련성은 그다지 추
구되지 않았다고 생각된다. 수리조합이 궁극적으로 미곡증산·농
업발전을 위해 설립되었고 그와 같은 방향으로 기능한다면 기존의
수리조합에 대한 이같은 연구 경향은 재고의 여지가 남아 있는 것
이다. 그래서 여기서는 지역사례의 차원에서 수리조합사업을 관찰
하고 수리조합사업과 토지·농업실태와의 관련성 즉, 수리조합사
업이 경지실태 및 농업기술·농법개량에 어떠한 영향을 미치는가
를 실증적으로 구명해 보고자 한다.

　우선 본론에 들어가기에 앞서 이 글의 분석대상의 특질을 분명
히 하기 위하여, 전조선의 수리조합 가운데 점하는 영광수리조합의

　3) 松本武祝, 『植民地期朝鮮の水利組合事業』, 未來社, 1991.
　4) 李榮薫 張矢遠 宮嶋博史 松本武祝, 『近代朝鮮水利組合研究』, 一潮閣, 1992.
　5) 鄭勝振, 「日帝下 水利組合의 財政健全化에 관한 硏究－忠南 舒川水利組
　　合의 事例를 중심으로－」 『經濟史學』 22, 1997; 동, 「일제시기 식민지지
　　주제의 기본추이－충남 서천수리조합지구의 사례－」 『역사와 현실』 26,
　　1997

위치에 대해 약간의 예비적 고찰을 해두고 싶다.

식민지기 수리조합은, 日本人을 조합장으로 비교적 이른 시기에
창설된 大規模 貯水池型 조합과, 朝鮮人을 조합장으로 늦은 시기에
창설된 小規模 洑型 조합을 2大 典型으로 하고 있다.6) 영광수리조
합은 1924년 창설된 산미증식 제1계획기의 산물로서 朝鮮人을 조
합장으로 하는 蒙利面積 2,600정보의 貯水池型 조합이다. 유형 상
으로 볼 때 조합장의 국적이 조선인일 뿐 전자의 아류형에 속한다
고 볼 수 있다. 그런데 조합구역 내 민족별 토지소유구성을 보면,
후술하는 바와 같이 일본인 대지주의 토지소유가 우세한 '전북형'
수리조합과 유사한 특징을 보여주고 있다.

대규모 저수지형 수리조합은 農業經營地帶 구분상 전라도 도작
지구에 밀집하고 있는 특징을 보이고 있다. 1927년 현재 영광보다
규모가 큰 조합을 열거하면(南部일대),7) 경기의 富平(몽리면적
3,600정보, 1923년 설립), 충남의 舒川(3,500정보, 1923년), 전북의
臨益(3,343정보, 1909년), 古阜(4,323정보, 1916년), 益沃(9,420정보,
1920년), 東津(14,560정보, 1925년) 등 모두 6개 조합이다. 지대구
분상 경기의 부평수조를 제외한다면 모두 '全羅稻作地區'에 속하고
있으며,8) 비교적 이른 시기에 일본인 대지주가 조합창설을 주도한
대규모 저수지형 조합이다. 여기서 영광수리조합은 민족별 토지소
유구성에서 일본인이 우세하면서도 조선인이 조합장을 맡고 있는
전남에서는 유일한 대규모 수리조합이라는 특징을 갖고 있다.

---

6) 1941년 현재 전조선 수리조합 373개소, 몽리면적 293,958정보 가운데 전
   자의 유형은 조합수, 몽리면적 각각 2.9%(11개소), 37.8%(111,023정보),
   후자는 각각 17.4%(65개소), 2.9%(8,509정보)를 점하고 있다. 李榮薰 張
   矢遠 宮嶋博史 松本武祝,『近代朝鮮水利組合硏究』, 一潮閣, 39, 54, 55쪽.
7) 「水利組合一覽表」『朝鮮土地改良事業要覽』(1927), 13~7쪽.
8) 이 가운데 영광수조를 제외하면 "全北平野部稻作地區"이다. 久間健一,『朝
   鮮農業經營地帶の硏究』, 農業總合硏究刊行會, 1950, 392~408쪽.

I. 事業 以前 水利·農業 實態

1. 旱·水害 狀況

영광수리조합의 사업 예정구역은 영광읍의 南方 약 3,000町步에 이르는 東西로 狹長한 靈光平野 지대이다. 地勢는 東高西低型으로 蘆嶺山脈의 一脈이 東南北方의 산록을 형성하면서 동 지역을 圍繞하고, 여기서 발원한 佛甲川이 영광평야의 중앙부를 貫流하고 있다. 동남북의 3면은 구릉 지대이며 서방은 황해에 접한다. 행정구역상으로 영광군 佛甲面, 郡西面, 郡南面, 白岫面, 塩山面의 5개면 내 29개리에 걸쳐있다.

사업예정지역인 영광평야는 불갑천을 水源으로하여 하천 兩岸에 형성되어 있으며, 地質은 河川邊의 沖積壤土로 地味 肥沃하다. 이 지역은, [그림 1]을 통해 살펴보면, 동에서 서로 흐르는 불갑천을 따라 4구역으로 나뉘어지는데, 불갑면 鹿山里에서 富春里 지점까지를 제1구(불갑면), 이하 浦川里川 合流 지점까지를 제2구(군서·군남면), 이하 불갑천 하류 右岸을 제3구(백수면), 左岸을 제4구(염산면)라고 한다.9)

영광평야의 면적을 보면, 불갑면 201.6정보(7.5%), 군서면 530.6정보(19.6%), 군남면 469.0정보(17.4%), 백수면 1,089.3정보(40.3%), 염산면 409.4정보(15.2%), 합 2,700정보(100.0%)이다. 면적상으로 볼 때 백수면이 수위를 점하고 있어 이 일대를 이른바 '白岫平野'라고도 하는데, 전라남도의 저명한 旱水害地 가운데 하나로 알려져 있다.10) 여기가 일본인의 來住 및 農場創業이 완료되고 수

---

9) 이상, 『全羅南道靈光郡靈光水利組合事業計劃書』(이하 『事業計劃書』로 略함), 1924. 이하의 인용문 및 수치는 특별한 인용이 없는 한 『사업계획서』에 의한다.

10) 染川覺太郎, 「靈光郡の部」『全羅南道事情誌』, 1931, 931쪽.

[그림 1] 靈光水利組合地區一覽圖

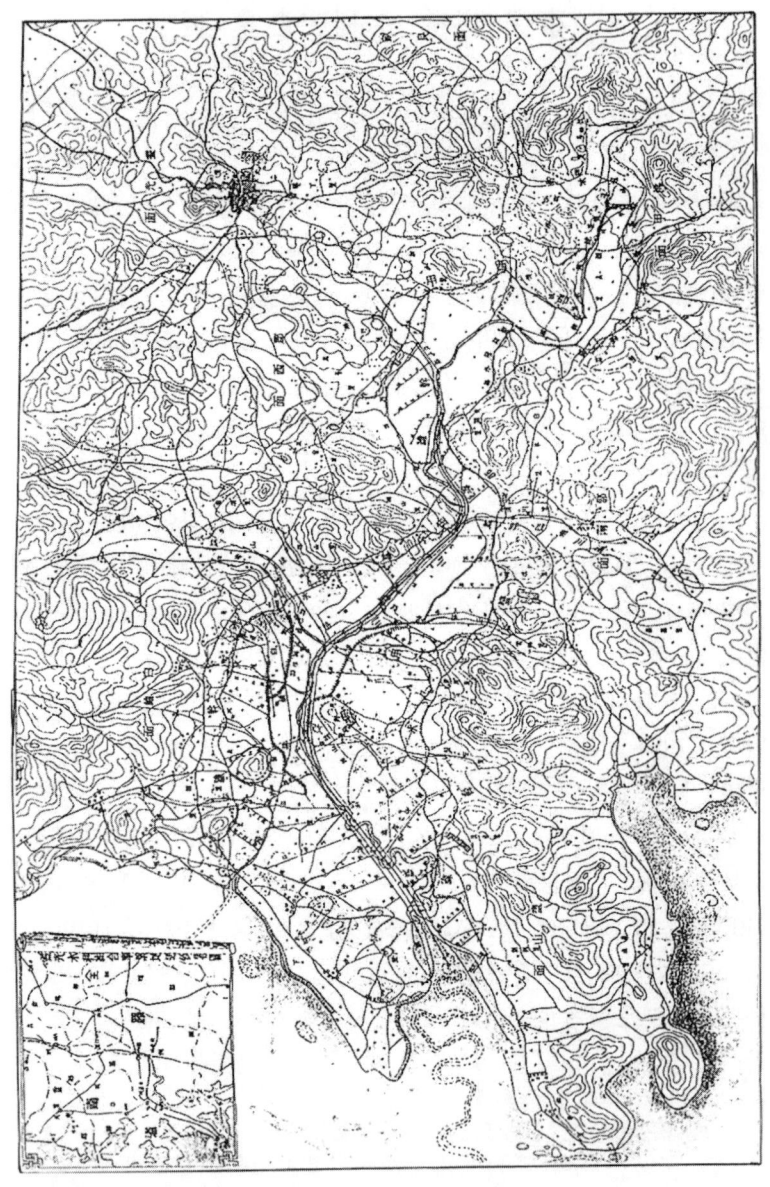

자료 :『靈光水利組合槪要』(1926)「全羅南道靈光郡靈光水利組合事業計劃一覽圖」

리조합사업이 시행되면서 본격적으로 개발되었던 것이다.

먼저 『事業計劃書』를 통해 불갑천을 중심으로 이 일대의 旱水害 상황을 살펴보기로 하자.

A. … 佛甲川은 指定河川 以外의 河川으로 … (상류에서) 郡西面 馬邑里 附近까지는 築堤 不完全하기 때문에 每年 堤防이 決潰하여 耕地로 洪水가 侵入하는 것을 免할 수 없다. 浦川里川 合流 地點부터 下流까지는 勾配 緩慢하고 河幅 狹小하기 때문에 洪水는 恒常 兩岸 耕地로 氾濫하고 特히 月興里부터 下流까지는 曲折이 甚한 故로 潮汐干滿의 影響을 받아 洪水의 疏通을 害하여 惡水의 排除를 困難케하고 加하여 兩岸의 堤防은 無備하기 때문에 兩岸 耕地의 大部分은 恒常 洪水의 氾濫과 惡水의 停滯로 苦한 狀態이다. 佛甲川에는 … 從來 本川 筋에 二十數個處의 洑가 存在하는데 渴水時 流水가 적어 土堰堤를 높여 貯水하지만 出水에 즈음해서는 亂流를 招來하여 河況을 惡化 …. 從來 佛甲川을 極度로 虐待한 結果 土砂의 移動과 沈澱을 不規則하게하여 漸次 洪水敷를 높여 近時 여기에 冒耕을 하는 바 頻出하고 그 荒廢의 度가 심한데 … 山間部로부터 平野部로 入하는 附近은 土砂의 流入이 많아 所謂 天井川을 이루고 下流 平坦地에 들어서는 勾無川을 이루는 곳이 많다.

B. 佛甲川筋에 從來 二十七個所의 洑가 存在하고 또 關係地區內 溜池 五個所가 存在하는데 이것을 水源으로하여 完全히 灌漑할 수 있는 灌漑 支配面積은 約 二百町步에 不過하다. … 그 外 地區內 畓總面積의 八割에 該當하는 二千町步는 苗代用水를 얻는 것에 不過하고 植付用水 및 以後의 補水는 太半 天水에 依存하는 狀態이다. 故로 平年에 植付는 雨期를 기다려 七月 上中旬頃에 行하는 것이 通例이며 甚하면 七月 下旬부터 八月 初旬에 이르며 경우에 따라서는 八月 中下旬頃의 渴水期에 水源이 枯渴되어 旱害를 입는 일이 許多하다. ….

C. 組合區域內 第一區는 地盤이 상당한 傾斜를 갖고 佛甲川의 狀態는 良好하기 때문에 水害를 입는 일이 드물지만 第二區 以下의 二千五百町步는 地盤이 낮고 河況이 不良하고 堤防이 貧弱하고 支川 및 溪流는 모두 勾無川인 關係上 洪水의 氾濫 侵入과 雨水의 低地로의 集積이 甚하다. 佛甲川의 斷面 狹小하고 河邊의 地盤 높고 河川 및 排水路에 洑 및 堰止 多數 存在하여 排水力이 貧弱하고 減水 緩慢하게되어 惡水의 停滯 甚하다. 特히 顯著한 곳은 第三區로 該區內 惡水의 大部分은 芝山里 排水路를 통해 직접 바다로 排除하는데 그 吐口는 潮水의 侵入을 防止하기 위해

恒常 土堰堤로써 締切하고 있는 故로 排水口는 恒常 閉鎖되어 出水時 그 締切을 決潰시키지않는 限 惡水는 逆流 迂回하여 佛甲川으로 排除할 수밖에 없게 된다. 故로 地區의 대부분은 過濕하게 되고 低地는 恒常 沈水狀態에 있게 되어 一見 沼澤地의 觀을 呈한다. 이같은 現況에 있기 때문에 三四十粍 以上의 降雨만 내려도 第二區 以下의 低地는 한결같이 一面의 泥海로 化하고 數日間 沈水하는 것이 常例이다. 故로 每年 雨期에 들어서면 低地部는 植付不能하게 되고 다행히 植付를 행한 경우라 하더라도 그 후 一回의 出水로 말미암아 沈水하는 곳이 許多하다.

이와 같이 불갑천은 兩岸에 재래 堤防이 존재하고 있었지만 그 기능저하로 인해 매년 홍수의 범람을 피할 수 없었고, 관개시설로서 축설된 재래 보와 堰止는 배수를 불량하게 하여 불갑천의 河況을 악화시키고 있음을 인용문A와 C는 공통적으로 지적하고 있다. 여기서는 용수부족을 완화하기 위한 노력[洑]이 결과적으로 배수불량을 악화시킨다는 악순환에 빠지고 있음을 엿볼 수 있다.

구역 내 제2구 이하는 지반이 낮았기 때문에 약간의 강우에도 침수의 위험에 노출되어 있었으며, 특히 만조위보다 1尺 가량이나 낮았던 제3구[백수면] 및 제4구[염산면]에서는 배수가 불량하여 오수의 정체가 심하고 만조 시 조수가 역류해 저지부를 "沼澤地"화하고 있었다.

이 일대의 수해는 상당히 빈번한 것이었다. 1916년의 大洪水 시에는 침수면적이 1,500정보에 이르고 그 가운데 700정보는 수확이 전무한 상태였다. 1918년 및 1921년에도 인용문과 유사한 수해를 당하고 있었으며, 조사 당해 연도인 1923(大正12)년에도 수해로 인해 지구 내 500정보는 수확이 전무해 免稅해야 할 상황이었다.

한편, 인용문 B에서 보는 바와 같이, 재래 수리시설과 불갑천의 자연 流水를 통해 완전히 관개할 수 있는 지역은 제1구 즉, 불갑천 상류의 불갑면 일대로서 사업예정지구 내 10%에 해당하는 200정보에 불과했다. 그 외에 지구 내 2,000여 정보는 天水에 의존하는 관계로 旱害에 항상적으로 노출될 수밖에 없었다.

〈표 1〉 事業 以前 區域內 在來 堤堰 一覽

堤堰名	流域面積(町)	灌漑面積(町)
甫羅里堤	34.8	9.8
袖鱗堤	51.9	12.2
海山堤	48.7	12.0
白井堤	19.0	8.4
水陽堤	38.0	7.6
計	192.4	50.0

자료: 全羅南道廳, 「堤堰修築計劃」, 1923년 추정

　　그런데 여기서 흥미로운 사실은 조합사업과 관련해 구역 내 재
래 제언의 존재이다. 다음의 〈표 1〉을 살펴보자.
　　이상의 5개소의 재래 제언[溜池]은 불갑천의 상류 및 그 지류에
설치되어 있던 것으로 후술하겠지만 조합설치공사에 의해서도 補
助水源으로 기능하고 있던 소유모 저수지이다. 제언 1개소 당 평균
유역면적은 40町步 弱, 평균관개면적은 10정보 정도이다. 농업지대
가 다름에도 불구하고 『韓國忠淸北道一般』(1909)에 나타난 충북의
제언 평균관개면적 10.5정보와 대체로 유사한 수준이다.[11]
　　이같은 제언 이외에도 불갑천에는 27개소의 洑가 존재하고 있었
는데, 그것의 관개면적은 약 300정보 강인 것으로 추정된다.[12] 몽
리면적으로 보는 한 堤堰灌漑는 洑灌漑에 비해 확실히 低位에 있
었다. 그러나 여전히 양자의 재래 수리시설을 합하더라도 몽리면적
은 지구 내 2할에도 미치지 못하는 영세한 수준이었다.
　　이같은 재래 수리시설은 堤堰契, 洑契, 蒙利契 등의 농민들의 자
치적인 기능조직에 의해 유지·관리되고 있었지만, 그 자세한 운영
실태는 불명하다. 그러나 이같은 비상설적 재래수리조직도 수리조
합의 설립과 함께 불갑천변의 27개소의 보가 철거되면서 해체의
운명을 맞고 있었다.[13]

---

11) 충청북도 18개군내 70개 제언의 평균관개면적은 157.8두락이다. 이를 환
　　산한 것이 10.5정보이다. 洑의 경우 566개소로 평균관개면적은 12.3정보
　　이다. 『韓國忠淸北道一般』, 1909, 67~71쪽.
12) 같은 자료.

2. 耕地·農業 實態

영광에서는 빈번한 한·수해가 耕地荒廢化를 초래하면서 이 일대
의 農業狀態를 악화시키고 있었다. 다음의 인용문은 음미할 만 하다.

> D. 旣往 十年間의 被害狀況을 調査해보면 地區의 太半은 每年 水害를
> 입고 있지만 旱害만에 依한 減收程度를 的確히 추정해보면 大體로 平均
> 二割 五分 內外에 달하고 旱害로 인한 것까지 合하면 六割 三分 內外의
> 減收가 認定된다. 本地方人이 말하는 「三年一作」이 결코 과언이 아님을
> 엿볼 수 있다. … 每年 旱水害를 交叉로 받는 關係上 農耕法은 자연 粗放
> 하고 耕地의 荒廢가 甚한데 近時 그 傾向이 顯著하다.

> E. … 旱水害 없이 畓作을 행하는 곳은 比較的 集約農法을 行하지만
> … 地區內 現在畓은 佛甲川筋을 중요한 用水源으로 하는 關係上 天水畓
> 이 대부분을 점하고 있다. 第二區 以下의 太半은 低濕地로 每年 水害를
> 입는 바가 심하기 때문에 거의 粗放한 農耕을 行하고 … 二毛作을 행하
> 는 곳은 … 百分의三 內外에 不過하다. … 雜地는 주로 河邊의 草生地로
> 서 國有未墾地(貸付中)가 대부분을 점하며 綠肥 및 燃料用 雜草를 생산
> 한다. 조합지구내 대부분은 不安한 粗放農耕地帶로서 … 小作人은 모두
> 小作地를 얻기에 窮乏한 現狀이다. …

즉, 불갑면을 제외한 지구 내 대부분은 천수답이었고 지대 상
한·수해를 빈번하게 입어 수확 실적이 부진했음을 엿볼 수 있다.
제2구 이하는 저지대로 수해를 당하면 경지는 황폐해지고 경작법
은 자연 조방해질 수밖에 없음을 지적하고 있다. 특히 백수, 염산
면 일대의 하천 하류역은 불갑천이 구무천인 관계상 하천의 범람
이 빈번해 거대한 草生地, 沼澤地로 존재하고 있었다. 합방 직전
"다소 관개의 편의가 있을 만한 水源이 있는 곳은 山腹에서 谷에
沿해 棚田으로 되어 있는 반면 의외로 관개가 가장 편리해야 할 하
천의 沿岸에서 광활한 原野를 볼 수 있다"[14]는 한 일본인의 보고

---

13) 불갑천의 지천인 南竹川, 馬邑川에서 在來 洑가 철거되면서 洑契도 함께
    해체되었다고 한다. 郡西面 南竹里 심경택옹(81)의 증언.

가 결코 과장이 아님을 이 일대는 그대로 보여주고 있다.

전술한 바와 같이 재래 수리시설이 존재하고 있었지만 그것의 몽리면적은 아무리 크게 잡더라도 지구 내 2할에도 미치지 못함으로써 주기적인 旱害를 유발하고 있었고, 역으로 재래 관개시설 가운데 특히 불갑천변의 洑들은 河況을 불안케 하여 수해를 유발하고 있었다. 그러나 지구의 2할도 관개하지 못하는 재래 수리시설도 한해가 들면 冒耕이 빈출하여 그 기능 저하 내지 불충분 상태에 빠지고 있었다(인용문 A). 결국 빈번한 한·수해가 교차로 내습하는 가운데 수리황폐화가 진행됨으로써 이 일대의 경지는 황폐해지고 "불안한 조방경작지대"로 남게 되었던 것이다.

이 일대의 경작 상의 粗放性을 매크로 자료를 통해 확인해 보면, 1910~12년간 영광의 1인당 경지면적은 2.08段步인데, 이것은 전라도 평균 1.84단보보다 높은 수준이며 경상도 평균 1.39단보와는 상당한 차이를 보이고 있다. 동년간 단보당 수확량을 보면, 영광은 1.06石으로서 전라도 평균 1.04석과 비슷한 수준이지만, 경상도 평균 1.23석보다는 확실히 낮은 수준이다.[15] 한수해의 내습, 경지황폐화로 인한 이같은 차이가, 결국 수확실적 감수율 63%로 나타나고 있었다.

무엇보다 조방적 도작지대로 존재한 이 일대의 경지 실태를 살펴볼 필요가 있다. 다음에 제시한 〈표 2〉와 〈표 3〉이 그것이다. 지구 내 조합사업 예정면적은 2,800여 정보로서 이 가운데 답이 78.6%(2,216정보)로 압도적인 비중을 점하고 있으며 초생지로 존재한 임야 및 잡종지가 그 다음으로 15.0%에 이른다.

이제 답 2,200여 정보의 地位等級構成을 제시한 것이 〈표 3〉이다. 여기서는 17~19등급이 47.2%에 이르고 있으며 14~16등급까지 합하면 85%강에 달하고 있다. 17~19등급의 표준수확량은 단

---

14) 谷崎新五郎 森一郎, 『韓國農産視察報告書』, 大坂商業會議所, 48쪽.
15) 『朝鮮總督府統計年報』(1910~12년판).

<表 2> 事業 以前 區域內 地目構成

區分	畓	田	垈	雜種地	池沼	林野	計
面積(町)	2,216.5	176.8	2.1	85.0	0.5	338.4	2,819.3
同上%	78.6	6.3	0.1	3.0	0.0	12.0	100.0

자료 : 『靈光水利組合規約同意者面積表』, 『靈光水利組合規約未同意者面積表』
주 : 阿部市郎兵衛, 中外興業(株)의 貸付地 및 曹喜暻 외 6명의 出願地 포함

<表 3> 事業 以前 區域內 耕地의 等級構成 (畓의 部)

等級	8~9	10~11	12~13	14~16	17~19	計
面積(町)	16.9	73.6	223.9	866.0	1,056.2	2,236.6
同上%	0.8	3.3	10.0	38.7	47.2	100.0

자료 : 『事業計劃書』

보당 0.6석 이상 1.5석 미만이고 14~16등급의 그것은 1.5석 이상 2.4석 미만이다.16) 전술한 바와 같이, 영광의 단보당 평균수확량이 1.06석이었으므로 여기서는 18등급에 해당한다. 그러나 이것은 동시기 경상도의 수준과 이후 反收의 고위성을 감안한다면, 상대적으로 낮은 등급이라고 하지 않을 수 없다. 대체로 영광의 경지는 18등급을 平均地位로 하는 下等畓임을 알 수 있다.

이같은 상황은 영광 일대에서 19세기 이래 진행되어 온 대규모 陳田化의 소산이라고 할 수 있다. 제1장에서 살펴 본 1868년 영광군의 改量田 사업을 참고해 보자. 당시 西部面(현 郡西面) 경지의 陳廢상황(陳起구성)을 살펴보면, 面摠 578여 결 가운데 37.2%가 陳田으로 확인되고 있으며, 그 가운데 74%가 舊陳 즉, 永久陳田(流來陳結)이었다.17) 이같은 진전화·경지황폐화는 조방적 경작패턴의 1차적 현상 형태로서 농업 불안정을 초래하는 가장 큰 요인이었다. 여

---

16) 朝鮮總督府臨時土地調查局, 『朝鮮土地調查事業報告書』, 1918, 302쪽.
17) 이에 대해서는 본서 제1장 (鄭勝振, 「『靈光郡西部面改量案』의 분석」 『大東文化硏究』 34, 1999) 참조.
   1868年 靈光郡 西部面(現 郡西面) 耕地陳廢狀況 (단위 : 결-부-속,%)

기서도 수리시설의 황폐화 즉, 재래 관개시설의 기능저하가 경지황
폐화를 초래하고 있음은 20세기 초의 상황과 크게 다르지 않았다.
영광에 있어서 20세기 전반기는 수리황폐화, 경지황폐화의 극복이
農業改革의 주요한 과제가 되고 있던 단계라고 할 수 있다.

II. 水利組合의 創設過程

1. 設置工事의 展開

영광평야는 3,000정보 내외의 저명한 한수해지로서 1919년 총독
부 土木局의 土地改良基本調査에 의해 수리사업의 유망함이 인정
된 지역이었다.[18] 1923년 12월 조합설치를 신청하였지만 조합설립
을 둘러싸고 대규모 수리조합반대운동이 일어나 '설립운동'이 지연
되다가 1924년 大旱魃을 계기로 旱害救濟對策의 차원에서 동년 12
월 설립인가 되기에 이르렀다.[19]

영광수리조합은 산미증식 제1계획기의 산물로서 朝鮮人을 조합
장으로 하는 蒙利面積 2,600정보의 貯水池型 수리조합이다. 사업비
는 2,042,486원(단보당 78.56圓)으로 1,732,693원에 이르는 공사비
가 사업비의 대부분(84.8%)을 점하고 있다.[20] 영광의 단보당 설치
공사비 66.64원은 당시 5大 貯水組의 평균적 수준에 해당한다.[21]

區 分	起	陳 (舊陳)	結 摠
結負數	363-10-2	215-06-7 (159-26-2)	578-16-9
同上%	62.8	37.2 (27.5)	100.0

자료 : 『同治柒年○○○全羅道靈光郡西部面改量案』(奎 25036).c0

18) 『靈光水利組合槪要』, 1926.
19) 「靈光郡民大會 - 旱災對策協議 -」『東亞日報』1924.9.4.
20) 『工事設計變更認可書』, 1927.
21) 5대 저수지형 수리조합의 단보당 설치공사비는 다음과 같다 ; 東津 58.34

사업비의 대부분은 起債(1,490,665원, 사업비의 73.0%)와 國庫補助
金(388,345원, 동 19.0%) 등에 의해 조달되었고, 기채의 借入先은
東拓으로 年 9分 5厘의 정책적 이자율이 적용되었다(거치기간 2년,
1927년부터 이후 23년간 균등상환).[22] 설치공사는 請負工事로서
대부분 長門組라는 일인계 토목회사에 의해 1924년부터 2년간 시
행되었다. 설치공사의 내용을 공사종류별로 살펴보면 다음과 같다.

灌漑設備로서는 불갑천 상류역을 締切한 佛甲貯水池(水深 17尺,
滿水面積 130정보)가 조합의 주요 용수원으로 축설되었다. 불갑면
일대의 沃畓을 수몰시켜 만든 이 불갑저수지는 이후 대규모 수리조
합반대운동을 야기하는 문제의 저수지이다. 補助水源으로서는 富春
川, 浦川里川 등 2개소의 기존 하천(몽리면적 100町)과 전술한 5개
소의 재래 堤堰(동 50정)이 이용되었다. 水路組織을 보면 불갑저수
지로부터 직접 引水하는 용수간선 2條[줄기]와, 취입제언을 신설 혹
은 개축하여 불갑천 및 재래 하천에서 引入하는 4조의 용수간선이
축설되었다. 여기에 46개조의 支線과 分線(小溝)이 부속하고 있다.

조합의 제1구 및 제2구(일부)의 河岸 高地를 관개하는 富春用水
幹線과 順龍用水幹線에 있어서는 전부 在來 水路를 支線으로 이용
하여 신설 간선과 연결하고 있으며, 제2구 전부를 관개하는 郡西用
水幹線과 東澗用水幹線은 각각 舊洑와 재래 堰堤를 改修·改築하
여 取入堰堤로 사용하였고 제3, 4구 전체를 관개하는 郡塩用水幹線
과 白岫用水幹線은 각각 1개소의 취입언제를 신설하고 있다. 그 외
用水支線은 전술한대로 일부 재래수로를 이용하는 경우도 있지만,
다수는 조합설치공사에 의해 신설되었다.

防水設備로서는 불갑천 兩岸에 대규모 堤防이 설치되었다. 동 제
방은 佛甲川改修工事의 일환으로 제2구 이하부터 新築된 것이며,

원, 中央 58.81원, 安寧 71.11원, 舒川 57.75원, 평균 61.33원. 『朝鮮土地改
良事業要覽』(1927년판), 12~21쪽.
22) 『事業計劃書』, 1924 및 『工事設計變更認可書』, 1927.

제1구 상류부는 재래 제방을 修築하는 수준이었다. 특히 제2구 이하에서는 敷幅을 확장하는 등 河床을 정비함으로써 종래 越水 및 洪水를 방지함에 만전을 기하고 있다. 또한 불갑천의 支川인 順龍川, 南竹川, 浦川里川, 白羊及浦川支流 등은 종래 勾無川으로서 河身을 정비하고 兩岸에 제방을 신축하는 改修공사가 진행되었다. 불갑천의 河口 兩岸에서는 종래의 防潮堤를 改築하여 白岫面 일대 약 400정보의 開墾효과를 올리고 있었다.

마지막으로 排水設備로서는 제2구 이하에 郡西, 雉山, 論山, 白岫, 論白連絡, 塩山排水路 등 6개소의 대형 排水路와 5개소의 閘門이 축설되었다. 이들 배수로는 기존에 설치되어 있던 것으로서 설치공사에서는 河幅을 확장하고 堤防을 개수·수축하는데 역점을 두고 있다. 특히 불갑천개수공사의 일환으로서 종래의 수해지를 11개의 排水區로 나누어 제2구 이하 惡水의 정체와 배수불량을 야기하던 불갑천변의 舊洑 27개소를 철거하고 河身을 대대적으로 정비함으로써 동 하천의 배수기능을 한층 제고하였다.

설치공사는 공사도중인 1925년 夏期에 水害를 입었음에도 불구하고 동년 말까지 주요 공사의 대부분을 완공하였다.[23] 그러나 수차에 걸친 설계변경 등 공사과정이 순조롭게 진행된 것은 아니었던 듯싶다. 제1차 설계변경에서는 河川改修 및 排水路 공사, 제2차 변경 때는 용수로 및 배수로 공사, 3차 변경에서는 貯水池 및 河川改修의 일부, 4차 변경에서는 用地買收補償費를 중핵으로 한 전반적 개수공사 등에 걸쳐 설계변경이 행해지고 있었다.[24] 더욱이 하천개수 및 배수로 공사에 대해서는 이후에도 추가적인 改良工事가 실시되었다.[25]

영광수리조합은 이상의 설치공사에 따라 종래 한수해지였던

---

23) 공사비지출액으로 볼 때 공사진척률은 1925년 말 현재 83.5%였다. 『靈光水利組合土地改良事業關係書』, 1923~1929.
24) 『工事設計變更認可書』, 1927 및 『第四會設計變更書』, 1927.
25) 『郡南區土地改良事業計劃書』, 1940 및 『塩山區土地改良事業計劃書』, 1941.

2,000여 정보의 천수답를 水利安全畓으로 전환하고 동시에 400여 정보의 '美畓'을 새롭게 얻게 되었다. 영광수리조합은 당초 설립목적으로 한정된 灌漑, 排水, 防水사업 뿐 아니라 農事改良, 防潮, 河川改修, 耕地整理事業까지 담당하는 다목적 사업의 조직으로 기능하게 되었다.26)

이상과 같은 설치공사에서 주목되는 점은, 영광수리조합의 사업지가 하천변의 저지대인 관계상 관개공사만큼 이나 방수·배수설비에 공사의 역점을 두고 있었다는 사실이다. 사업비 원안(1924)에서는 예산총액 1,876,000원 가운데 방수설비비에 661,876원(사업비의 35.3%), 배수설비비에 156,046원(동 8.3%)이 책정되었고, 사업 완료 후 최종 檢定工事費에서는 공사비총액 1,775,002원 가운데 전자에 518,749원(공사비의 29.2%), 후자에 178,291원(동 10.0%)이라는 거액의 공사비가 소요되었다. 검정공사비에서 관개설비비가 30.7%(545,206원)를 점하고 있던 사실을 감안하면 방·배수설비에 어느 정도 거액의 공사비가 투입되었는가를 영광의 공사비 내역은 잘 보여주고 있다.27) 그러나 이같은 역점 공사임에도 불구하고 방

---

26) 본 조합에서는 1940년대 초부터 경지정리사업이 시행되었다. 『郡南區土地改良事業計劃書』, 1940 및 『塩山區土地改良事業計劃書』, 1941.
27) 각각의 내역을 하나의 표로 정리하면 다음과 같다.

費 目	事業費 原案(1924)	檢定工事費(1927)
灌漑設備費	705,161.60 (37.6)	545,206.21 (30.7)
防水設備費	661,876.00 (35.3)	518,749.32 (29.2)
排水設備費	156,046.00 (8.3)	178,291.13 (10.0)
附帶工事費	7,000.00 (0.3)	13,506.66 (0.8)
用地買收補償費		331,023.70 (18.6)
工事監督費		137,824.39 (7.8)
測量設計費		50,401.33 (2.9)
事務所費	202,186.00 (10.8)	
創立費	52,000.00 (2.8)	
豫備費	91,730.00 (4.9)	
計	1,876,000.00 (100.0)	1,775,002.74 (100.0)

자료: 『事業計劃書』(1924), 『靈光水利組合土地改良事業關係書』(1923~1929)

수공사의 중핵을 이루는 하천개수공사와 배수공사는 완전하지 않아 1940년대 초 경지정리사업에서 추가 개량공사로 시행되었다.[28]

설치공사에서 주목되는 두 번째 사실은, 전술한 재래 수리시설이 설치공사에 적극 활용되고 있다는 점이다. 이것은 사업 이전 토지개량기본조사에 의해 이미 예견되었던 사실이지만, 기존 수리시설의 기능불능 내지 시설불충분 상황이 "改修·修築"이라는 형태로 그 기능이 제고되어 조합 시설로 이용되고 있음을 의미한다. 5개소의 재래 제언이 제1구 즉, 불갑천 상류부를 중심으로 보조 水源으로 이용된다든가, 재래 보(의 수로)는 제2구 이하에서 용수로 및 배수로로서 활용된다든가, 불갑천개수공사에서 본 바와 같이 재래 제방과 방조제가 일부 그대로 이용되었다. 마지막으로 이같이 신설 관개, 방수, 배수시설에 재래 수리시설이 이용되고 있음은 전라도 지역의 수리조합지구에서는 어느 정도 보편적인 현상이었음을 지적해두고 싶다.[29]

그러나 대규모 불갑저수지의 신축과 동 지천변 27개소의 재래 보를 철거하는 등 新設工事로서의 성격은 조합사업에 그대로 관철되어 있다. 특히 저수지 신축과 함께 불갑천개수공사는 설치공사의 핵심을 점하고 있다고 할 수 있는데, 그 과정에서 종래 배수불량을 초래하던 재래 洑가 철거되고 불갑천의 河身이 대대적으로 정비됨으로써 이 일대의 관개환경은 크게 변모하고 있었다. 조합의 설치공사는 재래 수리시설과는 비교할 수 없을 정도로 大規模 工事로

주: ① 사업비 원안에서는 각 비목에 용지매수보상비가 합산되어 있음.
　　② 관개설비비 : 저수지비, 용수간선비, 용수지선 및 소구비
　　　방수설비비 : 불갑천 등 4개 하천의 하천개수비 및 방수제설비비
　　　배수설비비 : 군서배수로 등 5개 배수로와 그에 부속한 閘門설비비
　　③ 괄호 안은 구성비임.
28) 1930년대 말 현재 관개기능은 양호한 편이지만 배수로 등의 설비부족 때문에 수해의 우려는 여전히 상존하고 있었다. 『郡南區土地改良事業計劃書』(1940).
29) 全北農地改良組合, 『全北農組70年史』, 1978, 100, 107, 177쪽 참조.

진행되었던 것이다.

설치공사는 대규모 신설공사였던 만큼 産米增殖計劃이라는 국가적 사업 하에 일제의 선진적 농업토목기술이 정책적으로 이식된 측면이 강했다. 그러나 공사과정에서 거액의 공사비를 투입하며 대규모로 진행된 수리조합사업도 이 지역의 자연지리적 조건과 순조롭게 결합되지 못했음은, 누차에 걸친 설계변경, 후술하는 시공 후 증산실적의 예상외의 '부진' 등이 단적으로 말해 주고 있다. 영광의 설치공사는 하천변의 저지대라는 영광의 자연지리적 조건 때문에 일제의 선진적인 농업토목기술로도 통제하기 어려운 대단히 어려운 사업이었다고 생각된다.

2. 組合創設의 推進主體

영광수리조합은 구역 내 토지소유자 총 1,329명 중 873명의 동의를 얻고(同意率 65%), 동의자의 소유면적이 총면적 2,677정보 중 2,338정보(동의율 87%)에 달함으로써, 조합창설에 요구되는 법적 기준(구역내 지주 총수의 1/2, 총면적의 2/3)을 충족시키고 있었다.

조합원의 민족별, 거주지별, 소유규모별 구성을 알 수 있는 자료로서는 현재 『靈光水利組合設置認可申請書』와, 이것을 기초로 조합설립 동의자·미동의자로 나누어 소유자별로 면적을 집계한 『靈光水利組合規約同意者面積表』, 『靈光水利組合規約未同意者面積表』의 2종류가 남아있다. 이제 후 2자의 자료를 통해 창설 당시 구역 내 토지소유상황을 제시한 것이 다음의 〈표 4〉, 〈표 5〉이다.

〈표 4〉에 의하면, 무엇보다 6명에 불과한 50정보 이상의 소유자가 동의자 총 소유면적의 63.4%, 조합원 총면적 2,677정보의 55.4%를 점하고 있음이 주목된다. 더구나 10~50정보층까지 합산한다면, 동의자면적대비 74%, 총면적대비 65%에 달하고 있다. 이

〈표 4〉組合設立 同意者의 土地所有構成 (단위 : 町步, %)

規模別	朝鮮人		日本人		計	
	人數	面積	人數	面積	人數	面積
50~	1	68.0(2.9)	5	1,414.6(60.5)	6	1,482.6(63.4)
10~50	7	184.7(7.9)	3	73.8(3.2)	10	258.5(11.1)
3~10	19	91.3(3.9)	6	37.7(1.6)	25	129.0(5.5)
1~3	123	197.3(8.4)	10	19.6(0.8)	133	216.9(9.2)
0.5~1	182	129.6(5.5)	9	6.2(0.3)	191	135.8(5.8)
~0.5	494	110.8(4.8)	14	4.6(0.2)	508	115.4(5.0)
計	826	781.7(33.4)	47	1,556.5(66.6)	873	2,338.2(100.0)

자료 : 『靈光水利組合規約同意者面積表』
주 : 국유지 19.7정보는 제외

〈표 5〉組合設立 未同意者의 土地所有構成 (단위 : 町步, %)

規模別	朝鮮人		日本人		計	
	人數	面積	人數	面積	人數	面積
50~	·	·	·	·	·	·
10~50	3	70.8(20.9)	·		3	70.8(20.9)
3~10	12	52.6(15.5)	3	13.6(4.0)	15	66.2(19.5)
1~3	48	76.6(22.6)	6	12.9(3.8)	54	89.5(26.4)
0.5~1	68	47.0(13.9)	3	2.1(0.6)	71	49.1(14.5)
~0.5	306	61.0(18.0)	7	2.4(0.7)	313	63.4(18.7)
計	437	308.0(90.9)	19	31.0(9.1)	456	339.0(100.0)

자료 : 『靈光水利組合規約未同意者面積表』

같은 상황은 표에서 보는 그대로 50정보 이상 일본인 대지수에 의해 주도되고 있었다. 반면 〈표 5〉상의 10정보 이상 미동의 소유자의 상황을 보면 총면적대비 2.6%로서 〈표 4〉와는 역의 상황이 전개되고 있음을 볼 수 있다.

조선인 동의자는 人數에서는 동의자총수대비 94.6%라는 압도적인 비중을 점하고 있음에도 불구하고 그 소유면적은 일부를 제외하면 영세하며 면적비율은 총면적대비 33.4%에 그치고 있었다. 반면 조선인 미동의자를 보면 인수, 면적 모두에서 압도적인 비중을 점하고 있다.

조합설립 미동의자 456명의 소유면적은 339정보이며, 1인당 평균소유면적은 0.7정보이다. 이는 동의자 1인당 평균소유면적 2.7정보에 크게 못 미치는 수준이며, 오히려 조선인 동의자 1인당 평균소유면적 0.9정보와 유사한 수준이다. 반면, 47명에 불과한 일본인 동의자의 1인당 평균소유면적은 33.1정보로서 조선인의 그것과는 극단적인 대조를 이루고 있다.

이상의 사실을 통해 구역 내 경지는 상당 부분 소수 일본인에 의해 소유되고 있으며, 조합의 창설사업은 주로 이들 일인 대지주에 의해 추진되고 조선인은 조합창설에 그리 적극적인 역할을 수행하지 못했다고 추정할 수 있다. 이하에서는 이 점을 좀더 구체적으로 살펴보자.

〈표 6〉에서는 구역 내 10정보 이상 토지소유자를 제시하였는데, 먼저 50정보 이상 대지주를 보면 曺喜暻을 제외하고는 모두 일본인이며 이들은 區域外에 거주하는 不在地主라는 특징을 보이고 있다. 이들 일본인 대지주들은 대체로 사업 이전 불갑천변의 저지대(백수, 염산면)를 중심으로 토지를 집적해 小作制農場을 일으킨 이른바 '動態的地主'라 할만한 인물들로서, 조합설립에 적극적으로 동의하고 있었다(동의율 100%). 반면 10정보 이상 조선인 지주들을 보면, 전부 구역 내 거주자들인데, 일본인 수준은 아니라 하더라도 73%에 달하는 상당히 높은 동의율을 보여주고 있다.

創立委員會를 살펴보면, 曺喜暻을 위원장으로 하여 4명의 일본인과 6명의 조선인으로 구성되어 있다. 민족별 구성에서는 조선인이 우위를 보이고 있지만, 조희경을 제외하면 모두 10정보 미만의 중소지주 수준이다. 이들 조선인 평의원 가운데에는 法聖浦物産株式會社 社長(曺喜暻), 月陰農産合名會社 代表取締役(朴正煥), 靈光面 面長(趙秉謨), 靈光金融組合長 겸 面協議員(鄭泰熙) 등 지역 내 유지 및 명망가들이 포함되어 있었다.[30] 이들을 포함한 상당수의 창

<표 6> 區域內 10町步 以上 所有者 및 創立委員 一覽

氏 名	住 所	面積(町)	同意與否	備 考
阿部市郞兵衛	大坂	473.5	○	創立委員
中外興業(株)	東京	349.7	○	
櫻井小三郞	京城	136.5	○	創立委員
靑木十三郞	木浦	96.2	○	
押田忠一	東京	75.0	○	創立委員
曺喜暻	靈光	68.0	○	創立委員長
曺俁鉉	靈光	48.7	○	
金種候	靈光	41.3	×	
川崎武之助	神戶	36.7	○	
曺喜陽	靈光	33.9	○	
鄭東明	靈光	28.1	○	
朴正煥	靈光	23.2	○	
阿部市三郞	大坂	18.7	○	
朴桂榮	靈光	18.5	○	
梅田熊太郞	靈光	18.4	○	
朴寅煥	靈光	18.0	○	
金種琯	靈光	17.3	×	
池德仲	靈光	14.2	○	
金種燉	靈光	12.2	×	
阿比留鉦作	靈光	?	○	創立委員
曺秉謨	靈光	2.2	○	創立委員
鄭泰熙	靈光	5.5	○	創立委員
朴壯業	靈光	?	○	創立委員
池龍會	靈光	9.8	○	創立委員
鄭仁洙	靈光	4.1	○	創立委員
文炳善	靈光	?	○	創立委員

자료 : 『靈光水利組合設置認可申請書』, 『靈光水利組合規約同意者面積表』, 『靈光水利組合規約未同意者面積表』
주 : 10정 이상 소유자 가운데 靑木十三郞은 長谷六兵衛와 공동소유자임.

럽위원들은 조합실립 이후에도 평의원으로 남아 조합운영에 참여하고 있었지만, 조합 내에서 과연 어떠한 역할을 수행하였는지 불명하다.

여기서 주목할만한 인물은 후일 초대 조합장으로 취임하는 조희경이다. 일찍이 그는 1902년 일본인을 초빙하여 30여 정보의 法聖浦 河岸을 개간했던 '開明地主'이다.[31] 그는 창립위원장으로 조합

---

30) 染川覺太郞, 『全羅南道事情誌』, 1931, 945~7쪽.
31) 「韓國全羅道靈光郡ニ於ケル開墾」『通商彙纂』221, 1907.

'설립운동'에 적극적으로 참여하면서 여타 조선인 지주들에게 수리
사업의 필요성을 촉구하고 있었다.[32] 그의 집안은 한말 이래 양반
대지주로서 식민지기에 들어서도 산업자본가로 성공한 영광의 유
력 명망가이다.[33] 〈표 6〉상의 曺喜陽이 조희경의 實弟이고 曺儆鉉
은 그의 長男이었는데, 조희경을 비롯한 이들 曺氏家의 총 소유면
적은 150.6정보에 달하고 있었다.[34] 그는 조합설립을 전후하여 전
술한 법성포물산주식회사(1919년 설립)뿐 아니라, 朝日비누株式會
社(1920년 설립), 靈光倉庫金融株式會社(1926년 설립) 등 토지자
본의 산업자본으로의 전환에 적극적으로 나섰던 '산업자본적 부르
조아지주'였다.[35]

　曺氏家는 사업 이전까지 관개사업의 경험을 가졌던 영광의 대표
적인 대지주이자 산업자본가였다. 결과적으로 일부 일본인 중심의
'조합설립운동'에 조씨가와 같은 명망 있는 조선인 대지주가 '참여'
함으로써 영광수리조합은 후술하는 수리조합반대운동에도 불구하
고 급속하게 설립인가를 받기에 이른다. 조희경이 조합사업에 적극
적으로 참여한다는 사실만으로도 조합설립에 대한 조선인의 동의
를 이끌어내는데 상당한 상징성을 갖고 있었다고 생각된다.

---

32) 曺喜暻, 「靈光水利組合」『朝鮮農會報』 20-11, 1925, 144~7쪽.
33) 金旻榮, 「韓末 日帝下 靈光地域 大地主 曺喜暻・曺喜陽硏究」『鄕脈』 7,
　　靈光鄕土文化硏究會, 1994, 참조.
34) 일제초 조희경의 소유면적은 『결수연명부』 단계(1910~11)에서 영광군 5
　　개면, 長城郡 4개면 내 4,493.7두락(171결 40부 1속), 『토지대장』 단계
　　(1914)에서 영광군 4개면, 장성군 5개면, 고창군 1개면 내 307정보에 이
　　른다. 『曺喜暻結數連名簿』, 『曺喜暻土地臺帳』.
35) 金旻榮, 같은 논문, 참조.

Ⅲ. 水利組合反對運動

일부 일본인이 중심이 된 조합설립에 대해 조합원의 대다수를 점하는 조선인들은 대규모 組合設立反對運動으로 대응하였다. 조합설립이 급속하게 진행되는 과정에서 관계 지주나 농민과의 충분한 교섭·동의는 배제되었고, 더욱이 조합설립에 대한 同意書를 받는 과정에서 농간과 협박이 가해지고 있었다. 이에 대해 조합설립을 신청한 1923년 12월 이듬해인 1924년 1월부터 수리조합(설치) 반대운동(이하 反對運動으로 略함)이 발생하였다. 다음의 기사를 통해 반대운동의 일단을 살펴보자.

수리조합을 설치함으로써 이익을 입는 곳도 적지 않치만은 대개는 몇몇 개인의 이기적 사업에 불과하여 태반은 다수 농민의 반감을 사는 일이 적지 않다. 全羅南道 靈光郡 郡南面 東澗里에 사는 金商基씨 외 63명은 일전에 그 고을 농민 수 천여 명을 대표 상경하여 총독부에 수리조합 반대진정서를 제출하였는데 그 내용을 들으면 영광군 白岫面에 사는 일본인 사람 阿比留라는 자의 발기로 … 수리조합을 설치하고자 설계하였으나 원래 이 다섯 面은 거의 지질이 비옥하여 수리조합이 필요한 곳은 오직 白岫面과 塩山面에 지나지 않고 더욱 영광군 내에서도 제일 토지가 비옥한 佛甲面 일대는 거의 수리조합 貯水池로 들어가 버리게 되는 고로 그 땅임자들의 손해가 적지 않다 하며 … 더군다나 수리조합비로 매년 제일 좋은 땅 1두락에 십일원씩을 물어야 될 터이니 땅 몇 마지기씩 밖에 없는 농가에서 도저히 갚을 수가 없다 한다. … 阿比留라는 자는 십여 년 전에 조선으로 건너와 백수면에 집을 짓고 살면서 지질이 좋지 못하여 조선 사람들이 중요히 보지 않는 토지를 헐값으로 사들이기 시작하더니 나중에는 자기의 사용인인 조선사람들을 시켜 한 번에 60전씩을 주고 무지한 땅임자들의 도장을 받아다가 그 토지의 명의를 전환한 일이 발각되어 木浦 감옥에서 3년 징역을 받은 전과자로 이번 수리조합을 발기할 때도 만일 불응하면 3일 구류를 당한다는 등 별별 간악한 수단을 부려 지주들의 도장을 받은 것이라는데 그곳 농민들은 벌써 수삼차례나 군청

과 경찰당국에 진정하였으나 아무런 결과도 없었음으로 이번에 총독부로
진정함이라더라.[36]

위의 기사에서는 반대진정서에 서명한 조선인이 수천 명이라는
사실이 우선 눈길을 끈다. 반대의 이유로서는 첫째 조합사업은 薄
土(백수면, 염산면 일대)를 개간하기 위해 沃土(불갑면 일대)를 희
생하는 사업이라는 점, 둘째 수리조합비 부담이 지나치게 과중하다
는 점, 셋째 阿比留라는 일본인이 농간과 협박으로 동의서를 받고
있다는 점, 넷째 이같은 陳情에 대해 군청과 경찰 당국은 방관하고
있던 점 등이다. 대체로 수리조합이 필요하지 않은 곳까지 조합구
역으로 편입되고 있다는 사실과, 이를 무리하게 진행하는 과정에서
나타난 同意强制가 반대의 주요인임을 알 수 있다. 문제의 불갑면
일대는 조합설립이 認可(1924년 12월)된 후에도 用地(買受)補償을
둘러싸고 조합당국과 심각한 마찰을 야기하게 된다(이 점 후술).

특히 여기서 언급하고 있는 阿比留銈作은 전술한 일인 대지주
阿部市郎兵衛 등과 같이 불갑천 하류인 백수면 일대에 대규모 농
장을 차리고 수리조합설립에 적극적으로 참여하고 있던 인물인데,
조합설립 동의서를 받는 과정에 깊숙히 개입하여 상당한 문제를
일으키고 있었다. 당시의 『東亞日報』社說은 영광의 사태에 대해
다음과 같이 一喝하고 있다.

> … 阿比留가 "만일 이번 水利組合에 不應하면 三日拘留를 當하리라"
> 는 威脅에 무서워 "한 번에 六十錢式을 받고 無知한 地主들이 捺印을 하
> 였다든가"하는 사실을 들을 때에 우리는 阿比留의 奸狡를 미워하고 當局
> 의 不明을 탓하기 前에 먼저 우리의 無知를 悲嘆할 수밖에 없다. …[37]

충분한 교섭이나 동의 없이 기만과 협박으로 조합설치가 강제되

---

36)「靈光水利組合을 數千住民大反對」『東亞日報』1924.1.29.
37)「無知의 悲哀 - 農民에게 知識을 주라 -」『東亞日報』1924.1.30.

었고, 이같은 사정을 수차례 陳情하였음에도 행정 당국은 방관으로 일관했던 저간의 사정을 인용문은 지적하고 있다. 그러나 同 社說의 "수리조합이 조직되더라도 그 蒙利區域은 오직 경영자인 阿比留의 白岫面 토지뿐이요 그 나머지는 도로 害가 있을지언정 利가 없다"는 기사가 시사하는 바,[38] 수리조합이 필요하지 않은 지역까지 조합구역으로 무리하게 편입되고 있다는 사실이 반대운동의 주요인이었음에 새삼 주목하지 않으면 안 된다.

이미 전절에서 불갑천 支川邊으로 堤堰, 堤防, 洑 등 재래 수리시설이 존재하였다는 사실을 언급한 바 있다. 이같은 재래 수리시설은 설치공사에 의해 새롭게 修築되기도 하고(제언 및 제방, 방조제의 경우) 또는 撤去되는 운명을 맞기도 하였다(27개소의 보의 경우). 결국 재래 수리시설의 존재, 그것을 둘러싼 수리조직이 존재하고 있었기 때문에, 수리조합을 필요로 하지 않았던 것이 반대운동의 근거가 되었던 것이 아닐까.

일반적으로 水路末端部까지 周到하게 장악하는 朝鮮水利組合事業의 특성상 조합설립에 따라 재래 수리시설을 둘러싼 洑契·水利契 등과 같은 기존의 수리조직은 해체의 운명을 맞고 있었다. 영광의 사례를 보는 한 소유모 하천을 주로 하는 재래 수리시설과 대규모 저수지 중심의 수리조합의 기술적 차이를 고려할 때, 종래 성립하고 있던 水利秩序의 개편은 불가피한 것이었다. 즉, 재래 수리시설의 철거 및 수리조직의 해체에 따라 수리조합을 중심으로 하는 새로운 수리질서가 급격하게 형성되고 있었던 것이다. 영광에서처럼 재래 수리시설의 기능이 불능 상태였고 그에 따른 旱水害가 빈번했다 하더라도 流血의 水紛爭을 수반하면서 오랜 세월에 걸쳐 형성되었던 수리질서가 一朝一夕에 개편될 때 그 질서에 의해 이익을 얻고 있던 지주·농민들은 대규모 반대운동으로 강력히 대응할 수밖에 없었던 것이다.[39]

---

38) 같은 자료.

전술한 조합비부담의 과중성, 창설과정 상의 동의강제 등 반대의
제요인들은, 기실 구래 수리질서의 개편과 깊은 관련을 갖고 있었
다. 재래 수리시설이 존재하고 거기서 구래의 수리질서가 엄존했음
에도 불구하고 급격하고도 단절적인 수리질서의 창출(＝조합 창
설)은, 현상적으로는 조합비문제, 용지보상문제, 조합간부의 전횡
문제 등으로 분출하고 있었던 것이다. 더구나, 급속하게 조합창설
이 기도되고 재래 수리시설이 철거되고 있는 시점에서, 창설과정에
소외되고 새로운 수리질서에 규제된 조선인들은 현실적 부담으로
다가오는 조합비 문제에 반대의 포커스를 맞추고 있었던 것이다.

이같은 반대운동에도 불구하고 영광수리조합은 1924년 여름 大
旱魃＝極凶을 계기로 하여 사업의 필요성이 제창되면서 旱害救濟
對策의 차원에서 동년 12월 급속하게 조합설립을 인가받기에 이른
다.40) 그러나 설립 인가 이후에도 조합운영에 대한 비판, 그것을
둘러싼 소요는 진정되지 않았다. 무엇보다 반대운동을 수습하고 창
설기의 조합운영을 담당한 조합간부진의 失策이 큰 요인이었음을
다음의 기사는 보여주고 있다.

> 제군은 항상 영광수리조합이 당초 그 얼마나 難產이었던가를 기억하
> 여야 된다. 難產이던 그 이유를 이제 새삼 말할 필요가 없다하더라도 조
> 합의 장래를 위하여 항상 잊지 말아야 된다. … 그런데 近日 사업진행의
> 상황을 보건대 (조합간부들에 대해) 일반조합원으로서는 도저히 信任치
> 못할만한 誤策이 많다. … 예를 들면 승낙도 아니한 토지에다가 함부로
> 起工한 것, 移轉도 안한 자에게 거액의 이전비를 준 것, 조합사무에 挾雜
> 한 잡배를 사용한 까닭에 苞賂가 公行하고 挾雜弊害가 많은 것 등은 방
> 금 일반의 輿論이 沸騰할 뿐 아니라 지주측 惡感이 進日激憤하여가는 현
> 상이 아니냐. 이것이 幹部의 失策이 아니고 그 무엇이랴. 25개년간이나
> 계속하여야 할 이 거대한 사업을 저러한 幹部들에게 一任하는 것이 너무
> 도 한심타 아니할 수 없다.41)

---

39) 松本武祝, 『植民地期朝鮮の水利組合事業』, 未來社, 1991, 81~2쪽 참조.
40) 「靈光郡民大會－旱災對策協議－」『東亞日報』1924.9.4.
41) 「靈光水利組合에 對하여 喚起하노라」『東亞日報』1925.5.7.

불갑면의 피해민들에 대한 보상 문제가 해결되지 않은 상황에서
이를 처리하는 조합 간부의 전횡과 실책이 사태를 더욱더 악화시
키고 있음을 인용문은 보여주고 있다. 설립인가 후 곧바로 1924년
12월 頌德碑 문제에 대해 불갑면 피해 농민들이 조합사무소에 쇄
도하여 전횡을 일삼은 中村富次郎 理事를 毆打한 사건이 발생하
고,42) 피해 농민 수백 명이 郡廳 廣場에서 權重植 郡守측과 一大活
劇을 벌이고,43) 보상 문제에 분개한 군중이 재차 조합사무소에 쇄
도하여 또다시 살풍경을 벌인 일로 사태는 확전 되었다.44) 뿐만 아
니라 中村 이사의 전횡에 분개한 조합원의 난입으로 組合評議會가
修羅場化가 된 일45) 등 용지매수보상 문제를 중심으로 조합의 소
요는 극단적인 상황으로 치닫고 있었다.

---

42) 「駭怪한 頌德碑內幕 - 複雜한 內面과 陰險한 弄奸 -」 『東亞日報』 1925.6.10.
43) 「靈光水利組合貯水池被害民 郡守와 大活劇」 『東亞日報』 1925.6.12. 同年 6
월 12일자 『朝鮮日報』는 後報를 다음과 같이 전하고 있다. "… 지난 삼
일[1925.6.3]에 피해민들은 다시 조합에 찾아가서 밤 열시가 지나가도록
애원도 하고 怒號도 하다가 경찰서장의 말이 오늘은 이미 늦었으니 내일
다시 와서 교섭하는 것이 좋겠다고 누누히 권유함으로 모두 돌아갔다가
그 이튿날 즉 사일[6.4.]에 다시 모여갔으나 조합의 태도는 너무 고집하
며 해결될 여망이 없고 요구조건 중 피해지구 내로 들어가는 驛屯土 대
금과 國有林 연고자에 관한 것은 郡에서 할 것이오 조합에서는 할 수 없
다고 함으로 대표자 柳常碧씨는 군수를 찾아간 즉 權重植씨는 극히 냉정
한 태도로 멸시하는 말만 하다가 나중에는 전일에 제출하였던 陳情書를
내어던지면서 말도 히지 말고 당장에 물리기라고 함으로 대표들은 어이
가 없어서 나오게 되자 밖에 섰던 피해민들은 그 광경을 보고서 모두 우
리의 일인 즉 우리도 들어가서 말을 해보자고 몰려들매 군수는 하인들을
시켜 몰아내라 하게 되어 일장풍파를 내게 되었는데 군수는 자기가 직접
선두에 선 사람의 멱살을 잡는 등 자못 창피막심한 꼴을 이루었다는데
피해군중은 할 수 없이 이제는 道廳에 가서 진정이나 해보자고 하고 몰
려갔는데 權郡守의 非難聲은 一郡에 자자하다더라." 「靈光水利組合問題
로 郡守까지도 非難」 『朝鮮日報』 1925.6.16.
44) 「組合事務所에 群衆 또다시 殺到」 『東亞日報』 1925.6.26.
45) 「問題의 靈光水利理事會 修羅場化 - 日人 理事의 暴言과 一般의 憤慨 -」
『東亞日報』 1925.7.27.

이에 조합당국에서는 문제의 中村 이사를 해임하는 강경한 조치
로 조합소요에 대한 인식을 새로이 하고 있다. 무엇보다 用地補償
費 문제에 대해서는 請負工事를 담당한 長門組가 조합당국과 함께
충분한 보상방침을 수립하면서 사태를 진정시키고 있다. 그러나 10
만 여원이나 증액된 거액의 보상비가 지불됨으로써[46] 향후 설치사
업비는 더욱 증가하는 또 다른 문제[조합비 인상]를 야기하게 된
다. 또한 과중한 조합비부담에 대해서는 기존의 11등급제에서 상등
지를 신설하는 방향으로 14등급제로 등급을 확대하면서 조합비 인
하를 유도하고 있었다.[47]

Ⅳ. 事業의 成果와 影響

1. 增産實績의 提高

사업의 결과 영광수리조합은 단기에 地目變更·開墾과 그에 따
른 生産量 增加라는 두 가지 가시적인 성과를 올리고 있었다. 高收
穫基調의 確立은 수리조합사업, 나아가 산미증식계획의 궁극적 목
적이며 향후 조선 농업 및 수리조합사업의 關鍵이 되는 문제이다.
  우선 개간효과를 살펴보면, 기존의 400정보 전후한 林野 및 雜種
地가 사업의 결과 水利安全畓으로 전환되었다(田은 극소수). 또 사
실상 황무지로 존재했던 백수면, 염산면 일대도 제3구 이하 불갑천
하류역의 하천개수공사와 하구 兩岸의 방조제수축공사에 의해 '美

---

46) 최종적으로 제4회 설계변경에서는 용지매수보상비가 109,950원이나 증액
   되었다. 『工事設計變更認可書』(1927).
47) 1927년판 『朝鮮土地改良事業要覽』에서 14등급으로 바뀐 사실을 확인할 수
   있다.

畓'으로 開墾作畓되고 있었다.

그러나 보다 주목해야 할 점은, 종래 2,000정보 가량의 天水畓이
급속하게 水利安全畓으로 전환되었다는 사실이다. 전술한 바와 같
이 사업 이전 구역 내 수리안전답은 불갑천 상류의 약 200정보에
불과했으며 동천 중류 이하에서는 旱水害로 인해 경지의 황폐화가
심각하게 진행되고 있었다. 이미 〈표 3〉에서 살펴본 대로 2,000정
보의 천수답은 17~19등급이 표준 등급일 정도로 경지는 下等地·
低收量地로 존재하고 있었다. 그러나 대규모 사업의 결과 경지의
질적 상태는 이전과는 현격한 차이를 연출하며 이 지역의 '조방적'
경작패턴을 극복하기 위한 기술적 조건을 제공하고 있다.48) 이러
한 경지 상태의 질적 제고는 19세기 후반 이래 이 지역의 陳田化·
耕地荒廢化를 저지하면서 새로운 도작환경을 조성하는 역사적 의
의를 가진 것이었다.

영광수리조합은 사업 이후 [그림 2]에서 제시하는 바와 같이 단
보당 2석을 상회하는 높은 증산실적을 보여주고 있었다. 사업 시행
전인 1914~23년의 10년간 단보당 평균수확량이 1.08석이었던 것에

---

48) 후술하는 단보당 수확량 수치에 주목한다면(그림 2 참조) 구역내 경지
의 표준 地位等級은 18급 수준에서 최소한 13급 이상으로 상승하고 있
는 셈이다. 다음의 표 참조.

土地調査事業 以後 耕地의 地位等級區分(畓의 部) (단위 : 石)

等級	反當收量	等級	反當收量	等級	反當收量
特4級	8.4 以上	6級	4.5 以上	15級	1.8 以上
特3級	7.8 이상	7級	4.2 이상	16級	1.5 이상
特2級	7.2 이상	8級	3.9 이상	17級	1.2 이상
特1級	6.6 이상	9級	3.6 이상	18級	0.9 이상
1級	6.0 이상	10級	3.3 이상	19級	0.6 이상
2級	5.7 이상	11級	3.0 이상	20級	0.3 이상
3級	5.4 이상	12級	2.7 이상	21級	0.15이상
4級	5.1 이상	13級	2.4 이상	22級	0.15未滿
5級	4.8 이상	14級	2.1 이상		

자료 : 朝鮮總督府臨時土地調査局,『朝鮮土地調査事業報告書』, 1918, 302쪽.

[그림 2] 事業 前後 段步當 收穫量 推移

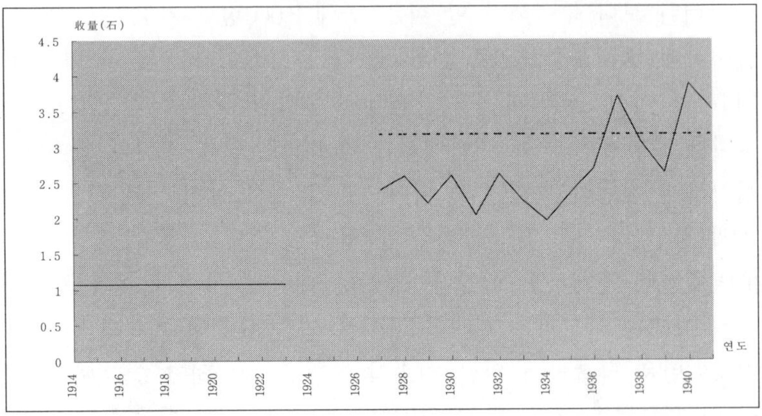

자료 : 『事業計劃書』 및 『要覽』(各年版) 「水利組合實績ニ依ル收支槪算表」
주 : 점선은 豫想收穫量(3.18石), 실선은 段步當 實收穫量임.
　　단, 1914~23년간은 10개년간 평균치임(1.08석).

대해 사업 완료 후인 1927~36년의 10년간 동 수확량은 2.37석의 높은 증가세를 보여주고 있다. 증가율로 계산하면 사업 전후 약 219%를 기록하였는데, 이같은 상승 추이는 1930년대 후반으로 갈수록 선명하다. 일찍이 이이누마(飯沼二郎)는 수리조합지구 내에서의 이같은 상황에 주목하면서 "조선에 있어서 일대 農業革命"이라고 평가한 바 있다.[49]

　　그러나 이같은 고수준의 증산실적도 일정한 한계를 갖고 있다는 점을 지적하지 않으면 안 된다. [그림 2]에 제시한 바와 같이 단보당 수확량은 1937년까지 조합에서 계획한 예상수확량(3.18石)을 달성하지 못하고 있었다. 예상수확량을 상회한 연도는 1937년(3.71석), 1940년(3.88석), 1941년(3.52석), 3개년에 불과했다.

　　예상수확량은 일차적으로 조합에서 수리사업과 후술하게 될 농사개량사업의 성과를 고려해 예상한 계획치로서 조합에서는 이를

---

49) 飯沼二郎, 「日帝下朝鮮における農業革命」 『朝鮮史叢』 5·6, 1982, 참조.

기초해 經常費(주로 維持管理費)와 起債償還費를 결정하고 집행하
게 된다. 영광에서 단보당 수확량이 사업 이후 예상수확량을 달성
하지 못한 이유는, 수리사업의 예상외의 '부진' 즉, 영광의 자연지
리적 조건과 선진적인 농업토목기술이 순조롭게 결합되지 못한 결
과에 기인한다. 그것은 기본적으로 불갑천 일대가 전라남도의 저명
한 旱水害地로서 대규모 토지개량사업에 의해 一朝一夕에 개선되
기 어려운 자연지리적 조건을 갖고 있었기 때문이다.50) 이것은 설
치공사가 태생적으로 가질 수밖에 없었던 불가피한 문제로서 이러
한 상황에서 수리사업의 단기 증수효과를 기대하는 것은 애초부터
무리였던 것이다.

여기서 사업 이후 실제수확량이 예상수확량을 돌파하는가에 각
별한 관심을 갖는 것은 다음과 같은 이유에서이다. 전술한대로 예
상수확량은 조합의 경상비와 기채상환비를 고려해 책정한 조합으
로서는 일종의 固定費用이다. 때문에 조합에서는 作況이 좋건 나쁘
건 간에 이 예상수확량에 근거하여 조합비를 부과할 수밖에 없
다.51) 따라서 실제수확량이 예상수확량에 미치지 못하는 경우 일
차적으로 조합비 징수실적이 부진해져 조합의 財政은 악화되고, 한
편 조합농민이 조합으로부터 부과 받는 組合費負擔도 過重해진
다.52) 이해를 돕기 위해 〈부표 1〉과 〈부표 2〉를 제시하였다.

〈부표 1〉은 조합의 재정구조를 요약하여 堅實度指數를 산출해
본 것이다.53) 표에서는 경상수입(주로 조합비)만으로는 조합의

---

50) 불갑천 중류 이하는 滿潮位보다 1尺 정도 낮은 低地帶였음을 상기할 필
　요가 있다. 이 때문에 현 영광농지개량조합(2000년 1월부터 農業基盤公
　社)에서는 대규모 揚水機를 이용해서 이 문제를 해결하고 있다.
51) 極凶의 경우 組合費減免이 있을 수 있지만 이는 극히 예외적인 경우이다.
52) 그것의 일차적인 문제는 과중한 사업비 지출에 기인하지만, 이것은 영광
　뿐 아니라 전조선 수리조합사업의 공통적인 특징에 속한다. 과다한 사업
　비 지출에 따른 조합비부담의 과중성에 대해서는 松本武祝, 『植民地期朝
　鮮の水利組合事業』, 未來社, 1991, 참조.
53) 조합재정의 견실도지수에 대해서는 李愛淑, 「日帝下 水利組合의 設立과

경상지출과 조합채비를 충당하지 못하여 대체로 1937년 이전에는 견실도지수가 負(-)로 나타나고 있음을 볼 수 있다. 이것은 일차적으로 사업비의 고위성에 따른 설치공사 시의 과다한 起債額에 기인하지만, 여기에 증산실적이 예상외로 '부진'함으로써 조합재정은 더욱 어려워지고 있었다. 때문에 조합에서는 1932년, 1936년의 경우처럼 재차 거액의 起債를 동원하는 악순환에 빠지고 있었던 것이다.

조선총독부에서는 1935년부터 재무구조가 취약한 '不良水利組合'에 대해 본격적인 정리를 시작하였다. 총독부 農林局은 전조선의 수리조합을 실사하면서 경영이 곤란한 조합을 지정하였는데, 영광수조의 경우 그 불량도가 경미한 "丙等級"으로 판정받았다.54) 이른바 불량조합들은 그 재정 곤란도에 따라 計劃中止, 解散, 組合債借替, 償還年限延長 또는 補强工事 등이 적용되었는데,55) 영광수조에서는 조합채 차체, 상환기한 연장 등의 재정금융조치와 일부 보강공사가 결정되었다.

조합재정의 악화는 조합농민에게 상당한 부담으로 작용하게 되었다. 〈부표 2〉에 제시하는 바와 같이,56) 조합원의 組合費實質負擔

運營」『韓國史硏究』50·51, 1985, 353쪽 참조.

54) 朝鮮總督府農林局, 『經營困難ナル水利組合ノ各組合別整理計劃表』, 1934.

55) 불량수리조합에 대해서는 張矢遠, 「富平水利組合의 財政構造」『近代朝鮮水利組合硏究』, 一潮閣, 1992, 참조.

56) 종래 수리조합 연구에서는 "工事(施行)前收量", "工事(施行)後收量"에 대해 약간의 이견이 있었다. 필자가 舒川의 사례에서 확인한 결과 "공사후수량은" 실제수확량과 거의 近似한 것이었다(鄭勝振, 「日帝下 水利組合의 財政健全化에 관한 硏究-忠南 舒川水利組合의 事例를 중심으로-」『經濟史學』22, 1997. 그림 2의 수치와 〈표 9〉상의 "工事後收量"은 5% 내외의 오차를 보이고 있을 뿐이다) 문제는 "공사전수량"인데, 영광의 경우 1914~23년의 10개년간 단보당 평균수확량은 1.08석이다. 이 수치는 〈부표 2〉상의 1.05석과 거의 유사한 수준임을 알 수 있을 것이다. 참고로 서천의 동수치는 각각 1.60석, 1.51석이다. 단, 〈부표 2〉상에서 1935년 이후 동수치는 증산실적이 제고됨에 따라 상향 조정되어야 할 것이다.

率은 1931년까지 100%를 상회하고 있으며 이후 감소추세도 완만하여 1938년까지 부담률은 50% 이상의 높은 수준이었다. 결국 조합원들은 자기 수입의 전부 혹은 절반가량을 수리조합비로 납부해야 하는 과중한 부담을 떠안고 있던 셈이다. 조합농민들은 예상수확량을 달성하지 못한 해에는 거액의 조합채 상환 부담을 과중한 組合費의 형태로 轉嫁받고 있었던 것이다.

요컨대, 수리사업의 결과 영광의 경지 상태는 대폭 제고되어 200% 이상의 증수효과를 보이고 있지만, 생산성의 급격한 상승도 예상수확량을 돌파하지 못함으로써 역으로 조합사업의 收益性은 낮아지면서 재정상태가 '不良'해지고 있었다. 결국, 창설기 영광수리조합에서는 농업생산성의 급격한 상승과 수리사업의 수익성의 저위라는 상호 모순적인 상황을 연출하고 있었던 것이다.

2. '多勞多肥的' 稻作技術體系의 確立

영광수조지구내 단보당 수확량은 전술한대로 예상수확량에 미치지 못하고 있었지만, 사업을 전후한 시기에 수확량의 증가율은 200% 이상을 상회하는 높은 수준이었다. 무엇보다 이같은 好成績이 단기간에 급속히 달성되고 있으며, 사업 이후 수확량의 편차도 작은 편이어서 대체로 안정적인 증산실적의 달성이라고 평가할 만하다.

이같은 생산성의 상승은 사업 이후 이 지역의 도작패턴에 무언가 구조적인 변화가 일어나고 있음을 시사하고 있다. 그렇다면 생산성 급증의 요인은 무엇인가? 첫째, 사업계획 단계에서부터 농사개량사업이 염두에 두어지고 이것과 토지개량사업이 동시 병진하였다는 점이다. 둘째, 농사개량사업은 更新計劃(1926~34) 때부터 정책적으로 한층 강화되었는데 영광수리조합도 1920년대 말부터는

조합사업의 중심을 토지개량에서 농사개량으로 이동시키고 있었
다. 양자는 본질적으로는 농사개량을 중심으로 결합되어 있으며 후
자는 전자를 정책적으로 支持하고 있다.

공사 완료 후 수리 개선의 효과는 종자갱신·비료증투·경종법
개선을 포함하는 일반 農法改良에 상당한 충격을 주었을 것이
다.57) 조합에서는 1924년 사업계획 단계에서부터 토지개량에 따른
농사개량의 제효과를 예상·계획하고 있었다. 다음의 〈표 7〉은 공
사시행에 따라 농업생산의 收支구조 상에 커다란 변화가 나타나고
있음을 보여 주는 흥미로운 통계이다. 이것은 하나의 계획치(=예
상치)임에도 불구하고, 조합에 의해 정책적으로 시행·강제된 것이
었기 때문에, 조합농민 간에 이와 같은 농작업이 이루어졌다고 쉽
게 추측할 수 있다(이 점 후술).

다음의 〈표 7〉은 구역 내 조합비 총 11등급 가운데 편의상 1, 3,
5, 7, 9, 11등지만을 제시한 것이며 지목과 면적 등은 표 하단의 註
에 제시하는 그대로이다. 여기서는 11등지로 갈수록 高收量地이며
수리조합비도 낮아진다. 먼저 사업 시행 전과 시행 후의 지출란에
주목하면 ① 종자대 불변, ② 비료대 급증, ③ 노임 증대, ④ 공과
증대라는 특징적인 사실을 확인할 수 있다. 먼저, 종자대가 60錢으
로 불변인 이유는 조합에서 우량종자를 共同購入하여 그것의 施用
을 강제하고 있기 때문인데,58) 그로 인해 상등지로 갈수록 종자대
는 오히려 낮아지는 효과를 보이고 있다. 地稅를 중심으로 한 공과
는 사업 전후 대체로 상승하는데, 이것은 주로 6등지 이하에서 그
러하고 7등지 이상에서는 불변이다. 하등지에서의 공과 상승은 개
간효과에 의한 地價上昇을 반영한 것이라고 생각된다.

---

57) 鄭勝振, 앞의 논문, 143쪽 참조.

58) 그 결과 1930년 현재 우량품종의 보급면적은 총작부면적의 86%강, 총수
    확고의 94%강에 달하고 있다. 품종을 보면 多麻錦(43%), 穀良都(27%),
    辨慶(15%) 등 순이다. 『全羅南道事情誌』, 933~4쪽.

〈표 7〉 事業施行 前後의 收支概算 (단위 : 圓)

區 分		1等地(27)		3等地(28)		5等地(20)	
		施行前	施行後	施行前	施行後	施行前	施行後
支出 (a)	種子	·	0.60	0.84	0.60	0.84	0.60
	肥料	·	4.80	·	4.80	·	4.80
	勞賃	0.90	8.20	3.70	8.20	5.05	8.20
	公課	0.15	0.70	1.16	1.43	1.16	2.57
	小計	1.05	14.30	5.70	15.03	7.05	16.17
收入 (b)	벼	·	31.00	·	32.00	·	34.00
	볏짚	·	2.79	·	2.88	·	3.06
	其他	1.40	·	7.50	·	11.90	·
	小計	1.40	33.79	7.50	34.88	11.90	37.06
差額(=b-a)		-0.35	19.49	1.80	19.85	4.85	20.89
區 分		7等地(296)		9等地(88)		11等地(61)	
		施行前	施行後	施行前	施行後	施行前	施行後
支出 (a)	種子	0.70	0.60	0.70	0.60	0.70	0.60
	肥料	2.00	4.80	3.60	5.60	4.00	6.00
	勞賃	6.85	8.20	7.75	8.65	8.20	9.10
	公課	2.05	2.05	2.57	2.57	3.04	3.04
	小計	11.60	15.65	14.62	17.42	15.94	18.74
收入 (b)	벼	15.50	32.50	21.50	33.50	28.20	34.00
	볏짚	1.50	2.97	2.10	3.00	2.55	3.06
	其他	·	·	·	·	·	·
	小計	17.00	35.47	23.60	36.50	30.75	37.06
差額(=b-a)		5.40	19.82	8.98	19.08	14.81	18.32

자료 : 『靈光水利組合事業計劃書』(1923)
주 : ① 각 등지란 옆의 괄호안의 수치는 면적(町步)임.
　　② 2등지(182), 4등지(560), 6등지(870), 8등지(179), 10등지(46)는 편의
　　　　상 생략함(괄호안의 수치는 면적).
　　③ 시행전 지목을 보면 1등지 雜種地, 2등지 林野 및 雜種地, 3등지 및
　　　　5등지 田, 나머지는 모두 畓임.
　　④ 시행전 수입 가운데 기타는 1등지가 枯草(2등지도 마찬가지), 3등지
　　　　및 5등지가 大豆, 稈莖임.
　　⑤ 穀實單價는 벼(籾) 1石=10圓, 大豆 1석=12원임.

비료대를 보면, 7등지 이하의 하등지에서는 상당한 급증을 기록
하고 있으며 상등지에서도 그 증가폭은 괄목할 만하다. 종래 답의

경우에는 단보당 120貫[59] 전후의 綠肥, 堆肥 등이 시용되고 있을
뿐이었지만, 사업 이후 이같은 식물질 비료는 단보당 300관으로 증
가시키고 무엇보다 화학비료의 시용을 적극 장려하고 있었기 때문
이다. 조합에서는 금비를 염가로 공동구입하여 이것의 시용을 적극
독려하고 있었다.[60] 이 비료대는 노임과 함께 지출 항목의 주요한
구성요소를 점하고 있다. 마지막으로 노임에 대해서이다. 사업 이
전 지출 항목의 대부분을 점하고 있음이 인상적인데, 사업 이전 이
앙 시 用水汲揚을 위해 노동력이 많이 투입되고 있던 이 지역 도작
상의 특징을 상기한다면 용이하게 이해할 수 있다. 모든 등급지가
8圓 전후의 고액의 노임을 지출하였는데, 여기에는 "普通耕作人夫
賃"외에 渴水時의 "灌漑水汲揚人夫賃"이 포함되어 있었다. 사업 이
후 고액의 수리조합비를 물고 있음에도 불구하고 후자의 인하가
이루어지지 않고 있음이 조합 수지구성에서도 확인되고 있다.

이상과 같이 모든 등지에서 肥料增投와 勞賃多投가 확인됨으로
써 이 양자가 지출의 주요한 요인임을 알 수 있다. 이에 따라〈표
7〉상의 수입란에서 보는 바와 같이 施行後 段步當 收量은 시행전
수량에 비해 상당히 높은 증가세를 보이고 있으며, 이같은 상황은
하등지일수록 선명하게 나타나고 있다. 따라서 차액(=수입-지출)
란을 보면 수입란과 유사한 경향을 보이고 있다.

그렇다면, 조합에서 계획하고 있는 이같은 收支槪算은 과연 어느
정도 현실과 부합하는가. 1930년 朝鮮殖產助成財團에서 행한 조사
결과는 이같은 사실을 확인함에 있어 훌륭한 매크로 통계이다.[61]
동 조사는 1930년 현재 28개 조합(전조합의 16.8%), 몽리면적
73,500정보(동 34.7%)를 대상으로 한 것이다. 1926~29년간 전조선
의 연평균 金肥消費額은 단보당 20錢에서 50전으로 정확히 2.5배

---

59) 1관=3.75kg.
60) 조합에서 공동구입하여 조합농민에게 염가로 대부했던 비료를 "配給肥料"
    라고 불렀는데, 이것이 金肥이다. 『郡南區土地改良事業計劃書』, 1940.
61) 朝鮮殖產助成財團, 『水利組合と肥料の配給』, 1931, 1~4쪽 참조.

증가하고 있다. 그런데 같은 기간 조사대상 조합의 단보당 소비액은 무려 5圓 9전으로 확인되고 있다. 이것은 수조지구가 전조선 금비소비액의 10배를 상회하고 있는 셈이다. 여기서 산출된 단보당 금비소비량 5.09원은 필자가 제시한 〈표 7〉상에서는 7~9등지에 속하고 있다.

따라서 제시한 〈표 7〉은 조합지구 내에서 활발한 농사개량이 계획대로 시행되고 있으며, 나아가 수리조합사업에 따른 '多勞多肥的' 稻作技術體系가 일반적으로 확립하고 있음을 웅변적으로 보여주고 있다고 할 수 있다. 여기서 '다노다비적' 도작기술체계는 대규모 토지개량을 대전제로 하여 토지개량이 농사개량을 본격적으로 촉발함으로써 "水利灌漑, 優良品種・肥料增投, 勞力多投"의 3자가 결합하는 양상이었음을 확인해두고 싶다.

사업계획 단계에서부터 염두에 두어진 농사개량의 제시책은 사업 이후 보다 본격화되었다. 조합의 주요 공사가 마무리되던 1925년 11월 조합장 曺喜暻은 수리조합이 "內地(일본)의 産業組合과 마찬가지"로 "將來의 農事改良을 圖謀하기 爲한 機關"으로 전환되어야 함을 주장하고 있다.[62]

1927년 1월 組合評議會에서는 "米作改良獎勵大大要綱"(이하 "要綱"으로 略함)을 수립하여 동년부터 이를 철저하게 장려해 장차 단보당 3석 5두를 산출하는 야심찬 계획을 결의하고 있었다.[63] 동 "要綱"의 大要를 살피면 다음과 같다.

> 一. **種子更新** 本年(1927)부터 全部 優良品種을 栽培해야 함은 勿論 大地主에 對해서는 地主 자신의 採種畓을 經營하여 年年 種子更新을 行하도록 할 것. 이에 依한 增收額은 平均 反當 籾 1斗의 增收를 예상.

---

62) 曺喜暻, 「靈光水利組合」 『朝鮮農會報』 20-11, 1925, 147쪽.
63) 「靈光水利組合評議會會議錄」 『靈光水利組合土地改良事業關係書』(1924~1929).

二. **肥料의 增施** 堆肥의 增製 및 靑刈大豆 紫雲英의 栽培를 獎勵하고
當堆肥 200貫 또는 靑刈大豆 130貫 또는 紫雲英 160貫 以上을 使
用케 하고 재차 補充肥料로서 大豆粕 反當 一枚 半을 使用케 하며
… 石灰 反當 5貫 內外를 施用토록 獎勵할 것.

三. **栽培法의 改良** 1. 苗代는 短丹形으로 바꾸고 集合苗代의 設置를 獎
勵할 것. 2. 正條植은 除草器의 普及. 이 計劃에 依해 反當 5斗 4升
의 增收를 豫想.

四. **早蒔 薄蒔** 早植을 獎勵하고 ○○赤米 驅逐을 徹底히 實行할 것. 이
에 依한 예상 增收는 反當 6升으로 함.

五. **深耕型의 普及**을 計하여 深耕을 獎勵할 것. 5年後 反當 籾 1斗의
增收를 豫想.

六. **玄米의 調製** 今後 5年 內에 販賣籾 및 小作料籾은 全部 農家에서
玄米로 改하도록 할 것. …[64]

종자갱신, 비료증투, 경종법개선 등이 망라된 영광수리조합의 농
사개량사업은 같은 해인 1927년에 改訂된 "朝鮮水利組合令" 제1조
의 규정에 의해 이미 장려되고 있었다.[65] 영광의 "요강"은 이듬해
인 1928년 改訂 "朝鮮水利組合令施行規則" 제1조에 명시된

一. 農事指導員의 設置
二. 採種畓 및 模範畓의 設置
三. 自給肥料의 獎勵
四. 苗代改良의 獎勵
五. 肥料 農具 宗廟 등의 共同購入의 斡旋[66]

이라는 조항과 대체로 일치하고 있다. 이같은 사실은 "갱신계획" 이
후 농사개량사업이 보다 적극적으로 추진됨에 따라 영광수조 또한
동 사업에 동원되고 있던 사실을 배경에 두고 있다고 생각된다.[67]

---

64) 같은 자료.
65) "토지개량을 목적으로 하는 수리조합은 당분간 조선총독이 정한 바에 의
해 토지개량 외 조합구역내 토지의 농업상 이용을 증진시키기 위해 필요
한 시설을 할 수 있다." 朝鮮農會, 『朝鮮農務提要』, 881쪽.
66) 같은 자료, 888쪽.

이상과 같이 조합사업의 중심이 토지개량에서 농사개량으로 이동함에 따라 수리조합의 성격도 변화하고 있었다. 1930년대에 들어서면 수리조합은 産米增殖을 위한 말단 農政機構로서의 성격과 역할을 증대시키고 있었다. 때로는 農會(군단위)와 경쟁하면서 농사개량은 수조지구에서는 수리조합의 독자적인 사업으로 전개되고, 이 과정에서 수리조합은 半公共的 官邊機構로서의 역할과 성격을 강화하고 있었다.[68]

3. 區域內 土地所有構成의 變動

영광수조구역 내 계층별·민족별 조합원의 토지소유구성을 보여주는 자료로서는 조합설립 직전 『靈光水利組合設置認可申請書』의 「組合區域內民有地國有地調書」(1923)와 사업 후인 1930·1931년판 『朝鮮土地改良事業要覽』의 「水利組合所有面積別組合員表」두 종이 존재한다. 영광군에서는 한국전쟁기에 土地臺帳이 全燒되었기 때문에, 여기서는 부득이 사업을 전후한 두 시기만을 살펴볼 수밖에 없다.

식민지기 농촌의 일반적 추세로서 식민지지주제가 발전하고 있었음은 수리조합이 설치된 영광군 일대에서도 마찬가지였다. 그렇다고 식민지지주제가 식민지 전 기간을 통해 발전적 경향만을 갖고 있던 것은 아니며, 1910년대 도지조사사업, 1920년내 산미증식계획, 1930년대 전반 농업공황, 小作立法 등과 같은 각 계기마다 지주제의 추이는 일정한 부침을 보이며 변동하고 있었다. 여기서는 자료의 제약상 수리조합사업의 영향력을 파악하는 것에만 국한될 수 밖에 없다.

---

67) 한편, 본 조합 스스로 그와 같은 방향의 조합운영을 지향했다고도 볼 수 있다.

68) 鄭勝振외, 「創設過程으로 본 日帝下 水利組合의 歷史的 性格」 『(忠北大) 社會科學硏究』 13-2, 1996, 105쪽.

<표 8> 區域內 農民의 經營形態(1925年)

區分	地主	自作	自小作	小作	計
戶數	16	98	1,234	1,284	2,633
同上%	0.6	3.8	46.8	48.8	100.0

자료 : 『朝鮮農會報』20-11, 1925, 147쪽.

<표 9> 事業 前後 土地所有構成의 變化 (단위 : 町步, %)

規模別	1923年		1931年	
	人數(朝鮮人)	面積(朝鮮人)	人數(朝鮮人)	面積(朝鮮人)
50~	6 (1)	1,482.6 (68.0) 55.4%	6 (·)	1,232.0 (·) 51.3%
10~50	13 (10)	329.3 (255.5) 12.3%	16 (10)	422.4 (247.5) 17.6%
1~10	227 (202)	501.6 (417.8) 18.7%	193 (154)	435.9 (311.6) 18.1%
0.5~1	262 (250)	184.9 (176.6) 6.9%	201 (190)	138.0 (130.9) 5.7%
~0.5	821 (800)	178.8 (171.8) 6.7%	840 (815)	174.3 (167.7) 7.3%
計	1,329 (1,263)	2,677.2 (1,089.7) 100.0%	1,256 (1,169)	2,402.6 (857.7) 100.0%

자료 : 『靈光水利組合設置認可申請書』(1924), 『朝鮮土地改良事業要覽』(1931
年度)「水利組合所有面積別組合員表」, 110쪽.
주 : 괄호안은 조선인임

먼저 본격적인 분석에 들어가기에 앞서 조합구역 내 일반농민의
경영형태를 제시한 것이 다음의 <표 8>이다.
  구역 내 농가 총 호수 2,633호 가운데 지주 및 자작농은 각각
0.6%와 3.8%에 불과하며 대부분의 농민은 자소작농(46.8%)이나
소작농(48.8%)으로 존재하고 있다. 이 가운데 토지를 소유하는 자
소작농 이상 1,348호만이 수리조합의 조합원 자격을 갖게 된다. 과
연 이들은 수리조합사업에 의해 어떠한 소유 변동을 경험하고 있
었던 것일까?
  다음의 <표 9>는 사업 전후 조합원의 소유분화 양상을 제시한

것이다. 표의 하단에 주목하면 구역 내 면적이 2,677.2정보에서 2,402정보로 10% 가량이 감소하고 있다. 『要覽』(1931)상 「水利組合一覽表」의 몽리면적이 2,600정보인 것에 대해 「水利組合所有面積別組合員表」의 면적은 2,402정보인데, 그 이유는 불명하다. 면적이 10% 가량 감소한 것에 대해 인수는 5% 가량 약간 낮은 폭으로 감소하고 있다. 이와 같이 대상면적(sample size)이 감소하고 있다는 점에 유의하면서 분화상황을 살펴보자.

1923~31년간의 변화를 보면, 10정보 이상층은 인수면에서는 19명에서 22명으로, 면적구성비면에서는 67.7%에서 68.9%로 모두 微增하고 있다. 1-10정보층의 경우 인수는 227명에서 193명으로 감소하고, 면적구성비는 18.7%에서 18.1%로 微減하고 있다. 1정보 미만층의 경우는 인수는 1,083명에서 1,041명으로 감소하고 면적구성비 또한 13.6%에서 13.0%로 미감하고 있다. 일단 변화의 계기를 찾기 어려운 停滯的인 분화양상이라고 할 수 있다.

그런데 민족별 분화상황을 보면 보다 격렬한 변동을 읽을 수 있다. 조선인의 경우 거의 모든 계층에서 인수 및 면적이 감소하는 상황이 발생하고 있다. 특히 조선인의 면적을 보면, 10정보 이상층의 경우 76.0정보 감소, 1-10정보층의 경우 106.2정보 감소, 1정보 미만층의 경우 49.8정보 감소, 도합 232.0정보가 감소하고 있다. 결국 사업을 전후하여 조선인 소토지소유자의 토지상실이 급격히 진행되고 있다는 점을 확인할 수 있다.

이와 같이 정체적 소유분화 속에서 격렬한 민족별 분화가 나타나고 있는 것이 영광의 분화양상의 특징이라고 할 수 있는데, 이러한 소유분화 양상은 이후에도 심화되고 있었다. 다음의 〈표 10〉은 1940년 영광수리조합에서 추가개량공사 및 경지정리사업을 계획하면서 구역 내 군남면과 염산면의 농가실태를 조사한 것이다. 여기에는 상당수 비수리조합지구의 농민도 포함되어 있다.

군남면과 염산면의 조사 농가수는 총 2,919호인 가운데 소작이

<표 10> 靈光郡內 經營形態別 農家戶數 (1936~38年)

區分	地主	自作	自小作	小作	計
郡南面	9	30	433	1,095	1,567
塩山面	2	73	377	900	1,352
計	11	103	810	1,995	2,919
同上%	0.5	3.5	27.7	68.3	100.0

자료 : 『郡南區土地改良事業計劃書』(1940)
주 : 지주는 "純地主"와 "地主兼自作"을 합산한 것임.

68.3%, 자소작이 27.7%로 전체 농가의 압도적인 부분을 점하고 있
다. 반면 지주는 0.5%, 자작은 3.5%에 불과하다. 이 결과를 〈표 8〉
과 비교하면, 1925년부터 1930년대 후반까지의 소유분화 상황을 추
론할 수 있다. 먼저 지주의 경우 0.6% → 0.5%, 자작 3.8% →
3.5%, 자소작 46.8% → 27.7%, 소작 48.8% → 68.3% 순으로 나타
난다. 지주와 자작은 거의 정체적인 반면, 자소작 및 소작은 격렬
한 소유지의 감소를 경험하고 있다. 자소작농 19.1% 포인트의 감
소가 소작농 19.5% 포인트의 증가로 직접 연결되고 있다. 대체로
조선인 소토지소유자(자소작농)의 토지상실이 무토지 소작농의 증
가로 나타나고 있음을 확인할 수 있다.

그런데 〈표 9〉에서 주목할만한 점은 10정보 이상 지주층의 所有
集中度가 지나치게 높다는 사실이다. 필자는 최근 舒川水利組合地
區의 土地臺帳을 분석하여 식민지지주제의 동향을 살펴본 바 있는
데,[69] 사업을 전후한 1922~31년간(표본 2,732정보로 일정) 10정보
이상층의 면적구성비는 39.0% 수준에서 47.2% 수준으로 증가하고
있다. 흥미로운 사실은 지주적 토지소유의 증가경향과 함께 40%를
전후하는 높은 소유집중도이다. 그런데, 영광수조지구의 경우를 보
면 1923~31년간 10정보 이상 지주층의 소유집중도는 68% 전후로
서 서천보다 대단히 높은 수준이었음을 확인할 수 있다.

---

69) 정승진, 「일제시기 식민지지주제의 기본추이-충남 서천수리조합지구의
    사례-」『역사와 현실』 25, 1997, 203쪽.

〈표 11〉 靈光郡內 日本人 有力 大地主 一覽

氏 名	所有面積(町)	創立年月	事務所所在地	調査時點
阿部市郞兵衛	2100.0	1911. 4.	靈光郡 白岫面	1922
川崎武之助	750.0	1916. 3.	영광군 白岫面	1922
梅田熊太郞	186.2	1919. 9.	영광군 靈光面	1932
富田弘道	38.6	1922. 4.	영광군 靈光面	1932
津村農場	362.0	1929. 5.	영광군 塩山面	1932
藤村五郞	168.0	1910. 5.	영광군 法聖面	1932
臼井太郞	35.6	1915. 3.	영광군 法聖面	1932
吉村綱英	709.1	1922. 9.	영광군 塩山面	1932
阿比留鉎作	821.7	1910. 1.	영광군 白岫面	1932
加藤平太郞	926.0	1928. 1.	영광군 白鶴面	1932
吉川秀	93.9	1918. ○	영광군 法聖面	1932

자료 : 韓國農村經濟硏究院,『農地改革時 被分配地主 및 日帝下 大地主
名簿』, 1985

특히, 10정보 이상 일본인 지주층의 면적 변동만을 보면, 1,488.4
정보(집중도 55.6%)에서 1,406.9정보(동 58.5%)로 증가하고 있다.
일본인만 고려하더라도 50% 전후한 수준에서 소유집중도는 상승
하고 있었던 것이다. 더구나 표본 면적의 감소(2,677정보 → 2402
정보)를 감안한다면 증가폭은 표에서 제시한 것 이상으로 증가할
것이다.

요컨대 영광수리조합지구에서는 조선인의 토지상실과 일본인 대
지주로의 토지집중이 진행되는 가운데, 식민지지주제는 극단적으로
높은 수준에서 증가세를 보이고 있었다. 그러나 그 집중도의 증가
속도는 분화양상에서 보는 그대로 완만한 편이다. 그것은 이 지역에
서 이미 사업 이전에 일본인 대지주층에 의한 토지 집중이 완료되고
있었기 때문이다. 오히려 사업 이후의 상황은 일본인 대지주 중심의
식민지지주제가 견고하게 지속하는 방향으로 전개되고 있었다.

다음의 〈표 11〉은 영광군에 來住한 일본인 유력 대지주들의 農
場 創業時期를 살펴보기 위해 제시한 것이다. 여기에는 비수리조합
지구의 지주 즉, 조합원이 아닌 자도 일부 포함되어 있다.

표에서는 일본인 대지주들이 대체로 1910년대 토지조사사업을

전후한 시기에 영광에 來住하고 있음을 볼 수 있다. 이들은 영광현지에 小作制農場을 창업하고 상당수는 수리사업에까지 뛰어든 '動態的地主'라 할만한 인물들이다. 이 가운데 白岫面의 阿部市郎兵衛, 川崎武之助, 阿比留鈺作 등은 500정보 이상의 거대지주로서 영광수리조합의 핵심 창설주체에 속한다. 결국 이들이 토지를 집적해 농장을 창업한 시점에서 이 지역의 식민지지주제는 이미 완성단계에 들어섰다고 할 수 있다.

따라서 1923년 현재 10정보 이상층의 소유집중도가 극단적으로 높았던 것도, 이후 소유집중도의 증가속도가 완만했던 것도, 모두 이같은 일인 대지주의 소유 행태에 기인한 것이라고 할 수 있다. 일본인 대지주들은 식민지지주제의 중핵적인 존재로서 그것의 발전적 경향을 주도하고 있었다.

〈부표 1〉 組合財務構造의 堅實度 分析 (단위 : 圓)

年度	歲入部		歲出部		堅實度 a-c	b-d	歲計剩餘 歲計不足
	經常收入 (a)	組合債+國庫補助金(b)	經常支出+組合債費(c)	事業費 (d)			
1927	107,931	526,757	142,296	603,523	- 34,365	- 76,766	-
1928	164,142	62,000	181,639	11,546	- 17,497	+ 50,454	-
1929	192,557	·	185,126	·	+7,431	·	-
1930	132,570	·	174,436	·	- 41,866	·	-
1931	126,840	40,979	118,191	42,849	+8,649	-1,870	=
1932	77,661	855,601	980,986	494	- 903,325	+ 855,107	-
1933	112,825	23,400	153,817	·	- 40,992	+ 23,400	-
1934	105,891	48,800	148,833	·	- 42,942	+ 48,800	+
1935	111,057	75,900	149,674	47,801	- 38,617	+ 28,099	+
1936	144,814	1,536,168	1,527,971	130,424	-1,383,157	+1,405,744	+
1937	142,013	159,371	126,990	182,910	+ 15,023	- 23,539	+
1938	172,531	140,534	136,857	151,085	+ 35,674	- 10,551	+
1939	165,830	29,276	151,836	5,878	+ 13,994	+ 23,398	+
1940	108,715	65,000	142,197	73,036	- 33,482	-8,036	+
1941	190,605	136,638	159,154	137,150	+ 31,451	- 512	+

자료 : 『朝鮮土地改良事業要覽』各年版「水利組合歲入歲出決算表」

주 : ① 경상수입＝조합비＋기타수입

② 경상지출＝유지관리비＋기타지출

③ '세계잉여·부족'란의 "-"는 세계부족, "+"는 세계잉여, "＝"는 균형

〈부표 2〉 區域內 段步當 組合費 實質負擔率의 推移

(단위 :石,圓,%)

年度	工事前 收量(a)	工事後 收量(b)	增收量 (c=b-a)	穀價 (d)	增收額 (e=c*d)	地主負擔力 (f=e*0.5)	組合費 (g)	實質負擔率 (h=g/f)
1927	1.05	2.39	1.34	9.60	12.86	6.43	7.36	114.4
1928	1.05	2.59	1.54	9.50	14.63	7.32	7.56	103.3
1929	1.05	2.21	1.16	9.40	10.90	5.45	7.39	135.5
1930	1.05	2.60	1.55	5.16	8.00	4.00	7.40	185.0
1931	1.05	2.04	0.99	6.00	5.94	2.97	3.40	114.5
1932	1.05	2.62	1.57	7.52	11.81	5.90	5.28	89.4
1933	1.05	2.25	1.20	8.33	10.00	5.00	4.61	92.2
1934	1.05	1.96	0.91	11.73	10.67	5.34	5.33	99.9
1935	1.26	2.34	1.08	11.39	12.30	6.15	5.97	97.1
1936	1.26	2.70	1.44	10.70	15.41	7.70	6.06	78.7
1937	1.26	3.71	2.45	10.54	25.82	12.91	7.41	57.4
1938	1.26	3.07	1.81	12.75	23.08	11.54	7.17	62.1
1939	1.26	2.64	1.38	17.00	23.46	11.73	5.65	48.2
1940	1.26	3.88	2.62	17.00	44.54	22.27	7.80	35.0
1941	1.26	3.52	2.26	17.00	38.42	19.21	7.80	40.6

자료 : 『朝鮮土地改良事業要覽』各年版 「水利組合實績ニ依ル收支槪算表」
주 : 곡가는 籾 1石의 가격

結 論

19세기 조선사회는 18세기 英·正祖代의 안정기를 뒤로한 채 民亂으로 상징되는 급격한 사회변동을 경험하고 있었다. 만성적인 재정적자, 환곡제의 해체, 인구의 정체, 場市의 감소, 촌락공동체의 해체 등 사회구성체상 危機의 징후는 여러 층위에서 나타나고 있었다. 장기사회변동의 시각에서 본다면, 18세기가 평온하고 낙관적인 확장국면이었던 반면, 19세기는 그 후반기로 갈수록 정치사회적 불안정과 경제적 위기가 잇따른 축소국면이었다.

호남 농촌사회에서는 1870년대 이후 기근이 만연하는 가운데 전염병이 창궐하고 농민궁핍화가 심화되면서 流亡이 속출하였다. 특히, 영광지역에 있어서 이 시기는 농업생산력의 감퇴와 농촌불안정이 누적적으로 심화되는 生存危機(Subsistence Crisis)의 時代로 기록되고 있다. 당시 농촌현실을 탄력적으로 수용하지 못한 19세기의 賦稅政策은 전라도 농민들을 막다른 골목으로 내몰고 있었다. 진주민란 이후 소강국면에 접어들었던 민란도, 1880년대 이후 다시 빈발하기 시작해 드디어 1894년에는 '東學亂'이라는 전국적 규모의 農民戰爭으로 확대되었다. 대내적 모순이 대외적 외기를 초래했던 이 농민전쟁에 의해 조선은 향후 격렬한 정치적 격랑에 휩싸이게 되었다.

종래의 史家들은 1862년 壬戌民亂과 1894년 甲午農民戰爭에 대하여 '아래로부터'의 변혁운동의 차원에서 다루었다. 농민운동, 농민전쟁은 분명 '民衆運動史'라는 정치과정론의 중요한 연구과제이며 격동의 한국 민족사가 풀어야 할 시대적 과제이다. 당시 농민운동을 둘러싼 혁명적·민중사적 시각이 조성되었던 것은, 1980년대 한국의 정치적 상황(光州民主化運動, 10月抗爭)과 맞물리면서 연구사에서도 그것이 이데올로기적·실천적 과제로서 강하게 요구되었던 저간의 사정을 배경으로 하고 있다고 생각하였다.

그러나 한편으로 조선에서 발생하고 있는 농민전쟁도 일차적으로 19세기 호남 농촌이 안고 있는 사회경제적 제모순의 발현형태임에 주목해야 한다. 이것은 단순한 제도상의 문란, 생산관계상의 계급갈등을 넘어서는 基礎構造=生産力構造의 붕괴를 내포하고 있다. 우리는 영광의 사례를 통해 19세기 후반기에 심화된 호남 농촌의 불안정과 농업위기를 목도하였다.

이 글에서는 장기사회변동이라는 시각 하에 19세기 전반 이래 20세기 전반에 이르는 전라도 영광지역의 농업변동 과정을 구체적으로 살펴보았다. 이 글의 입장은 농민경영의 시각에서 지주제를 논하는 것이며, 경지 상태의 변동을 농업 변동의 1차적인 요인으로 설정하였다. 또한 영광 농촌사회에 대한 지역사연구로서 民狀 및 契文書 등을 이용한 사회사적 접근방법이 본 연구를 補足하였다. 이 글의 분석결과는 종래 자본주의맹아론·양극분해설이 제기한 생산력상의 누적적인 '상승발전설'을 부정하는 것이며, 여기서는 그 역의 경향으로서 지주제의 침체, 지주제의 착취기반인 농민경영의 취약성이 노정되고, 그 요인으로서 '합방'을 전후한 시기까지도 악화된 경지의 질적 상태가 극복되지 못했던 사실을 보여주고 있다. 결국 영광지역에서는 19세기 후반의 농업위기가 농촌사회의 불안정를 초래하였고, 식민지기에 들어서야 사회경제적 상황이 호전되는 것으로 확인되었다.

　이 글은 이질적인 자료를 통해 독립적 논점에서 19세기 후반 영
광의 농업위기를 종합적으로 다루었다. 이하에서는 각 장의 내용을
요약하는 것으로 결론에 대신하고자 한다.

　영광의 농업생산력구조는 '粗放的' 米單作化 경향이 노동생산성
의 상승을 주도하고 있는 상황이라고 할 수 있다. 이같은 경지면적
상의 '조방성'은 영광의 가장 큰 지역적 특징이다. 이 글에서는 이
같은 '조방적' 경작방식이 영광의 농업패턴·농민경영을 1차적으로
규정하는 요인이었음에 주목하고 있다.

　1868년 영광군에서는 改量田 사업이 시행되었다. 사례의 대상인
西部面은 개양전에 즈음하여 舊·수量間(1719~1868) 대규모 陳田
이 발생함으로써 대폭적인 結總의 감소를 경험하고 있었다. 陳雜頉
結로 추정되는 구량 탈급분은 결총의 30% 전후를 기록하였고, '필
지신설분'(新田開墾分)이 이에 미치지 못함으로써, 금량 단계에서
구량 결총은 1/4 가량이나 대폭 감소하였다. 그러나 서부면에서는
여전히 다량의 진전이 금량 단계까지 남아 陳田의 발생이라는 이
지역의 구조적인 농업문제를 초래하고 있었다.

　구·금량간 '필지유지분'을 통해 경지상태의 변동 상황을 보면,
지목구성에서 답의 비중이 증가하고 있지만, 여전히 금량 단계에서
전의 비중은 고위이며 거기서의 反畓化도 저조하다. 서부면에서 무
엇보다 놀라운 사실은, 구·금량 공히 진전의 비율이 40%를 상회
하는 높은 수준이며 금량 단계로 갈수록 그 비중은 증가하고 있다
는 점이다(實面積對比 47.3% → 52.7%). 특히, 진전화가 극단적으
로 전개되고 있는 사실이, 대량의 무주지 창출에서 확인되고 있다.
이같은 사실은 沿岸部 稻作地帶에 위치하는 영광의 최대의 지역적
특징임에 주목할 필요가 있다.

　이와 같이 경지상태가 악화된 상태에서 개양전의 結負 等級은
오히려 상승하여 민의 결세부담만을 가중시키고 있었다. 더구나 등
급상승 즉, 결세중압은 진전화와 동시병진함으로써, 지주·농민에

게 미친 영향력은 대단히 컸다. 서부면에서의 등급상승은, 대규모 결총감소에서 예견된 구조적인 문제로서, 국가가 개양전사업에 임함에 있어 대규모 결총감소를 등급상승으로 보충하고자 했던 의도가 반영되어 있었다. 때문에 서부면에서는 결세중압으로 인한 무주지의 대량 창출이라는 악순환에 빠지고 있었던 것이다.

서부면의 소유분화는 변화의 계기를 읽기 어려운 정체적인 그것이며, 경지황폐화와 무주지 속출이 동시병진하는 상태에서 연출되는 전근대적 분화양상이라고 할 수 있다. 여기서는 상층의 면적 감소가 시사하는 바 地主的 土地所有의 진전은 확인할 수 없으며, 중·하층 또한 별다른 변동 없이 漸減 추세에 있는 停滯的인 分化양상이다. 지주제가 정체하는 가운데 거의 모든 계층이 대량의 무주지를 창출하면서 정체하고 있었다. 요컨대, 경지의 질적 상태를 대변하는 경지황폐화 경향은 서부면의 정체적인 소유분화·지주제의 정체에 강하게 관철되고 있었다.

19세기 조선사회는 英·正祖代의 안정기를 뒤로한 채 三政紊亂과 民亂의 多發이라는 미증유의 위기 국면에 들어서고 있었다. 大院君 執政(1863~73) 초에 晋州民亂(1862)의 수습방안으로서 일시적인 개혁정책이 시행되었지만, 곧 舊制로 복귀하면서 일반 향촌사회에서의 사회경제적 제모순은 그 수위를 한층 높여가고 있었다. 이에 따라 향촌사회에서는 국가와 민간에 또는 민과 민간의 "소송의 홍수"라 할 만큼 많은 사회문제들이 분출하고 있었다. 영광군에 접수된 民狀의 日當 평균건수는 무려 14.3건에 달하고 있었다.

1870~72년간 민장의 유형별 분포를 보면, 유형 I (賦稅葛藤)· 2,336건(32.0%), 유형 II (經濟的相鬪)·2,407건(33.0%), 유형 III (社會的相鬪)·924건(12.7%), 유형 IV (請願干恩類)·962건(13.2%), 유형 V (其他報告類)·662건(9.1%)으로 나타난다. 국가와 민 사이의 부세갈등(32.0%)에 비해 유형 II와 유형 III을 합한 民間 相鬪 (45.7%)가 상대적으로 높은 비중을 점하고 있음에 주목할 만하다.

또한 민장의 請願書로서의 성격을 짙게 시사하는 것으로 각종 청원·간은류도 962건(13.2%)에 이르고 있었다.

특히, 민간 사회경제적 상투는 아주 사소한 분쟁까지도 촌락 내에서 해결되지 못하고 사건화되는 "好訟(loved to litigate)의 風潮"의 가장 적나라한 면을 보여주었다. 그 요인은 일차적으로 계약과 거래관행, 기강문란 등 촌락질서의 불완전함과 촌락관행의 기능불충분에 기인하였는데, 무엇보다 촌락공동체가 이미 해체된 당시 동리 내에는 각종 분쟁과 갈등을 해결할만한 중립적인 조정기구가 사실상 부재했기 때문이다. 여기에 농민의 궁핍화, 경제적 불안정이 가세함으로써 민간의 부와 재산권 의식은 한층 첨예하게 대립하는 가운데 민간레벨의 사회경제적 제모순은 심화되고 있었다.

그러나 1894년 농민전쟁의 실패와 갑오개혁의 실시는 사회변화의 커다란 분기점이었다. 민인들의 民訴는 전기에 비해 절반 가량으로 급감하고 있었다. 갑오개혁기(1894~96)를 경과하면서 신분제를 비롯한 각종 사회제도의 개혁과정에서 민간 갈등과 분쟁은 상당 부분 진정되고 있었다. 이것은 분명 전기의 농민운동기에 경험하지 못한 사회적 안정화였다. 그러나 이같은 민소의 전반적 감소 경향에도 불구하고 耕作紛爭과 山訟을 중심으로 민간 경제적 상투는 여전히 잔존하고 있었다.

이 글의 주요한 사례 대상인 靈光 寧越 辛氏家는 15세기 말 이래 영광군 道內面 立石里 일대에 세거해온 양반 재촌지주가이다. 신씨가는 19세기를 중심으로 다량의 사회경제관련 고문서를 남기고 있어 장기사적 시점에서 이 시기 지주제를 다루고자하는 본장의 문제의식을 가능하게 하고 있다. 신씨가는 19세기에 들어서 家勢가 기울고 있었지만, 350斗落 정도의 경지를 소유하고 있던 양반 중소지주가이다. 19세기 신씨가의 소유경지는 立石村前을 중심으로 半徑 1.5km 내 3, 4개 자연촌락에 集中되어 있는 특징을 보인다. 이같은 토지소유상의 집중성은 1930년대까지도 그대로 유지되

었다. 신씨가 작인의 거주지 또한 지주가와 상당한 近隣性이 확인
된다. 신씨가의 작인들은 일반 작인 이외에 몰락한 일가 親戚이나
과거 奴婢 내지 雇工의 후예로 구성되어 있다. 이들은 작인이면서
동시에 신씨가와 항상적으로 대면하는 동리민들이었다.

신씨가의 소유경지는 家作地와 並作地로 나누어져 있는데, 신씨
가 지주경영에 있어서 가작지는 전경지의 10% 전후를 점하는 부
차적 경영범주였다. 1868년 현재 신씨가의 소유경지는 350두락·17
여 結 정도였다. 소유규모의 추이는 병작지 추이를 통해 추정해 보
는 한 停滯的 양상이었다. 1850년대 중반까지 급증한 경영면적은
이후 급감으로 반전되어 300두락 전후에서 이후 일제시기까지 정
체적인 양상을 보여주었다. 그것은 현상적으로 토지 買得의 급감,
본질적으로 1870년대 이후 병작지경영의 부진에 기인한 것이었다.

신씨가 병작지 경영은 地代收取 방식에 있어서 執租 방식을 취
하고 있었다. 두락당 지대부과량, 필지당 지대수납률의 추이에 주
목하는 한, 1876~94년간 신씨가의 지주경영은 위기적 상황에 있었
음이 분명하다. 1861년 이래 두락당 지대량은 이전의 8~9斗 대에
서 5~6두 대로 하락 경향을 보이고 있으며, 1876~1894년간에 들
어서면 지대량은 2~3두 대로 급격히 하락함으로써 신씨가 지주경
영이 전기에 비해 한층 악화되고 있음을 보여주고 있다. 특히, 지
대수납률의 격렬한 진폭과 그 저위성은 낮은 지대량 수준에 가세
하여 신씨가 지주경영의 불안정성을 한층 증폭시키고 있었다. 수납
률의 추이는 약 10여 년의 시차를 두고 두락당 지대량과 같은 U자
형 장기추이를 연출하였다.

그러나 1894년 農民戰爭·甲午改革을 위기의 終點으로 하여 신
씨가 지주경영은 드라스틱하게 반전되었다. 1910년대를 전후하여
두락당 지대량은 7~9두 대로 상승해 비로소 19세기 전반의 수준
에 달하고 있으며, 1920년대부터 지대량은 11두 대, 수납률은 70~
80% 대에서 형성됨으로써 19세기 말의 상황에 비해 최소한 300%

이상의 증가세를 보여주었다. 1894년의 농민전쟁을 저점으로 하는 영광의 U자형 커브는, 생산력 상의 요인뿐 아니라 상당 부분 지대율의 변동에 기인한 것으로 추정되고 있다.

1920년대 이래 신씨가 지주경영은 호전되고 있었다. 신씨가는 이제 단순한 지대수취자에 머물지 않고 周到한 지주경영에 착수하고 있었다. 소작지경영에 있어서 증서소작계약을 체결하고 근대적 장부양식으로 전환하고 있는 것이 그것을 말해주고 있다. 그러나 재촌지주로서 신씨가의 '動態化'는 경제적 합리주의만을 제기하는 급격하고 단절적인 과정은 아니었다. 신씨가는 촌락민·작인과 온정주의적·호혜적 관계를 유지하고, 특히 이들과 村契를 갖으면서 集團的 生存倫理를 공유하는 것에 것에 큰 관심을 기울이고 있었다. 이같은 집단적 생존윤리는 재촌지주로 하여금 촌락질서를 저촉하지 않으면서 합리적인 지주경영을 행하도록 유도하고 있었다. 신씨가에게 있어서 20세기 전반기는 강화된 지주권을 공고히 하면서 촌락질서를 재건·재편해가는 시기였다.

신씨가의 추수기에서 산출된 두락당 지대량은 기본적으로 토지생산성과 지대율을 반영하고 있다. 토지생산성은 1차적으로 沿岸低地帶라는 영광의 자연지리적 조건 즉, 水利施設의 荒廢化와 그에 따른 陳田化에 제약되고 있었다. 진주민란(1862) 이후 低 생산성 하에서 영광 농촌사회는 그 사회적 불안정성을 노정하고 있었다. 농민운동을 배경으로 지주-소작 간 抗租가 빈출하고 官의 農政 방향도 지주 측을 외면하면서 병작관행도 지대율이 하락하는 방향으로 움직이고 있었다. 1860~1890년대 중반 사이에 심화되는 두락당 지대량의 저위성과 그 하락 추세에는, 낮은 토지생산성 하에서 지대율이 급격히 하락하는 현상을 반영하고 있다. 영광의 농업위기는 경지조건의 악화로 인한 농업생산구조의 붕괴와 그에 따른 농촌사회의 불안정, 병작관행의 변동을 중핵으로 하고 있다.

지주제의 위기는 1차적으로 그 착취기반인 농민경영의 불안정

속에서 초래되고 있었다. 이것은 水害·旱害 등 自然災害의 來襲⟹
凶作⟹농민의 離去·流亡⟹結稅의 重壓⟹2차 流亡의 악순환이라는
農業危機에 의해 재생산되고 있었다. 때문에 국가에서는 재해지에
대해 結稅의 延納·蕩減 등을 허용한다든가, 몰락 농민에 대해 救
恤·賑貸 정책을 펴고 있었지만, 진주민란 이후 還穀制가 사실상
해체되면서 최소한의 농촌안정화 조치마저도 불가능해지고 있었
다. 특히, 1876·77년의 歉荒, 1888년의 極凶 이후 부세 중압과 환
곡의 기능불능 상태에서 다수의 소농민은 몰락하고 있었던 것이다.

영광의 농민분화는 "경영 상층의 하강분해, 중·하층의 강고한
존속"이 주요한 내용을 이루는 정체적인 양상을 보이고 있다. 소농
이 지속적으로 재생산되는 영광의 농민분화의 이면에는 빈번한 작
인교체, 그에 따른 경작기간의 단기성 등 소경영의 구조적 취약성
이 내재되어 있다. 더구나 이같은 사실은 19세기 후반에 들어 생산
성의 하락과 결합됨으로써 농민경영은 더욱 불안정한 것으로 되지
않을 수 없었다. 상층농 만을 분해시키는 영광의 저 정체적인 분화
양상은, 그 자체 낮은 생산력 수준을 반영하는 전근대적 농민분화
라 할 만한 것이다.

1890년대 중반을 계기로 농민경영은 안정화를 위한 기술적 조건
이 마련되고 있었다. 작인층의 평균경작면적이 감소하는 가운데 경
영 중·하층도 '집약화'로의 전환이 이루어지고 있었다(평균경작면
적이 감소). 또한 작인존속률이 상승하고 경작기간도 상대적으로
장기화됨으로써 전기에 심화되어 온 농민경영의 구조적 취약성은
상당 부분 해소되고 있었다. 이 시기는 사회적 평화와 함께 병작관
행이 재건되면서 농민경영의 안정화가 성취되고 있는 단계였다고
할 수 있다. 그러나 여전히 영광에서는 이 시기에도 농업생산력의
변동은 나타나지 않았다.

신씨가 지주경영의 배경을 이루는 독배기[立石] 마을은 20~30
호 남짓의 한국 농촌에서는 흔하게 발견되는 集姓村 가운데 하나

이다. 일제시기 호적[除籍簿]을 통해 당시 동리민들의 성씨를 재구성해보면, 영월 신씨는 독배기 자연동리 하에서 除籍貝 총 43인 가운데 13인(30.2%)으로 마을 내 최대 성씨로 확인된다. 나머지는 3인 이하의 '各姓'들이다. 입석리 전체의 辛氏 성을 추계하면 21인 (33.3%)으로 그 구성비는 보다 높아진다(辛氏 성은 모두 寧越 辛氏이다). 이같은 사실은, 1930년대 신씨가 추수기(1931~35) 상에서 소작인의 40% 남짓이 신씨 성이었던 점과 일치하고 있다. 이들은 대부분 신씨가의 몰락한 일가친척들이었다.

신씨가와 독배기 농민들은 1876~1894년간의 경제적 어려움을 신씨 지주가의 밭과 일부 논에서의 가작경영, 선산 근처 산지경영에서의 수입으로 보전하고 있었다. 또 契 활동이 지주와 농민 양자를 보족하고 있었다. 신씨가가 동원한 노동력원은 동리 내 일반 작인을 비롯해 몰락한 신씨 동족 및 신씨가의 해방 노비 등으로 구성되어 있었다. 이들은 자유로운 계약에 의해 신씨가의 작업에 참여하였지만, 이같은 노동력구성은 신씨가로 하여금 정상적인 임금이나 지대율을 관철시키기 어려운 조건을 조성하였다. 마을 내의 온정주의적 분위기는 생존위기를 살아가는 농민들에게는 한계 칼로리원을 구할 수 있는 거의 유일한 기회를 제공하고 있었다.

독배기 신씨가는 동족과의 치열한 산송을 경과한 후 문제의 선산을 私養山으로 인정받는데 성공하였지만, 이것은 한편으로 신씨 종가에게 적대적 동족과의 화해와 단결이라는 새로운 과제를 안겨주고 있었다. 19세기 중반 독배기 동족마을 내에 세워진 書齋契는 이같은 목적을 수행하는 데 적절한 조직이었다. 여기에는 적대적 동족과의 화해 뿐 아니라, 선산의 수호라는 경제적인 이해가 전제되어 있었다.

독배기 동족마을은 신씨가를 중심으로 서재계(1849), 立石村界 (1929) 등 촌락 결사체 내지 친족집단을 통해 촌락질서를 유지하고 있었다. 혈연과 지연에 기초한 촌락결사체들은 신씨 지주가와 독배기 농민들이 생존위기를 함께 극복해나가는 최소한의 사회적 안전망(social safety net)으로 기능하고 있다. 특히, 식민지기에 재건된 입석 촌계에 주목하면 한 재촌 중소지주와 동족 마을이 장기 존속할 수 있는 이면에 마을 내 안정과 균형을 도모하려는 촌락 단위의 결사체의 모습이 숨어 있음을 엿볼 수 있다.

한편, 한국 농촌에서 흔히 발견되는 場市는 농업 생산과 유통의 최종 종착지로서 당시의 경제 상황을 일정 부분 반영하고 있다. 18세기 중엽 조선에서는 이미 효율적인 장시망이 형성되어 농촌 농민들의 시장수요에 대응하고 있었다. 전라도의 장시수는 전국적 양상과 달리 1770~1830년간 감소하고 있었는데, 전라우도의 巨邑인 영광이 그 감소 상황을 전형적으로 보여주고 있다. 영광에서의 장시수는 1770년 7기에서 1830년 4기로 감소하고 있는데, 인근의 長城이 5기→2기, 茂長 5기→3기, 咸平 5기→5기, 羅州 13기→5기로 감소 내지 정체하는 상황과 유사한 형편이다. 1770~1830년간 영광을 포함한 전라우도의 장시수가 감소한 이유는, 1793년의 漕轉事目의 반포, 그에 따른 作隊法의 시행과 깊은 관련이 있다. 당시 성행하던 故敗의 폐해를 줄이기 위해 중앙정부는 영광 法聖浦에서의 조세미 운송을 京江상인에게 독점시키고 있었다. 이후 영광은 상업 이윤이 집중되지 못하고 미곡 중개지로서 그 유통 기능이 축소되고 있었다.

영광의 장시는 1830년 이후 합방 직전(1909)까지 4기에서 3기로 더욱 감소하였다. 이같은 장시의 정체 내지 감소 현상은 영광을 비롯한 전라우도 지역에서 두드러지게 나타나고 있었다. 그 요인은 1870년대 이후 영광에 불어 닥친 농업생산의 침체, 그에 따른 미곡 공급의 애로에 기인하고 있다. 잇따른 재해와 경지의 황폐화 등이 장시의 주요 품목인 곡물의 생산량=공급량을 위축시켰던 것이다. 특히, 1888년의 極凶을 전후한 시기에는 농업생산의 부진과 농촌불안정이 심화되는 가운데 防穀令이 항상적으로 발포되면서 장시의 주요 품목인 곡물의 유통이 정체하고 있었다.

1897년 목포 개항 이후 전개된 대외무역의 영향력은 내륙지역의 경우 일반적 예상과 달리 그리 크지 않았다. 영광지역은 법성포와 목포간 沿岸航路를 통해 '개항장시장권'과 연계되고 있었지만, 법성포가 浦口로서의 기능을 상실하면서 단순한 漁港으로 그 유통 기능이 축소되고 있었다. 영광과 법성포간 육로 유통은 전통적인 靈光街道에 의해 지속되고 있었지만, 여타 내륙 군과의 유통관계에서는 열악한 육상교통의 한계를 극복하지 못하였다. 영광에서는 전체 농업생산의 20% 가량이 개항장 목포를 통해 이출되고 있었는데, 이러한 상황은 개항 이후 영광의 농업생산구조가 미단작화의 경향으로 흐르는 시발점이 되었다.

영광의 재래 장시는 식민지기에도 法聖浦場을 합하더라도 4기 전후에서 정체적인 양상이다. 18세기 이래 장기 존속한 社倉場이 소멸하고 佛甲面에 立石場이 신설되는 등 영광군 내에서는 장시의 폐지와 신설 등 격렬한 변동을 수반하고 있다. 이 시기에는 새롭게 읍내를 중심으로 상설시장이 들어서고 있었지만 5일장이 열리는 장날이 아니면 거래가 그리 활발했던 것도 아니었다. 재래 장시는 出市 농민들의 오랜 거래관습과 장시가 가진 물품공급 능력상의 우위 등으로 인해 읍내에 형성된 상설점포와 공존하면서 강고하게 존속하고 있었다.

식민지기 영광지역에 가해진 근대화의 충격은 농업부문에서 찾을 수 있다. 영광에서 농업생산력상의 상승의 계기는 1920년대 산미증식계획이라는 국가적 규모의 산업정책 속에서 나타나고 있었다. 영광에서 전개되는 水利組合事業은 19세기 이래 누진적으로 진행되어온 陳田化·耕地荒廢化를 극복하려는 대규모 토지개량사업이었다. 조합의 창설(1924)에 이은 설치공사의 완수(1926)는 경지의 질적 상태를 기존의 18등급에서 13등급 전후로 제고시켜 이후 이 지역의 농업개량을 본격화하는 생산력적 기초를 제공하고 있다.

이 글에서 주목하는 대규모 陳田의 발생·경지황폐화 현상은, 본
질적으로 농업생산의 쇠퇴와 농민경제의 궁핍화를 의미하고 있다.
대규모 진전의 발생은 영광의 자연지리적 조건과 깊은 관련을 갖
고 있다. 이 일대는 沿岸 低濕地인 관계상 惡水의 정체와 하천의
범람이 빈번하고 한해가 빈발했던 전라도의 저명한 旱·水害地 가
운데 한 곳이었다. 특히, 재래 洑들은 관개기능이 불충분하고 오히
려 河況을 불안케 하여 수해 시 경지황폐화의 경향을 심화시켰다.
이같은 상황에서 영광 일대의 平均地位는 1920년대 초까지 18등급
전후의 低收量地로 존재하고 있었던 것이다.

1920년대 전반 수리조합사업을 전후해 조합지구에서는 이른바
'多勞多肥的' 稻作技術體系(수리관개＋품종개량·비료증투＋노동력
다투의 3자 결합)가 조합설립 초기부터 정책적으로 계획·도입되
었다. 조합사업을 통해 토지개량사업과 농사개량사업은 순조롭게
결합됨으로써 사업을 전후한 생산성 증가율은 무려 200%를 상회
하면서 段步當 3石에 달하는 高收穫基調를 확립하고 있었다.

반면, 조합 창설과정에서 일부 일본인 중심의 급속한 창설기도와
조합간부의 전횡으로 말미암아 조선인 중심의 수리조합반대운동이
발생하였다. 이후 반대운동은 조기에 수습되었지만 조합사업을 전
후한 1923~1931년간 조선인 조합원, 그 가운데에서도 중소토지소
유자의 토지상실이 계속되었다. 수리조합지구에서 식민지지주제는
보다 확대·심화되는 소유분화 양상을 보이고 있었다. 조합 창설
시점에서 이미 日人 중심의 지주적 토지소유(＝지주층의 토지소유
집중도)는 고위에 있었으며, 사업 이후에도 이같은 경향은 한층 강
화되는 상황이었다.

參考文獻(年度順)

1. 著書(博士論文 포함)

金錫亨, 『朝鮮封建時代 農民의 階級構成』, 사회과학원출판사, 1957
(復刊 신서원 1993)

朴時亨, 『朝鮮土地制度史』上, 中, 사회과학원출판사, 1960, 1961(復刊
신서원 1994)

李光麟, 『李朝水利史研究』, 韓國研究圖書館, 1961

李春寧, 『李朝農業技術史』, 韓國研究院, 1965

허종호, 『조선봉건말기의 소작제연구』, 사회과학원출판사, 1965(復刊
한마당 1989)

金容燮, 『朝鮮後期農業史研究』Ⅰ, 一潮閣, 1970

_____, 『(增補版)朝鮮後期農業史研究』Ⅱ, 一潮閣, 1990

_____, 『(增補版)韓國近代農業史研究』上, 下, 一潮閣, 1984, 1988

_____, 『韓國近現代農業史研究』, 一潮閣, 1992

韓㳓劤, 『東學亂 起因에 관한 研究』, 서울大學校出版部, 1970

朴秉濠, 『傳統的 法體系와 法意識』, 서울大學校出版部, 1972

崔在錫, 『韓國農村社會研究』, 一志社, 1975

金鴻植, 『朝鮮時代 封建社會의 基本構造』, 博英社, 1981

梶村秀樹외, 『韓國近代經濟史研究』, 사계절, 1983

成大慶, 「大院君政權性格研究」, 成均館大博士學位論文, 1984

車基壁외, 『일제의 한국 식민통치』, 정음사, 1985

近代史研究會編, 『韓國中世社會 解體期의 諸問題』下, 한울아카데미,
1987

李榮薰, 『朝鮮後期社會經濟史』, 한길사, 1988

_____, 『韓國 市場經濟와 民主主義의 歷史的 特質』, 韓國開發研究院, 2000

전남대학교 호남문화연구소, 『全南 務安郡 望雲地域 農村社會構造變動研究』, 1988

張矢遠, 「日帝下 大地主의 存在形態에 관한 研究」, 서울大博士學位論文, 1989

權泰檍, 『韓國近代綿業史研究』, 一潮閣, 1989

柳永益, 『甲午更張研究』, 一潮閣, 1990

_____, 『東學農民蜂起와 甲午更張』, 一潮閣, 1998

鄕村社會史研究會編, 『朝鮮後期 鄕約 研究』, 民音社, 1990

金鴻植 宮嶋博史 李榮薰 趙錫坤 李憲昶, 『대한제국기의 토지제도』, 民音社, 1990

李憲昶, 「開港期 市場構造와 그 變化에 관한 研究」, 서울大博士學位論文, 1990

金仁杰, 「朝鮮後期 鄕村社會 變動에 관한 研究」, 서울大博士學位論文, 1991

한국역사연구회, 『1894년 농민전쟁연구1 - 농민전쟁의 사회경제적 배경』, 역사비평사, 1991

_____, 『1894년 농민전쟁연구5 - 농민전쟁의 역사적 성격』, 역사비평가, 1996

宋讚燮, 「19世紀 還穀制 改革의 推移」, 서울大博士學位論文, 1992

金弼東, 『韓國社會組織史研究 - 契組織의 構造的 特性과 歷史的 變動 -』, 一潮閣, 1992

鄭勝謨, 『시장의 사회사』, 웅진출판, 1992

洪性讚, 『韓國近代農村社會의 變動과 地主層』, 지식산업사, 1992

李榮薰 張矢遠 宮嶋博史 松本武祝, 『近代朝鮮水利組合研究』, 一潮閣, 1992

金柄夏, 『韓國農業經營史研究』, 한국정신문화연구원, 1993

이두순 박석두,『한말 – 일제하 양반 소지주가의 농업경영 연구』, 한
　　국농촌경제연구원, 1993

　　　　　　　,『한말 – 일제하 양반 소지주가의 수지변화에 관한 연
　　구』, 한국농촌경제 연구원, 1995

박석두,『한말 – 일제하 토지소유와 지세제도의 변화에 관한 연구』,
　　한국농촌경제 연구원, 1995

　　　,『한말 – 일제하 농촌사회구조와 사회조직에 관한 연구』, 한
　　국농촌경제 연구원, 1996

李潤甲,「韓國近代의 商業的 農業 硏究」, 延世大博士學位論文, 1993

禹大亨,「日帝下「改良農法」의 普及과 農村構造의 變化」, 延世大博
　　士學位論文, 1994

李鐘範,「19世紀末 20世紀初 鄕村社會構造와 租稅制度의 改編」, 延
　　世大博士學位論文, 1994

鄭然泰,「日帝의 韓國 農地政策(1905～1945)」, 서울大博士學位論文,
　　1994

한국역사연구회 토지대장 연구반,『대한제국의 토지조사사업』, 민음
　　사, 1995

문중양,「朝鮮後期의 水利學」, 서울大博士學位論文, 1995

趙錫坤,「朝鮮土地調査事業에 있어서의 近代的 土地所有制度와 地
　　稅制度의 確立」, 서울大博士學位論文, 1995

이해준,『조선시기 촌락사회사』, 민족문화사, 1996

　　　,『지역사와 지역문화론』, 문화닷컴, 2001

역사문제연구소편,『한국의 '근대'와 '근대성'비판』, 역사비평사, 1996

배항섭,「東學農民戰爭硏究」, 高麗大博士學位論文, 1996

　　　,『朝鮮後期 民衆運動과 東學農民戰爭의 勃發』, 景仁文化社,
　　2002

金建泰,「16～18世紀 兩班地主層의 農業經營과 農民層의 動向」, 成
　　均館大博士學位論文,1996

李潤相,「1894～1910년 財政制度와 운영의 변화」, 서울大博士學位論

文, 1996

鄭銀景, 「甲午改革의 鄕會制度에 관한 硏究」, 漢陽大博士學位論文,
　　　　1996

전남대 사회과학연구소, 『지역사회 연구방법의 모색』, 전남대학교
　　　　출판부, 1997

鄭震英, 『조선시대 향촌사회사』, 한길사, 1997

河元鎬, 『韓國近代經濟史硏究』, 신서원, 1997

崔完基, 『朝鮮後期 船運業史硏究』, 一潮閣, 1997

韓相權, 『朝鮮後期 社會와 訴冤制度』, 一潮閣, 1997

국사편찬위원회편, 『한국사33 - 조선후기의 경제』, 1997

＿＿＿＿＿＿＿＿＿, 『한국사39 - 제국주의의 침투와 동학농민전쟁』,
　　　　1999

김진균 정근식편저, 『근대주체와 식민지 규율권력』, 문학과학사,
　　　　1997

金大吉, 『朝鮮後期 場市硏究』, 國學資料院, 1997

고석규, 『19세기 조선의 향촌사회연구』, 서울대학교출판부, 1998

全成昊, 「朝鮮後期 米價史 硏究(1725~1875)」, 成均館大博士學位論
　　　　文, 1998

정구복 박병호 이해준 이영훈 김현영, 『호남지방 고문서 기초연구』,
　　　　한국정신문화연구원, 1999

張東杓, 『朝鮮後期 地方財政硏究』, 國學資料院, 1999

金德珍, 『朝鮮後期 地方財政과 雜役稅』, 國學資料院, 1999

왕현종, 「甲午改革硏究」, 延世大博士學位論文, 1999

임형택, 『실사구시의 한국학』, 창작과비평사, 2000

한국역사연구회 조선시기 사회사 연구반, 『조선은 지방을 어떻게 지
　　　　배했는가』, 아카넷, 2000

박지향, 『제국주의 - 신화와 현실 - 』, 서울대학교출판부, 2000

韓國史研究會 編, 『韓國地方史 研究의 現況과 課題』, 景仁文化社, 2000

안병직 이영훈 편저, 『맛질의 농민들 - 韓國近世村落生活史 - 』, 一潮

閣, 2001

久間健一, 『朝鮮農業經營地帶の硏究』, 農業總合硏究刊行會, 1950

古島敏雄 守田志郞, 『日本地主制史硏究』, 岩波書店, 1957

梶井功, 『農業生產力の展開構造』, 弘文堂, 1961

馬場昭, 『水利事業の展開と地主制』, 御茶の水書房, 1965

中村哲, 『明治維新の基礎構造』, 未來社, 1968

_____, 『東アジア專制國家と社會・經濟』, 靑木書店, 1993

大內力, 『日本における農民層の分解』, 東京大學出版會, 1969

淺田喬二, 『(增補)日本帝國主義と旧植民地地主制』, 龍溪書舍, 1989
　　　(初版: 1968)

安秉玲, 『朝鮮近代經濟史硏究』, 日本評論社, 1975

_____, 『朝鮮社會の構造と日本帝國主義』, 龍溪書舍, 1977

東畑精一, 『日本農業の展開構造』, 農山漁村文化協會, 1978(復刊本)

渡辺洋三, 『(增補版)農業水利權の硏究』, 東京大學出版會, 1982

新井鎭久, 『土地・水・地域』, 古今書院, 1985

河合和男, 『朝鮮における產米增殖計劃』, 未來社, 1986

椎名重明編, 『ファミリ・フアームの比較史的硏究』, 御茶の水書房, 1987

朴珍道, 「現代韓國農民層分解の硏究」, 東京大學博士學位論文, 1987
　　　(國譯增補: 『한국자본주의와 농업구조』, 한길사, 1994)

中國史硏究會編, 『中國專制國家と社會統合』, 文理閣, 1990

宮嶋博史, 『朝鮮土地調査事業史の硏究』, 東京大學東洋文化硏究所, 1991

_____, 『兩班－李朝社會の特權階層』, 中央公論社, 1995

松本武祝, 『植民地期朝鮮の水利組合事業』, 未來社, 1991

_____, 『植民地權力と朝鮮農民』, 社會評論社, 1998

李斗淳, 「日帝下朝鮮における水稻品種の普及に關する經濟分析」, 京
　　　都大學博士學位論 文, 1992

蘇淳烈, 「植民地後期朝鮮地主制の硏究」, 京都大學博士學位論文, 1994
　　　(國譯 : 『근대 지역농업사 연구』, 서울대학교출판부, 1996)

須川英德, 『李朝商業政策史硏究』, 東京大學出版會, 1994

倉持和雄,『現代韓國農業構造の變動』, 御茶の水書房, 1994
朴ソプ,『1930年代朝鮮における農業と農村社會』, 未來社, 1995
李圭洙,『近代朝鮮における植民地地主制と農民運動』, 信山社, 1996
金翼漢,「植民地期朝鮮における地方支配體制の構築過程と農村社會變
　　　動」, 東京大學博士學位論文, 1996
趙景達,『異端の民衆反亂－東學と甲午農民戰爭』, 岩波書店, 1998
足立啓二,『專制國家史論』, 柏書房, 1998
村山智順,『朝鮮場市の研究』, 國書刊行會, 1999(復刊本)

Marc Block著, 金州植譯,『프랑스農村史의 基本性格』, 신서원, 1994
　　　(Originally published in 1931)
Hoon K. Lee, Land Utilization and Rural Economy in Korea,
　　　Greenwood Press, 1969(Originally published in 1936)
Colin Clark, Margaret Haswell, The Economics of Subsistence
　　　Agriculture, Macmillan St. Martin's Press, 1964
Skinner G. William, "Marketing and Socil Structure in Rural
　　　China", 3 parts, Journal of Asian Studies 24-1, 24-2, 24-3
　　　(國譯本 : 梁必承譯,『中國의 傳統市場』, 新書苑, 2000)
Eric R. Wolf, Peasants, Prentice-Hall, England Cliffs, New Jersey,
　　　1966(國譯本 : 朴賢洙譯,『農民』, 靑年社, 1983)
Ester Boserup, The Conditions of Agricultural Growth, George
　　　Allen & Unwin LTD., 1965
James B. Palais, Politics and Policy in Traditional Korea,
　　　Cambridge, Mass. : Harvard University Press, 1975(國譯
　　　本: 李勛相譯,『傳統韓國의 政治와 政策』, 신원문화사, 1993)
James C. Scott, The Moral Economy of the Peasant, New Haven
　　　and London, Yale University Press, 1976
Karl Polanyi, The Livelihood of Man, Academic Press, 1977(國譯
　　　本: 朴賢洙譯,『人間의 經濟』Ⅰ Ⅱ, 풀빛, 1983)

Samuel L. Popkin, The Rational Peasant, University of California Press, 1979

William Shaw, "Social and Intellectual Aspect of Traditional Korean Law, 1392~1910", in Dai-kwon Choi, Bong-duck Chun and William Shaw, Traditional Korean Legal Attitudes, Center for Korean Studies, University of California Berkeley, 1980

E. Walter Coward, Jr., Irrigation and Agricultural Development in Asia, Cornell University Press, 1980

Robert Wade, Irrigation and Agricultural Politics in South Korea, Westview Press,1982

The Association for Asian Studies, The Journal of Asian Studies-Pesant Strategies in Asian Societies : Moral and Rational Economic Approaches-A Symposium, Vol XLⅡ-4, 1983

Pierre Etienne Will, Bureaucratie et Famine en Chine au 18e siecle (國譯本 : 정철웅譯, 『18세기 중국의 관료제도와 자연재해』, 민음사, 1995)

Clark W. Sorensen, Over the Mountains are Mountains, University of Washington Press, 1988

Gi-Wook Shin, Peasant Protest and Social Change in Colonial Korea, Universityof Washington Press, 1996

Chulwoo Lee, Law, Culture and Conflict in a Colonial Society : Rural Korea Under Japanese Rule, Ph. D. dissertation, London School of Economics and Political Science, 1996

2. 論 文

丁炳烋,「韓國의 農業勞動에 관한 一考察-全羅南道 靈光郡下 3個部落의 調査를 中心으로 -」『經濟論集』Ⅵ-2, 서울大 經濟硏

究所, 1967

安秉直,「植民地下 朝鮮人 大地主의 研究」『經濟論集』14-3, 서울大 經濟研究所, 1975

＿＿＿＿,「帝國主義와 植民地地主制」『經濟史學』10, 1986

李榮薰,「朝鮮後期 八結作夫制에 대한 研究」『韓國史研究』29, 1980

＿＿＿＿,「開港期 地主制의 一存在形態와 그 停滯的 危機의 實相」 『經濟史學』9, 1985

＿＿＿＿,「朝鮮後期 農民分化의 構造·趨勢 및 그 歷史的 意義」『東洋學』21, 1991

＿＿＿＿,「光武量田에 있어서 〈時主〉 파악의 실상(Ⅱ)」『省谷論叢』 23, 1992

＿＿＿＿,「植民地期 小農經濟의 動向」『제41회전국역사학대회발표요지』, 1998

＿＿＿＿ 외,「農村 米穀市場과 全國的 市場統合: 1713~1937」『朝鮮時代史學報』16, 2001

＿＿＿＿ 외,「19~20世紀 米穀市場의 統合과 分列: 靈巖의 米價變動에 대한 生產衝擊의 影響分析」『經濟學研究』50-2, 2002

金甲周,「靈光 佛甲寺의 量案研究」『淑大史論』11·12, 1981

韓相權,「18세기말~19세기초의 市場發達에 관한 基礎研究-慶尙道地方을 중심으로-」『韓國史論』7, 서울대 국사학과, 1981

洪性讚,「韓末·日帝下의 地主制研究」『韓國史研究』33, 1981

＿＿＿＿,「韓末·日帝下의 地主制研究」『東方學志』49, 1985

＿＿＿＿,「韓末·日帝下의 地主制研究」『東方學志』53, 1986

＿＿＿＿,「日帝下 企業家的 農場型 地主制의 歷史的 性格」『東方學志』63, 1989

＿＿＿＿,「日帝下 金融資本의 農企業 支配」『東方學志』65, 1990

成大慶,「大院君 執政期의 權力構造」『大東文化研究』15, 1982

＿＿＿＿,「大院君 政權의 政策」『大東文化研究』18, 1984

鄭勝謨,「농촌 定期市場體系와 농민 地域社會構造-全羅南道 光陽郡

一帶의 事例를 中心으로 - 」『湖南文化研究』13, 1983

閔斗基, 「中國近代史에 있어서의 '亂民'」『大東文化研究』18, 1984

田剛秀, 「日帝下 水利組合事業이 地主制展開에 미친 影響」『經濟史學』8, 1984

張矢遠, 「日帝下 「經營型地主」範疇의 設定을 위한 問題提起」『論文集』1, 韓國放送通信大學校, 1983

_____, 「日帝下 農民層分解의 樣相과 그 性格」『일제의 한국 식민통치』정음사, 1985

_____, 「1930年代의 農業生產構造와 地主制의 動向에 관한 一試論」『論文集』12, 韓國放送通信大學校, 1991

_____, 「地主制 解體와 自作農體制 成立의 歷史的 意義」『광복 50주년 기념학술대회 - 한국 경제발전의 회고와 전망』, 韓國經濟學會·經濟史學會, 1995

_____, 「植民地期 農業史 研究의 成果와 課題」『論文集』24, 한국방송통신대학교, 1997

崔元奎, 「韓末·日帝下 農業經營에 관한 研究」『韓國史研究』50·51, 1985

_____, 「朝鮮後期 水利기구와 經營문제」『國史館論叢』39, 1992

李愛淑, 「日帝下 水利組合의 設立과 運營」『韓國史研究』50·51, 1985

정창렬, 「갑오농민전쟁과 갑오개혁」『한국사연구입문(제2판)』, 지식산업사, 1987

李憲昶, 「舊韓末 忠淸北道의 市場構造」『近代朝鮮의 經濟構造』, 比峰出版社, 1989

_____, 「開港期 忠淸南道의 流通構造」『近代朝鮮 工業化의 研究』, 一潮閣, 1993

_____, 「충청북도에서의 定期市 變遷에 관한 기초적 연구」『中原文化論叢』4, 2000

박명규, 「일제하 수리조합의 설치과정과 그 사회경제적 결과에 관한

연구」『省谷論叢』20, 1989

_____, 「19세기 후반 향촌사회의 갈등구조」『韓國文化』14, 1996

李榮昊, 「대한제국시기의 토지제도와 농민층 분화의 양상 - 京畿道 龍仁郡 二東面 「光武量案」과 「土地調査簿」의 비교분석 - 」 『韓國史硏究』69, 1990

金仁杰, 「「民狀」을 통해 본 19세기 전반 향촌 사회문제」『韓國史論』 23, 1990

鄭震英, 「18,19세기 士族의 鄕村지배와 그 해체과정」『조선후기 향약연구』, 1990

_____, 「조선후기 향촌 양반사회의 지속성과 변화상(1)」『大東文化 硏究』35, 1999

徐承甲, 「日帝下 水利組合區域內 增收量의 分配와 農民運動」『史學 硏究』41, 1991

김현영, 「조선후기 士族의 촌락지배 - 남원 둔덕방을 중심으로 - 」 『韓國文化』12, 1991

왕현종, 「19세기 말 호남지역 지주제의 확대와 토지문제」『1894년 농민전쟁연구1』역사비평사, 1991

金聖甫, 「日帝下 朝鮮人 地主의 資本轉換 事例」『韓國史硏究』76, 1992

金容燮, 「「古阜郡聲浦面量案」의 분석」『東方學志』76, 1992

_____, 「朝鮮後期 身分構成의 變動과 農地所有」『東方學志』82, 1993

金仙卿, 「'民狀置簿册'을 통해 본 조선시대의 재판제도」『역사연구』 창간호, 1992

李鍾範, 「19세기 후반 戶布法의 運營實態에 대한 檢討」『東方學志』 77·78·79, 1993

_____, 「19세기 후반 賦稅制度의 운영과 社會構造」『東方學志』89· 90, 1995

李哲成, 「18世紀 田稅 比摠制의 實施와 그 性格」『韓國史硏究』81,

1993

金旻榮, 「韓末 日帝下 靈光地域 曺喜暘·曺喜陽研究」 『鄕脈』 7, 靈光鄕土文化硏究會, 1994

許英蘭, 「일제시기 '市場'政策과 在來市場商業의 변화」 『韓國史論』 31, 서울대 국사학과, 1994

李海濬, 「朝鮮時期 靈光地域의 士族活動과 姓氏勢力」 『鄕脈』 8, 1995

_____, 「한말~일제시기 '생활일기'를 통해 본 촌락사회상」 『정신문화연구』 19-4, 1996

李喆雨, 「人類學과 社會史의 接點에서 본 法」, 최대권외, 『법사회학의 이론과 방법』, 일신사, 1995

_____, 「법사회사 연구의 한 방법-일제하 순천지역 연구의 경험」 『법사학연구』 17,1996

_____, 「아시아적 가치와 한국의 법문화 : 담론과 현실」 『전통과 현대』 11, 2000

金基赫, 「場市 體系에 나타난 昌寧 地域構造 變化」 『한국문화연구』 7, 부산대학교, 1995

韓柱成 金奉謙, 「忠北 沃川郡 靑山 定期市 出市者의 空間的 特性」 『韓國地域地理學會誌』 2, 1996

趙允旋, 「朝鮮後期의 田畓訟과 法的 對應策」 『民族文化研究』 29, 1996

지수걸, 「일제하 公州地域 有志集團 연구(1)」 『역사와 역사교육』 창간호, 1996

_____, 「일제하 公州地域 有志集團 연구(3)」 『역사와 역사교육』 2, 1997

_____, 「日帝下 全南 順天地域의 小作人組合運動과 "官僚-有志" 支配體制」 『韓國史研究』 96, 1997

_____, 「일제하 충남 서산군의 '관료-유지 지배체제'」 『역사문제연구』 3, 1998

_____, 「구한말·일제초기 有志集團의 形成과 鄕吏」 『韓國近代移行

期 中人研究』, 延世大 國學研究院, 1999

이호철 박근필, 「19세기초 조선의 기후변동과 농업위기」『朝鮮時代
　　　史學報』2, 1997

全成昊, 「18~19世紀 物價 趨勢(1744~1862)」『朝鮮時代史學報』 2,
　　　1997

崔潤晤, 「18, 19세기 서울 不在地主의 土地集積과 農業經營」『韓國
　　　古代·中世의 支配體制와 農民』, 지식산업사, 1997

시귀선, 「광무개혁기의 순창지방 향촌사회 연구」『全北史學』 19·20,
　　　1997

全炅穆, 「조선후기 山訟의 한 事例(Ⅰ)」『古文書硏究』 14, 1998

고석규, 「朝鮮後期 場市 變動의 樣相 - 전라남도의 장시를 중심으로
　　　-」『韓國文化』21, 1998

沈載祐, 「朝鮮後期 牧民書의 編纂과 守令의 刑政運營」『奎章閣』 21,
　　　1998

鄭勝振, 「일제시기 식민지지주제의 기본추이」『역사와 현실』 26,
　　　1997

_____, 「『靈光郡西部面改量案』의 분석」『大東文化研究』 34, 1999

_____, 「영광 독배기 마을 신씨가의 장기동태(1830~1935)」,『역사
　　　비평』 61, 2002

金建泰, 「1743~1927年 全羅道 靈巖 南平文氏門中의 農業經營」『大
　　　東文化研究』 35, 1999

_____, 「경자양전시기 가경전과 진전파악 실태」『역사와 현실』 36,
　　　2000

이우연, 「농업임금의 추이: 1853~1910」『經濟史學』 29, 2000

박찬승, 「일제하 영광지역의 민족운동과 사회운동」『안중근과 한인
　　　민족운동』, 韓國民族 運動史學會, 2002

田中喜男, 「明治後期『朝鮮拓殖』への地方的關心」『朝鮮史研究會論文
　　　集』 4, 1968

山崎隆三, 「地主制衰退期における一地主の植民地地主への轉化」『經

濟學雜誌』64-2, 1971

西條晃, 「1920年代朝鮮における水利組合反對運動」『朝鮮史硏究會論
　　　　文集』8, 1971

宮嶋博史, 「'土地調査事業'の歷史的前提條件の形成」『朝鮮史硏究會論
　　　　文集』12, 1975

_____, 「植民地下朝鮮人大地主の存在形態に關する硏究」『朝鮮史
　　　　叢』5・6, 1982

_____, 「李朝後期の農業水利」『東洋史硏究』41, 1983

_____, 「朝鮮における植民地地主制の展開」『近代日本と植民地3』,
　　　　岩波書店, 1993

_____, 「量案における"主"の性格－一八七一年慶尙道彦陽縣量案の
　　　　事例」, 河合和男等 共著, 『朝鮮近現代史』, 岩波書店, 1996

堀和生, 「日本帝國主義の朝鮮における農業政策」『日本史硏究』 171,
　　　　1976

田中愼一, 「保護國の歷史的位置－古典的硏究の檢討」『東洋文化硏究
　　　　所紀要』71, 1977

_____, 「西服部家の朝鮮進出」『土地制度史學』82, 1979

森元辰昭, 「日本人地主の植民地(朝鮮)進出」『土地制度史學』82, 1979

_____, 「朝永土地株式會社による農場經營」, 大石嘉一郞編, 『近代
　　　　日本における地主經營の展開－岡山縣牛窓町西服部家の
　　　　硏究』, 御茶の水書房, 1985

飯沼二郞, 「日帝下朝鮮における農業革命」『朝鮮史叢』5・6, 1982

_____, 「朝鮮總督府の農業技術」, 出典未詳

松本武祝, 「朝鮮・全羅北道農業の構造變化」『日本史硏究』298, 1987

_____, 「植民地權力と朝鮮農村社會」『商經論叢』 31-2, 神奈川大
　　　　學, 1996

_____, 「總力戰體制と農民」『歷史學硏究』729, 1999

裵民植, 「韓國・全羅北道における日本人大地主の形成」『農業史硏究』
　　　　22, 1989

岸本美緒,「モラル・エコノミー論と中國社會研究」『思想』792, 1990
夫馬進,「明清時代の訟師と訴訟制度」『中國近世の法制と社會』, 京都
　　　大學人文科學研究所, 1993

The Regional Economic History in Modern Korea
-Essays on Socio-economic Change in Youngkwang Province 1830~1935-

Chung, seung-jin

This book analyzes the process of agricultural change in Youngkwang Province during the Chosun dynasty from early 19C to early 20C. My argument discusses the landlord system as an element of change in the qualitative state of agricultural land. In this book, I present a collection of data handed down from this province and trace back social economic changes in Youngkwang agricultural society. The results of the analysis deny the 'consistency development thesis' in productivity derived from the previous' 'imminent development thesis', and in fact emphasize the downward long-term trend of agricultural productivity, the collapse of the agricultural productivity structure and how the instability of peasant management led to the collapse of the landlord system.

In chapter 1, the change of the qualitative state in agricultural land is traced from 1719~1868 based on the re-cadastral survey (改量案) of Seobumyon(西部面) Youngkwang Province in 1868.

The majority of Agricultural land decreased in size by 25%. Moreover, have-not landowners from among the peasants appeared as a result of over-taxation on agricultural land. Similarly, the devastation of agricultural land and over-weighted tax on agricultural land accelerated the decrease in the size of landowners holdings and created the static land holding structure.

In chapter 2, I confirm that the peasant conflict and trouble originated from tax problems and socio-economic problems. There were 15 cases of litigate bills a day. This fact means that in the absence of an autonomous and stable adjusting organization, the socio-economic order was further dismantled due to the instability in agricultural villages, and the entire agricultural relationship, including the landlord system, entered a crisis phase. When we focus on the situation of rapidly decreased Minjang(民狀) early in the 1870s and in 1897, Gabo-reform(甲午改革) in 1894 is a landmark of social change and in the aftermath of the Gabo-reform, social stability was achieved in agricultural villages.

In chapters 3 and 4, a study of the Shin family(辛氏家) residing in Lipsuk(立石) Donaemeon(道內面) Youngkwang Province provides an analysis of the process of agricultural change of Youngkwang Province from the view point of landlord management and peasant management respectively. Analysis of the harvesting register(秋收記) of the Shin family shows that the amount of rent per Durak (斗落) seems to have decreased from about 8~9 Du(斗) to about 5~6 Du since 1862, and rapidly decreased during 1876~1894, revealing that the landlords management had been aggressively weakened. In the harvesting register, the amount of rent per Durak reflects the productivity of land and the rate of rent at that time. The crisis in landlord management occurred when the peasant management situation, which provided for exploiting, was not stable. The vicious circle, that is to say"suffering from disaster⇒bad crop years⇒the first time migration of farmers⇒ over-taxation of land⇒the second time migration of farmers, originated from the recurring agricultural crisis. The other side of the static division of peasant in Youngkwang Province continuously reproduced a small peasant revealed that the structural weakness of small management, for example the relationship between frequent change of the tenant farmer and an arable opportunity restricted to a short time.

In chapter 5, I explain a social aspect of the Shin family and peasants in Lipsuk. Lipsuk is a kind of collection-village found frequently among Korean farming villages. In the middle of the 19C, Shin's family experienced litigation and a sanguinary collision with their kinsfolk over the ownership of a mountainous district. This case presents new themes of accommodation, compromise and unity in Shin's family. After the trouble was settled, the establishment of a mutual-aid society(契) premised an economic interest not only in reconciliation with hostile relatives, but also safeguarding a mountainous district. With the establishment of a mutual-aid society in 1929, Shin's family rebuilt the village with relaxed orders. This is a village union based on blood relationship and territory. To ensure the existence of a landlord family and a collection village for a long time, it is necessary to prepare a social safety net such as a mutual-aid society.

In chapter 6, I focus on the fluctuation of rural periodic markets through the case of Youngkwang Province from the latter half of the 18C to early in the 20C. In 1770~1830, the number of markets in Yungkwang-kun decreased. From 1830 to 1910, the number of markets in that region stagnated. This is in the midst of the decreasing trend. The reason is that one is the system side such as the transportation changing of grain paid as a tax and another is production side as decreasing of rice production as trade commodities in market. After the opening of the Mokpo-port in 1897, the market flow in Yungkwang-kun stagnated as in other agricultural regions in Honam region. Occuring in the colonial period, transportation conditions were not yet improved without overcoming the limitations of ground transportation.

The shift toward enhanced agricultural productivity in Youngkwang Province was evident in the irrigation association project. In chapter 7, using the related management data in Youngkwang Irrigation Association(靈光水利組合), I analyze the qualitative change of agricultural land before and after the period of the foundation of the irrigation association and the process of change in the agricultural productivity structure. After the foundation of the irrigation association, the qualitative state of agricultural land improved from the 18th degree to the 13th degree and it provided the basis of productivity for agriculture improvement. In the area of the irrigation association, a so called "combination of irrigation, innovation plant breeding and fertilizing much more, input an excess labor forces" was planned and introduced strategically from the first stage and the increased rate of productivity resulting from this project at least 200% allowed a increasing high yield of 3 Suk(石) per Danbo(段步) to be established.

정승진 (鄭勝振)

1968년 京畿 楊洲 출생
성균관대학교 경제학과 졸업
성균관대학교 대학원 경제학과 석사, 박사과정 졸업
현재 성균관대학교 동아시아학술원 大東文化硏究院 연구교수

〈논 문〉

「영광 독배기마을 신씨가의 장기동태」『역사비평』61, 2002
「『靈光郡西部面改量案』의 분석」『大東文化硏究』34, 1999
「19・20世紀前半 農民經營의 變動樣相」『經濟史學』25, 1998
「일제시기 식민지지주제의 기본추이」『역사와 현실』26, 1997

고려사학회 연구총서 12
韓國近世地域經濟史   정가 : 20,000원

2003년 05월 23일   초판인쇄
2003년 06월 02일   초판발행

저   자 : 鄭 勝 振
발 행 인 : 韓 政 熙
발 행 처 : 景仁文化社
편   집 : 金 明 宣
서울특별시 마포구 마포동 324-3
전화 : 718-4831~2, 팩스 : 703-9711
E-mail : kyunginp@chollian.net
등록번호 : 제10-18호(1973. 11. 8)

ISBN : 89-499-0189-7 93910